《〈证券法〉修订要义》
编委会

编　委：（按姓氏笔画排序）

　　刘辅华　杨明宇　吴国舫　何艳春　陈竹华
　　陈黎君　范中超　顾军锋　程合红

主　编： 程合红

副主编： 陈黎君　范中超　杨明宇

撰稿人：（按姓氏笔画排序）

　　卜令强　王　悦　尹　君　闫　雯　阮　旻
　　孙　磊　李非凡　杨　丽　吴伟央　何安然
　　余　猛　汪伊洋　张　圣　张政燕　张朝辉
　　陆晓扬　范雪旺　周　艳　赵　青　赵芷毓
　　赵俊尧　郝　金　胡文巧　胡浩然　项　蔚
　　姜棋柯　姚一凡　黄　俊　崔　佳　蒋海瑞
　　窦　静

《证券法》
修订要义

程合红　主　编

陈黎君　范中超　杨明宇　副主编

人民出版社

在法治轨道上全面推进
资本市场改革发展

——中国证监会主席易会满就《证券法》修订与
施行接受新华社记者专访

（代序）

新《证券法》施行标志着中国资本市场发展进入新的历史阶段

本次《证券法》修订，历时六年，社会各方广泛关注并积极参与。原《证券法》一共240条，这次共修改166条、删除24条、新增24条，做了较大调整完善。总结起来主要有十个方面，包括对证券发行制度的修改完善；大幅提高违法成本；专章规定投资者保护制度；进一步强化信息披露要求；完善证券交易制度；取消多项行政许可；进一步规范中介机构职责履行；建立健全多层次资本市场体系；强化监管执法和风险防控；扩大《证券法》适用范围，增加存托凭证为法定证券，将资产支持证券和资管产品写入《证券法》等。

在这些修改中，有几项内容受到了市场的广泛关注，也是本次修法的重点、亮点。一是对证券发行注册制度做了比较全面系统的规定。二是显著提升证券违法违规成本。三是着重完善投资者保护制度。

新《证券法》的施行，标志着中国资本市场发展进入了一个新的历史阶段。

一是为进一步完善资本市场基础制度明确了方向。《证券法》修订完善本身就夯实了诸多资本市场基础制度，并对制定相应的配套行政法规和监管规章、规则作出了必要的授权。

二是为全面推进以注册制为龙头的资本市场改革提供了坚强的法制保障。新《证券法》考虑到注册制改革是一个渐进过程，授权国务院对证券发行注册制的具体范围、实施步骤进行规定，为平稳实施注册制留出了必要空间。在注册制全面推开之前，根据上述法律授权，部分板块、证券品种的公开发行，还将会依国务院安排，继续按照修订前的《证券法》规定实行核准制。

三是有利于进一步改善资本市场生态环境。新《证券法》通过顶层制度设计，厘清了不同市场主体的权利与义务边界，有利于促进市场各方归位尽责，进一步树立守法诚信的法治观念和契约精神，逐步形成市场参与者自我约束、自我规范、自我促进的良性市场机制，加大对违法违规行为的威慑。

四是有助于强化资本市场服务实体经济发展的功能发挥。新《证券法》不仅通过确立证券发行注册制，完善股票、公司债券公开发行制度来方便优质企业高效融资；还通过完善上市公司收购制度，引导资源向更有利于实体经济发展的方向流动。

五是大力加强投资者保护，有利于增强市场信心。新《证券法》为投资者保护建立了多项新制度，重点解决中小投资者信息来源不对称、"声音小"、维权贵、救济难等问题。

新《证券法》对市场参与各方提出更高法律要求

对于发行人和上市公司，要注意三方面新要求：一是信息披露的要求更高，特别是强调发行人报送的证券发行申请文件，应当充分披露投资者作出价值判断和投资决策所必需的信息；二是违法违规的责任更重，不但要承担严厉的行政处罚，还要承担欺诈发行、虚假信披等的民事赔偿责任，受到失信惩戒约束，涉嫌犯罪的将移送司法机关追究刑事责任；三是法人治理的规范更严，要求发行人的控股股东、实际控制人必须约束好自己的行为。

对于证券公司，新《证券法》加大了对证券业务活动的监管，一方面明确要求证券公司不得允许他人以证券公司的名义直接参与证券的集中交易；另一方面压实了承销商的核查责任。同时，进一步厘清了证券公司资管业务的法律性质和法律适用。另外，还将责任落实到个人，明确规定在发行人信披违法时，保荐人、承销证券公司中的直接责任人员，也要对投资者的损失承担过错推定的连带赔偿责任。

对于证券服务机构，新《证券法》统一对除投资咨询机构以外的服务机构实行事后备案管理，同时加强事后的违法责任追究。其中，对于证券服务机构未勤勉尽责的，除最高可处以业务收入十倍罚款外，情节严重的，并处暂停或者禁止从事证券服务业务的行政处罚。

对于投资者，新《证券法》在重申风险自担原则以促进理性投资的基础上，一是进一步强化了证券账户实名制；二是完善了有关内幕交易、操纵市场、利用未公开信息进行交易的法律禁止性规定，为证券交易活动进一步划定法律红线；三是为投资者维权提供了一系列新的法律措施，鼓励投资者充分运用好法律赋予的手段，依法维权。

新《证券法》进一步明确中国证监会的监管职责

一是进一步明确了中国证监会的监管职责定位。修订后的《证券法》新增了证监会"维护证券市场公开、公平、公正，防范系统性风险，维护投资者合法权益，促进证券市场健康发展"的职责要求。

二是丰富了中国证监会的执法措施手段。针对证券违法行为的复杂性、重大性和广泛性，赋予监管机构一些即时、有效的执法措施手段，如规定了中国证监会为防范市场风险，维护市场秩序而采取监管措施的制度；完善了证券市场禁入制度；完善了违法资金、证券的冻结、查封制度；完善了跨境监管协作制度；等等。

三是对依法行政、廉洁执法提出更高要求。新《证券法》在大幅提高违法责任的同时，也赋予了中国证监会更大的行政执法裁量权，对中国证监会干部适用法律、依法行政的能力和水平提出了更高要求。随着注册制的实施，新《证券法》还对参与证券发行申请注册的中国证监会和证券交易所工作人员廉洁执法，提出了新的明确要求。

要全面贯彻落实好新《证券法》的各项规定要求

《证券法》修订通过后，证监会的主要任务就是把法律学习好、落实好，尤其要把握好《证券法》施行的开局之年，将 2020 年作为资本市场的法治建设年和全面深化改革的关键推进年。

中国证监会将抓紧制定、修改相关配套规章、规范性文件。新《证券法》落地实施，需要制定或者修改大量的配套规定，进一步完善资本市场法规体系。这项工作已经开展，要借《证券法》修订实施这一契机，对资本市场规章制度进行全面的清理完善。

同时，中国证监会还将加强与有关部门、单位的协作配合，提高工作合力，对涉嫌构成犯罪的证券违法行为，依法移送司法机关追究刑事责任，对于损害投资者合法权益的，支持配合司法机关开展民事损害赔偿诉讼工作，并与有关部门、单位加强市场主体的诚信信息共享，充分发挥失信联合惩戒机制作用。

CONTENTS | # 目　录

第七章　证券交易场所

第九章　证券登记结算机构

第十章　证券服务机构

前　言

2019 年 12 月 28 日，《中华人民共和国证券法》（以下简称《证券法》）获得第十三届全国人民代表大会常务委员会第十五次会议修订通过。这次修订按照"稳中求进"工作总基调和"实现有限目标、坚持问题导向、力争简洁务实"的立法思路，立足实际，加强顶层制度设计，系统总结了十多年来我国证券市场改革发展经验，针对证券市场出现的新情况新问题，对《证券法》相关规定进行了比较全面的修改完善，进一步夯实了证券市场基础制度。主要修改内容包括：一是全面推行证券公开发行注册制度；二是显著提高证券违法违规成本；三是完善投资者保护制度；四是进一步强化信息披露要求；五是优化证券交易制度机制；六是落实"放管服"要求取消相关行政许可；七是压实中介机构市场"看门人"法律职责；八是建立健全多层次资本市场体系；九是强化监管执法和风险防控；十是扩大《证券法》的适用范围。

本次《证券法》修订的时间跨度较长，内容变化较大，有关各方的关注度较高。为了帮助广大读者深入学习、贯彻修订后的《证券法》，进一步促进我国证券市场法治化水平的提高，我们组织中国证监会系统曾经参与过这次《证券法》修订工作的一些同志，根据其长期从事证券实务工作的经验积累，结合其参与立法的心得体会，撰写了《〈证券法〉修订要义》一书。本书以逐条释义的方式，对有关条款的修订背景、原因及其理解适用，进行了阐述说明，力求尽可能将专业性、实用性与普及性相统一，以为广大读者学习、研究和贯彻执行新《证券法》提供有益参考。

第一章

总　则

　　本章共八条，主要规定《证券法》的立法宗旨、调整对象、适用范围、基本原则、监管框架等内容。原《证券法》规定的证券范围主要限于股票、公司债券。在《证券法》修订过程中，草案一读稿① 采取了对证券进行定义加列举和授权的立法模式。二读稿② 恢复了原《证券法》条文中列举加授权的规定。三读稿③ 增加规定存托凭证为法定证券的一种。四读稿④ 延续了三读稿的规定方式，同时按照功能监管的原则，授权由国务院依照《证券法》的原则对资产支持证券、资产管理产品的发行、交易活动进行规定。此外，还新增规定，就《证券法》必要的域外适用效力予以明确，并删除了关于证券行业协会的原则性规定，将对证券交易所的审计监督扩大到证券交易场所，还对个别条文做了文字调整。

◎《证券法》的立法宗旨

　　第一条　为了规范证券发行和交易行为，保护投资者的合法权益，维护社会经济秩序和社会公共利益，促进社会主义市场经济的发展，制

---

　　① 即2015年4月十二届全国人大常委会第十四次会议第一次审议的《证券法》修订草案。

　　② 即2017年4月十二届全国人大常委会第二十七次会议第二次审议的《证券法》修订草案。

　　③ 即2019年4月十三届全国人大常委会第十次会议第三次审议的《证券法》修订草案。

　　④ 即2019年4月十三届全国人大常委会第十次会议第四次审议的《证券法》修订草案。

定本法。

修改提示

本条未作修改。

解 析

《证券法》是否需要规定立法宗旨，及内容如何，有关国家、地区的做法不尽相同。美国《1933 年证券法》未设专条规定立法宗旨，但其《1934年证券交易法》中第 2 条"本法规定的监管必要性"，类似于对立法宗旨的规定，2010 年颁布的《多德-弗兰克华尔街改革与消费者保护法》中，则开宗明义规定"本法旨在完善金融体系的问责制，提高金融体系的透明度，促进提高美国的金融稳定性，结束'大而不倒'的现象，保护美国纳税人，使消费者免受金融服务滥用的影响及实现其他相关目标"。英国《2000 年金融服务与市场法》也在篇首明确规定了"为规范市场金融服务和市场发展……并为实现其他相关目的"的立法宗旨。中国台湾地区"证券交易法"第一条规定，"为发展国民经济，并保障投资，特制定本法"。

本次修订对本条未作修改，主要考虑的是本条规定仍符合目前的市场环境和立法需要。《证券法》的立法宗旨为：

一是规范证券发行和交易行为。就法律关系属性而言，证券发行和交易行为，属于民事法律关系，应遵循民法的相关规定，以市场主体的意思自治为主要原则，但由于证券发行和交易涉及的财产利益较大，法律关系比较复杂特殊，且相关主体之间利益诉求不一，容易滋生欺诈不公等弊端，因此亟须专门立法予以规范。

二是保护投资者合法权益。证券市场是投融资市场。投资是证券市场存在和发展的前提与基础，必须保护投资者合法权益，以鼓励投资。特别是我国证券市场的建立起步较晚，中小投资者占绝大多数，其处于市场信息传播的末端，相对弱势，更需予以保护。

三是维护社会经济秩序和社会公共利益。证券市场既涉及市场主体的自身利益和经营发展，也涉及整体的社会经济秩序和公共利益，是国家之公器。美国《1934年证券交易法》第11A条即规定"证券市场是一种重要的国家资产，必须予以保护和加强"。特别是在我国，证券市场比较敏感，涉及面广，社会各方比较关注，市场中的一些违法行为不单扰乱市场秩序本身，还会酿成系统性风险，影响社会稳定和经济发展，在损害市场主体自身利益的同时，损害社会公共利益。因此，需要利用法律机制调整和规范市场经济下各种社会关系，以维护社会经济秩序和社会公共利益。

四是促进社会主义市场经济的发展。实施市场经济，必须要有证券市场。一个公开、透明、规范、有活力、有韧性的证券市场，是对经济资源进行市场化配置的不可或缺的基础性平台，对于服务实体经济，促进创业创新，推动经济发展，具有非常重要的意义和作用。证券法的制定与实施，就是通过法治的思维与方式，促进这一目标的实现。

上述立法宗旨是一个有机整体，相互关联，不可分割，是统率本法的灵魂。有关对本法其他规定的解释与适用，以及根据本法制定的行政法规、规章、规范性文件，乃至证券交易场所、证券业协会制定的业务规则，均需符合本法的立法宗旨。

◎《证券法》的调整对象与适用范围

第二条　在中华人民共和国境内，股票、公司债券、存托凭证和国务院依法认定的其他证券的发行和交易，适用本法；本法未规定的，适用《中华人民共和国公司法》和其他法律、行政法规的规定。

政府债券、证券投资基金份额的上市交易，适用本法；其他法律、行政法规另有规定的，适用其规定。

资产支持证券、资产管理产品发行、交易的管理办法，由国务院依照本法的原则规定。

在中华人民共和国境外的证券发行和交易活动，扰乱中华人民共和国境内市场秩序，损害境内投资者合法权益的，依照本法有关规定处理并追究法律责任。

　　本条规定《证券法》的调整对象与适用范围，本次修订进行了大幅调整，在拓宽证券种类范围的同时，规定了特定情形下本法的域外效力。主要体现在以下方面：一是扩大了本法的调整对象，增加列举了存托凭证作为法定证券品种。二是为了维护国家金融利益不受损害，增加规定了特定情形下本法的域外适用效力，即对于在境外的证券发行和交易活动，如果扰乱境内市场秩序，损害境内投资者合法权益，依照本法有关规定处理并追究法律责任，扩大了本法的空间适用效力。三是将资产支持证券、资产管理产品写入本法，授权国务院对其发行、交易进行具体规定。四是删除了有关证券衍生品的相关规定。

解　析

一、证券范围的规定方式

　　在修订过程中，有观点建议采用"定义＋列举"的方式，通过抽象规定证券的核心要素以及具体列举主要证券品种的方式规定证券的范围，并在此基础上，赋予中国证监会对证券品种的认定权，既保持法律的稳定性和严肃性，也为新产品和交易方式的创新预留空间。也有建议提出，可以借鉴美国证券市场中"投资合同"概念，将判断"证券"的实质标准明确为某项投资活动是否以金钱投资到共同事业之中，并期望凭借他人的经营而取得利润；或者参考日本《金融商品交易法》中"集合投资计划份额"的概念，明确证券的三个构成要件：接受投资者金钱的出资；利用出资、支出的金钱进行事业、投资；将该事业所产生的收益等向出资人进行分配。但考察境外成熟市场的证券立法例，对证券定义按照原则性法律规定，大多是以列举的方式予以规定。如美国《1933年证券法》第2条"定义"中有关"证券"的规定，主要是对诸多证券种类的详细列举，而非对其法律内涵的解释。德国《有价证券交易法》第2条在原则性规定"本法所称有价证券，是指除了支付工具之外，各种依据其形式可在金融市场上交易的可转让有价证券，即使没有对其签发凭证"之基础上，也主要以列举形式对股票、债券凭证等证券种类进行了规定。①

---

① 境外立法例：

1. 美国《1933 年证券法》第 2 条（a）款

除非上下文另有规定，本条所称的证券，指任何票据（note），股票（stock），库存股票（treasury stock），债券（bond），无抵押债券（debenture），债务凭证（evidence of indebtedness），息票或任何参与分红协定的证书，抵押信托证，经济组织组建前证书或认购书，可转让股份，投资合同，投票权信托证书，证券存托证明，石油（天然气或其他矿产）小额利息权，任何证券的出售权、购买权、买卖选择权或优先购买权，存款凭证，证券组合或证券指数（包括其中的任何利益或以其价值为基础的），在全国证券交易所中与外汇有关的任何股票的出售权、购买权、买卖选择权或优先购买权；此外，还包括一般被认为是属于证券的任何权益或凭证，或者上述任何一种的息票或参与分红证书、暂时或临时证书、收据、担保证书、认股权证、订购权、购买权。

2. 日本《金融商品交易法》第 2 条

A. 狭义的证券（该法第 2 条第 1 项以下的主要内容）

a. 国债；b. 地方债；c. 依特别法法人所发行的债券；d. 资产流动化法（金融资产证券化条例）所规定的特定公司债；e. 公司债（含相互公司之公司债）；f. 依特别法设立的法人所发行的出资证券；g. 合作组织金融机关的优先出资证券法规定的优先出资证券；h. 资产流动化法所规定的优先出资证券或表示有新优先出资认购权的证券；i. 股票或新股预约权证券（股票或新股认购权利证书）；j. 投信法所规定的投资信托或为外国投资信托的受益证券；k. 投信法所规定的投资证券或投资法人债券或外国投资证券；l. 借贷信托的受益证券；m. 资产流动化法所规定特殊目的信托的受益证券；n. 信托法所规定的受益证券发行信托的受益证券；o. 法人为事业上调度必要资金所发行的商业汇票，依行政命令规定；p. 抵押证券法所规定的抵押证券；q. 外国所发行的证券或因 a 至 i 取得的证书或 l 至 p 所列证券或其他具有证书性质的；r. 外国所发行的证券、银行的经营者或其他以借贷金钱为业者的信托借贷债权的信托的受益权，或表示类似权利之物（由行政命令认定）；s. 于金融商品市场，开设金融商品市场者的基准及方法，根据同法所列的与交易相关的权利；t. 所列证券或证书的存托，该证券或证书在发行国以外的国家发行证券或证书，表示该受预托的证券或证书相关的权利的（存托凭证）；u. 除上述证券外，根据流通性与其他情况，为公益目的或保护投资人的目的，确有必要根据行政命令认为的其他证券或证书。

B. 准证券（该法第 2 条第 2 项以下的主要内容）

a. 信托的受益权；b. 对外国人的具有信托受益权性质的权利；c. 以政令规定为限，合名公司或合资公司的社员权或合同公司的社员；d. 外国法人的社员权具有 c 项权利性质的；e. 依日本民法第 667 条第 1 项规定的组合契约、商法第 535 条规定的隐名合伙契约、投资事业有限责任组合契约法第 3 条第 1 项规定的有限责任事业组合契约的基本权利，社团法人的社员权或其他权利（依外国法令而享有的权利除外）下，拥有该权利的出资者或处理资金者（包含依命令为相类似行为者），而安排实行事业所生收益的分配或该出资对象事业相关财产分配的权利；f. 基于外国法令所享有的、与 e 项类似的权利；g. 与前述各项权利具有相同经济性质者为公益目的或保护投资人之确保而有必要认定的。

这次修订过程中的一读稿曾试图对证券进行定义，其第三条规定"本法所称证券是指代表特定的财产权益，可均分且可转让或者交易的凭证或者投资性合同"，但由于这一定义本身的内涵与外延不够明确，并缺少针对不同品种发行、交易、信息披露、风险控制、投资者保护等的相应规范，引发了较大争议，各方认识不统一。考虑到法律不同于教科书，并不一定要对证券

C.衍生性金融商品

衍生性金融商品交易是金融商品与金融指数的期货交易、交换交易与信用衍生性金融商的交易，依交易场所区分为证券集中交易市场衍生性金融商品交易、店头衍生性金融商品交易、外国证券集中交易市场衍生性金融商品交易。金融商品，指作为衍生性金融商品交易之原始资产，包括有价证券、依政令所定由存款契约所生的权利、货币、依政令所订多数存在且同一种类者的并有明显价格变动。金融指数，指用来定义以指数为基准的衍生性金融商品交易的数据，包括：金融商品的价格与利率、有关气象观测结果的数值、对从业者经济活动产生重大影响的指数或有关社会经济状况统计数据中以政令所订定者、以前述为基准的数据。

3.欧盟《金融工具市场指令》（《关于金融工具市场的第2004/39/EC号指令》⋯⋯第4条第1款第17项、第18项，附录一第C节）

第4条第10款"金融工具"指附录一第C节所列的工具；18）"可转让证券"指资本市场上各类可转让的证券，支付凭证除外，如：a）公司股票，其他相当于公司、合伙制企业或其他实体的股票的有价证券，以及股票存托凭证；b）债券或其他形式的证券化债务，包括上述证券的存托凭证；c）赋予买卖此等可转让证券的权利的任何其他有价证券，或者是产生现金结算的任何其他有价证券，且此等现金结算是参照可转让证券、货币、利率或收益、商品或其他指数或者指标进行的。⋯⋯

附录一第C节金融工具：（1）可转让证券；（2）货币市场工具；（3）集合投资计划单位；（4）与证券、货币、利率或者收益率，或可以实物或现金方式结算的其他衍生品工具、金融指数或金融计量有关的期权、期货、互换、远期利率协议和任何其他衍生品合约；（5）与必须以现金结算或可以经一方选择（非因违约或其他终止事件）以现金结算的商品有关的期权、期货、互换、远期利率协议和其他任何衍生品合约；（6）与可以实物方式结算的商品有关的期权、期货、互换、远期利率协议和任何其他衍生品合约，前提是这些是在受监管市场和/或在MTF上交易的；（7）可以实物方式结算的、第C节第6项所述之外的、没有商业用途、具有其他衍生品金融工具特征（涉及，例如，是否通过认可的清算所结算和清算，是否应定期追加保证金）的商品有关的期权、期货、互换、远期现货交易和任何其他衍生品合约；（8）转移信用风险的衍生工具；（9）金融差价合约；（10）与气候变量、运费费率、温室气体排放权、通货膨胀率或其他官方经济统计数字有关的、必须以现金结算或经一方选择（非因违约或其他终止事件）可以现金结算的期权、期货、互换、远期利率协议以及任何其他衍生品合约，以及任何与本节所述之外的资产、权利、义务、指数和计量有关的、具有其他衍生品金融工具特征的其他衍生品合约（例如，涉及是否在受监管市场和/或在MTF上交易，是否通过认可的清算所结算和清算，是否应定期追加保证金）。

下定义；原法律中有关部分列举和授权国务院认定的方式，也可以解决实践中新出现的证券种类问题。因此，修订草案二读稿恢复了修订前的做法，即不对证券做统一的定义式规定，而继续采用列举加授权方式进行规定。

二、存托凭证

三读稿根据市场发展新形势，增加了"存托凭证"这一新的证券品种。中国存托凭证（Chinese Depository Receipt，简称CDR）是指由境外已发行证券的存托人签发，以境外证券为基础在境内发行，代表境外基础证券权益的证券。作为推动一国资本市场国际化的重要金融工具，在金融全球化趋势中获得了长足发展，其不仅有利于增加国内投资者的投资选择空间，也为众多跨国公司提供了较好的融资通道，大部分境外成熟市场均已将其规定为"证券"。2018年3月，国务院办公厅转发了证监会《关于开展创新企业境内发行股票或存托凭证试点的若干意见》，认定了存托凭证这一国际上已经较为成熟的证券品种。经党中央、国务院同意的《关于在上海证券交易所设立科创板并试点注册制的实施意见》进一步强调了符合有关规定的红筹企业，"可以申请发行股票或存托凭证并在科创板上市"。为落实党中央、国务院支持红筹企业回归、支持民营经济发展、畅通企业融资渠道的精神，进一步明确和完善存托凭证的发行交易及监管制度的上位法依据，三读稿将存托凭证明确为法定证券品种。

三、资产支持证券

资产支持证券（Asset-Backed Security，简称ABS）是指以特定资产的收益为基础而发行的证券，在境外证券市场中较为常见。近年来，党中央、国务院高度重视并在多份重要文件中都提及要有序推进资产证券化。实践中，资产支持证券规模较大，市场发展较快，但由于原《证券法》未将资产支持证券纳入法定证券范围，资产支持证券具体业务主要依据有关部门的规定开展，立法层级较低，行政执法适用性较弱，不利于进一步加强监管执法，防控市场风险。为此，四读稿将"资产支持证券"写入《证券法》。但考虑到资产支持证券在法律关系上不同于股票、公司债券等证券品种，《证券法》又授权国务院依照《证券法》的原则，对其发行、交易进行规定。因此，需要说明的是，资产支持证券的发行交易并不直接适用《证券法》的具体规定，不同于本条第一款所列举的证券，以及授权国务院认定的证券。

四、资产管理产品

实践中包括公募基金、证券公司资产管理计划、基金管理公司及其子公司专户产品、私募股权类投资基金、银行理财产品、信托集合产品、保险资管产品等，资产管理产品有多种形式，据统计，总规模已超百万亿元，分属银保监会、中国证监会等多部门监管。2012 年，《证券投资基金法》修订时，修订稿中曾将上述部分产品纳入进来统一调整，但最终法律出台时，仅保留了公开或者非公开募集的证券投资基金，其他资产管理产品终未纳入。近几年来，由于各种产品适用不同的监管规则，分属不同的部门监管，实践中易引发监管套利或是监管空白，滋生了"多层嵌套""通道业务""资金池"等乱象，甚至导致非法经营、非法集资、集资诈骗等违法犯罪行为，有关金融风险事件也时有发生。为此，2018 年，中国人民银行、银保监会、中国证监会、国家外汇管理局四部委共同发布了《关于规范金融机构资产管理业务的指导意见》（以下简称《指导意见》），旨在统一各类产品的监管规则，防止监管套利，弥补监管空白，防范金融风险。但《指导意见》效力层级较低，稳定性不强，缺乏法律责任等配套保障。鉴于此，本次修订将"资产管理产品"明确写入《证券法》。但是，资产管理产品的发行交易并不适用《证券法》有关证券发行交易的具体规定，其发行交易的管理办法需要由国务院依照《证券法》的原则进行规定。同时，这里还涉及与《证券投资基金法》的关系，其中投资于证券并采取基金形式的资产管理产品，其发行募集交易等活动更应适用《证券投资基金法》。因此，也有意见认为，要对资产管理产品进行完备的规定，应当通过修订《证券投资基金法》来进行统一规范。这也是在本次《证券法》修订中的前几次审议稿一直未将其纳入的主要因素。

五、证券衍生品

在修订过程中，有的地方、部门提出，证券衍生品种分为证券型（如权证）和契约型（如股指期货）。其中，证券型衍生品种可以作为国务院依法认定的其他证券，直接适用本法；契约型品种可以适用《期货交易管理条例》，同时，目前有关方面正在起草《期货法》，将来可以纳入《期货法》调整。据此，《证券法》可以不再就证券衍生品种授权国务院规定具体管理办法。因此，四读稿删除了关于证券衍生品的相关规定。

六、关于域外适用效力

这次《证券法》修订，新增加域外适用效力的规定，是为了适应中国证券市场对外开放和全球证券市场国际化程度日益提高的需要。但由于实践中的情况比较复杂，尚难具体的列举，故进行原则性规定，但国际上通行的证券法域外适用情形，在本法中也是包含在内的。如证券虽然在境外发行、交易，但在发生欺诈或者信息披露虚假时，受害投资者是中国公民、法人或者其他组织的，以及有关操纵市场、内幕交易等违法行为虽然直接发生在境外市场，但危害结果发生在境内市场，影响境内市场秩序的即可以依照本法追究其法律责任。

◎ 公开、公平、公正的原则

第三条 证券的发行、交易活动，必须遵循公开、公平、公正的原则。

修改提示

本条仅做了文字性修改，将"实行"修改为"遵循"。

解析

鉴于证券发行、交易活动的参与者众多，交易机制复杂，各方利益矛盾冲突较大，为了有效保护投资者的合法权益，维护市场秩序，必须遵循公开、公平、公正的原则，即"三公"原则。只有这样的投资环境，证券市场才可能健康发展。

公开指有关证券发行、交易的信息要依法如实披露、充分披露、持续披露，让投资者在充分了解真实情况的基础上自行作出投资及交易判断。公开原则是最为集中体现我国证券市场特点要求和现代证券法法理逻辑的一项基本法律原则。一方面，通过公开原则的贯彻落实，将发行交易的证券质量、投资价值公之于众，孰优孰劣、孰好孰差，由投资者根据公开的信息进行自主判断、决策，以体现市场化的要求。另一方面，通过公开原则的贯彻落实，加强对市场的管理与规范，维护市场秩序，即"阳光是最好的消毒剂，路灯是最好的警察"。如证券发行监管从审批制到核准制再到注册制，其实也是公开原则逐步深入落实的具体体现。但是，对于公开原则也有不同的认识，主要是担心过度的信息披露要求会增加市场的成本，降低市场效率，并怀疑其功能的有效性。不过，目前看来，坚持市场的公开透明，仍是必要和有效的，这次《证券法》修订，继续维持了这一原则，并按该原则新增了信息披露一章。贯彻公开原则的基本要求是，公开的信息必须真实、准确、完整，不得有虚假记载、误导性陈述或者重大遗漏。

公平指参与证券市场的民事主体在法律上地位平等，相互之间的权利与义务对等，在市场中获取和行使权利的机会均等。贯彻公平原则的基本要求是，投资者能够公平参与竞争，公平面对机会和风险。这是市场主体从事各类民事活动应普遍遵循的基本法律原则，我国《民法总则》也做了相应规定。在《证券法》中规定公平原则，主要有三个方面的定义。一是强调不同发行人在发行证券募集资金的融资活动中的公平地位，只要符合发行条件和信息披露要求，均有权申请发行证券，不受歧视和差别对待；二是强调不同投资者在获取信息、认购证券、买卖证券市场活动中的公平地位；三是强调对处于相对劣势地位的广大中小投资者的公平保护，例如，"散户"等中小投资者在认购公开发行的证券等方面的机会，应当不小于大的机构投资者，因为这是我国证券市场特点所特别需要的。

公正指证券的发行、交易活动执行统一的规则，适用统一的规范，主要在于规范证券的监管执法活动以及相关证券司法活动。贯彻公正原则的基本要求是，证券市场参与者的合法权益同样受法律保护，违法行为同样受法律制裁。对于同类事项，执法标准要统一，处罚和赔偿的幅度要一致，采取的监管措施要统一，不能厚此薄彼，畸轻畸重，避免前后不一、左右失衡。同时，在广义上，公正原则包含廉洁的要求，在相关证券执法司法纠纷中，要避免有利益冲突和利益输送等徇私枉法情形。特别是目前的《证券法》相关条款按照原则性进行规定，如有关对受害投资者赔偿的标准规定不够明确，一些行政许可的条件设有兜底条款，行政处罚的幅度范围较大等，都对市场公正原则提出了更高的要求。

◎ 平等、自愿、有偿、诚实信用的原则

第四条　证券发行、交易活动的当事人具有平等的法律地位，应当遵守自愿、有偿、诚实信用的原则。

修改提示

本条未作修改。

解　析

本条是对证券发行、交易活动的当事人的法律地位及其从事证券发行、交易应遵守的基本原则的规定。

一、证券发行、交易活动当事人法律地位平等

证券发行、交易活动是重要的民事活动，民事活动当事人的权利与义务平等，这是一项最基本的民事法律制度。《证券法》对平等原则的规定，集中体现了证券发行交易活动的民事活动的法律性质。按照该原则要求，不同的参与证券发行交易的当事人，均享有独立的法律人格，在具体的发行交易民事关系中互不隶属，在同类的活动中适用同一的法律规定。这次《证券法》修订，继续坚持平等原则，主要有三个方面的考虑：一是证券发行交易活动在本质上属于民事活动，应当遵循民法的这一基本原则；二是《证券法》既规范证券监管活动，同时也规范证券发行交易等大量市场民事活动，

既有行政法的属性，也有民法的属性，而且在很大意义上是证券领域的民事特别法；三是实践中仍然存在一些在证券发行交易中当事人之间地位不够平等的现象，需要在法律上强调平等的原则要求。本条明确当事人的法律地位平等，有利于对市场主体的平等法律保护。

二、从事证券发行、交易活动，应当遵守自愿、有偿、诚实信用的原则

自愿原则是民法的基本原则，我国《民法总则》《合同法》均有规定。该原则源于传统民法的"合同自由"，其含义包括决定是否订立合同的自由，选择合同相对人的自由，确立合同内容的自由，变更或者终止合同的自由，以及合同订立方式的自由。《证券法》规定自愿原则，主要有如下特殊含义：一是申请发行证券和进行融资属于发行人的自主行为，是发行人对其民事权利的自主行使，不受行政干预和他人操控；二是认购证券是投资者的自主决策、自愿行为，不接受"拉郎配"，并对自己行为的后果承担市场风险；三是证券的买卖遵循自主自愿的原则，除法律、法规、中国证监会规定和交易所业务规则另有规定外，投资者可依自己意愿自由买卖证券。

有偿原则在我国法律中最早规定于1986年制定的《民法通则》，原表述为"等价有偿"，是与西方的古罗马法中的"约因"，及英国普通法中的"对价"制度相对应，是商品的价值规律在法律上的反映，强调在民事活动，特别是财产性民事活动中，一般不能无偿获得、占有他人财产，不能无偿调拨、征用。在《证券法》中规定有偿原则，有三个方面的特殊含义：一是强调证券发行是有偿的，认购、获取证券必须付出相应对价，不能无偿"送干股"；二是强调投资者出资购买的证券应当是有投资价值的，发行人负有给投资者以回报的义务，不能向投资者出售毫无价值的"一片蓝天"；三是强调发行人、上市公司的大股东、实际控制人不能无偿地占用发行人、上市公司资金，损害发行人、上市公司利益。至于证券活动只规定了有偿，而未规定"等价"，主要是考虑到证券发行交易的价格受多种因素影响，投资、买卖证券有市场风险，为了避免将"等价"误解为出资额与证券未来的价格相

等，故未规定"等价"。

诚实信用原则也称诚信原则，是民事活动的一项基本原则，在我国古代法律和西方的古罗马法中都有相应要求。到了近代，随着德国民法典对诚实信用原则的明文规定，这一原则日益受到各国立法的重视，被誉为民法中的"帝王条款"。我国1986年制定的《民法通则》和2017年通过的《民法总则》均规定了这一原则。《证券法》中规定这一原则，体现了诚信在证券市场中的特殊重要性。从历史角度看，证券市场是股份制发展到一定阶段的产物。而股份制的产生是与信用制度的发展紧密联系在一起的。发行人之所以能够通过发行股票、债券向社会公众募集资金，是以其信用为基础的。一个募集公众资金的公司，之所以能将企业的经营权授予个别的董事、经理，形成"委托—代理"机制，也是基于这些董事、经理的信用。如果发行人及董事、经理缺乏诚信，那么证券市场的基础将会崩塌。《证券法》中的诚信原则，主要体现在以下几个方面：一是发行人对投资者的诚实信用，不得欺诈发行证券；二是上市公司、在新三板挂牌公司以及发行债券的公司，在其发行证券上市交易后对投资者的诚实信用，不得披露有虚假记载、误导性陈述、重大遗漏的信息；三是公司董事、经理等经营者对公司的诚实信用，必须善尽职责，忠实勤勉，不得损害公司利益；四是投资者之间，特别是大股东对中小股东的诚实信用，不得利用优势地位损害中小股东权益；五是会计师事务所、律师事务所等证券服务机构对其委托人和公众投资者的诚信义务，在执业活动中必须勤勉尽责。

◎ 遵守法律、行政法规和禁止欺诈、内幕交易、操纵市场的原则

第五条　证券的发行、交易活动，必须遵守法律、行政法规；禁止欺诈、内幕交易和操纵证券市场的行为。

修改提示

本条未作修改。

早期证券发行、交易主要是商人出于自利的自发行为。股份制的发展带动了证券市场的产生，公司通过发行股票、债券筹资，政府也通过发行政府债券筹资以弥补财政不足，证券发行的出现带来了证券交易。自 1602 年，荷兰交易商在阿姆斯特丹交易公司股票，成为股票交易所的雏形，之后在英国、美国也出现了在咖啡馆、梧桐树下集合起来的证券交易商，组建私人俱乐部组织实行自律管理。然而纯粹自律管理的市场投机现象十分严重，证券欺诈和市场操纵时有发生。1929 年金融危机之后，各国政府进一步重新制定相关证券法律，对证券发行和交易活动进行规定和限制。以美国为例，制定了《1933 年证券法》《1934 年证券交易法》等证券法律，并成立了证券交易委员会，对证券市场进行必要的控制和管理。本条规定中所禁止的"欺诈"含义比较宽泛，包括欺诈发行证券、证券公司欺诈客户和信息披露虚假等证券欺诈行为。为更好地落实禁止欺诈原则，在本次修订中，有关部门曾建议在"禁止的交易行为"及"法律责任"中，专设禁止证券欺诈行为的一般条款，以便对本法的欺诈发行未明确列举的具体新型欺诈行为进行处罚。但由于存在不同意见未被采纳。

本条是对证券发行、交易活动准则的规定。一是证券的发行、交易活动，必须遵守法律、行政法规。法律是国家立法机关依照法定程序制定，以国家强制力保证其施行的，人们共同遵守的行为规范，包括宪法和全国人民代表大会及其常务委员会制定的各项基本法和单项法。行政法规是国务院为实施行政管理职责，依据宪法、法律和国家立法机关的授权制定的，以国家强制力保证其施行的人们共同遵守的行为规则。证券的发行、交易活动是市场经济的产物，关系到社会各方面的利益，由此形成多种法律关系，须遵守国家法律、行政法规的规定。

二是禁止欺诈、内幕交易和操纵证券市场的行为。诚实信用原则是市场经济的基本原则，不得以欺诈蒙骗等有悖于诚实信用原则的方法从事市场经济活动。欺诈、内幕交易和操纵证券市场等行为破坏了公平竞争，扭曲了证券市场正常的供求关系，对证券市场秩序具有极大破坏性，必须予以禁止。

各国和地区大都规定了禁止这三类典型的证券违法行为。美国《1933年证券法》第17（a）条，《1934年证券交易法》第9条、第10（b）条对禁止虚假陈述、操纵市场等证券欺诈行为做了规定。中国台湾地区"证券交易法"第二十条、第三十二条、第一百五十五条、第一百五十七条之一规定了禁止虚假陈述、操纵市场、内幕交易等行为。我国香港地区《证券及期货条例》也规定了虚假陈述、内幕交易、操纵市场等市场失当行为。

◎ 金融业的分业经营与分业管理

第六条　证券业和银行业、信托业、保险业实行分业经营、分业管理，证券公司与银行、信托、保险业务机构分别设立。国家另有规定的除外。

修改提示

本条未作修改，但在本次修订过程中，有意见提出要补充有关"功能监管""行为监管"要求、同类业务遵循相同的规定。

解 析

本条是对证券业与其他金融业实行分业经营、分业管理的特别规定。

一、境外分业经营、分业管理法律制度的演进发展

境外在法律上最早明确规定分业经营、分业管理的是美国1933年制定的《格拉斯-斯蒂格尔法案》，即《1933年银行法》，其第20条规定："任何联邦储备成员银行不得从事股票、债券的发起、发行、销售活动，也不得与从事证券发行销售的证券公司或者类似的机构发生联营关系。"第23条规定："除经美联储理事会特别认定，任何从事股票、债券发起、发行、销售的人，不得担任成员银行的官员、董事或者雇员。"该法还要求银行在12个月内作出选择——继续从事银行里的哪部分业务，即银行可以从事投资银行业务，也可以从事商业银行业务，但不能两者兼营；而且，其还特别要求商

业银行在证券公司中的赢利不能超过银行总赢利的 10%。受该法影响，不少国家和地区也都开始立法，确立分业经营、分业管理的市场格局。但是到了 1999 年，形势发生了变化，美国通过了《格雷姆-里奇-比利雷法》，也称《金融服务现代化法》，废止了《格拉斯-斯蒂格尔法案》第 20 条和第 23 条有关分业经营、分业管理的规定。但是，对于这一法律变化，一直存在不同的意见，担心在废止分业经营的限制后，会加大风险的滋生与转移。甚至连作为法案的起草者之一的詹姆斯·里奇，也在 2008 年全球金融危机爆发后懊悔地表示，"他支持废除《格拉斯-斯蒂格尔法案》是个错误"[1]。在 2008 年全球金融危机后，美国制定了《多德-弗兰克华尔街改革和消费者保护法》，在一定程度上采纳了"沃尔克规则"，虽然改革了监管体制，包括设立金融稳定监督委员会等，但有关证券、银行、保险等分别由证券交易委员会（SEC）与其他机构监管的基本格局仍然维持未变。

二、我国分业经营与分业管理现状

我国的证券业、银行业、信托业、保险业在改革开放之初，实行混业经营、混业管理。但是，由于一些银行资金违反国家有关金融管理规定，通过各种方式流入股市，给证券市场及国民经济的健康发展带来了十分不利的后果。经总结经验，考虑到现阶段我国证券业、银行业、信托业、保险业都还处于市场化改革发展中，分业经营、分业管理有利于提高经营水平，加强监督管理，化解金融风险。为此，国家分别制定了《中国人民银行法》《商业银行法》《银行业监督管理法》《证券法》《信托法》《保险法》等，并分别设立了中国证监会、银监会和保监会及后来的银保监会，依法加强对证券业、银行业、信托业、保险业的监督管理。

三、"除外条款"的规定

在 1998 年颁布的《证券法》中，只规定了分业经营、分业管理，并无

---

[1] ［美］保罗·沃尔克等：《坚定不移：稳健的货币与好的政府》，徐忠等译，中信出版社 2019 年版，第 266 页。

除外规定，但是近年来，随着我国金融体制改革不断深化和金融市场逐步对外开放，继续对证券业、银行业、信托业、保险业实行严格的分业经营、分业管理，导致出现了市场管理高成本、低效率的现象。考虑到我国资本市场起步晚，为了有利于金融创新，促进市场发展，同时有效防范金融风险，本条在规定继续实行分业经营、分业管理的同时，在2005年修订《证券法》时，规定了"国家另有规定的除外"，为进一步深化改革和完善我国金融制度留下空间。这次修订，继续沿袭了这一规定做法。

实践中，随着金融改革不断创新，金融行业实行严格分业经营的做法已经逐渐被突破。2018年4月，银监会和保监会合并成为中国银行保险监督管理委员会。从总体来看，我国金融业的分业经营、分业管理的格局未变，证券业与银行保险业仍旧分业经营、分业管理。金融业混业经营虽有其优势，但其可能滋生的风险仍不能忽视，操作不当，甚至会危害到我国整个金融体系安全。因此，本次修订未改变分业经营、分业管理的原则性规定。

◎ 证券市场监督管理机构和集中统一监督管理体制

第七条　国务院证券监督管理机构依法对全国证券市场实行集中统一监督管理。

国务院证券监督管理机构根据需要可以设立派出机构，按照授权履行监督管理职责。

修改提示

本条未作修改。

解　析

本条是关于我国证券市场监督管理机构和体制的规定。

1992年，国务院发布了《国务院关于进一步加强证券市场宏观管理的通知》，其指出由于"证券市场管理政出多门、力量分散和管理薄弱"等原因，使证券市场出现了一些混乱现象，为了加强证券市场宏观管理，统一协调有关政策，国务院决定成立"国务院证券委员会"和"中国证券监督管理委员会"，明确国务院证券委员会是国家对全国证券市场进行统一宏观管理的主管机构，中国证监会是证券委监管执行机构。该通知确立了我国证券市场集中统一监管体制的基本格局。1998年，国务院办公厅印发了《国务院办公厅关于印发中国证券监督管理委员会职能配置、内设机构和人员编制规定的通知》，明确提出"建立统一的证券期货监管体系"规定，中国证券监督管理委员会作为国务院证券监督管理机构，为国务院直属正部级事业单位，是全国证券期货市场的主管部门，对各省、自治区、直辖市和计划单列市的证券期货监管机构实行垂直管理，承担原国务院证券委员会的职能和中国人民银行履行的证券监管职能，统一管理证券期货市场，从而建立了证券市场集中统一的监管体制。1998年通过《证券法》，在法律上予以确认，进一步明确了监管机构和监管体制的法律地位。

按照本条规定，中国证监会根据其需要，可以设立派出机构，并依法授权其履行监管职责。本条规定为中国证监会向派出机构授权提供了法律依据。2015年，中国证监会在总结以往相关规定的基础上，出台了《中国证监会派出机构监管职责规定》，以规章形式，对派出机构的职责进行系统的授权规定。

◎ 对证券业的审计监督

第八条　国家审计机关依法对证券交易场所、证券公司、证券登记结算机构、证券监督管理机构进行审计监督。

修改提示

本条审计的范围由原来的"证券交易所"扩大到了"证券交易场所"，国务院批准的其他全国性证券交易场所以及区域性股权交易场所也将纳入国家审计机关的审计范围。

　　本条是对证券业进行审计监督的规定。

　　国家审计机关是依宪法设立的国务院职能部门，在国务院总理领导下依法对国务院各部门和地方各级政府的财政收支，对国家财政金融机构和企业事业组织的财务收支进行独立审计，并提出审计报告，不受其他行政机关、社会团体和个人的干涉。目的是维护国家财经纪律，保障国民经济健康。

　　证券公司属于金融机构，证券交易场所和证券登记结算机构是为证券交易、登记结算提供服务的专业机构，中国证监会是国务院直属事业单位，都需要根据有关规定进行审计监督。

证券发行

　　本章共二十六条。相较于原条文，本章修改十七条，删除一条，保留九条，对证券公开发行制度安排做了较大幅度调整。一读稿规定了证券公开发行实行注册制或者核准制，将注册制适用范围限定于股票，维持债券及其他证券发行实行核准制。二读稿恢复了原《证券法》第二章"证券发行"的规定，并增加规定：国务院应当按照全国人大常委会关于授权国务院在实施股票发行注册制改革中调整适用《证券法》有关规定的决定的要求，逐步推进股票发行制度改革。三读稿在一般规定上继续沿用核准制的规定，但专设一节特别规定将科创板注册制的相关规定纳入法律中。四读稿按照全面推行注册制的基本定位进行了规定，并为实践中注册制的分步实施留出了法律空间。

◎ 公开发行证券和注册制

　　第九条　公开发行证券，必须符合法律、行政法规规定的条件，并依法报经国务院证券监督管理机构或者国务院授权的部门注册。未经依法注册，任何单位和个人不得公开发行证券。证券发行注册制的具体范围、实施步骤，由国务院规定。

　　有下列情形之一的，为公开发行：

　　（一）向不特定对象发行证券；

　　（二）向特定对象发行证券累计超过二百人，但依法实施员工持股计划的员工人数不计算在内；

（三）法律、行政法规规定的其他发行行为。

非公开发行证券，不得采用广告、公开劝诱和变相公开方式。

修改提示

本条有三处重要修改。一是全面实行证券发行注册制度，明确公开发行证券均应当依法注册。二是为分步实施证券发行注册制留出制度空间，授权国务院规定证券发行注册制的具体范围、实施步骤。三是将依法实施员工持股计划的员工人数排除出向特定对象发行证券累计人数范畴。

解　析

本条是对公开发行证券实行注册制和对"公开发行"进行界定的规定。明确设立股份有限公司公开发行股票、公司首次公开发行新股、上市公司再融资发行股票，以及存托凭证、公司债券等证券的公开发行均实行注册制。

一、注册制的含义

注册制是一种不同于审批制、核准制的证券发行监管制度，它的基本特点是以信息披露为核心，通过要求证券发行人真实、准确、完整地披露公司信息，使投资者基于所获得必要的信息，对证券的投资价值进行判断并作出是否投资的决策，证券监管机构对证券的价值好坏、价格高低不作实质性判断。

注册制起源于美国。美国堪萨斯州在 1911 年确立了"实质监管"的证券发行审批制度，授权监管机关对证券发行人的商业计划是否对投资者公平、公正、合理进行实质性判断。1929 年经济"大萧条"之后，美国制定了《1933 年证券法》，未采纳"实质监管"的证券发行制度，而是确立了以"强制信息披露"为基础的证券发行注册制。目前，注册制已经成为境外成熟市场证券发行监管的普遍做法。除美国外，英国、新加坡、韩国等国家都采取具有注册制特点的证券发行制度。从境外证券发行注册制的主要特点看，其大多不正面罗列设置发行条件，而是规定禁止性要求，如美国《1933

年证券法》即属此类立法模式，其第 8（b）条授权制止不合格的注册文件生效，一旦美国证券交易委员会认定注册文件对于重大问题的陈述不完整或不准确，即可签发拒绝令。

关于我国注册制的基本特点，体现在两个基本要求上：第一个基本要求，是党的十八届三中全会指出的"处理好政府和市场的关系，使市场在资源配置中起决定性作用和更好发挥政府作用"。第二个基本要求，是注册制要"打破行政审批思维"，坚持"以信息披露为核心"。

与核准制相比，注册制主要有以下六个特点：一是仍然有发行条件的规定，但发行条件更加精简优化。注册制和核准制都有发行上市的硬条件，这些条件在注册制下更加精简，更注重企业公开发行股票应当具备基本的资格条件、合规条件和运行条件，将现有发行条件中可以由投资者判断事项转化为更严格、更全面深入精准的信息披露要求，允许尚未盈利或存在累计未弥补亏损的企业上市。二是更严格的信息披露制度体系。注册制要求，发行人在符合条件的基础上，保证在法律方面的规范性和财务数据的真实性，确保信息披露的重大方面必须真实、准确、完整，承担信息披露第一责任；中介机构应归位尽责，对信息披露全面核查验证；投资者根据发行人披露的信息理性投资、自主判断投资价值。三是更加市场化的发行承销机制。注册制下，新股发行价格主要通过市场化方式决定；在此过程中发挥机构投资者的投研定价能力，建立以机构投资者为参与主体的询价、定价配售等机制，对发行定价不设限制。四是更强化的中介机构责任。严格要求中介机构履行尽职调查义务和核查把关责任，对于违法违规的中介机构及人员将采取严厉监管措施。五是更重的法律责任。对信息披露造假、欺诈发行等行为全面加重违法行为的行政责任、民事责任以及刑事责任，切实提高违法违规成本，以保障注册制下证券发行活动的规范运行。六是更健全的配套制度。注册制要进一步推动形成"有进有出"的退出机制，建立良好的法制、市场和诚信环境。

二、全面实行证券发行注册制

"推进股票发行注册制改革"是党的十八届三中全会提出的重大改革措

施。证券发行注册制度改革"牵一发而动全身",一直是本次《证券法》修订工作的重中之重,也是各方关注度最为聚焦的事项。2018 年 11 月 5 日,习近平主席在首届中国国际进口博览会开幕式上宣布"在上海证券交易所设立科创板并试点注册制",为股票发行注册制改革明确了起点与方向。在起草三读稿时,面临着如何在审读稿中规定证券公开发行制度的问题,一方面科创板的具体规则在 2019 年 3 月 1 日才开始施行,注册制试点刚刚开始,在法律中作出全面规定的条件还不完全具备;另一方面市场上对于在《证券法》中确立注册制法律地位的呼声很高,特别是在三读稿将要向全社会公开征求意见的情况下,如果法律中仍仅规定核准制,将难以满足市场需求。最终,三读稿在证券发行章节中新设"科创板注册制的特别规定"一节,规定了注册制的内容,并开始向全社会公开征求意见,比较稳妥地解决了注册制入法平稳过渡的问题。

三读稿征求意见过程中,社会各方对三读稿的注册制安排开展了广泛的讨论,普遍认为虽然三读稿对于注册制入法已经有了较大的突破,但仅有科创板注册制的规定难以满足深化改革和市场发展需求,普遍要求全面推进注册制改革。与此同时,2019 年 6 月 13 日,上海证券交易所科创板正式开板,首批公司于 7 月在科创板上市交易,在后续半年内科创板市场运行总体平稳,主要制度安排基本经受住了市场检验,为在《证券法》中全面规定证券发行注册制度提供了实践基础。经过各方共同不懈努力,四读稿不再将注册制局限于股票公开发行,而是明确包括股票、公司债券、存托凭证在内的所有证券的公开发行,均采用注册制。

三、分步实施证券发行注册制

证券市场有不同的板块和不同的证券品种,注册制改革既涉及增量,也涉及存量,还关系到投资者保护问题,各种因素交织,比较复杂。因此在坚持全面推进注册制改革方向的基础上,注册制的具体落地在客观上需要一个过程,难以一步到位、一蹴而就,需要尊重市场实际情况作出务实的安排,一定时期内还会存在注册制与核准制双轨并行的客观情况。这便要求在法律中作出相应处理,既要反映证券市场注册制改革的决心和力度,又要尊重市场实际情况作出务实的安排，衔接好从核准制到注册制的过渡。

在四读稿起草之初，各方对于在法律中为核准制到注册制的过渡留出空间已有共识。四读稿通过普遍制度规定和具体实施授权安排相结合的方式，在立法技术上做了相应处理：一方面，在第二章"证券发行"中全面按照注册制进行规定，不再规定核准制，以在法律上明确注册制改革的方向；另一方面，较为创新地授权国务院对注册制实施的具体范围、实施步骤作出规定。按照该授权规定，国务院可以就分步实施注册制作出安排，规定哪些证券品种和板块适用证券发行注册制度；同时，国务院还可以规定哪些证券品种、哪些板块暂不适用修订后的《证券法》关于注册制的规定，而是继续适用《证券法》修订前有关发行条件、审核程序等证券发行核准制度的规定。考虑到由国务院规定部分证券的公开发行仍适用《证券法》修订前的核准制规定，可能会引起误解，在立法过程中曾有意见提出在"附则"中专门增加一条，明确规定：依照本法和国务院的规定实施证券发行注册制前，公开发行证券适用修订前的《证券法》关于证券发行的有关规定。但是，由于担心这种规定将核准制在新的法律中固化，影响注册制改革的实施，故未予规定。2020 年 2 月 29 日，国务院办公厅印发了《国务院办公厅关于贯彻实施修订后的证券法有关工作的通知》，根据《证券法》授权，明确规定了部分证券和板块仍然继续适用修订前《证券法》有关核准制的规定。

四、公开发行的界定

由于公开发行证券的行为涉及公众利益，关系到金融秩序和社会稳定，为保护公众投资者的权益和金融市场秩序，各国法律对公开发行做了明确界定，同时规定了豁免认定为公开发行的情形，以期在提高企业直接融资效率和保护公众利益之间取得平衡。比如美国《1933 年证券法》以列举的方式对公开发行行为做了明确定义，同时规定了对董事、监事、高级管理人员等对象的发行，以及单次发行对象不超过三十五人的发行行为不构成公开发行。此外，为降低中小企业融资成本，提高融资效率，以刺激经济发展，美国近年推行的《工商初创企业推动法》（简称"JOBS 法案"）及其修正法案，扩大了针对中小企业豁免公开发行注册的范围，提振了融资效率。

我国 1998 年通过的《证券法》未对"公开发行"进行界定。2005 年修订的《证券法》采取了列举的方式，对"公开发行"做了专门规定，同时授权行政法规作出补充规定。即一是向不特定对象发行证券。这是指向社会公众发行证券时，发行对象的不特定性，是公开发行的核心特征。无论发行对象人数多少，只要是不特定的社会公众，都属于公开发行。二是向特定对象发行证券累计超过二百人。此处"特定对象"主要是指对投资风险具有较强的识别、承受能力的机构、个人等专业投资者以及发行人的董事、监事、高级管理人员和发行人员工等。一般情况下，向特定对象发行证券的，涉及人数较少，发行对象与发行人通常保持联系，对发行人的情况比较了解。但是如果特定对象人数过多，对于社会公众利益也会造成一定影响，实质上也就具备了公开发行的一些特性。因此，在界定公开发行时也将该种情形纳入了考虑，对特定对象的人数规定为累计超过二百人即属于公开发行。此外，明确人数计算采用"累计"的方式，目的是防止发行人通过多次向不超过二百人的特定对象发行证券以规避法律。同时，为了防止以信托、委托代理等方式规避监管，应当将间接持有证券的实际人数合并计算；为了防止以转售的方式规避监管，应当将股东转让股份导致股东人数超过二百人的行为视同公开发行，纳入监管。

这次修订后的《证券法》在原条文的基础上，进一步完善了"二百人"规定，将依法实施员工持股计划的员工人数排除出向特定对象发行证券累计人数范畴。

需要说明的是，针对"二百人"标准问题，在本次修订过程中对不同意见建议进行了广泛讨论。例如，有意见提出，可以考虑暂不触碰"二百人"的人数标准，同时参考境外有关做法将董事、监事、高级管理人员等发行人的关联人排除出二百人的计算范围；有的建议由国务院证券监督管理机构根据国务院的授权对向特定对象发行证券的人数标准另行规定，在法律上为进一步拓宽公开发行标准留出空间；有的提出，直接将公开发行"二百人"的人数标准提高到两千人；也有的提出，二百人标准应当维持不变；等等。三读稿基于公司实施员工持股计划的现实需求，在法律上将员工持股计划作为公开发行二百人标准的例外规定，不计算在内，而未采取简单将人数限制放宽的做法，以免引发其他方面的诸多风险。三读稿公开征求意见后，有的意见提出，仅将员工持股计划作为例外规定，而未考虑其他股权激励安排，似乎不够全面。考虑到增加这一例外规定，主要是为了解决非上市公司进行员工持股的问题，目前尚没有规则对非上市公司的员工持股计划和股权激励计划下定义，实践中两者混用的情况也比较多见，通常意义上的股权激励安排也适用本条关于员工持股计划的例外规定，法律上没有必要再作重复规定。因此，本条修订未在"员工持股计划"表述之外另加"股权激励"的内容。

五、股权众筹和公开发行的豁免

根据国际证监会组织的定义，众筹融资是指通过互联网，从大量个人或组织获得较少的资金来满足项目、企业或个人资金需求的活动。从国际通行做法看，股权众筹由于形式的特殊性，各国都采用对融资平台实施较为严格的牌照管理，明确融资者的要求，加强投资者保护和信息披露等方式进行规定，并一般以专门法案的方式作出立法安排，如美国的 JOBS 法案，意大利的成长 Decreto 企业法等。在本次立法过程中，考虑到众筹、小额发行等形式是支持中小微企业融资和支持创新型企业发展的重要手段，许多意见提出要在法律上给众筹、小额发行等留出法律空间，对其豁免公开发行注册或核准作出安排。2015 年的国务院《政府工作报告》也提出"开展股权众筹融资试点"。对此，参考境外立法实践，一读稿规定对通过互联网等众筹方式公开发行证券、通过证券经营机构公开发行证券、向符合条件的合格投资者公开发行证券，可以豁免核准或注册，并对其信息披露、发行人义务等做了要求。三读稿改为规定通过互联网平台和证券公司公开发行证券可以豁免注册或核准，并对募集资金数额和发行人条件做了原则性规定。但在三读稿公开征求意见过程中，由于发生大量 P2P 爆雷的情况，给市场和投资者造成了较大损失，许多意见认为股权众筹在平台、投资者、融资者等方面都还不成熟，不具备入法条件。最终，四读稿删除了关于股权众筹的相关规定。

此外，还有意见提出，上市公司公积金转增股本、向股东派发股份红利、为实施员工激励增发股份等行为，虽然在定义上也属于公开发行，但本身并不具有融资的属性，发行对象也是特定的。如果要求其适用公开发行的规定履行相应程序，一方面增加了上市公司的负担，另一方面降低了上市公司公积金转增股本、派发股份红利或实施股权激励的意愿，可能损害股东的利益，有必要纳入豁免注册的范围。立法过程中，曾就此做了多次讨论，但最终考虑到法律上难以对这些事项作出全面列举，为避免挂一漏万，不再在法律中进行明确列举，而是授权国务院证券监督管理机构制定上市公司发行新股的具体管理办法。

六、非公开发行

非公开发行，主要是指以非公开的方式向一定数量的特定对象发行证券。这种发行涉及人数较少，且投资者对发行人的情况比较了解，发行行为对社会影响较小，国家对这种行为一般不进行干预介入，由发行人与投资者自行商定，属于当事人意思自治的范畴。因此，《证券法》主要规范公开发行证券行为，而对于非公开发行证券的行为，可以通过证券交易所、证券业协会等自律组织的自律管理规则进行具体规范。

本条规定，非公开发行证券，不得采用广告、公开劝诱和变相公开方式，目的是为了防止通过非公开发行的手段变相实施公开发行，规避法律规定的情况。但随着通信手段的不断发展，招揽投资者的手段和方式也更加多样，实践中出现了通过互联网平台、微信朋友圈等方式，以公开宣传招募、代持、拆分等方式，突破人数限制，变相公开发行的现象，不仅对市场产生了冲击，也难以保障投资者利益。例如，实践中个别区域性交易场所以"区域交易所＋互联网金融"的合作模式，开展私募债等金融资产的打包、拆分销售及后期具有流转性质的变现业务，发展出规模庞大的"民间债市"。因此，本次修法保留了原条文禁止变相实施公开发行的规定，为后续监管提供抓手。此外，本次修法中，还对上市公司非公开发行的概念做了大幅调整，具体见本法第十二条。

需要说明的是，虽然《证券法》中对非公开发行证券的行为规定较少，但私募发行的证券产品，如私募债、资产支持证券等，经过近几年的发展已经形成了较大的市场规模。以私募债为例，从 2015 年中国证监会出台《公司债券发行与交易管理办法》以来的实践情况看，非金融企业私募债券存量规模已达万亿级别，虽然属于非公开发行，但其作为一种标准化的证券产品，同样具有涉众性、风险外溢性和传染性，与普通合同之债具有本质区别，该领域的发行造假等违法行为需要公权力的介入。针对这些问题，在修法中曾有意见提出，非公开发行证券应该符合有关规定，披露相关信息，并且规定发行人应当保证披露或者提供的信息真实、准确、完整，建议在法律上授权国务院证券监督管理机构对非公开发行行为进行规范。但考虑到这一修改将使《证券法》主要规制公开发行证券的立法思路产生实质变化，各方的意见对此不统一，按照"有限目标"的立法思路，最终未予采纳。

此外，在修法过程中，还有意见提出，要学习境外资本市场，将直接上市、股票转售、储架发行等制度引入《证券法》中，作出明确规定，但考虑到这些制度尚未经过实践检验，是否能够适应中国国情存在不确定性，特别是有关股票转售的制度曾在一读稿中作出尝试，引起了很大争议，因此对这些意见未作吸收。

◎ 保荐人

第十条　发行人申请公开发行股票、可转换为股票的公司债券，依法采取承销方式的，或者公开发行法律、行政法规规定实行保荐制度的其他证券的，应当聘请证券公司担任保荐人。

保荐人应当遵守业务规则和行业规范，诚实守信，勤勉尽责，对发行人的申请文件和信息披露资料进行审慎核查，督导发行人规范运作。

保荐人的管理办法由国务院证券监督管理机构规定。

修改提示

本条是对原条文第十一条的修改，删除了关于保荐人资格的相关规定：一是将第一款中"具有保荐资格的机构"修改为"证券公司"；二是删除了第三款中国务院证券监督管理机构规定"保荐人的资格"的授权。

　　本条是对公开发行证券应当聘请保荐人和保荐人职责的规定。保荐制度，通常指的是由保荐人对公开发行证券的发行人进行推荐和辅导，并核实其发行文件中所载资料是否真实、准确、完整，对发行人的风险进行防范，配合发行人履行信息披露义务，并在发行人公开发行上市后，督促其遵守相关规定。保荐制度起源于英国伦敦证券交易所的另类投资市场（Alternative Investment Market），用于防范和化解二板市场的投资风险。1999 年，我国香港联合交易所在创业板市场建立时引进了这一制度并加以发展，后扩展至主板市场，但英国和我国香港地区的保荐制度都是上市保荐，在证券发行过程中未实行发行保荐制度。

　　为完善股票发行监管制度，考虑到我国证券市场的实际情况，中国证监会借鉴了境外上市保荐制度的成功做法，在 2003 年 12 月 28 日发布了《证券发行上市保荐制度暂行办法》（证监会令〔2003〕第 18 号），并于 2004 年 2 月 1 日开始施行。2005 年修订的《证券法》总结了我国实行保荐制度的实践经验，在法律层面确立了发行保荐制度和上市保荐制度，本条即是关于发行保荐制度的规定。2005 年修订的《证券法》实施以来，发行保荐制度和上市保荐制度对一大批优秀企业的成功发行上市发挥了重要作用。2008 年 8 月，中国证监会对保荐制度进一步充实和完善，发布了《证券发行上市保荐业务管理办法》。2009 年 5 月，根据创业板市场建设的安排，考虑到创业企业的特点及其对保荐业务的独特性要求，为更好发挥保荐制度的作用，强化市场约束和风险控制，对《证券发行上市保荐业务管理办法》进行了适当修改，加强了保荐机构及其保荐代表人在创业板发行上市的责任。

　　本次修订后的《证券法》沿用了 2005 年《证券法》关于保荐人的总体规定。一方面，继续规定依法采取承销方式公开发行股票、可转债等发行行为，必须由保荐人进行保荐，履行相应的"把关"义务；另一方面，对保荐人的审慎核查义务和职责要求做了规范，并授权国务院证券监督管理机构规定保荐人的具体管理办法，为进一步强化保荐人的资本市场"看门人"作用提供了法律基础。相较于 2005 年《证券法》，本条将"具有保荐资格的机构"修改为"证券公司",并取消了国务院证券监督管理机构对于保荐人资格制定管理办法的授权。2015 年,国务院提出"放管服"改革的要求,要求有关部门减少行政许可项目,清理重复的行政管理权限。由于本法第八章将"证券服务"认定为"证券公司"的专属业务,并规定证券公司经营证券保荐业务需要经国务院证券监督管理机构核准,取得经营证券业务许可证,因此法律上已经对从事保荐业务的资格做了规定,不需要重复授权。因此本条在修改时删除了关于保荐资格的规定。

此外,有意见提出,本条未规定公开发行存托凭证必须聘请保荐人,是否意味着公开发行存托凭证可以不聘请保荐人。对此,考虑到以股票为基础证券的存托凭证本身就是具有股权性质的证券,立法虽未明确公开发行存托凭证必须聘请保荐人,但根据法律逻辑,以聘请保荐人为宜。

◎ 设立股份有限公司公开发行股票

第十一条 设立股份有限公司公开发行股票,应当符合《中华人民共和国公司法》规定的条件和经国务院批准的国务院证券监督管理机构规定的其他条件,向国务院证券监督管理机构报送募股申请和下列文件:

（一）公司章程;

（二）发起人协议;

（三）发起人姓名或者名称,发起人认购的股份数、出资种类及验资证明;

（四）招股说明书;

（五）代收股款银行的名称及地址;

（六）承销机构名称及有关的协议。

依照本法规定聘请保荐人的,还应当报送保荐人出具的发行保荐书。

法律、行政法规规定设立公司必须报经批准的,还应当提交相应的批准文件。

修改提示

本条未作修改。

解　析

本条是对通过公开发行股票方式募集设立股份有限公司应当具备的条件及有关程序的规定。

依据《公司法》的规定，设立股份有限公司，可以采取发起设立或者募集设立的方式。募集设立，是指由发起人认购公司应发行股份的一部分，其余股份向社会公开募集或者向特定对象募集而设立公司。由于采用募集设立方式时公司主体尚未设立，此时公开发行股票与已成立公司的公开发行股票，在背景环境和社会影响等方面存在诸多不同，在条件和程序上也应做区分。因此，本条规定，通过募集设立股份有限公司公开发行股票的，也应当符合法律规定的条件，按规定报经注册，并适用本法关于发行保荐的相关规定。

在立法过程中还有意见提出，为和注册制下公开发行股票实践相衔接，应将注册制下募集设立股份有限公司的材料报送对象修改为证券交易所或者不再做明确规定。但考虑到证券公开发行注册属于一项行政许可，因此法律上的报送对象仍规定为国务院证券监督管理机构，后续可以视需要规定由证券交易所或其他机构受理，再由其将材料送国务院证券监督管理机构。

◎ 公司首次公开发行新股和公开发行存托凭证的条件

第十二条　公司首次公开发行新股，应当符合下列条件：

（一）具备健全且运行良好的组织机构；

（二）具有持续经营能力；

（三）最近三年财务会计报告被出具无保留意见审计报告；

（四）发行人及其控股股东、实际控制人最近三年不存在贪污、贿赂、侵占财产、挪用财产或者破坏社会主义市场经济秩序的刑事犯罪；

（五）经国务院批准的国务院证券监督管理机构规定的其他条件。

上市公司发行新股，应当符合经国务院批准的国务院证券监督管理机构规定的条件，具体管理办法由国务院证券监督管理机构规定。

公开发行存托凭证的，应当符合首次公开发行新股的条件以及国务院证券监督管理机构规定的其他条件。

修改提示

本条有三处重要修改。

一是仅对公司首次公开发行新股的条件做了规定，不再涵盖上市公司再融资发行股票的条件，并大幅简化了首次公开发行股票的条件，调整为更客观的要求，具体而言：（一）删除了"财务状况良好"的要求；（二）将发行人具有"持续盈利能力"的条件调整为具有"持续经营能力"；（三）对财务会计文件的要求从"无虚假记载"改为"被出具无保留意见审计报告"；（四）将"无其他重大违法行为"条件的对象从"发行人"扩展至"发行人及其控股股东、实际控制人"，并将范围进一步明确为"不存在贪污、贿赂、侵占财产、挪用财产或者破坏社会主义市场经济秩序的刑事犯罪"。

二是删除了上市公司非公开发行股票的相关表述，明确上市公司发行股票都属于公开发行，应当符合经国务院批准的国务院证券监督管理机构规定的条件，并授权国务院证券监督管理机构制定具体规定。

三是引入公开发行存托凭证的条件要求，并授权国务院证券监督管理机构制定具体规定。

解 析

本条是对首次公开发行股票、上市公司公开发行股票和公开发行存托凭证条件的规定。

一、公司首次公开发行股票的条件

修改首次公开发行股票的条件，是在《证券法》中落实注册制改革最为重要的环节之一。历次审议稿的修改思路一直较为连贯，即要求简化发

行条件，取消持续盈利能力等方面的要求，降低公开发行股票的门槛，推动企业多渠道直接融资。对于具体条件而言，具备健全且运行良好的组织机构，是指发行人按照注册地有关法律法规设置了相应组织机构，且组织机构能够依照有关规定行使职权，即发行人的治理结构良好。如果发行人是依据境外法律设立的主体，其组织机构、运营规范等事项应当适用境外注册地的法律法规，但在不违反注册地法律法规的情形下，应当最大限度参照境内规定设置并运行有关组织机构。考虑到"财务状况良好"标准太模糊，这次将其修改为"财务会计报告被出具无保留意见"，使发行条件更为客观，也更易把握；由于"发行人无重大违法行为"规定范围过宽，对于一些与公开发行行为明显无关的违法行为，不再设置为公开发行的障碍，修改为"发行人及其控股股东、实际控制人最近三年不存在贪污、贿赂、侵占财产、挪用财产或者破坏社会主义市场经济秩序的犯罪记录"，更具有可操作性。

关于企业盈利能力条件的修改，是这次修订的关注点之一。实践中，随着我国产业战略转型升级，近年来新兴行业不断发展，出现了相当数量具有自主创新能力、发展前景好的尚未盈利企业。但这些企业通常暂时无法达到持续盈利和财务状况条件，难以获得资本市场支持，转而寻求境外上市，导致我国大量优质上市资源的流失，不利于资本市场服务实体经济功能的发挥。另外，监管机关在审核公开发行股票申请时，对"具有持续盈利能力，财务状况良好"需要做广泛的认定评判，导致市场认为行政审核实际上承担了价值判断和背书的功能，不利于形成市场化的发行机制。因此，按照发行条件客观化的总体思路，首先取消了财务状况良好的条件，并将具有"持续盈利能力"改为"持续经营能力"，不再单纯以发行人的财务指标作为是否能够公开发行的标尺。一方面法律上不再对亏损企业公开发行设置障碍，为一些研发投入大或者因实施员工激励计划导致短期内亏损的企业公开发行留出了法律空间；另一方面强调监管部门同意公开发行，并不意味着认可发行人的持续盈利能力和财务状况良好。对于"持续经营能力"，我国相关规定已经有所提及，如《国务院办公厅关于建立国有企业违规经营投资责任追究制度的意见》《关于外国投资者并购境内企业的规定》《中国证监会　住房城乡建设部关于推进住房租赁资产证券化相关工作的通知》《中国银监会 发展改革委 工业和信息化部关于钢铁煤炭行业化解过剩产能金融债权债务问题的若干意见》等规定。在中国证监会《公开发行证券的公司信息披露内容与格式准则第 26 号——上市公司重大资产重组（2018 年修订）》中，还指出了重组交易对上市公司的持续经营能力影响分析的要素，包括规模效应、产业链整合、运营成本、销售渠道、技术资产整合、业务构成、经营发展战略、业务管理模式、市场情况、风险因素、财务安全性等方面。

二、上市公司发行新股

原条文将上市公司发行新股的行为，按照发行对象，区分为公开发行和非公开发行。相较于公开发行新股，由于发行对象并非广大公众投资者且一般已经对上市公司有较为深入的了解，上市公司非公开发行新股在发行价格、信息披露要求、监管介入程度等方面都有所放松，旨在提高证券发行的效率。本次修订过程中，有关方面认为，不同于非上市公司，上市公司具有公众属性，其股东包含公众投资者，向特定对象发行的股票在满足相关条件后也可以自由流通入市，上市公司即使向少量的特定对象发行股份，也应视为公开发行。因此，修订后的《证券法》将上市公司发行新股均认定为公开发行，不再保留上市公司非公开发行股票的概念。

此外，由于本条第一款规定的条件，不再适用于上市公司发行新股，本条第二款授权国务院证券监督管理机构规定上市公司发行新股的条件，并报国务院批准，《证券法》不再对上市公司发行新股做具体规定。需要说明的是，本条第三款授权国务院证券监督管理机构制定有关上市公司发行新股的具体管理办法，有两个方面的内容：一是对上市公司发行新股条件的规定；二是对上市公司发行新股的程序进行规定，包括申请与注册的程序，特别是对一些特定情形的上市公司发行新股简化注册程序，乃至豁免注册的程序进行规定，如上市公司公积金转增股本等。

三、公开发行存托凭证

本条第三款规定，公开发行存托凭证的，应当符合首次公开发行新股的条件以及国务院证券监督管理机构规定的其他条件，在法律上明确了国务院证券监督管理机构对存托凭证的监管权限。2018 年 3 月 30 日，国务院办公厅转发《证监会关于开展创新企业境内发行股票或存托凭证试点的若干意见》，明确国务院同意开展创新企业境内发行股票或存托凭证试点。以股票为基础证券的存托凭证在性质上与股票具有一定的相似性，属于具有股权性质的证券，但在发行主体、信息披露等方面与股票又有不同。在立法过程中，就如何对存托凭证进行规范，有一些不同的方案。有的建议在本章中新增一条，明确存托凭证可以参照适用关于股票的相关规定，也有的建议在法律上授权国务院制定存托凭证的具体办法。最终考虑到存托凭证的实践尚不充分，法律上做了较为谨慎的安排，规定公开发行存托凭证的（包括已经公开发行存托凭证的公司再次发行存托凭证），应当符合本条第一款规定的首次公开发行新股的条件。同时授权国务院证券监督管理机构可以规定其他条件。

◎ 公司公开发行新股报送的文件

第十三条　公司公开发行新股，应当报送募股申请和下列文件：

（一）公司营业执照；

（二）公司章程；

（三）股东大会决议；

（四）招股说明书或者其他公开发行募集文件；

（五）财务会计报告；

（六）代收股款银行的名称及地址。

依照本法规定聘请保荐人的，还应当报送保荐人出具的发行保荐书。依照本法规定实行承销的，还应当报送承销机构名称及有关的协议。

修改提示

本条有三处修改。一是删除了对公司公开发行新股申请文件报送对象的要求。二是将必要的报送文件，从"招股说明书"扩展到"招股说明书或者其他公开发行募集文件"。三是调整了对报送承销机构名称及有关协议的要求。

解　析

本条是对公司公开发行新股应当报送相关申请文件的规定。

依照本法规定，公司公开发行新股应当报经国务院证券监督管理机构注册。为了启动注册程序，发行人应当提交相关申请文件，本条列举了六项必须报送的申请文件。其中，公司营业执照、公司章程、股东大会决议、财务会计报告、代收股款银行的名称及地址，在原条文中已有规定。

关于报送的对象，原条文明确规定为国务院证券监督管理机构，这次修订予以删除，主要是考虑到科创板注册制试点中已经规定申请人直接向证券交易所报送申请文件，删除后一方面可以与科创板试点做法相衔接；另外一方面还可以为国务院授权证券交易场所履行审核职责留出空间，即可以规定向证券交易所申报，也可以规定向国务院证券监督管理机构申报。

考虑到上市公司向特定对象发行新股时，由于发行对象数量较少且对上市公司已有相当了解，为避免增加上市公司负担，实践中未要求上市公司编制招股说明书，而是采用形式更为简单的发行预案等文件作为报送材料。因此，本条对报送材料范围做了扩展，允许报送"其他公开发行募集文件"替代招股说明书。"其他公开发行募集文件"范围，依照本法可以由负责注册的机关作进一步认定。类似地，由于上市公司向特定对象发行新股时，并不一定都必须聘请承销商，如创业板上市公司按照"小额快速"再融资制度发行股票时，允许不聘请承销商，需要在法律上作出相适应的安排。因此，本条不再将承销机构名称和有关协议列为必须报送的申请文件，改为只有在依法实行承销的情况下，才应当报送上述文件。

◎ 公司公开发行股票募集资金用途

　　第十四条　公司对公开发行股票所募集资金，必须按照招股说明书或者其他公开发行募集文件所列资金用途使用；改变资金用途，必须经股东大会作出决议。擅自改变用途，未作纠正的，或者未经股东大会认可的，不得公开发行新股。

修改提示

本条将公开发行股票募集资金用途的披露位置，从在"招股说明书"列明，扩展到在"招股说明书或者其他公开发行募集文件"中明确。

解 析

本条是对公司公开发行股票募集资金用途的规定。

一方面，公开发行股票的公司本身具有公众性，其使用资金的方向需要受到规范；另一方面股东认购公开发行的股票，往往是基于对该公司业务发展前景的看好，以及对公司管理层在特定领域使用资金能力的信赖，而实践中却常发生公司挪用募集资金，对股东权益造成损害的情况。因此有必要对公司公开发行股票的资金用途进行约束，确保其使用不会偏离公众投资者知悉的轨道，才能更好地发挥好资本市场对实际经济的融资功能。

本条对于公司公开发行股票用途的规范要求主要有三点：

第一，所募资金必须按招股说明书或者其他公开发行募集文件所列资金用途使用。公开发行股票的募集文件是发行人向投资者所作的具有法律效力的公开承诺，是投资者作出投资决定的核心依据。发行人遵守募集文件中的资金用途，是投资者自主作出投资决策、承担投资后果的重要前提。该点也是本条的主要修改内容。由于本次法律修订过程中，对于上市公司发行股票的概念作出了较大的调整，将原条文中"上市公司非公开发行新股"的概念校正为"上市公司向特定对象公开发行股票"，因此"上市公司定向增发"也被纳入公开发行股票的范畴，也需要遵守本条公开发行股票用途的规定。但实践中"上市公司定向增发"由于发行对象并非广泛的公众投资者，通常是由上市公司先行与特定的投资者进行更为深入具体的沟通，相较一般的公开发行股票，信息披露要求更低，不要求上市公司编制招股说明书，但仍要求上市公司遵守发行股票时约定的用途。因此，为了适应上市公司向特定对象公开发行股票的需求，本次对列明公开发行股票募集资金用途文件的范围进行了扩展，确保除招股说明书外，发行人也需要遵守其他公开发行募集文件列明的资金用途。

第二，改变招股说明书或者其他公开发行募集文件所列资金用途必须经股东大会批准。这是考虑到经营情况的变化以及其他改变资金用途的正当需要而作的灵活规定。这样规定也是符合保护投资者利益的原则的。股东大会是股份有限公司的权力机构，按照《公司法》的规定，它有权决定公司的经营方针和投资计划，由股东大会批准决定，是反映全体股东的意志的。

第三，擅自改变用途而未作纠正的，或者未经股东大会认可的，不得公开发行新股。这条规定一方面明确了擅自改变募股资金用途的法律后果，对发行人擅自改变资金用途的行为进行约束；另一方面又暗含了擅自改变资金用途的，依法纠正或由股东大会认可后，发行人可以继续发行新股，赋予了一定的灵活性，避免对发行人和股东造成过度影响。

◎ 公开发行公司债券的条件

第十五条　公开发行公司债券，应当符合下列条件：

（一）具备健全且运行良好的组织机构；

（二）最近三年平均可分配利润足以支付公司债券一年的利息；

（三）国务院规定的其他条件。

公开发行公司债券筹集的资金，必须按照公司债券募集办法所列资金用途使用；改变资金用途，必须经债券持有人会议作出决议。公开发行公司债券筹集的资金，不得用于弥补亏损和非生产性支出。

上市公司发行可转换为股票的公司债券，除应当符合第一款规定的条件外，还应当遵守本法第十二条第二款的规定。但是，按照公司债券募集办法，上市公司通过收购本公司股份的方式进行公司债券转换的除外。

修改提示

本条对公司债券公开发行的条件做了较大幅度简化，删除了原条文中关于发行人净资产、债券余额、募集资金投向、债券利率水平的强制要求，仅规定了组织机构和最近三年可分配利润的要求，并对募集资金使用用途做了具体要求。此外，本条还新增了上市公司回购股份，用于发行可转债情形下的豁免安排。

解析

《证券法》修订草案征求意见过程中，各方对于债券市场松绑的呼声较高，许多意见认为原条文关于债券公开发行的条件设置较为严格，难以适应实践中不同债券品种的需求，净资产、累计债券余额等要求缺乏实际意义，特别是新涌现的一些创新创业企业通常采用轻资产运营的模式，资产规模难以符合有关条件，使得发行条件成为这类企业发行债券融资的掣肘。因此，本次法律修订过程中，经广泛征集意见，对法定的债券公开发行条件做了较大幅度的简化。

修订后的债券发行条件，仅规定了三点：一是具备健全且运行良好的组织机构，不再拘泥于企业的报表数字，更要求企业"打铁必须自身硬"。二是最近三年平均可分配利润足以支付公司债券一年的利息。该项继续沿用了原条文的规定。征求意见过程中，有意见提出，债券投资也要求投资者自主作出投资决策，法律中不需要对发行人的利润水平作出强制要求。但也有意见提出，债券投资不同于股权投资，债券投资者通常着眼于投资后收取债券利息和收回本金，如果债券发行人本身不具备偿付利息和支付本金的能力，则不应该允许其通过公开发行债券的方式融资。修法过程中对此做了反复讨论，决定在债券发行效率和投资者权益保护中作出一定平衡，保留最近三年平均可分配利润足以支付一年利息的要求，以避免一些明显不具备偿付债券利息能力的企业鱼目混珠。三是授权国务院根据实际需要制定其他的发行条件。债券市场涉及多个品种和多个监管部门，情况较为复杂，因此法律上为国务院规定债券发行条件留出了空间。需要说明的是，本次简化债券发行条件，并非简单地降低债券发行门槛，而是要更好更灵活地发挥债券市场的功能作用，由国务院根据不同债券种类和市场实际情况，对发行人的资质要求和资金投向等适时作出更为具体的规定。对此，2020 年 2 月 29 日，国务院办公厅印发《国务院办公厅关于贯彻实施修订后的证券法有关工作的通知》，要求公开发行债券的发行人，应当具有合理的资产负债结构和正常的现金流量，并鼓励公开发行公司债券的募集资金投向符合国家宏观调控政策和产业政策的项目建设。

除上述条件外，本条第二款规定了公开发行公司债券募集的资金，必须按照公司债券募集办法所列资金用途使用的要求。这一新增规定的背景与本法第十四条相似，认为公开发行债券的募集文件是发行人向投资者所作的具有法律效力的公开承诺，是投资者作出投资决定的核心依据，应当对发行人按照募集文件列明的用途使用资金作出规范，并明确改变募集资金用途，必须经过债券持有人会议审议通过，以保障债券持有人的利益。

本条第三款主要是关于可转换为股票的公司债券的规定。可转换为股票的公司债券，是指以债券形式依照法定程序发行的，在一定时间内依据约定的条件可以转换为公司股份的债券。一般认为，可转债属于较为特殊的债券品种，投资者投资可转债的实际目的通常为投资发行人的股票，因此可转债既具有债权的性质，也具有股权的性质。发行人公开发行可转债时，既要满足公开发行债券的条件，也要满足公开发行股票的条件。需要说明的是，由于上市公司发行股票均应当认定为公开发行股票，因此上市公司发行可转债，因涉及上市公司股票的转换，也属于公开发行证券，应当依法报经注册。此外，本条新增了上市公司回购股份用于发行可转债情形的豁免安排。该处变化主要是为了适用 2018 年《公司法》关于股份回购的相关修改。发行人将回购股份用于公开发行可转债，转化的股份实际上是库存股，不涉及增发股票，也就无须遵守公开发行股票的条件。

◎ 申请公开发行公司债券报送的文件

第十六条　申请公开发行公司债券，应当向国务院授权的部门或者国务院证券监督管理机构报送下列文件：

（一）公司营业执照；

（二）公司章程；

（三）公司债券募集办法；

（四）国务院授权的部门或者国务院证券监督管理机构规定的其他文件。

依照本法规定聘请保荐人的，还应当报送保荐人出具的发行保荐书。

修改提示

本条删除了应当报送"资产评估报告和验资报告"的要求。

解 析

本条是对申请公开发行公司债券报送文件的规定。

根据本条规定，申请公开发行公司债券，应当报送下列文件。

第一，公司营业执照。这是指公司经依法登记而领取的登记证明，以证明公司具备发行债券的法人主体资格。立法过程中有意见提出，目前公司的主体营业资格都可以在网上查询，不需要给发行人增加负担报送营业执照。考虑到未来发行材料电子化报送的大趋势，要求发行人报送营业执照并不会造成负担，因此为维持报送程序的一贯性，最终仍保留了报送营业执照的要求。

第二，公司章程。公司章程包括了公司的经营范围、公司内部组织机构、公司注册资本、公司出资结构、治理机关权限等事项。由于公司章程属于公司自治的重要文件，要求发行人报送公司章程，以明确发行人的具体情况以及本次发行已经取得了必要的授权。

第三，公司债券募集办法。根据《公司法》的规定，公司债券募集办法中应当载明债券募集资金的用途、债券总额和债券的票面金额、债券利率的确定方式、还本付息的期限和方式、债券担保情况、债券发行价格、发行的起止日期、公司净资产额、已发行的尚未到期的公司债券总额等事项。此外，公司债券募集办法还应当符合其他规范要求。因此，要求发行人报送公司债券募集办法，确认本次发行符合法律法规的有关规定，是注册公开发行债券的必要前提。由于公开发行债券的条件中已经删除了净资产规模等要求，不再需要按照原条文要求发行人报送资产评估报告和验资报告，以确认发行人的资产规模符合发行条件。因此，为减轻发行人负担本次修改中相应删除了报送"资产评估报告和验资报告"的强制要求。

此外还有意见提出，按照注册制改革的精神，发行人公开发行公司债券申请的受理、审核机关并不一定是国务院证券监督管理机构或者国务院授权的部门，法律上仍要求向国务院证券监督管理机构或者国务院授权的部门报送相关材料，可能与实践做法存在冲突。根据本法第九条的规定，公开发行证券应当依法报经国务院证券监督管理机构或者国务院授权的部门注册，其他机构受理审核时，需要将相关注册文件转报给国务院证券监督管理机构或者国务院授权的部门，因此即便由其他机构负责受理审核，也不与本条规定存在冲突。

◎ 再次公开发行公司债券的限制性规定

第十七条　有下列情形之一的，不得再次公开发行公司债券：

（一）对已公开发行的公司债券或者其他债务有违约或者延迟支付本息的事实，仍处于继续状态；

（二）违反本法规定，改变公开发行公司债券所募资金的用途。

修改提示

本条删除了"前一次公开发行的公司债券尚未募足"不得再次公开发行公司债券的要求。

解　析

本条是对发行人再次公开发行公司债券的限制性规定。

为防止随意发行公司债券，保护公司债债权人的利益，对于公司债发行后再次公开发行公司债券，需要给予一定的限制。本条规定的限制条件为：一是对于存在已发行的公司债券或者其他债务有违约或者延迟支付本息的事实，仍处于继续状态的发行人，表明该发行人的财务状况很大可能陷入困境，不具备偿付公司债券的能力。在这种情况下，限制其发行新的公司债券，不仅是对潜在投资者权益的保护，也能够防止发行人通过滥发债券，损害现有投资者的利益。二是违反本法规定改变公开发行公司债券所募资金用途的。根据本法第十五条规定，公开发行公司债券募集的资金，必须按照公司债券募集办法所列资金用途使用，不得用于弥补亏损和非生产性支出。因此，本条规定了违反本法第十五条规定的法律后果，明确在该情形下发行人不得继续公开发行公司债券。

相较于原条文，修订后的条文删除了"前一次公开发行的公司债券尚未募足"不得再次公开发行公司债券的要求。主要是考虑到随着资本市场的逐渐发展，债券利率的波动受公司发展情况的影响较大，实践中已经出现了发行人前次采用较高的利率公开发行债券，但尚未募足。而随着发行人信用评级的增加，发行人的融资成本逐渐降低，如果在这种情况下仍强制要求发行人必须按照较高的利率募集资金，可能抑制发行人的正常融资需求，难以符合经济发展的规律。因此，法律上不再对这种情形作出限制性规定。

◎ 公开发行证券申请文件的格式和报送方式

第十八条　发行人依法申请公开发行证券所报送的申请文件的格式、报送方式，由依法负责注册的机构或者部门规定。

修改提示

本条依照证券公开发行制度调整的原则，将原条文中的"核准"修改为"注册"，并新增了"公开"的表述。

解　析

本条是关于公开发行证券所报送的申请文件的格式和报送方式的规定。

发行人申请行政许可所需提交的申请文件的格式和报送方式，一般都是由有权作出行政许可的主体规定，这样可以依据实际情况作出灵活调整，有利于提高行政许可的效率。在本次修法过程中，曾有意见建议将本条与本法第二十条进行合并，但为保持证券发行一章总体结构不变，便于市场理解，故未作调整。

本条规定的文件格式，是指文件记载事项的编排样式。证券发行注册制度的一项重要特征，就是公开化、透明化，所有要求、标准均向市场公开，为证券发行注册建立良好的市场预期。因此，就需要实施注册的机关事先将提交材料的要求公开、明确。对于申请人来说，便于制作准备有关文件，可以避免遗漏有关申请事项，减少发行人来回补充材料造成不必要的负担，加快注册的效率。此外，申请文件的格式，并不仅指纸质材料的格式，也包括电子文件形式、通过互联网平台提交的信息等其他形式的资料数据。文件的报送方式是指报送文件所采取的具体方法和形式。

本条规定公开发行证券的申请文件的格式和报送方式，由依法负责注册的机构或者部门规定，具有三层意义：

一是不同证券品种的情况各有差异，涉及不同的注册机关和监管部门，在不同板块公开发行的要求也有不同，因此在法律中不适宜对申请文件的格式和种类作出"一刀切"的安排。特别是随着注册制改革的不断推进，申请文件的报送方式将逐渐向电子化方向转变，这种转变还需要一个过程，因此需要给注册机关授权规定的弹性，为报送方式转型留出空间，更好地提高证券公开发行的效率。

二是明确注册机关可以规定证券公开发行报送方式，这里的报送方式也包括了报送对象和报送渠道。按照本法第二十一条的规定，按照国务院的规定，证券公开发行可以由证券交易所等机构审核。因此，为了更好地处理发行人公开发行证券的申请，注册机关可以规定发行人直接向证券交易所等机构报送申请材料，并由受理材料的机构按照程序向其转送有关材料。

三是如果报送的申请文件不符合规定的格式，或者申请文件的报送方式不符合法定的要求，注册机关可以拒绝受理该发行证券的申请，并要求发行人重新报送申请文件。如果注册机关规定由证券交易所等机构负责受理申请材料的，受理机构发现发行人的申请材料不符合相关规定的，也可以按照规定拒绝受理。

需要说明的是，法律只是授权对申请文件的格式与报送方式进行规定，而不包括对文件种类和文件内容的规定；另外，证券交易所虽然可按本法经国务院规定履行发行审核职责，但其不是依法负责注册的机构或部门，按照本规定其无权就申请文件的格式与报送方式进行规定。

◎ 公开发行证券申请文件的总体内容要求

第十九条　发行人报送的证券发行申请文件，应当充分披露投资者作出价值判断和投资决策所必需的信息，内容应当真实、准确、完整。

为证券发行出具有关文件的证券服务机构和人员，必须严格履行法定职责，保证所出具文件的真实性、准确性和完整性。

修改提示

本条将申请文件的总体内容要求从"向国务院证券监督管理或者国务院授权的部门报送的证券发行申请文件"扩展到发行人报送的全部证券发行申请文件；新增了申请文件"应当充分披露投资者作出价值判断和投资决策所必需的信息"的原则性规定；同时还做了文字性修改。

解　析

本条是对发行人、证券服务机构和人员出具有关申请文件总体内容要求的规定。

一、对发行人申请文件的要求

注册制改革的重点，就是证券公开发行要"以信息披露为核心"，首要前提就是证券发行申请文件必须满足特定要求，以确保投资者作出相关投资决策的基础是符合实际情况的。这种要求包含了两层义务：一是发行人作为首要信息披露义务人的披露义务；二是证券服务机构，作为专业人士和资本市场的"看门人"，在履行相关专业职责后，为发行人信息披露文件背书的义务。本次在法律中对证券发行申请文件的披露要求提出了更进一步的规定，也是证券发行一章修改中的重点。本条对发行人申请文件提出了两项总体内容要求：

第一，证券发行申请文件应当包括投资者作出价值判断和投资决策所必需的信息。科创板注册制改革中，明确规定发行人应当披露投资者作出价值判断和投资决策所必需的信息，取得了积极的效果。但实践中，由于发行人对注册制的认识不足，在申请文件中对其优势夸大宣传，对应当告知投资者的负面信息避而不谈的情况也会发生，因此在修法过程中有意见建议将这一信息披露的要求上升到法律中，为后续监管中落实该原则提供上位法基础，更好地督促发行人遵守执行注册制改革要求。

第二，证券发行申请文件应当真实、准确、完整。真实，是指文件的内容必须反映实际情况，不能提供虚假、不存在的信息，申请文件中的内容都应具备事实证据。准确，是指申请文件中的文字、数据等内容符合实际，力求精准，不得有误导性陈述。完整，是指所提交的申请文件的种类应当齐全，内容要能够完整涵盖实际情况，不能"报喜不报忧，有二只说一"，通过发行人的陈述，投资者能够完整了解到实际情况的全貌。

二、对证券服务机构出具文件的要求

在证券公开发行程序中，证券服务机构不仅是部分申请文件的出具主体，更是具有专业能力资格的背书人。因此，在申请证券发行的过程中，证券服务机构和人员应当依法为证券发行提供客观公正的服务，也是履行一种社会公证、社会监督的职能，为发行人的证券发行文件增信，为证券发行活动的顺利进行起到促进和保障作用。对于这些专业机构和人员来说，恪守独立、专业、客观和公正的原则，谨慎诚实地为客户服务，维护社会公众利益，是他们基本的执业准则，在《律师法》《注册会计师法》等相关法律、行政法规中已经有这方面的一般规定。在此基础上，本条结合证券市场的实际情况还专门对证券服务机构对于证券发行申请文件的义务提出了要求。为证券发行出具有关文件的证券服务机构和人员，必须按照其专业能力，对发行人履行相应的核查程序。这种核查程序，对其专业范围内的事项，应当是特别注意义务，而对其专业范围以外的事项，也应起到一般注意义务，后续监管部门还需要进一步厘清不同证券服务机构在发行活动中的责任边界。在按规定履行相应的程序的基础上，证券服务机构要对其所出具文件的真实性、准确性和完整性负责，不仅不能协助发行人弄虚作假，还应当独立在出具文件中对发行人披露有错误的内容进行纠正。一旦证券服务机构违反了这种规定，不仅需要按照本法承担相应的后果，还需要承担其行业管理法法规中规定的责任。

◎ 首次公开发行股票的预披露制度

第二十条　发行人申请首次公开发行股票的，在提交申请文件后，应当按照国务院证券监督管理机构的规定预先披露有关申请文件。

修改提示

本条未作修改。

解　析

本条是发行人首次公开发行股票应当预披露有关文件的规定。

1998 年出台的《证券法》，为了贯彻"三公"原则要求发行人的申请材料在证券监管机构核准之前应当保密。但这一制度完全将核查职责放到了监管部门身上，难以调动发挥市场自我监督的作用，加之监管部门对于发行人的情况了解比不上与发行人有过接触或竞争的企业，导致出现了类似通海高科虚假发行的案件。[①] 因此，2005 年《证券法》修订时，新增规定了股票公

[①]　吉林省人民政府于 1999 年 11 月 5 日向中国证监会报送通海高科股票发行申请及公开募集文件等申报材料，中国证监会于 2000 年 6 月 20 日通知吉林省人民政府关于核准通海高科股票公开发行申请的决定。通海高科于 2000 年 6 月 30 日以每股 16.88 元的价格，向社会公开发行 1 亿股上市流通股份，募集资金 16.88 亿元。发行募集结束后，群众举报通海高科的公开募集文件含有重大虚假内容，中国证监会随即作出通海高科股票暂缓上市流通的决定，并展开立案调查。经查，通海高科的财务会计文件存在重大虚假记载。根据当时《公司法》第一百三十七条、第一百五十二条关于申请股票发行上市的公司在最近三年内财务会计文件必须无虚假记载的规定，通海高科不符合股票发行上市的条件。根据当时《证券法》第十八条的规定，对通海高科股票公开发行的核准决定应当予以撤销，通海高科由股票发行所获的募股资金应当返还投资者，中国证监会依法撤销对通海高科公开发行股票的核准决定。

开发行预披露制度。

　　预披露制度，是指申请首次公开发行股票的，受理机关按照法律规定受理发行人报送的有关申请文件，在审核完毕前，将发行人的申请文件向社会公开披露的制度。自 2005 年《证券法》修订以来，预披露制度运行已近 15 年，表现出了诸多优点：一是使得投资者能够更早地研读发行人的招股说明书，对发行人有了更充分的了解，有助于作出投资决策；二是加强了市场对于审核机关的工做了解和监督；三是调动了市场对发行人监督的积极性。往常工作中难以发现的财务造假、违法违规等问题，难逃群众的法眼，审核部门能更好地发现发行人存在的问题。但这一制度也表现出一些不足，比如竞争对手滥用举报制度，延缓发行人的申报进度，可能对发行人的日常经营造成不利影响，甚至拖垮发行人。但总体来看，利大于弊，也符合注册制改革"以信息披露为核心"的精神。因此本次修订过程中，仍保留了预披露制度的规定。

◎ 证券公开发行申请的注册程序

　　第二十一条　国务院证券监督管理机构或者国务院授权的部门依照法定条件负责证券发行申请的注册。证券公开发行注册的具体办法由国务院规定。

　　按照国务院的规定，证券交易所等可以审核公开发行证券申请，判断发行人是否符合发行条件、信息披露要求，督促发行人完善信息披露内容。

　　依照前两款规定参与证券发行申请注册的人员，不得与发行申请人有利害关系，不得直接或者间接接受发行申请人的馈赠，不得持有所注册的发行申请的证券，不得私下与发行申请人进行接触。

修改提示

　　本条有四处重要修改。

　　一是明确本条规定的注册程序，适用于债券等全部证券。二是取消发审委审核制度，修改为按照国务院规定，可以由证券交易所等机构负责审核发行申请。三是明确规定发行审核工作的两项实质内容，即判断发行人是否符合有关规定和督促发行人完善信息披露。四是将发行程序中有关人员廉政的要求，从参与股票审核和核准的人员扩展到参与证券发行注册的人员，包括证券交易所等机构中负责审核的人员和国务院证券监督管理机构或者国务院授权的部门中负责注册证券发行申请的人员。

解　析

本条是对证券公开发行申请的注册程序的规定，属于"证券发行"一章，乃至《证券法》的重要修改规定。

一、证券公开发行注册的程序

在征求意见过程中，有意见提出，原条文在"证券发行"一章中过分重视股票，债券等其他证券品种的规定在上位法中有所缺失，致使一些违法行为难以对应准确的违法责任。为此，在原条文第二十三条的基础上，按照全面推行注册制的思路，本条将适用范围从股票发行申请扩展到证券发行申请，明确注册机关要依照本法规定的条件实施注册，并删除了原条文第三款关于债券参照适用有关程序的规定。由于除了国务院证券监督管理机构外，国务院授权的部门也负责注册一部分债券品种，因此将其也写入了本条的规定中。

本条第一款还规定，证券公开发行注册的具体办法由国务院规定。此处证券公开发行注册的具体办法，是指关于证券公开发行程序的具体规定，如受理审核程序、注册程序、审核机构等。授权给国务院，主要是考虑到不同证券品种之间的情况存在较大差异，监管上涉及多个部门，由国务院统筹协调比较妥当。《国务院办公厅关于贯彻实施修订后的证券法有关工作的通知》对完善证券公开发行注册程序做了规定，对有关证券品种适用公开发行注册制下的审核机构、审核方式、注册程序等做了规定，落实了本条关于国务院制定证券公开发行注册具体办法的要求。国务院办公厅还进一步要求，有关注册机关制定发布相关证券公开发行注册的具体管理办法，确保注册程序的顺利落地。

此外，国务院还依据本法第九条的授权，规定在证券交易所有关板块和国务院批准的其他全国性证券交易场所的股票公开发行实行注册制前，继续实行核准制，适用本次《证券法》修订前股票发行核准制度的规定。因此，这些板块上的股票公开发行，应当继续适用原条文关于核准制的发行程序。

二、证券公开发行注册的审核机构

原条文第二十一条规定，国务院证券监督管理机构设发审委负责审核股票发行申请。修订草案一读稿按照取消发审委、由证券交易所负责股票发行审核的方式进行规定。三读稿在科创板注册制特别规定一节中，认可了科创板由证券交易所负责审核、中国证监会注册的实践探索，将证券交易所负责股票发行审核的规定写入了法律。第四次审议期间，由于科创板试点注册制成功落地，各方对于由证券交易所作为审核机构的制度安排达成了共识。同时，在"证券发行"一章中采用全面推行注册制的方式进行规定的安排，也得到了各方的支持。为了体现证券公开发行注册制改革的决心，本条第二款授权国务院规定证券交易所等可以审核公开发行证券的申请，将这一制度安排从科创板试点中的审核股票发行推广到审核证券发行，为下阶段探索在其他证券品种稳步推进注册制的模式提供了上位法依据。对于由中国证监会以外的其他部门注册的证券，则可以由其指定的机构按照国务院的规定履行受理、审核程序。

需要说明的是，之所以考虑采用授权国务院，而不是授权给中国证监会或者在法律上明确规定由证券交易所审核，主要是考虑到不同证券品种之间的情况存在较大差异，监管上涉及多个部门，在法律上不适宜采用"一刀切"的方式，也不适宜单独授权给中国证监会进行规定。因此，在尊重科创板试点成果、保留证券交易所作为股票发行审核机构的基础上，在法律上授权国务院统筹协调，根据不同证券的实际情况确定适应特定情况的审核机构，审核机构可以是注册机关本身，也可以是注册机关以外的主体，为证券发行注册制改革留出弹性空间。按照该规定，证券交易所等机构在履行受理审核职能时，是作为法律、法规授权的社会组织行使社会管理职能，不是一般的接受注册机关委托的性质，其应对自己的行为负责。

三、证券公开发行的审核要求

原条文第二十三条仅规定了实施核准的机关依照法定条件核准发行申请。在此基础上，本条第二款再一次强调了注册制以"信息披露"为核心的要求，首次在法律上明确了注册制下审核工作的三项职责：判断是否符合发行条件、判断是否符合信息披露要求、督促发行人完善信息披露内容。判断是否符合发行条件，是指是否符合本法规定的发行条件，如果发行人不符合发行条件，则不具备取得行政许可的前提要求。判断是否符合信息披露要求，是指本法第十九条规定的发行人证券发行申请文件的信息披露要求和国务院依照本法第二十一条的授权规定的证券公开发行注册程序中发行人应当履行的信息披露要求。如果发行人未符合相关信息披露要求，也不能通过审核，无法取得注册许可。督促发行人完善信息披露内容，是指在审核过程中，审核机关有权促使发行人按照规定完善信息披露内容，这属于审核机关的法定职权。如果发行人拒不履行，按照有关规定处理。

四、有关监管人员的廉政要求

廉洁问题一直是保障证券市场落实"三公"原则的重要前提要求，也是证券公开发行领域最受市场关注的问题之一。本次修法中，保留了原条文关于有关监管人员遵守廉洁规定的要求。需要遵守这一规定的人员，明确应当是全部参与证券发行申请注册的监管人员，包括作出注册决定的机关人员和履行注册审核职能的机构有关人员，但不包含发行人、保荐人、证券服务机构等非监管人员。这一规定，目的在于防止私下拉关系、走后门等舞弊现象，防止监管人员以权谋私、徇私舞弊、贪赃枉法，确保其开展工作的独立性、公正性，以保护投资者的利益。

◎ 证券公开发行注册的时限

第二十二条　国务院证券监督管理机构或者国务院授权的部门应当自受理证券发行申请文件之日起三个月内，依照法定条件和法定程序作出予以注册或者不予注册的决定，发行人根据要求补充、修改发行申请文件的时间不计算在内。不予注册的，应当说明理由。

修改提示

本条主要是依照注册制的原则对相关文字表述做了调整。

解 析

本条是关于证券公开发行注册时限的规定。

为保障行政许可申请人的合法权益，行政许可申请被受理后，有关机关应当在法定时限内审结。这一规定既保证了有关机构有必要的工作时间审查申请材料，确保工作质量，又促使其提高工作效率，防止不负责任的拖延，损害申请人的利益。按照注册制改革的精神，审核证券发行申请要营造市场足够的预期，提高审核效率，解决核准制下实际所需时间过长的问题，又对严格落实时限提出了更高的要求。按照科创板试点注册制的情况，受理之后的审核环节，审核机关审核发行材料的时限不超过3个月，注册机关应在20个工作日之内作出是否同意注册的决定。实践中审核周期约3个月至6个月（含发行人补充材料的时间），相比过去核准制下的审核周期得到了明显缩短。

在确定《证券法》中规定的注册期限时，最初拟吸收科创板的实践成果进行规定。但有意见提出，原条文规定的证券发行核准时限为三个月，如果修订后的《证券法》规定的证券发行注册时限长于原条文的规定，可能引起市场关于注册制改革反而降低了工作效率的质疑。经过多方征求意见，最后仍按照三个月进行规定。该期限既包括审核时间，也包括审核后履行注册程序的时间。同时，本条还规定，如果审核机构在审查发行申请的过程中，需要让发行人补充、修改发行申请文件的，该时间不计算在三个月的期限内。

◎ 证券公开发行的公告要求

第二十三条　证券发行申请经注册后，发行人应当依照法律、行政法规的规定，在证券公开发行前公告公开发行募集文件，并将该文件置备于指定场所供公众查阅。

发行证券的信息依法公开前，任何知情人不得公开或者泄露该信息。

发行人不得在公告公开发行募集文件前发行证券。

修改提示

本条主要是依照注册制的原则对相关文字表述做了调整。

解 析

本条关于证券公开发行应当在发行前公告的规定。

一、证券公开发行中的公告义务

证券公开发行的主要目的，是发行人通过向社会公众发行证券的方式进行融资。发行人的发行行为既要让公众投资者能够了解到，也要及时接受公众投资者的监督，信息公开透明就是证券公开发行制度的重要原则之一。因此，各国对于证券公开发行过程中的信息披露都做了专门规定。本条所规定的公告义务，是指发行人在注册机关作出注册决定后，正式进入发行程序前，向公众公开其发行募集文件的行为。区别于本法第二十条规定的预披露制度，本条规定的公告制度在时间和目的上存在不同，主要是为了在实际发行前让投资者更好地了解发行人，知悉本次发行的主要情况，以便更好地作出投资决策。

二、证券公开发行中的保密义务

本条第二款还规定了知情人的保密义务，明确发行证券的信息依法公开前，任何知情人不得公开或者泄露该信息。一方面是为了保障发行人的合法权益，防止因为有关信息外传对发行人的发行造成不利影响，维持证券市场的正常秩序。另一方面，也是为了保护公众投资者，防止了解内部信息的人士对外泄露信息，让个别投资者取得不公平的信息优势，损害公众投资者利益。这些内部信息，主要是指除了已经预披露的信息和市场上通过合法渠道已经普遍知悉的信息以外涉及发行人的情况。

◎ 对不符合条件或程序发行证券的撤销与责令买回

第二十四条　国务院证券监督管理机构或者国务院授权的部门对已作出的证券发行注册的决定，发现不符合法定条件或者法定程序，尚未发行证券的，应当予以撤销，停止发行。已经发行尚未上市的，撤销发行注册决定，发行人应当按照发行价并加算银行同期存款利息返还证券持有人；发行人的控股股东、实际控制人以及保荐人，应当与发行人承担连带责任，但是能够证明自己没有过错的除外。

股票的发行人在招股说明书等证券发行文件中隐瞒重要事实或者编造重大虚假内容，已经发行并上市的，国务院证券监督管理机构可以责令发行人回购证券，或者责令负有责任的控股股东、实际控制人买回证券。

修改提示

本条有两项主要修改。一是对不符合法定条件或者法定程序但取得发行注册许可的发行人，将其控股股东、实际控制人的责任从过错责任调整为过错推定责任。二是在法律上增加了关于责令回购的相关规定。

解 析

本条是对发现已作出注册决定的证券发行不符合法定条件或者程序时如何处理的规定。

一、已作出注册决定的证券发行不符合法定条件或程序

本法第二十二条规定，有关注册机关应当依照法定条件和法定程序作出注册决定。但有的发行申请人虽然不符合公开发行证券的条件，基于种种目的，通过如财务造假等方式，使得其申报文件在形式上符合了公开发行证券注册的条件，并借此取得了证券发行注册的决定。特别是在证券发行注册制实施后，更强调发行人和中介机构对发行申请文件的真实性负责，监管部门主要在事中事后进行监管。一旦出现发行人编制虚假发行申请文件取得注册

决定的情形，将对投资者造成重大损失，因此有必要在法律上作出专门的应对。原条文第二十六条规定，如果该证券尚未发行，应当撤销发行核准决定，命令其停止发行；如果该证券已经发行但尚未上市交易的，撤销发行核准决定，发行人应当按照发行价格并加算银行同期存款利息返还证券持有人。考虑到原条文的规定已经能够在这种情况下给予投资者相应的保护，因此本条在按照注册制的原则对文字表述做了调整的基础上，继续沿用了该项规定。

二、控股股东、实际控制人的责任

为了更好地保护投资者利益，避免出现发行人自有资金不足以承担相应责任等情形，本条还规定了其他机构或人员的相关责任。在发生该等情形时，发行人的控股股东、实际控制人和保荐人应当证明自己不存在过错，否则就应当与发行人承担连带责任。由于此时举证责任由控股股东、实际控制人和保荐人承担，能够更好地保护投资者的权益。需要注意的是，虽然原条文也有相似的规定，但原条文对于发行人的控股股东、实际控制人规定的是过错责任，受害投资者只有先搜集证据证明其存在过错，才能要求其承担连带责任。本次修法中加重了发行人的控股股东、实际控制人的责任，主要是因为发行人的控股股东、实际控制人在发行人发行证券融资行为中通常具有较大的利益、发挥较大的作用，实践中许多欺诈发行案件都是由发行人的控股股东、实际控制人主导或指使的。针对这种情况，本次修法中加重了发行人的控股股东、实际控制人的责任，以加强打击违法行为的力度，起到更好地震慑效果。

三、责令回购制度

2010 年的洪良国际案[①] 曾引起市场的广泛关注，香港证监会责令通过

[①] 2009 年 12 月，洪良国际于香港联合交易所 IPO 上市，募得资金净额 9.97 亿港元。上市后不久，2010 年 3 月香港证监会就收到举报，指称洪良国际上市财务数据造假，证监会立即展开调查，调查结果显示洪良国际的上市财务数据存在严重的虚假成分，夸大了其上市之前的营业额以及利润数倍甚至数十倍。证监会立即申请法院冻结了洪良国际上市募集的约 10 亿元资金，并首次依据《证券及期货条例》第 213 条请求原讼法庭颁令洪良国际将其 IPO 所募集的资金返还给投资人，即恢复到交易前的状态。

财务造假上市的洪良国际召开股东大会，就以 2.06 港元 / 股的价格回购其首次公开发行时发行在外的全部 5 亿股股份进行表决，并在表决通过后实施回购，为投资者挽回了巨大的损失。本次修法过程中，参考了洪良国际案中确立的责令回购制度，并按照境内实际情况加以改造：一是明确责令回购制度仅适用于股票发行中。二是实施责令回购的前提是证券发行文件中存在隐瞒重要事实或者编造重大虚假内容，且已经发行并上市。三是明确回购证券的对象是发行人或者负有责任的控股股东、实际控制人。责令回购制度在《科创板首次公开发行股票注册管理办法》有所体现，明确不符合发行上市条件，以欺骗手段骗取发行注册并已经发行上市的，可以依照有关规定责令上市公司及其控股股东、实际控制人在一定期间从投资者手中购回本次公开发行的股票。本次修法过程中，在此基础上做了进一步完善，采用过错责任的方式进行规定。既能发挥法律的惩处、威慑作用，也能保证相对的公平。

需要说明的是，就责令回购制度而言，实施时需要综合考虑发行人的情况、市场情况、受害投资者如何确定、回购价格如何确定等问题，特别是针对发行上市后已经交易了一段时间的企业，操作难度较高。在我国该项制度尚未经过实践考验，在境外实践中案例也不多见。因此，法律上仅规定"可以"采用责令回购，而不是"应当"，由中国证监会根据实际情况决定，而法律上未对责令回购制度的具体安排作出明确规定，也是为弹性运用责令回购制度留出了空间，未来可以由监管部门研究制定具体的配套规则。

◎ 股票投资风险责任的承担

第二十五条　股票依法发行后，发行人经营与收益的变化，由发行人自行负责；由此变化引致的投资风险，由投资者自行负责。

修改提示

本条未作修改。

解 析

本条是对发行人和投资者风险责任的规定。

股市有风险，入市须谨慎。投资风险往往与投资收益相伴随，收益越高，风险也越大。股票的价格受公司自身经营情况和市场涨落的影响很大，且这种变化随机性很强，很难把握。由于股票市场具有这一特点，股票发行人和股票的投资者必然要承担相应的投融资风险。因此，本条沿用了原条文的规定，在法律中明确规定投资者的风险责任，有利于促使发行人、投资者增强风险意识，减少投资的随意性。特别是股票发行施行注册制的背景下，进一步强调选择权交给市场，让投资者依据发行人充分披露的信息自主决策投资行为。立法过程中，有意见提出要将本条的规定延展到债券层面。考虑到债券与股票在性质上存在较大差异，投资债券主要为了取得利息收入和收回本金，投资股票则是为了证券价值的提升。因此，一方面，发行人的经营收益与债券投资者实际联系不大；另一方面，债券投资者取回利息和本金的权利，在法律上应当予以保护。因此，本条最终未将债券纳入规定。

按照本条规定，实践中的一些做法将是违法的，如在证券发行中，有的投资者通过与发行人或者发行人的控股股东等签订担保协议设定保底条款，得以规避本应由投资者承担的投资风险。

◎ 证券承销

第二十六条　发行人向不特定对象发行的证券，法律、行政法规规定应当由证券公司承销的，发行人应当同证券公司签订承销协议。证券承销业务采取代销或者包销方式。

证券代销是指证券公司代发行人发售证券，在承销期结束时，将未售出的证券全部退还给发行人的承销方式。

证券包销是指证券公司将发行人的证券按照协议全部购入或者在承销期结束时将售后剩余证券全部自行购入的承销方式。

修改提示 ┄┄

本条未作修改。

解　析 ┄┄

本条是对由证券公司承销证券及有关承销方式的规定。

按照是否有发行中介协助，证券发行方式可分为直接发行和间接发行两大类。发行人直接向投资者推销出售证券的为直接发行。这种方式可以节省发行手续费，降低发行成本，但发行人可能会由于缺乏有关证券销售专门知识和广泛的销售网络自身要承担较大的发行风险，容易导致发行失败。发行人将证券委托给专门从事证券承销业务的机构代理销售的为间接发行。采用间接发行方式，对发行人来说，虽需支付一定的手续费，但比较简便，发行风险较小，可以凭借承销机构的销售网络，在短时间内筹集到资金。所以，公开发行证券一般都是采取间接发行的方式。

向不特定对象发行证券，法律、行政法规规定应当由证券公司承销的，发行人应当同证券公司签订承销协议，不允许发行人直接发行。这一规定意味着向累计超过二百人的特定对象发行证券，虽然属于公开发行，但法律上并不强制发行人聘请证券公司承销，发行人也可以自主选择直接发行。而强制要求发行人向不特定对象发行证券时，应当依法同证券公司签订承销协议，主要目的是保护社会公众利益。因为根据本法规定，证券公司承销证券，应当对公开发行文件的真实性、准确性、完整性进行核查；如果发现有虚假记载、误导性陈述或者重大遗漏的，不得进行销售，已经销售的，必须立即停止，并采取纠正措施。这就是说，证券公司有义务和责任对其承销的公开发行的证券进行审查。一方面，保证了公开发行文件的真实性，有利于保护投资者的利益；另一方面，通过证券公司发行证券，可以利用证券公司的销售网络和经验，有利于证券发行的成功，也是对投资者利益的保护。

此外，根据本条规定，证券承销业务采取代销或者包销方式。这两种方式是证券承销业务的基本方式。在此基础上，为明确在证券承销业务中发行人与证券公司间的权利与义务关系，本条第二款、第三款又分别对证券代销和证券包销的业务实质和法律关系做了具体规定，这些规定包含以下两层意思：第一，证券代销是指证券公司代理发行人发售证券，在承销期结束时，将未售出的证券全部退还给发行人的承销方式。这一规定表明，在证券代销方式中，证券公司与发行人之间是委托代理关系，证券公司在承销期内尽力销售证券，但不对证券发行结果负责。在实践中，代销证券的方式通常适合于社会信誉好、知名度高、比较容易被大众接受的大公司。第二，证券包销是指证券公司将发行人的证券按照协议全部购入或者在承销期结束时将售后剩余证券全部购入的承销方式。在证券包销的方式中，证券公司与发行人是买卖关系，类似于日常生活中的经销商。证券公司的责任是按协议购入发行人的全部有关证券或者在承销期结束时购入未售出的全部证券，发行风险全部由证券公司承担。对发行人来说，既不必承担证券发行的风险，又能迅速筹集到资金。所以，包销证券是证券市场中较为常见的承销方式。

◎ 承销商

　　第二十七条　公开发行证券的发行人有权依法自主选择承销的证券公司。

修改提示

　　本条删除了"证券公司不得以不正当竞争手段招揽证券承销业务"的规定。

解析

　　本条是对发行人自主选择证券公司的规定。

　　在符合法律、行政法规规定条件的情况下，发行人选择哪家证券公司承销证券，完全由发行人自主决定，属于发行人意思自治的市场行为范畴。对发行人和证券公司来说，发行人与承销商之间的双向选择是证券承销活动的民事意思自治的体现，应当保持公平的市场机制。因此，法律中对发行人有权依法自主选择承销的证券公司做了宣示性规定。

此外，原条文第二十九条规定了"证券公司不得以不正当竞争手段招揽证券承销业务"的要求。由于本次修法，对第二十九条做了修改完善，增加了证券公司承销证券的义务规定，已经对不得以不正当竞争手段招揽承销业务做了安排。因此，为避免重复，本条删除了"证券公司不得以不正当竞争手段招揽证券承销业务"的规定。

◎ 承销协议

第二十八条　证券公司承销证券，应当同发行人签订代销或者包销协议，载明下列事项：

（一）当事人的名称、住所及法定代表人姓名；

（二）代销、包销证券的种类、数量、金额及发行价格；

（三）代销、包销的期限及起止日期；

（四）代销、包销的付款方式及日期；

（五）代销、包销的费用和结算办法；

（六）违约责任；

（七）国务院证券监督管理机构规定的其他事项。

修改提示

本条未作修改。

解 析

本条是对发行人与证券公司签订承销协议及承销协议应当载明事项的规定。

根据本条规定，证券公司承销证券的，发行人应当与证券公司签订承销协议。这一规定明确了签订证券承销协议，是证券公司承销证券所必须履行的法定程序，如果未履行该等程序，证券公司应当承担相应的法律后果。而就承销协议而言，是确立证券公司与发行人在承销过程中的双方权利与义务关系的法律文件。本条对它的基本条款作出规定，使双方当事人建立一种规范的权利与义务关系，从而保障证券顺利发行，对发行人和承销商依法开展证券承销活动起到了指导作用。按本条规定，承销协议分为两种，一种是代销协议，另一种是包销协议，这两种协议应当载明的基本事项是相同的，仅是因为证券发行方式不同，导致其具体规定上存在差异。承销协议本质上是双方的合意安排，除应当载明上述事项外，双方当事人约定的其他合法事项也可以在承销协议中载明，并对双方产生约束。

◎ 承销商的义务

第二十九条　证券公司承销证券，应当对公开发行募集文件的真实性、准确性、完整性进行核查。发现有虚假记载、误导性陈述或者重大遗漏的，不得进行销售活动；已经销售的，必须立即停止销售活动，并采取纠正措施。

证券公司承销证券，不得有下列行为：

（一）进行虚假的或者误导投资者的广告宣传或者其他宣传推介活动；

（二）以不正当竞争手段招揽承销业务；

（三）其他违反证券承销业务规定的行为。

证券公司有前款所列行为，给其他证券承销机构或者投资者造成损失的，应当依法承担赔偿责任。

修改提示

本条新增了一款，对证券公司承销证券时的禁止性行为及相应的民事法律责任做了规定。

解析

本条是对证券公司承销证券中义务、责任的规定。承销商作为证券发行的中介机构，起着发行人和投资者中间桥梁的作用。由于我国证券市场的一些投资者尚不够成熟，因此承销商作为专业机构，对发行文件的真实性、准确性和完整性进行核查，以起到为发行文件增信的作用，更好地促成发行人和投资者之间的证券发行行为。因此，本条规定了承销商对发行人的发行文件进行审慎核查的义务，充分保证证券发行文件的真实、准确、完整，保护广大投资者的利益。按照本条规定，证券公司应当首先对所承销的证券的公开发行文件进行核查，如果没有发现有虚假记载、误导性陈述或者重大遗漏的，方可进行销售活动；反之，则不得进行销售活动。如果在销售中发现发行文件有虚假记载、误导性陈述或者重大遗漏的，必须立即停止销售活动，并采取纠正措施。

在修订过程中，有意见提出，在我国现有的股票发行体系下，同时设置了保荐人和承销商两种角色，依照规定两种角色都需要对发行文件进行核查，似乎有所重复。在境外立法实践中，美国的证券发行活动中仅设置了承销商而没有保荐人，与我国目前的制度安排存在一定差异。在我国的股票发行活动中，虽然保荐人和承销商往往重合，但在发行人聘请承销团的股票发行中，保荐人和承销商仍可能不同。如果不要求承销商也承担核查义务，可能导致存在欺诈发行时，投资者无法向承销商追究责任。因此，即便本法已经规定了聘请保荐人对发行人的发行文件进行审慎核查的要求，本条仍对承销商的审核义务做了规定。

此外，本条还将原条文第一百九十一条关于证券公司承销证券的禁止性规定移至本条第二款做了规定。证券承销是证券公司的一项重要业务，其收入是证券公司经营收入的重要来源。因此，一些证券公司在开展承销业务过程中，为招揽承销项目，可能采用了一些违反商业公平性的手段，比如虚假宣传、误导宣传、不正当竞争手段招揽等，严重违反了证券市场的公平原则，影响了正常的证券发行秩序，也对相关投资者和其他证券公司造成了损害。原条文将证券公司承销证券时的禁止性行为写入了"法律责任"一章中，使得承销证券行为的义务规定分别在两章进行规定，不利于理解，因此将相关禁止性行为的规定移至本条第二款，提高法律的统一性。同时，本条第三款还规定了承销商的民事损害赔偿责任。

◎ 承销团

第三十条　向不特定对象发行证券聘请承销团承销的，承销团应当由主承销和参与承销的证券公司组成。

修改提示

本条删除了原条文"向不特定对象发行的证券票面总值超过人民币五千万元的，应当由承销团承销"的规定。

解　析

本条是对向不特定对象发行的证券由承销团承销的规定。

承销团，指由多家证券公司共同组成的承销发行人证券的团体。承销团承销是证券发行中一种常见的方式。对于一次发行量特别大的证券，由承销团承销，可以分散发行风险，同时也可以集合各个证券公司的销售网点共同向市场推销，有利于保证迅速地完成证券发行。

在修法过程中，有意见提出，随着证券市场和经济社会的不断发展，单次证券发行的规模有了较大幅度的增长，证券公司的实力也有了长足地提高，票面总值五千万元的标准一定程度上过度限制了市场主体的自主选择，反而会因为强制聘请承销团增加发行人的发行成本。证券发行活动中，是否组团承销本质是市场活动，属于证券公司根据自身资本实力和市场状况以及标的证券质量自主决定的民事行为，收益和风险都由发行人和证券公司自主决定和承担，应当尊重市场作为"无形之手"对证券发行活动的调控作用。此外，如股票公开发行活动中，保荐人和承销商的角色往往是绑定的，一些证券公司甚至需要通过承销业务的收入，弥补其在保荐业务中的有关成本。如果强制要求采取承销团的方式，将降低担任保荐人的承销商的收入，影响其开展保荐业务的积极性和工作质量，难以督促其发挥好"看门人"的作用。因此，本条删除了原条文"向不特定对象发行的证券票面总值超过人民币五千万元的，应当由承销团承销"的强制性规定，但仍保留了承销团的概念和基本要求，没有排除发行人可以自主选择由承销团承销证券的权利。修改后的条文，仍保留承销团组成结构的规定，明确了承销团内部成员之间的基本法律关系。证券公司组织承销团承销证券发行业务，必须按照这一规定，确定主承销的证券公司和参与承销的证券公司。

需要说明的是，本条规定仅仅是对承销团进行规定，不受发行时采取核准制还是注册制的影响。因此，在过渡期间，一些仍实行核准制的证券发行，在承销阶段也适用本条规定。

◎ 证券承销期限和不得预留承销证券

第三十一条　证券的代销、包销期限最长不得超过九十日。

证券公司在代销、包销期内，对所代销、包销的证券应当保证先行出售给认购人，证券公司不得为本公司预留所代销的证券和预先购入并留存所包销的证券。

修改提示

本条未作修改。

解 析

本条是对证券承销期限和不得预留承销证券所作的规定。

本法第二十八条规定，证券公司承销证券，应当同发行人签订代销或者包销协议，载明代销、包销的期限及起止日期，这是指证券公司与发行人签订承销协议时应当约定证券承销期限。本条第一款是对承销期限所作的限制性规定，这就是证券公司与发行人约定的承销期限最长不得超过九十日。作出这一限制，既给了证券公司充足的时间做销售准备，也有利于防止有些证券公司把证券"捂盘惜售"，不推向市场，而待证券市场价格上涨时再售给投资者，影响发行人和投资者的利益。

证券公司作为证券发行的一种中介组织，其职责是为发行人和投资者服务，在销售证券时，应首先维护发行人和投资者的利益，不得利用承销证券的便利或优势，为自身牟取不正当利益，损害投资者利益。预留证券是指证券公司将从发行人那里取得的证券先留存在自己手里，不向投资者出售。证券公司具备将市场看好的、供求不平衡的证券留存下来，然后再在适当的时候将所预留的这些证券卖出，从中牟利。这种做法严重违背了市场公平原则，将会影响投资者的信心，不利于证券市场健康发展。因此，本条第二款明确规定，证券公司在代销、包销期内，应当保证将所代销或包销的证券先行出售给认购人，证券公司不得为本公司预留所代销的证券和预先购入并留存所包销的证券。这一规定有以下两层含义：其一，在证券承销期内，有投资者认购证券公司所承销的证券的，证券公司应当将证券销售给认购人，优先满足他们的购买需要，当有人认购证券时，证券公司不得将证券留给自己而不销售给认购人。其二，承销期满后，证券公司对自己所购入的证券是留存还是售出，则由其自行决定。

需要说明的是，证券公司不得为预留所代销的证券和预先购入并留存所包销的证券的规定，与有关板块推出的"绿鞋机制"和"保荐人相关子公司'跟投'制度"并不存在冲突。"绿鞋机制"是指发行人和承销商共同确定采用超额配售选择权的制度。为实施超额配售选择权，承销商将与有关投资者就参与配售并同意作出延期交易股份安排形成协议。因此，用于超额配售选择权的股份仍是由该投资者直接参与认购，且延期交付的安排已经投资者同意，不属于本条意图规范的证券公司预留或者预先购入的情形。而目前科创板市场中采用的"跟投"制度，是指发行人的保荐机构依法设立的相关子公司或者实际控制该保荐机构的证券公司依法设立的其他相关子公司，参与发行人证券发行的战略配售的规定。在发行人战略配售的环节，参与战略配售的机构与其他参与战略配售的主体在地位上并无差异，不存在利用其承销商地位牟取利益的情形，其目的与预留或预先购入并留存所包销的证券也有较大差异，性质上不可归入一类行为。此外，在"跟投"制度下，发行人的保荐机构与跟投机构是不同的法律主体，也不能简单地认为是证券公司参与了"跟投"行为，而将"跟投"行为归入本条规定的禁止性行为范畴。

◎ 股票发行价格的确定

第三十二条 股票发行采取溢价发行的，其发行价格由发行人与承销的证券公司协商确定。

本条未作修改。

解 析

本条是对确定股票发行价格方法的规定。

股票发行价格是股票发行中最基本和最重要的内容，发行价格的确定关系到发行人、证券公司与投资者三方面的根本利益，也关系到股票发行后在市场上的表现。发行价格定得过低，难以最大限度地满足发行人筹集资金的需要，不仅增大发行成本，甚至损害原有股东的利益；发行价格定得过高，又将增大承销的证券公司的发行责任和风险，抑制投资者的认购需求。因此，合理确定股票发行价格，对于股票顺利发行，以及股票未来在市场上的表现，都具有重要意义。

按照《公司法》的规定，我国股票发行价格可以按票面金额，也可以超过票面金额，但不得低于票面金额。在一般情况下，我国股票都是采取溢价发行的，而在确定发行价格的过程中，往往是发行人和证券公司博弈的结果，往往要由双方根据发行公司的自身素质（包括行业前景、盈利水平、市场竞争地位等）、同类公司市盈率水平、主承销证券公司的信誉和经验以及二级市场的股价水平等条件，经过讨价还价形成发行价。这样的价格机制是通过市场竞争形成的，对双方当事人来说形成的价格比较公平，既会满足发行人的需要，也会符合承销的证券公司的利益。依照股票发行注册制改革的思路，本条也是构建市场化的发行承销机制的重要载体，要求发行承销机制以市场化导向，询价、定价主要按照市场机制来确定，充分发挥有关市场主体的投研定价能力。

◎ 股票发行的失败

第三十三条 股票发行采用代销方式，代销期限届满，向投资者出售的股票数量未达到拟公开发行股票数量百分之七十的，为发行失败。发行人应当按照发行价并加算银行同期存款利息返还股票认购人。

修改提示

本条未作修改。

解 析

本条是对以代销方式发行股票失败的规定以及相应如何处理的安排。

发行人发行股票采用代销方式的，证券公司与股票发行人之间是委托代理关系，证券公司的责任是在承销期内尽力销售股票，期限届满时将尚未售出的股票全部退还发行人。依照本条规定，股票发行采用代销方式，发行期限届满，向投资者出售的股票数量未达到拟公开发行股票数量百分之七十的，应当认定为发行失败，已经签订的股票认购合同也将相应解除，恢复到发行前的状态。因此，股票发行失败对发行人而言，是筹措资金计划的落空，并且还需要向承销商支付相应的承销费用；对担任承销商的证券公司而言，其义务已经履行完毕；对已经支付了购股款的投资者而言，其无法取得原计划认定的股票。由于投资者已经支付了投资款，承担了该部分资金的机会成本，从保护公平性的角度考虑，本条规定，发行人应当按照发行价并加算银行同期存款利息返还股票认购人。

◎ 股票发行情况的备案

第三十四条 公开发行股票，代销、包销期限届满，发行人应当在规定的期限内将股票发行情况报国务院证券监督管理机构备案。

修改提示

本条未作修改。

解　析

本条是对股票发行期满后的备案管理的规定。

公开发行股票的期限及起止日期，是在股票发行人与证券公司签订的承销协议中载明的，股票发行是否成功，影响到各方面的利益，特别是公众投资者的利益。本条要求，公开发行股票，代销、包销期限届满，发行人应当在规定的期限内将股票发行情况报国务院证券监督管理机构备案。这是对股票承销活动，也是对股票发行活动进行监督管理的一项措施。备案的内容是股票发行情况，也就是股票承销协议的履行情况。证券公司代销证券的，股票发行人应将代销情况报国务院证券监督管理机构备案；证券公司包销证券的，股票发行人也应将包销情况报送国务院证券监督管理机构。

需要说明的是，备案不是行政许可，只是发行人在事后将情况向监管机构报告，以便监管机构了解情况，必要时进行检查的一项监管制度。

第三章

证券交易

本章设三节，共二十七条。相较于原条文，修改了二十一条，保留了四条，新增了二条，删除了九条，并将原第三节"持续信息公开"移至新设的第五章规定。

原《证券法》第三章分为"一般规定""证券上市""持续信息公开""禁止的交易行为"四节，一读稿即把"持续信息公开"一节修改为"信息披露"一章，作专章规定。后续修订都延续了这一基本模式，并自二读稿开始，针对 2015 年股市异常波动暴露的问题，对证券交易相关制度机制做了进一步的完善。

第一节　一般规定

◎ 证券交易的标的物

第三十五条　证券交易当事人依法买卖的证券，必须是依法发行并交付的证券。

非依法发行的证券，不得买卖。

修改提示

本条未作修改。

本条是对证券交易的标的物合法性的规定。

一、合法的证券交易标的物

依法发行的证券是指依照本法及其他有关法律、行政法规和证券监管规范性文件，公开发行或者非公开发行的证券。依照本法规定，公开发行证券，应当符合规定的条件，并依法报经注册。非公开发行证券，国家有规定的，也必须遵守国家的有关规定，如不得采用广告、公开劝诱和变相公开方式等。证券交易当事人依法买卖的证券，必须是依法发行的证券。未履行法定的发行程序，擅自公开发行的证券，以及未按照国家规定非公开发行的证券，都不得进行买卖。

二、已交付的证券

已交付的证券是指已经实际由发行人转移至买受人的证券。如果是纸质形式的证券，已交付的证券是指已由发行人交由买受人并由买受人持有的证券；如果是电子形式的证券，已交付的证券是指已经按照相关规定做了登记、为买受人所有的证券。

◎ 证券交易的限制

第三十六条　依法发行的证券，《中华人民共和国公司法》和其他法律对其转让期限有限制性规定的，在限定的期限内不得转让。

上市公司持有百分之五以上股份的股东、实际控制人、董事、监事、高级管理人员，以及其他持有发行人首次公开发行前发行的股份或者上市公司向特定对象发行的股份的股东，转让其持有的本公司股份的，不得违反法律、行政法规和国务院证券监督管理机构关于持有期限、卖出时间、卖出数量、卖出方式、信息披露等规定，并应当遵守证券交易所的业务规则。

修改提示

本条有两处主要修改。一是新增一款，规定了法律、行政法规和国务院证券监督管理机构可以对相关主体持有证券的期限、卖出时间、卖出数量、卖出方式、信息披露等作出规范；二是在法律上确认了证券交易所业务规则对证券交易限制性规定的效力。此外，本条还对证券范围、证券转让等做了文字调整。

解析

近年来，一些上市公司股东及其董事、监事、高级管理人员减持套现的问题比较突出，出现了许多借道"大宗交易"减持、利用"高送转"推高股价减持、"清仓式"减持、"精准"减持股份等现象，甚至不乏一些恶意减持、违规减持股份的问题，不但严重影响了中小股东对公司经营的预期、打击了投资者信心，还扰乱了市场秩序、滋生市场风险隐患。由于此前在法律上主要有《公司法》对股票限售期限做了规定，一些证券监管规范性文件虽然也有一些相关规定，但立法的效力层级较低，实践中主要依靠当事人承诺锁定期的方式进行监管。受限于此类承诺的民事属性，对当事人的约束效果不甚理想。2015 年发生的股市异常波动，更是引发了市场对于进一步完善股票转让限制规定的强烈呼声。

对此，在修法进程早期，各方已经就在证券法中对相关主体证券转让行为进行相应限制达成了共识。但股份转让属于上市公司股东的基本民事权利，有关转让制度的规定，既需要保护二级市场的稳定，也要关注市场的流动性；需要统筹平衡大股东与中小股东之间不同利益诉求，把完善资本退出渠道和保障资本形成有机结合，情况比较复杂。在一读稿中，曾经在发行制度中专设"股票转售限制"一节，拟允许上市公司股东所持公开发行前的股份通过申请公开发行而获得自由转让等。但市场有关方面反应激烈，中小股东对此表示反对，认为有损自身利益，担心所开口子太大，对市场造成过大冲击，影响市场的稳定；又加之随后发生了 2015 年股市异常波动，在后续修改过程中，便放弃该立法思路。

在二读稿中，经总结我国证券市场发展的实践经验，特别是以股权分置改革中非流通股份转让应当在一定期限内分批、按比例进行的做法为基础，并借鉴 2015 年股市异常波动后中国证监会相继制定出台的有关上市公司大股东、董事、监事、高级管理人员减持股份的制度规定，在法律上采取了授权国务院证券监督管理机构对有关股份转让所受时间、方式、比例、数量限制及信息披露要求进行规定的方式。一是规范了应当遵守限售义务的主体范围，并在法律上确认了国务院证券监督管理机构制定的股票限售规定的效力。二是规定了应当遵守限售义务的主体通过集中竞价交易转让股份的公告义务。三是规定了持股百分之五以上股东每三个月通过集中竞价交易方式转让的股份不得超过公司股份总数的百分之一，再加上大宗交易，一年减持数可达公司股份总数的 12%，而按美国《1933 年证券法》及证券交易委员会《144 号条例》，发行人关联人名下一年减持股份只有 8%。

三读稿延续了二读稿的规定，在公开征求意见过程中，许多意见提出，虽然实践中确有对三个月内股份转让比例限制和公告义务的需要，但如果在法律上作出如此具体的规定，可能导致规则缺乏弹性，如果未来市场发生变化，监管部门将难以根据情况适时调整相关要求。此外，三读稿仅对采用集中竞价方式交易的股票做了规定，未考虑大宗交易、协议转让等情形，不够全面。还有意见提出，证券交易所作为一线自律监管机构具有贴近市场主体的天然优势，可以结合日常监管实践经验，在业务规则层面对特定的股份减持行为作出规定，实践中也已有相关安排。据此，四读稿删除了三读稿关于减持比例和公告义务的规定，新增了减持行为应当遵守证券交易所业务规则的要求，并根据上市公司发行新股概念的调整（详见本法第十二条释义），将三读稿中"上市公司非公开发行的股份的股东"的表述，调整为"上市公司向特定对象发行的股份的股东"。

本条分两款对减持行为限制做了规定。第一款明确依法发行的证券，按照法律规定在限定期限内不得转让。该款将原条文规定的"在限定的期限内不得买卖"改为了"在限定的期限内不得转让"。这主要是考虑到，本条的规范对象，是民事主体之间的证券权益变动。而实践中许多证券权益变动并不一定起因于买卖行为，也并非必须支付对价。如果用"买卖"表述，可能引发歧义，"转让"一词更为准确。此外，第一款还做了文字调整，将"股票、公司债券及其他证券"简化为"证券"，将"法律"改为《公司法》和其他法律，使得指向更为明确。从效力上来说，对于违反第一款规定的证券转让，属于违反法律规定的合同行为，应当认定为无效合同。

第二款是关于股份减持的具体规定。一方面，本款明确了减持限制的主体范围，包括上市公司持股百分之五以上的股东、实际控制人、董事、监事、高级管理人员、持有公开发行前老股的股东和参与上市公司定向发行的股东，相较于普通的公众投资者，这些股东要么基于其特殊身份可能对公司股价造成重大影响，要么因为取得股份的方式乃至价格较为特殊，因此对这些主体进行限制，不会违背法律的公平性。另一方面，本款列举了减持规定的要素，包括持有期限、卖出时间、卖出数量、卖出方式、信息披露等，这些要素都是根据已有规定总结的，在法律上确认了国务院证券监督管理机构制定的相关减持规则的效力。

对于违反第二款中法律、行政法规和国务院证券监督管理机构规定的转让行为，是否如同违反第一款规定，应属无效的问题，有不同理解，但从维护该款规定的严肃性，防止有关股东钻法律空子，以违反该规定接受相对较轻的行政处罚为代价，而谋取其违规转让股份行为有效的更大利益，应将违反该规定行为纳入无效行为更为合适。不过，在具体执法与司法实践中，还要考虑所违反的规定具体条款是否属于强制性，并与本法中有关集中竞价交易结果终局性的规定保持好协调。

此外，本款还规定了证券交易所业务规则的效力，允许证券交易所在业务规则中对相关股票转让行为进行规制，明确了其规则的法律地位。征求意见过程中，有意见提出要将其效力与国务院证券监督管理机构的规定并列。但考虑到证券交易所作为证券交易组织者，对减持行为进行限制的权利源于其自律属性，因而单独做了规定。

◎ 多层次证券市场体系

第三十七条　公开发行的证券，应当在依法设立的证券交易所上市交易或者在国务院批准的其他全国性证券交易场所交易。

非公开发行的证券，可以在证券交易所、国务院批准的其他全国性证券交易场所、按照国务院规定设立的区域性股权市场转让。

本条将原规定中的"国务院批准的其他证券交易场所"明确为"国务院批准的其他全国性证券交易场所"，并新增了非公开发行证券转让场所的规定，对相关规定的文字表述做了调整。

本条是关于多层次证券市场体系的基础规定。

一、公开发行证券的交易场所

根据本条规定，公开发行的证券都应当在证券交易所或者国务院批准的其他全国性证券交易场所交易。在我国，证券交易所具有完备的交易系统，并有健全的信息披露制度和监管措施，能够使证券得到高效流通，并能较好地保护投资者的利益，所以，证券交易所是依法公开发行证券的主要交易场所。目前，我国大陆地区依法设立的证券交易所只有两个，即上海证券交易所和深圳证券交易所。在国外成熟的证券市场中，除证券交易所以外，还会设置一些其他证券交易场所作为补充，在我国则设立了全国中小企业股份转让系统。本次修订，更有针对性地将原规定中的"国务院批准的其他证券交易场所"明确为"国务院批准的其他全国性证券交易场所"，目前即是指全国中小企业股份转让系统有限责任公司。需要说明的是，在修订过程中，有意见提出，将银行间债券市场明确纳入国务院批准的其他全国性证券交易场所，由国务院证券监督管理机构统一监管。但是，考虑到银行间债券市场有其特定历史背景，其设立的法律依据为《中国人民银行法》，并由中国人民银行监管，特别是在该市场中交易的债券产品情况比较复杂，是否为公开发行也不明确，因此，没有采纳该意见。但法律也留有空间，如果能明确其交易的产品为公司债券，且属公开发行，则可通过修改《中国人民银行法》，并由国务院予以确认批准即可。

在原条文第三十九条中，对于公开发行证券权益流转采用的是"转让"一词。但公开发行的证券应当按照规定上市交易或者在国务院批准的其他全国性证券交易场所交易，而非公开发行的证券一般是在特定对象之间转让，为了对两者作出区分，本条对公开发行证券采用"交易"一词，对非公开发行证券采用"转让"一词。

二、非公开发行证券的转让场所

本次修法过程中，有意见提出，应当在法律中确立非公开发行转让场所的地位，为区域性股权市场等非公开发行证券的转让场所提供法律依据。因此，本条第二款规定了非公开发行的证券，可以在证券交易所、国务院批准的其他全国性证券交易场所、按照国务院规定设立的区域性股权市场转让的规定。

此外，修法过程中，对于是否将证券公司柜台市场纳入多层次资本市场体系，存在一定的争议。有意见提出，许多境外成熟证券市场对柜台市场出台了专门规定，《证券法》也应进行规定。柜台市场是指证券公司为与特定交易对手方在集中交易场所之外进行交易或为投资者在集中交易场所之外进行交易提供服务的场所或平台，通常作为证券交易所市场的补充，具有产品多样、业务灵活等特点。境外一些国家和地区确实已对柜台市场开展规范管理，如美国《1933 年证券法》《1934 年证券交易法》就对特定公司的豁免注册和柜台业务的经营主体等事宜做了规定。在我国，也对柜台市场的发展与监管做了一些探索。如中国证券业协会在 2012 年发布了《证券公司柜台交易业务规范》。但目前柜台市场的法律定位尚不明确，相关业务发展也不成熟。特别是更多观点认为，证券公司在其柜台为证券转让提供服务，更类似证券公司的一项业务，而不具备"市场"的特点，且证券公司通过柜台提供服务，主要涉及证券的非公开发行与转让，法律对其进行特别规定的必要性尚不充分。因此，本次修法中未专门对柜台市场进行规定。

◎ 证券交易的方式

第三十八条　证券在证券交易所上市交易，应当采用公开的集中交易方式或者国务院证券监督管理机构批准的其他方式。

修改提示

本条未作修改。

解　析

本条是对在证券交易所进行证券交易的方式的规定。

集中交易方式，是指在集中交易市场以竞价交易的方式进行的证券买卖，最典型的是集中竞价交易。竞价交易方式包括集合竞价和连续竞价两种方式。集合竞价，是指交易系统对一段时间内接受的买卖申报一次性集中撮合的竞价方式。连续竞价，是指对买卖申报逐笔连续撮合的竞价方式。

随着证券市场的不断发展，竞价交易已经难以满足各类市场参与者的需求，如美国纳斯达克市场就开始采用做市商的交易方式。为了适应证券市场的发展需要，2005 年《证券法》授权国务院证券监督管理机构批准在证券交易所对上市交易的证券采用其他的交易方式，为市场发展留出了空间，同时授权国务院证券监督管理机构对证券交易所的其他证券交易方式进行规范。也就是说，证券交易所经批准后可以采用其他方式组织证券交易，但也需要符合中国证监会的相关规定要求。

◎ 证券交易的形式

第三十九条　证券交易当事人买卖的证券可以采用纸面形式或者国务院证券监督管理机构规定的其他形式。

修改提示

本条未作修改。

解 析

本条是对证券的形式的规定。

证券，用来证明券票持有人享有的某种特定权益的法律凭证。证券最初诞生时，电子技术尚不发达，因此传统的资本证券都是采用纸面形式印发，具有格式统一、携带便利等特点，为早期证券的普及、流通创造了条件。但纸面形式的证券本质上仍属于实物证券，受制于实物客观状态的影响，其识别、流通、保存都存在一定障碍。随着电子技术的不断发展，各国均开始推行无纸化证券，通过电脑存储信息、互联网信息交换的这种方式，使得证券发行、交易和持有更加高效、便捷、成本更低。但即便如此，纸面证券也未完全消失，甚至有一部分纸面证券已经开始在收藏品市场上流通。为此，本法第三十九条对证券的权益凭证形式做了规定，明确合法流通买卖的证券必须采用法定的凭证形式，可以是传统的纸面形式，也可以是国务院证券监督管理机构规定的其他形式。之所以授权中国证监会对此作出规定，而非由证券发行人自由选择，主要是考虑到公开发行的证券具有较强的公众性，影响范围较广，普通投资者又难以鉴别证券的真伪和其载明权益的真实性，需要由中国证监会对其格式内容、权益登记形式等作出统一规定，以防止欺诈行为的发生，确保投资者的权益不受损害。

◎ 证券从业人员从事证券交易的禁止性规定

第四十条 证券交易场所、证券公司和证券登记结算机构的从业人员，证券监督管理机构的工作人员以及法律、行政法规规定禁止参与股票交易的其他人员，在任期或者法定限期内，不得直接或者以化名、借他人名义持有、买卖股票或者其他具有股权性质的证券，也不得收受他人赠送的股票或者其他具有股权性质的证券。

任何人在成为前款所列人员时，其原已持有的股票或者其他具有股权性质的证券，必须依法转让。

实施股权激励计划或者员工持股计划的证券公司的从业人员，可以按照国务院证券监督管理机构的规定持有、卖出本公司股票或者其他具有股权性质的证券。

本条有三处主要修改。一是将"证券交易所"修改为"证券交易场所"，将除证券交易所之外的其他证券交易场所有关人员纳入了禁止性规定的范围。二是将禁止有关人员持有、交易证券的范围，从股票扩展到股票或者其他具有股权性质的证券。三是新增了证券公司从业人员因参加实施股权激励计划或者员工持股计划而持有本公司股票或者其他具有股权性质的证券的豁免安排。

本条是禁止证券从业人员将从事股票或者其他具有股权性质的证券交易的相关规定。

一、交易禁止规定的背景

为保证市场的公平性，防止因信息不对称导致损害参与投资者的利益，是维护证券市场秩序的重要原则之一。有关证券从业人员由于职务工作的原因，可能掌握超出一般投资者能够了解到的未公开信息。如果这些从业人员进入证券交易市场中，可能严重破坏证券交易的公平性。因此，为了保障证券市场的秩序，维护市场公平性，从 1998 年《证券法》出台起，就规定有关证券从业人员不得持有、买卖股票。

二、禁止交易的主体范围

本条所规定禁止持有、买卖、取得股票或者具有股权性质的证券的主体，包括三类：一是证券交易场所、证券公司和证券登记结算机构的从业人员。这些机构是专业从事证券交易和证券经营业务的单位，他们不仅有获得信息的便利条件，而且有业务上的优势，并且掌握许多投资者参与交易情况的信息，具备利用其业务和信息优势参与股票交易的基础。二是证券监督管理机构的工作人员。证券监督管理机构工作人员是市场的监督者，如果既当"裁判员"又当"运动员"，其监督职权就有可能成为牟取利益的方便之门，也会给市场带来负面影响。同时其又是市场规则的制定者，证券市场是一个政策敏感性的市场，监管人员能够更早地知道市场规则的变化情况，也具有牟取不正当利益的基础。三是法律法规规定的其他禁止参与股票交易的人员。除上述两类人员以外，还有其他一些人员，因其地位、职务和与有关人员的关系，而被法律、行政法规禁止参与股票交易。本项主要是兜底性安排。由于参与证券交易属于民事权利，所以规定只有法律和行政法规可以对限制民事权利进行规定。

三、禁止交易的证券范围

本条所规定的禁止持有、买卖的证券范围，是指股票或者其他具有股权性质的证券。随着资本市场的发展，证券品种和工具形式越来越多元化，出现了一些虽然不属于股票，但是也能代表类似股票权益的证券，法律上如果仅对股票交易行为进行规范，就可能形成监管套利。因此，境外在限制证券交易行为的立法中，通常将这些证券与股票一并进行规定。如美国《1934年证券交易法》。将"股票"的定义扩展到任何股票或类似的证券，或者是指经过或未经过补偿的可转换成这样一种证券的任何证券，或带有任何保证单或具有认购或购买这样一种证券的权力的任何证券，或者是指任何这样的保证单或权力等。韩国、日本等国家也采用列举的方式，将股票之外部分证券纳入了证券交易行为规范的客体。因此，本次修法过程中，借鉴了境外规定和实践需求，将"其他具有股权性质的证券"纳入有关证券交易规定的客体范围，我国典型的"具有股权性质的证券"，是以境外公司股票为基础证券的存托凭证。需要说明的是，本次修法中未按照韩国、日本等国家的规定采用列举式的立法形式。一方面，是考虑到证券产品存在多样性，可能因为具体安排的不同导致在性质上发生较大差异，仅列举产品名称加以区分，在适用时可能并不准确；另一方面，随着证券市场的快速发展，未来可能会出现更多的证券品种，如果采用列举的方式难免挂一漏万，在法律规定上要保留一定的弹性。

四、豁免规定

本次修法过程中新增了第三款的规定，允许给证券公司的从业人员为参与股权激励计划或者员工持股计划持有本公司股票或者股权性质证券的豁免安排。这项规定主要是考虑到与证券交易场所、证券登记结算机构、证券监督管理机构存在不同，证券公司属于市场化的主体，且许多公司已经是上市公司，具有采用市场化管理模式的诉求，客观上需要通过实施股权激励计划或者员工持股计划吸引人才。因此，为了加强我国投资银行的竞争力，与国际上其他大型证券公司看齐，法律上对此情形豁免。需要说明的是，适用本项豁免有个重要前提，即持有、卖出的必须是通过股权激励计划或者员工持股计划取得股票。也就是说，从业人员不得从二级市场买入股票，只能通过参与有关股权激励计划或者员工持股计划取得股票，并持有、卖出。

此外，也有意见提出，证券公司的从业人员属于为投资者提供市场化专业服务的人员。如果本身没有参与过股票交易，没有实践基础，就难以给予客户真正专业的服务，因此建议对证券公司从业人员进一步放开证券交易的禁止性规定。但由于各方争议较大，相较于证券公司提供服务的质量而言，在目前的市场环境下，更应当致力于维护证券市场的公平秩序，且允许证券公司从业人员买卖股票与否，与其提供服务的质量高低虽有一定关系，但并不是决定性因素，因此放开限制的条件尚不完全具备。需要随着未来市场逐步发展，投资者更为成熟，证券公司从业人员等市场主体诚信水平更高后，再考虑是否完全放开有关禁止性规定。

◎ 证券交易场所等证券市场机构及其人员的保密义务

第四十一条 证券交易场所、证券公司、证券登记结算机构、证券服务机构及其工作人员应当依法为投资者的信息保密，不得非法买卖、提供或者公开投资者的信息。

证券交易场所、证券公司、证券登记结算机构、证券服务机构及其工作人员不得泄露所知悉的商业秘密。

修改提示

本条有五处主要修改。一是将证券交易所以外的其他证券交易场所、证券服务机构纳入了适用范围。二是将适用主体从有关机构扩展到其工作人员。三是将保密信息的范围从为客户开立的账户保密调整为为投资者的信息保密。四是明确规定不得非法买卖、提供或者公开投资者的信息。五是增加了不得泄露所知悉的商业秘密的规定。

解析

本条是对提供有关证券服务的机构及其工作人员的保密义务的规定。

证券交易场所、证券公司、证券登记结算机构、证券服务机构，属于为投资者参与证券活动提供有关服务的机构。在提供服务过程中，这些机构及其工作人员能够了解到投资者的有关信息，这些信息不仅包括原条文中规定的账户信息，还包括投资者个人身份资料等其他隐私信息。为了保护投资者的合法权益，本条对此做了专门规定，明确有关机构及其工作人员应当为客户的信息保密，不得非法买卖、提供或者公开投资者的信息。

此处之所以规定不得"非法"买卖，是考虑到按照相关法律规定，在特定情况下有关机构应当予以配合提供信息的情形，例如，在一些特定的合法交易活动中，可能会包含投资者的一些信息，同时公安机关、检察机关等为调查涉嫌违法行为而需要了解有关客户的账户信息的情形。

此外，本次修法还特别新增了不得泄露"商业秘密"，在法律上明确了商业秘密属于被保护的对象，商业秘密包括但不限于客户的投资意图、商业计划等。这主要是考虑到出于提供服务和监管的需要，投资者可能需要将其商业秘密告知有关机构及其工作人员，这些商业秘密一旦泄露，将对客户的利益造成重大不利影响，因此在三读稿审议期间吸收了对商业秘密的保护性规定。

第四十二条　为证券发行出具审计报告或者法律意见书等文件的证券服务机构和人员，在该证券承销期内和期满后六个月内，不得买卖该证券。

除前款规定外，为发行人及其控股股东、实际控制人，或者收购人、重大资产交易方出具审计报告或者法律意见书等文件的证券服务机构和人员，自接受委托之日起至上述文件公开后五日内，不得买卖该证券。实际开展上述有关工作之日早于接受委托之日的，自实际开展上述有关工作之日起至上述文件公开后五日内，不得买卖该证券。

修改提示

本条有四处主要修改。一是将限制的对象从为"股票"发行提供服务的机构和人员扩展到为"证券"发行提供服务的机构和人员。二是在列举的证券发行文件中删除了"资产评估报告"。三是将第二款中为"上市公司"出具有关文件的机构和人员扩展到为"发行人及其控股股东、实际控制人，或者收购人、重大资产交易方"。四是进一步明确了不得买卖证券期间的计算方式。

解　析

为证券发行提供有关服务的机构及人员，是指为股票发行出具审计报告或者法律意见书等文件的会计师事务所、律师事务所等证券服务机构，以及为准备、出具这些文件而进行各项活动的人员，包括在这些文件上签字的人员、为出具这些文件开展相关工作的人员、审阅这些文件的内控人员等。这些机构和人员履行职责，要求他们对发行人的财务状况、法律事项进行深入的了解，在了解的过程中往往会知悉超出正常投资者掌握水平的未公开信息。但是区别于发行人的内部人员，在出具了相关文件后，这些机构和人员所享有的信息优势就会随着时间逐步消失，在经过特定时间后也就没有必要再对其进行限制。考虑到证券服务机构及其人员并非专门从事证券业务的人员，不适宜在法律上对其"一刀切"地禁止从事证券交易，因此从1998年《证券法》出台开始，就确立了有关机构和人员在股票承销期内和期满后六个月内不能买卖股票的规定。

保护公众投资者利益，避免证券服务机构及其人员利用职务中了解到的未公开信息牟取利益，并不需要区分股票和其他证券。因此，有意见提出，为债券、存托凭证等证券出具文件的证券服务机构及其人员也应当按照股票的要求在一定期限内限制证券服务机构及其工作人员的交易。因此，本次修订从一读稿开始，就明确要将本条适用的范围扩展到全部证券。

本条修改还在所列举的为证券发行出具文件的机构中删除了出具"资产评估报告"的机构和人员的规定。这主要是考虑到本法第十六条的修改删除了债券公开发行必须提供"资产评估报告"的要求，因此为证券发行的提供文件中并不必然包括资产评估报告。为了确保法律规定的准确性，避免误解，仅在法律列举的证券发行文件中删除了"资产评估报告"，通过"等"字为列举未尽之处作出兜底安排。如果有关证券发行中要求资产评估机构出具资产评估报告，则该机构和人员仍受本条的规范。

本条第二款规定，除了受本条第一款规范的机构和人员外，为发行人及其控股股东、实际控制人，或者收购人、重大资产交易方出具相关文件的证券服务机构和人员也应受到一定期间的交易限制。实践中，能够了解到发行人情况的，并不仅是发行人为了证券发行聘请的证券服务机构。如为发行人日常经营提供服务的机构、发行人及其控股股东、实际控制人聘请的机构、上市公司收购中收购人聘请的机构、重大资产重组中的交易对方聘请的机构，这些机构及其人员都能够一定程度上知悉超出普通投资者掌握水平的信息。但是相比于发行人为了证券发行聘请的机构，他们掌握这些未公开信息的水平有所差异。因此为了体现法律上的公平性，对这些机构也做了相应的限制性规定，但限制的水平相较本条第一款的规定更低。

本条第二款所说的"接受委托之日"，是指有关主体与证券服务机构签署相关服务协议的日期。对此，有意见提出，实践中证券服务机构接触发行人信息的时间点往往早于其签署服务合同的日期，甚至在正式出具相关文件前才补签合同，导致实践中认定其不得买卖证券的期限存在一定难度。为此，本条专门新增了实际开展工作之日早于接受委托之日的期限计算方式，提供了法律的可执行性。

◎ 证券交易的收费

第四十三条　证券交易的收费必须合理，并公开收费项目、收费标准和管理办法。

修改提示

本条删除了证券交易收费标准由有关主管部门统一规定的内容，并将"收费办法"修改为"管理办法"。

解　析

本条是对证券交易收费的原则性规定。

证券交易活动中，需要由证券交易场所、证券公司、证券登记结算机构为投资者提供相应的结算交收服务。按照有偿原则，证券交易场所、证券登记结算机构在提供服务的基础上收取合理费用也是国际惯例。此处所谓"证券交易的收费标准必须合理"，是指所收取的费用应当按照提供服务的成本、市场需求、投资者承受能力等因素综合分析确定，在能够覆盖所产生成本、确保维持这些服务质量的基础上，不得过高，侵蚀投资者的收益。收费标准必须公开，是指证券交易的收费项目、收费标准和收费办法必须向社会公开，并统一执行，未公开的项目不得收取费用。

本条删除了原条文第二款"证券交易的收费项目、收费标准和管理办法由国务院有关主管部门统一规定"的要求。按照国务院"放管服"的精神要求，将尽可能减少行政许可，为市场主体提供便利。证券交易收费，是证券交易场所、证券公司、证券登记结算机构为投资者参与证券交易提供服务而收取的服务费用，本质上属于民事行为，收费项目和标准应当由双方按照法律规定自主协商。

◎ 短线交易

第四十四条　上市公司、股票在国务院批准的其他全国性证券交易场所交易的公司持有百分之五以上股份的股东、董事、监事、高级管理人员，将其持有的该公司的股票或者其他具有股权性质的证券在买入后六个月内卖出，或者在卖出后六个月内又买入，由此所得收益归该公司所有，公司董事会应当收回其所得收益。但是，证券公司因购入包销售后剩余股票而持有百分之五以上股份，以及有国务院证券监督管理机构规定的其他情形的除外。

前款所称董事、监事、高级管理人员、自然人股东持有的股票或者其他具有股权性质的证券，包括其配偶、父母、子女持有的及利用他人账户持有的股票或者其他具有股权性质的证券。

公司董事会不按照第一款规定执行的，股东有权要求董事会在三十日内执行。公司董事会未在上述期限内执行的，股东有权为了公司的利益以自己的名义直接向人民法院提起诉讼。

公司董事会不按照第一款的规定执行的，负有责任的董事依法承担连带责任。

修改提示

本条有四处重要修改。一是将新三板挂牌公司的主要股东、董事、监事、高级管理人员纳入了短线交易规制的范围。二是将"其他具有股权性质的证券"归入认定短线交易的证券范围。三是授权国务院证券监督管理机构规定短线交易的例外情形。四是将有关人员配偶、父母、子女持有的以及利用他人账户持有的股票或者其他具有股权性质的证券纳入短线交易的计算范围。

解析

本条是对短线交易的规定。

一、短线交易的含义

短线交易是指有关主体在较短的期限内，将与其相关公司的股票买入后又卖出，或者卖出后又买入的行为。短线交易规制的主体，一般是与相关公司存在密切关系，对公司具有一定的控制力或者拥有信息优势，能够通过频繁地买卖公司股票以达到谋取自身利益目的的自然人或机构。短线交易作为内幕交易的前端控制措施，是为了弥补内幕交易查处难的困境，是法律在效率与公平之间的取舍。对于短线交易行为的规定是"粗线条"的，不对行为人的实际意图做判断，也不对其是否构成内幕交易做判断，采用的是商事外观主义的原则。从境外立法实践来看，美国等国家都在内幕交易之外，对短线交易做了专门安排。国务院 1993 年发布的《股票发行与交易管理暂行条例》中首次引进了证券短线交易制度，并在 1998 年《证券法》中将其上升到法律层面。2005 年《证券法》继续沿用了短线交易的规定，并进一步完善了主体范围、归入权行使等安排。实践中，对短线交易的立法初衷并不存在争议，但在执行中对短线交易主体的身份认定、"持有"的认定等法律适用问题存在一定争议。

二、短线交易的主体范围

短线交易的主体范围，在立法过程中，经历了一个循序的过程。1998年《证券法》中，仅对持有一个股份有限公司已发行的股份百分之五的股东适用短线交易的规定。考虑到除了上市公司的大股东外，上市公司的董事、监事、高级管理人员，由于其地位和职务的特殊性，不仅了解公司的各种信息，而且能够直接掌控公司的运营，拥有一般投资者无法比拟的信息优势，2005 年《证券法》将范围进一步扩大，将上市公司的董事、监事、高级管理人员也纳入了规制范围。经过多年实践，大股东和董事、监事、高级管理人员这一规制范围已经被证明能够基本实现短线交易的立法目的，也已经被市场普遍接受。因此，本次修法过程中，仍然继续沿用了这一范围。在此基础上，有意见提出，新三板挂牌公司也具有公众性，在内幕交易等问题方面与上市公司的证券交易存在相似的问题，也需要引入短线交易的安排，加强对公众投资者的保护。本次修法吸收了这一意见，将短线交易的范围扩展至新三板挂牌公司，明确新三板挂牌公司的大股东和董事、监事、高级管理人员也需要遵守短线交易的规定。

三、短线交易主体的认定

在规范短线交易行为的监管实践中，各方对于短线交易主体持有股份的认定方法一直存在较大争议，主要问题是短线交易的主体认定应当采用"实际持有"还是"名义持有"。有观点认为，应当采用名义持有的方式，只计算以有关主体名义开立的账户内持有的股份，这种计算方法简便易行，便于实务操作，也不容易引发争议。但是有关主体可以通过平台持股、他人代持等方式轻易规避法律规定，难以实现立法规制的目的。还有观点认为，应当采用"实际持有"的计算标准，以大股东和董事、监事、高级管理人员实际持有的股份来计算，包括以自己名义和他人名义持有的股份。

在境外的立法实践中，"实际持有"的标准受到了广泛采纳，如美国《1934年证券交易法》采用"受益所有人"概念计算内部人持股，将配偶、未成年子女、共同生活的家属或利用其他人名义持有的股份都纳入其中。我国监管执法实践中，也较多采用"实际持有"的做法。考虑到防止有关主体规避短线交易的规定、与权益披露口径保持一致、与实践做法保持一致等因素，修订后的《证券法》采纳了"实际持有"的思路，将适用短线交易主体的配偶、父母、子女持有的及利用他人账户持有的股票或者其他具有股权性质的证券都认定为由其本人持有，在本条第二款新增了规定。

此外，在修法过程中，还曾考虑将主要股东"持有"股份的范围进一步扩展到"通过协议、其他安排与他人共同持有"的股份。三读稿公开征求意见时，市场上对此有不少反对意见，主要认为股东之间形成一致行动关系，其原因和合作安排有多样性，并不必然能够掌控公司运营或者取得信息优势。在本条第二款已经将"实际持有"的股票和其他具有股权性质的证券纳入计算的情况下，已经能够对通过他人账户实际持有的股份进行规范。如果再纳入一致行动人持有的股份，短线交易的规制范围可能过大。考虑到短线交易商事外观主义的特点，对其适用范围应当更为审慎。因此，最终删除了这一规定。

四、短线交易的客体

关于短线交易的规制范围，1998 年《证券法》和 2005 年《证券法》都只将股票作为短线交易的客体。本次修法中，为了适应市场发展，引入了"其他具有股权性质的证券"的概念，这一概念的具体含义和考虑，详见本法第四十条的释义。

对于在判断短线交易的构成时，如果当事人在规定期限内买入、卖出不同种类或不同性质的证券，是否应当认定为构成短线交易的问题，在修法过程中也有过争议。考虑到虽然股票和其他具有股权性质的证券属于不同的证券品种，但是这些证券通常都与股票的价格挂钩，可以转换为与股票有关的金钱利益。而短线交易的立法目的就是为了防止内部人士，利用优势地位或者优势信息，通过股价波动谋取超出正常投资者合理水平的收益，但并不考虑其取得收益的具体方法或手段。

此外，在此基础上，实践中存在一些特定情形，当事人的行为符合短线交易的情形，但是由于当事人的身份、主观意图等存在特殊性，如果也按照短线交易的要求进行规制，可能有损法律的公正性，如证券公司因购入包销售后剩余股票而持有百分之五以上股份等。考虑到这些情形较为复杂，并且随着市场发展，可能发生较大变化，法律上难以作出具体规范，因此本条新增授权证监会规定豁免适用短线交易的情形，为监管上作出更为灵活的安排提供了法律空间。

对于"买入"的时间起点计算，在执行中也曾有过争议，特别是在按协议方式"买入"股票时，是按协议签订时还是股份实际转让时计算，曾有不同认识。目前，各方已经统一认为这种情况下，应按照股份过户，即在证券登记结算登记过户的时间为买入时点。

◎ 程序化交易

第四十五条 通过计算机程序自动生成或者下达交易指令进行程序

化交易的，应当符合国务院证券监督管理机构的规定，并向证券交易所报告，不得影响证券交易所系统安全或者正常交易秩序。

修改提示

本条为新增条款。

解 析

本条是对程序化交易进行规范的原则性规定。

一、程序化交易的含义

程序化交易，泛指以计算机代替人工作出交易决策或者下达交易指令的交易，也被称为"自动化交易"。由于程序的核心是特定的计算机算法，所以业界及学界有时也将程序化交易称为"算法交易"，具有整体逆市交易、特殊时点领跌的特点。从交易频率角度划分，程序化交易可分为高频交易和非高频交易。高频交易是计算机程序在短时间内高速下达交易指令，其生成交易决策或执行完成不足一秒，甚至仅需几十毫秒。从交易决策是否由程序自动产生的角度划分，程序化交易可分为被动型和主动型。被动型程序化交易是指买卖标的、数量、方向等由人工决定，计算机程序负责将大额订单拆分成多个小额订单后发出，按设定好条件参数等自动触发，以减少冲击成本，增强隐蔽性。

近年来，程序化交易的规模不断发展，特别是在 2013 年光大证券"乌龙指"事件和 2015 年股市异常波动中受到市场的广泛关注，程序化交易被许多市场人士认为是股市大幅波动的主要原因。总体上看，程序化交易是信息技术进步与市场竞争的自然结果和必然趋势，在降低交易成本、提高交易效率、简化操作流程等方面有积极作用。作为一种新型下单方式，程序化交易并未改变交易的本质，但其在技术风险、市场波动风险、违法违规风险和公平性问题等方面的特殊性不断显现，特别是在高频交易情况下尤为突出。对程序化交易的监管宜顺应市场变化，严格管理，限制发展，趋利避害，不断规范。通常而言，机构投资者越多的市场，程序化交易占比越高。对于大额、大范围交易的机构投资者而言，采取程序化交易是必然的趋势。相较于我国，美国股票市场中，程序化交易已为机构投资者广泛使用。

二、程序化交易的规制

程序化交易对市场存在一定不利影响，为此境外监管机构陆续出台了不少单项规范措施。一是减少市场不公平。程序化交易者多为具有资金、信息优势的机构投资者，程序化交易又增加了技术优势，拉大了与普通投资者的差距。如美国证券交易委员会于 2009 年 9 月修正全国市场体系法案，禁止闪电指令。闪电指令是指订单被申报到某个交易中心后，如果不能在公开订单簿上完全成交，订单信息在向所有人公开前，将在很短时间内"闪现"给在该交易中心购买闪电指令服务的特定成员，特定成员看到指令后，可以选择成交或者不成交。二是解决程序化交易特别是高频交易会给技术系统的稳定运行带来压力，尤其是可能因设计缺陷、软硬件系统故障导致错误交易。为此，美国证券交易委员会于 2010 年 1 月规定禁止无审核接入。无审核接入是指经纪商在没有任何审查的情况下，将向交易所发送交易指令的席位和高速链路通道租用给交易者进行高速交易。德国于 2013 年颁布了《高频交易法》，规定了高频交易的相关识别标准。三是避免由于交易策略趋同，容易出现连锁反应，可能引发的系统性风险。2010 年 5 月 6 日美股"闪电崩盘"事件的起因就是有人利用高频交易连续挂出巨额卖单并瞬时撤销，这些订单虽未成交但引发市场恐慌，导致当日美股指数暴跌。

随着我国证券市场的逐步发展，对程序化交易进行监管显得越发必要，因此在本次《证券法》修改伊始，就有意见提出要在法律中对程序化交易进行规范。对于程序化交易的立法模式，有意见提出，要借鉴德国模式，在法律中明确程序化交易的定义和范围，将程序化交易监管重点放在以高频为主的程序化交易方面，并由证券交易所制定专门规则。还有意见提出，考虑到向证券交易所报告有利于一线监管，同时程序化交易的监管相对困难，且监管机关的规定要适应随时变化的形式，向证券交易所报告可以加强监管的灵活性，因此建议确立向证券交易所报告制度，并规定采用程序化交易造成其他投资者损失的，证券经营机构和投资者应承担有关民事责任。但也有意见认为，程序化交易的受害者和受损金额难以确认，不应规定相关民事责任。

综合不同意见，考虑到一方面，由于程序化交易类型众多，不同类型的程序化交易可能导致的市场影响有很大差别，境外全面规范程序化交易的法规尚不多见，一般从准入许可、说明义务、交易限制和风险控制等多个方面对程序化交易进行规范，相关规范内容比较具体和技术性，不可能都在法律中体现。另一方面，程序化交易在我国尚处于起步阶段，与境外成熟市场相比存在明显差距，在立法上还需要进一步探索适合中国国情的程序化交易监管逻辑。因此，三读稿在规定保留证券交易所报告制度的基础上，进一步授权国务院证券监督管理机构规范程序化交易，为国务院证券监督管理机构建立程序化交易的识别制度，出台交易阈值和交易速度控制、系统接入等规定留出空间。

第二节　证券上市

◎ 证券上市交易的申请

第四十六条　申请证券上市交易，应当向证券交易所提出申请，由证券交易所依法审核同意，并由双方签订上市协议。

证券交易所根据国务院授权的部门的决定安排政府债券上市交易。

修改提示

本条未作修改。

解　析

本条是对申请证券上市交易的规定。

依据本法规定，公开发行的证券应当在依法设立的证券交易所上市交易或者在国务院批准的其他全国性证券交易场所交易。不同于境外一般不做区分，我国将股票置于证券交易所交易的行为称为"上市"，将在其他全国性证券交易场所交易的行为称为"挂牌"。基于证券市场体系中的不同层次考虑，一般在证券交易所上市交易公司的资质、盈利能力、投资者保护水平等要求都高于在其他全国性证券交易场所挂牌的公司，因此在制度设计上也要作出更为适应的安排。如果要求其他全国性证券交易场所挂牌的公司也通盘采用在证券交易所上市交易的要求，显然会导致不少企业失去挂牌的机会。因此，虽然曾有意见提出将本节的名称改为"证券上市与挂牌"，将新三板股票挂牌转让也纳入本节规定，但最终仍将本章第二节的规制范围限于证券在证券交易所上市交易的行为，而证券在其他全国性证券交易场所挂牌的行为制度则在本法第七章做了授权性规定。

1998年《证券法》规定，证券上市交易必须经过国务院证券监督管理机构核准，并明确证券交易所可以依据国务院证券监督管理机构的授权核准上市申请，将证券上市交易定性为行政许可。2005年《证券法》对此做了较大幅度的调整，将上市交易行为定性为一种民事法律关系，由证券交易所依据法律规定和上市规则的要求进行自律管理，通过签订上市协议对双方形成约束。经过十多年的实践，这一制度安排得到了较好的实践印证，证券交易所通过上市规则和上市协议格式内容的调整，能够更加灵活地应对市场情况的变化。因此，本次修订仍然保留了这一安排。需要明确的是，虽然实践中证券公开发行和上市行为通常绑定进行，但证券公开发行需要取得国务院证券监督管理机构的注册，而上市行为则属于民事法律关系，两者在性质上存在较大差异。虽然本法第二十一条规定证券交易所等可以依照规定审核公开发行证券申请，但这与本条规定证券交易所依法审核同意上市申请不可混为一谈，前者属于行政行为，后者属于民事行为。

本条第二款规定，证券交易所根据国务院授权的部门的决定安排政府债券上市交易。在我国，政府债券是由中央政府为筹措建设资金发行的债券，具有国家信用背书、国家财政担保的特点。政府债券与其他的公司债券品种在风险程度、还款来源、资金用途等方面存在天然差异，本法第一章明确了对政府债券可以另行作出特殊规定，因此在上市阶段也不宜简单适用公司债券上市的普遍性安排。

本次修法中，删除了原条文第五十三条和第五十九条关于公告及备查上市文件的规定，但并不是同意其不再公告，而是允许证券交易所根据市场情况和实际需要作出更为灵活的信息披露安排。

◎ 证券上市的条件

第四十七条　申请证券上市交易，应当符合证券交易所上市规则规定的上市条件。

证券交易所上市规则规定的上市条件，应当对发行人的经营年限、财务状况、最低公开发行比例和公司治理、诚信记录等提出要求。

修改提示

本条删除了证券上市的法定条件和报送文件要求，改为授权证券交易所在上市规则中进行规定，并删除了上市保荐的相关规定。

解　析

本条是对证券上市条件的规定。

一、简化证券上市条件

本次修法的一个重要思路，是"行政适当后退""自律适当增强"，因此修法中大篇幅地删除了关于证券上市的法定规定。考虑到注册制改革的背景下，发行条件已经较为客观，市场上简化上市条件的呼声也很高。对于股票上市条件，原条文主要规定了公司股本总额、最低发行比例、重大违法违规情况等。对于最低发行比例，有意见提出，高新企业通常在上市前需要经历多轮融资，股权结构相对分散，较高的发行比例将造成实际控制人的股权过度稀释，影响上市公司的控制权稳定性。此外，各方也对删除债券发行期限、债券发行额等要求提出了建议。考虑到随着资本市场的逐步发展，证券交易所已经设立了不同的板块，主板、中小板、创业板、科创板的企业各有特点，如果在法律上作出"一刀切"的规定，难以满足不同板块的实际需要。因此，结合本次修改中对于简化证券上市规定的思路，本条删除了证券上市的具体条件，改为明确授权证券交易所在上市规则中进行规定。

二、证券上市条件的必备事项

本条第二款规定了证券上市规则规定的上市条件的必备内容。虽然本次修法将上市条件改为授权证券交易所进行规定，但考虑到上市条件的重要性，法律上仍要作出一些必要规范，同时也要确保未来证券交易所规定的上市条件与目前实践做法相衔接，明确市场预期，因此参考原条文对证券上市条件的规定，要求证券交易所的上市规则应当对发行人的经营年限、财务状况、最低公开发行比例和公司治理、诚信记录等提出要求。需要说明的是，由于不同证券之间存在较大差异，如公司债券一般不要求最低公开发行比例，本条第二款并不要求证券交易所在每种证券的上市规则中对全部事项作出规定，而是证券交易所的各项上市规则在总体上能够涵盖这些内容。

三、上市保荐制度

保荐制度起源于英国伦敦证券交易所的另类投资市场，用于防范和化解二板市场的投资风险。1999 年，我国香港联合交易所在创业板市场建立时引进了这一制度并加以发展，后扩展至主板市场。英国和我国香港地区的保荐制度都是上市保荐，并不在证券发行过程中实行保荐制度。2005 年修订的《证券法》确立了发行保荐制度和上市保荐制度。在本次修法过程中，围绕着发行保荐制度和上市保荐制度的存废，经历了广泛的讨论。有的意见认为，发行保荐和上市保荐制度虽然名义上有所区分，但实践中保荐人往往对发行上市行为合并进行保荐，因此法律上无须再作区分。也有意见认为，由于发行人保荐已经促使保荐人对发行人履行"看门人"职责，建议删除上市保荐。总体上看，虽然实践中发行保荐和上市保荐的功能和范围有所重叠，但由于发行条件和上市条件存在一定差别，发行保荐和上市保荐的范围也有所不同。此外，考虑到未来还可能存在股票转板的安排，可能仅需要保荐人依照目标板块的规定进行上市保荐，而不再要求发行保荐，因此保留上市保荐仍有必要性。但由于本次修法中，进一步明确了证券上市的民事属性，法律上不再对证券上市过程中的民事行为作出过多规定，因此本章删除了关于上市保荐的强制性要求。证券交易所可以根据需要在自律规则中对上市保荐进行相应规定。

◎ 证券的终止上市

第四十八条　上市交易的证券，有证券交易所规定的终止上市情形的，由证券交易所按照业务规则终止其上市交易。

证券交易所决定终止证券上市交易的，应当及时公告，并报国务院证券监督管理机构备案。

修改提示

本条删除了终止上市程序中的证券暂停上市环节，并且法律上不再明确证券终止上市的条件，改为授权证券交易所在业务规则中作出规定。

解 析

本条是对证券终止上市的规定。

一、总体修改思路

证券发行注册制改革下，将原核准制变更为注册制，采用更为客观的发行条件，因此在放松准入、加大前端供给的情况下，必须要加强事中事后监管，确保不符合市场要求的企业顺利出清。从实践来看，原条文存在终止上市环节较多、终止上市条件过于刚性、终止上市效率不高等问题，因此本次修法，参考境外市场普遍将终止上市归为证券交易所自律管理基本职责的做法，本着提高终止上市效率、加强终止上市安排灵活性的原则，对终止上市规定做了较大幅度的调整。法律上不再对终止上市程序、终止上市条件作出明确规定，改为授权证券交易所规定，体现证券交易所自律管理的基本职责，为根据市场灵活制定终止上市规则留出了空间。但也有意见担心将终止上市管理职责完全授予证券交易所后，证券交易所能否完全承担起来。

二、证券终止上市的程序和情形

本条对于终止上市制度的调整，主要体现在两个方面：

一是终止上市程序。原条文规定了股票暂停上市和终止上市两个环节。暂停上市属于终止上市的必经程序，目的是在特定情况下给上市公司一个"自救期"。在修订中，不少意见提出，境外市场通常不将暂停上市规定为终止上市的必经阶段，对于重大违法类的公司和僵尸企业等"空心化"企业不应该给暂停上市机会，而实践中对于陷入财务困境的上市公司，通过暂停上市实现自救的情况也不多。随着科创板试点注册制的成功，三读稿吸收了其做法，删除了暂停上市的环节，同时授权证券交易所在业务规则中进一步完善终止上市制度，比如取消终止上市风险警示环节等。

二是终止上市条件。原条文对终止上市的情形做了明确规定，但在注册制改革的背景下，发行条件已经改为客观标准，如继续坚持终止上市情形严格化、法定化，将造成法律逻辑前后矛盾。结合授权证券交易所规定终止上市规则的总体思路，三读稿对其做了进一步简化终止上市规定，法律上不再规定具体的终止上市情形，只规定不符合上市条件或者上市规则规定的其他情形的，可以终止上市。三读稿公开征求意见期间，有意见提出，境外市场和我国维持上市地位的条件一般低于上市条件，并非一一对应，要求上市公司一直维持符合上市条件，实践中难度较大。四读稿吸收了这一意见，不再要求上市交易的证券，必须持续符合上市条件，而是允许证券交易所制定终止上市的条件。

◎ 对不予上市和终止上市决定的救济

第四十九条　对证券交易所作出的不予上市交易、终止上市交易决定不服的，可以向证券交易所设立的复核机构申请复核。

修改提示

本条删除了暂停上市的相关表述。

解 析

本条是对证券交易所作出的证券不予上市和退市决定不服时可以申请复核的规定。

证券交易所是为证券集中交易提供场所和设施，组织和监督证券交易，实行自律管理的法人。本次修法中，进一步明确决定证券上市和终止上市事宜，属于证券交易所的自律管理职能，系证券交易所和拟上市主体之间的市场行为。证券交易所本身并非政府行政机构，不适用行政救济的手段。从境外市场看，美国规定起诉时，必须要先经由证券交易所复核，体现"内部救济优先原则"。因此为保障当事人的合法权利，法律上明确要求证券交易所设立复核机构，并允许当事人通过申请复核的方式实现救济，体现了法律的公平性。根据该条规定，如果上市公司对证券交易所的终止上市决定不服，向人民法院提起诉讼的，应审查其是否向证券交易所申请复核，一般应先申请复核。

第三节　禁止的交易行为

◎ 内幕交易

第五十条　禁止证券交易内幕信息的知情人和非法获取内幕信息的人利用内幕信息从事证券交易活动。

修改提示

本条未作修改。

解 析

本条是关于禁止内幕交易的原则性规定。

内幕交易，是指内幕人利用内幕信息进行证券交易的行为。内幕交易违反了证券市场"公开、公平、公正"的原则，让当事人可能通过信息优势取得不正当利益，不仅会对其他投资者的利益产生负面影响，还会损害证券市场价值发现和资源配置的功能，甚至出现内幕人利用其优势地位人为地制造股价波动，扰乱证券市场的正常秩序的情形。对此，严格禁止内幕交易一直是证券监管和证券立法的重点、难点，美国、德国、英国等资本市场发达的国家均出台了禁止内幕交易的规定，如美国《1934 年证券交易法》《内幕交易制裁法》《内幕交易与证券欺诈执行法》就对内幕交易做了严格规范。从我国证券市场禁止内幕交易的立法进程看，早在 1993 年经国务院批准发布的《禁止证券欺诈行为暂行办法》即对内幕交易做了明确的禁止性规定，1998 年《证券法》将禁止内幕交易制度上升为法律，2005 年《证券法》又在其基础上进一步完善。

本条是对禁止内幕交易的纲领性规定，主要包含了两层含义：一是明确内幕交易的主体。对于内幕交易的主体，学术上通常采用"内幕人"的概念，这一概念的范围较广，一般认为包括内幕信息公开前直接或者间接获取内幕信息的人，但在法律上一直未将其作为正式的立法表述。1998 年《证券法》仅规定了禁止证券交易内幕信息的知情人员从事内幕交易。2005 年《证券法》将这一范围扩展到证券交易内幕信息的知情人和非法获取内幕信息的人，一方面解决了实践中一些通过非法途径或者内幕信息的人从事内幕交易的问题，另一方面将自然人以外的法人和机构也纳入了内幕交易的规制范围。此次修订沿用了 2005 年《证券法》对内幕交易主体范围的表述。内幕信息知情人，是指本法第五十一条规定的人，属于法定的内幕信息知情人。而非法获取内幕信息的人，虽然法律上没有明确定义，但一般是指各种采用不正当手段获取内幕信息的人、法人和机构，范围较为广泛。二是界定内幕交易行为的含义，即利用内幕信息从事证券交易活动，内幕信息主要在本法第五十二条进行明确，而构成内幕交易的具体行为则见本法第五十三条的规定。

在法律上区分法定的内幕信息知情人与非法获取内幕信息人，其意义在于对内幕交易的认定中，如属前者，视为其知悉相关内幕信息，不需要再证明其实际上已获悉内幕信息；如属后者，则需要执法或司法机关证明其通过非法手段获悉了相关内幕信息，举证责任有所不同。

在征求意见过程中，有意见提出，除上述两类主体外，本条还应纳入"消息受领人"，比如通过偶然事件、无意接触等途径获取内幕信息的人。这类人群也符合利用不合理的信息优势从事证券交易的特性，属于内幕交易的规制范围。考虑到此类通过偶然事件、无意接触等途径获取内幕信息的人本身可能并不存在刺探消息的主观故意，如按照传统内幕交易进行制裁，可能不符合一般大众的法律观念，实践中也存在一定争议。如美国 Chiarella vs United States 一案中，美国联邦最高法院就判定通过印刷文件推断出公司信息的印刷厂雇员无罪。

考虑到本法第五十一条已经扩大了内幕信息知情人的范围，并且第五十三条规定了禁止有关人员泄露内幕信息或建议他人买卖相关证券的要求，对前端信息来源做了控制，能够在一定程度上解决"消息受领人"从事内幕交易的问题。因此，本条未吸收该意见。

◎ 内幕信息的知情人

第五十一条　证券交易内幕信息的知情人包括：

（一）发行人及其董事、监事、高级管理人员；

（二）持有公司百分之五以上股份的股东及其董事、监事、高级管理人员，公司的实际控制人及其董事、监事、高级管理人员；

（三）发行人控股或者实际控制的公司及其董事、监事、高级管理人员；

（四）由于所任公司职务或者因与公司业务往来可以获取公司有关内幕信息的人员；

（五）上市公司收购人或者重大资产交易方及其控股股东、实际控制人、董事、监事和高级管理人员；

（六）因职务、工作可以获取内幕信息的证券交易场所、证券公司、证券登记结算机构、证券服务机构的有关人员；

（七）因职责、工作可以获取内幕信息的证券监督管理机构工作人员；

（八）因法定职责对证券的发行、交易或者对上市公司及其收购、重大资产交易进行管理可以获取内幕信息的有关主管部门、监管机构的工作人员；

（九）国务院证券监督管理机构规定的可以获取内幕信息的其他人员。

修改提示

本条在原条文的基础上，进一步完善了内幕信息知情人的法定类型，将发行人、发行人实际控制的公司及其相关人员、从事与公司业务往来可以获取内幕信息的人员、上市公司收购人或者重大资产交易方及其控股股东、实际控制人等相关人员，因职务或职责、工作可以获得内幕信息的有关人员，有关主管部门和监管机构的工作人员纳入了内幕信息知情人的范畴。

解 析

本条是对内幕信息知情人范围的规定。

内幕信息知情人，是内幕交易行为的主体之一。本法第五十条对证券交易内幕信息的知情人属于内幕交易行为的规制范围做了原则性要求，本条则是对内幕信息知情人具体范围的规定。内幕信息知情人，一般是以是否知悉对证券的市场价格有重大影响的尚未公开的信息为标准，并不局限于公司内部人员，还包括外部由于工作性质或所任职务而知悉内幕信息的人员，以及相关公司本身，具体而言：

一是发行人及其董事、监事、高级管理人员。对于上市公司而言，发行人的董事、监事、高级管理人员掌握了实际经营管理权，不论是出于信息优势和地位优势考虑，都应当对其进行限制，这也是各国的通行做法。从1998年《证券法》开始，就已经将该等人员规定为内幕信息知情人。但1998年《证券法》只规定了发行人的董事、监事、高级管理人员为内幕信息知情人，而不包括发行人本身。此外，2005年《证券法》将内幕信息的知情人范围扩展到了法人和机构，但也未将发行人等相关公司本身纳入内幕信息知情人。考虑到发行人天然地能够知悉内幕信息，对发行人的交易行为也应当进行限制，因此本次修法中将发行人本身纳入了内幕信息知情人的范围。还有意见提出，相较于其他知情人，发行人的董事、监事、高级管理人员在了解内幕信息的机会和程度上都更为深入，其身边人了解到内幕信息的机会也更多，实践中经常发生相关人员的近亲属从事内幕交易的情形，要将上述人员的近亲属也认定为内幕信息知情人。对此，有意见认为不能仅因为有关人员的近亲属身份就推断其能够知悉内幕信息，因此最终未吸收该意见。

二是持有公司百分之五以上股份的股东及其董事、监事、高级管理人员，公司的实际控制人及其董事、监事、高级管理人员。由于上市公司股权比较分散，持有公司百分之五以上股份的股东通常被认定为大股东。而实际控制人，是指虽不是公司的股东，但通过投资关系、协议或者其他安排，能够实际支配公司行为的人，通常能够支配上市公司的行为。实践中为了使公司有关议案顺利通过股东大会审议，上市公司管理层通常会提前与大股东和实际控制人进行沟通。而大股东和实际控制人如果是机构的，其董事、监事、高级管理人员又能实际掌控大股东和实际控制人的信息和行为。因此相较普通投资者，这类主体都拥有明显的信息优势和地位优势，也应当被归入内幕信息知情人。

三是发行人控股或者实际控制的公司及其董事、监事、高级管理人员。通常发行人控股的公司都是发行人并表范围内的实体，与发行人有共同的利益目标，属于发行人集团内的组成部分，这类实体的信息本身也构成发行人信息的一部分。此外，随着市场的发展，控制权已经不完全需要通过股权方式体现，如协议控制、业务控制、人员控制都可以使得发行人与有关实体建立类似控股的关系，因此本次修法中增加了发行人实际控制的公司及其主要人员的表述。考虑到这类实体及其主要人员更容易获取发行人的内幕信息，或影响发行人的行为，故而被纳入内幕信息知情人的范围。此外，有意见提出，目前不少上市公司设立了有限合伙企业形式的投资平台，这些平台属于上市公司控制的实体，也应当纳入内幕信息知情人的范围，只将范围限于公司形式，似有不妥。从立法本意而言，采用合伙企业形式实体也符合本项的监管目的，但一方面此类情形需要结合实践情况加以认定，另一方面除合伙企业外，还存在诸如契约型基金、集合投资计划等形式，其人员构成与公司也有差别，法律上难免挂一漏万，因此法律上未将其全部列出，未来可以由中国证监会依据本款第九项的授权作出更为具体的规定。

四是由于所任公司职务或者因与公司业务往来可以获取公司有关内幕信息的人员。但实践中，除董事、监事、高级管理人员外，还有许多人员因职务或者工作关系可以获取内幕信息，比如公司内部实际经办人员、外部与公司开展业务合作的人员等。受限于现实生活中情况的多样性，这类人群难以从身份、职务上准确列举，因此更多地应当采用"实质重于形式"的方法进行判断。本次修法中进一步完善了这类人员的表述。

五是上市公司收购人或者重大资产交易方及其控股股东、实际控制人、董事、监事和高级管理人员。本项是本次修法中新增的安排。实践中，上市公司收购人、重大资产交易方通常在交易发生前开始筹划有关收购、重大资产重组事宜，此类主体及其控股股东、实际控制人、董事、监事和高级管理人员了解内幕信息的时间点远远早于公众投资者，因此本次修订将其列为内幕信息知情人。此外，征求意见过程中，有意见提出除了重大资产交易方外，还应当将重大资产交易标的及其主要人员规定为内幕信息知情人。重大资产交易标的及其主要人员确实属于能够了解到内幕信息机会的主体，但考虑到不同的交易标的之间情况有所差异，有的可能并不了解交易进展，而有关人员范围也可能不限于主要人员，法律上不宜做过于具体的规定，因此本项未吸收这一建议，后续可以由国务院证券监督管理机构根据授权进行相应规定。

六是因职务、工作可以获取内幕信息的证券交易场所、证券公司、证券登记结算机构、证券服务机构的有关人员。上述机构的有关人员在办理相关业务时，如证券发行的保荐承销人员，为上市公司出具审计报告、资产评估报告和法律意见书的证券服务机构有关人员，也可能相较公众投资者提前接触到内幕信息。本次修法进一步完善了本项表述，一方面将其范围限缩至因职务、工作可以获取内幕信息的有关人员，避免误将无关人员理解为本条适用对象，另一方面适应本次修法中多层次资本市场的安排，扩展至证券交易场所的有关人员。

七是因职责、工作可以获取内幕信息的证券监督管理机构工作人员。一方面，因为工作职责的关系，证券监管机构能够事先了解尚未公布的有关证券市场管理规章、规则或者一些政策措施的内容和变化情况。另一方面，证券监管机构对证券的发行、交易活动进行监督管理的过程中，如证券发行注册，依法对公司的财务会计报告进行审阅、检查，依法查处证券违法行为等，这些人员能够了解到公司尚未公开的一些重要情况，也需要纳入监管。同时参照本条第六项的修改思路，将限制范围缩小至"因职责、工作可以获取内幕信息的"工作人员，使得法律规定更为准确。

八是因法定职责对证券的发行、交易或者对上市公司及其收购、重大资产交易进行管理可以获取内幕信息的有关主管部门、监管机构的工作人员。除本条第六项和第七项外，还存在其他基于法定职责能够掌握公司相关情况的人员，包括负责公司债券发行注册的国务院授权部门的有关人员、负责安全审查或者反垄断审查的人员、税务或审计监管人员、依法对特定行业进行监管的行业主管部门的人员等。这些人员对公司情况、特定交易行为具有难以比拟的了解和影响力，为了防止这些人员利用信息和权力谋取利益，也将其归入内幕信息知情人的范围。此外，在原条文仅规定了证券发行、交易管理人员的基础上，本次修法将人员范围扩大至对公司本身、收购行为、重大资产交易进行管理的人员，对实践中一些情况做了回应。

九是国务院证券监督管理机构规定的可以获取内幕信息的其他人员。这是对上述规定的兜底安排，以适应执法实践的需要，但需要说明的是，这一授权规定将原条文中的"人"修改为"人员"，也就是说，中国证监会只能对其他可以获取内幕信息的自然人进行规定，而不能对法人进行规定。

◎ 内幕信息

第五十二条　证券交易活动中，涉及发行人的经营、财务或者对该发行人证券的市场价格有重大影响的尚未公开的信息，为内幕信息。

本法第八十条第二款、第八十一条第二款所列重大事件属于内幕信息。

修改提示

本条主要做了两处修改。一是将内幕信息涉及的主体从"公司"修改为"发行人"。二是不再列举内幕信息的具体内容，将内幕信息的范围与本法第五章规定的重大事件范围做了合并。

解　析

本条是对内幕信息范围的规定。

内幕信息，是指证券交易活动中，涉及发行人的经营、财务或者对证券的市场价格有重大影响的尚未公开的信息。根据本条第一款的规定，内幕信息具有两个基本条件：一是内幕信息是涉及发行人的经营、财务或者对该发行人证券的市场价格有重大影响的信息，即具有价格敏感性的信息。内幕信息可以是利好信息，也可以是利空信息，会导致证券价格的波动。这类信息可以分为两大类：一类是涉及公司的经营、财务状况的信息，这类信息是投资者判断公司发展前景、确定公司所发行的证券的投资价值，从而作出投资决策的必要依据。另一类是对公司证券的市场价格有重大影响的信息，这类信息有的来源于公司内部，也有的来源于公司外部，这些信息虽然不涉及公司的经营、财务状况，但是传播开来，就会对证券的市场价格产生重大影响。原条文将内幕信息的范围限定于与公司有关的信息范畴，由于本次修法新增了"信息披露"一章并在其中统一适用了"发行人"的概念，考虑到内幕信息与市场公开信息通常是一组相对的概念，为便于理解，本条也将原先涉及"公司"的表述修改为"发行人"。二是内幕信息是尚未公开的信息。已经依法公开的信息，不是内幕信息。

本条第二款在立法形式上做了重大修改，不再列举内幕信息的具体种类；而是将本法第五章第八十条和第八十一条、原本章第三节"持续信息公开"中列举的"重大事件"认定为内幕信息。也就是说，符合本法第五章规定的重大事件，在未公开前都应被认定为内幕信息。按照本法第五章的规定，此类重大事件是指可能对上市公司、挂牌公司股票和上市交易公司债券的交易价格产生较大影响的事件，这与防范内幕交易、避免相关主体通过优势信息和优势地位从证券的交易价格波动中谋取利益的目的，具有一致性。对于内幕信息的范围，有意见提出，原条文的规定主要侧重于股票，对于债券缺乏有针对性的规定，不利于防范债券市场的内幕交易。还有意见提出，原条文规定的内幕信息范围广于重大事件的范畴，导致有些信息，法律上既认为不属于对股价造成较大影响的重大事件，不要求其向市场公开，又将其认定为内幕信息，不符合内幕信息的法律逻辑，内幕信息和重大事件两者的关系难以协调。因此，考虑到修订后的证券法完善了重大事件的范围，新增了涉及债券的重大事件，并吸收了原条文内幕信息的一些规定，为解决内幕信息与重大事件之间的衔接，同时避免法律条文重复，本次修法中将内幕信息和重大事件的概念做了合并。

在公开征求意见过程中，还有意见提出，内幕信息和重大事件的范围合并后，取消了原条文对国务院证券监督管理机构认定内幕信息的授权，改为由国务院证券监督管理机构规定的重大事件，与目前行政执法及司法实践的做法不符，难以适应统一打击内幕交易活动的实践需求。这主要是考虑到我国证券市场尚在发展完善过程中，仅通过对内幕信息出台规定进行规范，难以适应层出不穷的违法行为，采用"认定"的安排更有利于弥补法律规定的不足。而且实践中，司法部门在审理内幕交易案件时，也常常要求中国证监会发挥专业优势对内幕信息进行认定，如果取消了这一授权，可能对有关行政执法与司法的有效衔接造成不利影响，并会导致对同一内幕信息的多头不同认定，影响法治的统一、公正。

◎ 内幕交易的行为构成与民事赔偿责任

第五十三条　证券交易内幕信息的知情人和非法获取内幕信息的人，在内幕信息公开前，不得买卖该公司的证券，或者泄露该信息，或者建议他人买卖该证券。

持有或者通过协议、其他安排与他人共同持有公司百分之五以上股份的自然人、法人、非法人组织收购上市公司的股份，本法另有规定的，适用其规定。

内幕交易行为给投资者造成损失的，应当依法承担赔偿责任。

修改提示

本条仅作文字修改，将"其他组织"调整为"非法人组织"。

解　析

本条是内幕交易的行为及有关赔偿责任的规定。

一、内幕交易的行为构成

内幕交易，是指相关主体利用内幕信息从事证券交易活动的行为，通常表现为三种形式：买卖该公司的证券、泄露该信息、建议他人买卖该证券。具体而言，一是有关主体知悉了某证券的内幕信息，并且在内幕信息公开前，进行了该种受内幕信息影响的证券的买卖。这是内幕交易最主要的表现形式。二是有关主体将内幕信息泄露给他人。泄露内幕信息，其结果也是少数人利用内幕信息进行交易，牟取不正当利益。包括了内幕信息知情人将内幕信息泄露给第三方，由第三方从事证券交易的情形。此处并不要求泄露信息的人能够从交易行为中获得利益，只要有泄露的行为就可以适用本条的规定。三是有关主体知悉某证券的内幕信息，又建议他人买卖该种证券。这是指行为人并没有自行从事证券买卖，也没有直接向他人讲述内幕信息的内容，而是利用自己所了解的内幕信息向他人提出买卖将受该信息影响的证券建议的行为，包括内幕人明示、暗示他人从事有关证券交易活动，与《刑法修正案（七）》的要求相衔接。对于法定的内幕信息知情人和非法获取内幕信息的人来说，只要有买卖该公司的证券的行为，或者泄露该内幕信息或者建议他人买卖该证券的行为，则不论他是否有获利目的和动机，是否利用了内幕信息从事证券交易，以及是否从交易中获利，都视为进行了内幕交易。其中，就法定的内幕信息知情人而言，也不需证明其是否实际知悉该内幕信息，而是因其法定的内幕信息知情人地位，法律上视为其知悉相关信息，除非其有充分证据证明其虽为法定的内幕信息知情人，但对具体的内幕信息并不知情，才有可能免责。

二、内幕交易的例外情形

本条第二款规定，持有或者通过协议、其他安排与他人共同持有公司百分之五以上股份的自然人、法人、非法人组织收购上市公司的股份，本法另有规定的，适用其规定。上市公司收购是一种以取得对上市公司的控制权或者兼并上市公司为目的的证券交易活动，是企业资产重组的一种重要形式。对收购方来讲，收购的前期工作通常是在非常秘密的条件下进行的。特别是通过证券交易所的股票交易进行的收购，如果过早暴露收购意图，致使被收购的公司股票上涨，将大大增加收购成本，甚至造成收购无法进行。投资者进行上市公司收购的，在符合法律规定的条件下，在有关收购方案公告前，是可以买卖目标公司的股票的。这样有利于促进企业资产重组，以提高上市公司质量。因此，为了促进正常市场化收购行为的开展，本条将上市公司收购规定为内幕交易行为的例外情形。

此外，有意见提出，原条文中仅规定了上市公司收购一种例外情形，但是实践中还有其他具有正当理由的行为，形式上可能符合内幕交易的情形。实践中，中国证监会已经总结了一些不构成内幕交易的行为。最高人民法院、最高人民检察院也出台了《最高人民法院、最高人民检察院关于办理内幕交易、泄露内幕信息刑事案件具体应用法律若干问题的解释》，规定了不属于从事与内幕信息有关的证券、期货交易行为的情形。

三、内幕交易的民事损害赔偿规定

内幕交易行为，不仅会影响证券市场的正常交易秩序，还会给公众投资者造成损失。因此除按照本法规定追究当事人行政责任外，本条第三款还明确了实施内幕交易行为的民事赔偿责任，更有利于加大对内幕交易行为的制裁力度，提高资本市场的违法违规成本。

在修订过程中，有意见提出，要进一步完善内幕交易的民事赔偿标准，并引入惩罚性赔偿制度。从境外立法例来看，对内幕交易民事损害赔偿的规定不尽相同，有的规定较为原则；有的明确规定了民事损害赔偿的具体标准，如美国《1934年证券交易法》规定了多种计算原则，包括实际损失规则、差价计算规则、交易获利规则等。韩国《资本市场法》第一百七十五条第一款即明确规定了利用未公开重要信息的赔偿责任："违反本法第一百七十四条的规定，买卖该特定证券等和从事其他交易者，对由于该买卖和其他交易而造成的损失承担损害赔偿责任。"此外，我国台湾地区"证券交易法"第一百五十七条之一条第三项规定："违反第一项或前项规定者，对于当日善意从事相反买卖之人买入或卖出该证券之价格，与消息公开后十个营业日收盘平均价格之差额，负损害赔偿责任；其情节重大者，法院得依善意从事相反买卖之人之请求，将赔偿额提高至三倍；其情节轻微者，法院得减轻赔偿金额。"但在修订中，考虑到这方面的司法实践案例不多、经验不足，未在法律中予以明确，将来可留由司法解释先做规定。至于惩罚性赔偿制度的引入，目前我国已有实践，如食品、药品、产品质量等可能对人身造成损害的领域，已实行该制度，但在证券市场也引入惩罚性赔偿，还有不同意见，担心难以协调不同法律在法律责任方面的尺度，本次修订未吸收该意见。

◎ 利用未公开信息交易

　　第五十四条　禁止证券交易场所、证券公司、证券登记结算机构、证券服务机构和其他金融机构的从业人员、有关监管部门或者行业协会的工作人员，利用因职务便利获取的内幕信息以外的其他未公开的信息，违反规定，从事与该信息相关的证券交易活动，或者明示、暗示他人从事相关交易活动。

　　利用未公开信息进行交易给投资者造成损失的，应当依法承担赔偿责任。

修改提示 ....

　　本条为新增条款，规定了禁止利用未公开信息进行交易和相应的民事法律责任。

解 析

本条是对利用未公开信息从事证券交易的禁止性规定。

"未公开信息"一般是指具备特定主体资格的人员"利用因职务便利获取的内幕信息以外的其他未公开的信息"。从境外成熟资本市场的规定来看，大多数国家和地区将利用未公开信息交易行为纳入"内幕交易"的范畴。如欧盟法律将内幕信息不限于直接与上市公司业务、财务有关的信息，而是包括"直接或者间接与金融产品的发行人或者金融产品本身相关的信息"，因此无论该种信息是否来源于上市公司内部，只要与证券价格相关，都可以作为内幕信息，如市场行情、利率变化等。通常而言，本条所说的"未公开信息"具有以下几个特征：

一是与内幕信息相同，具有未公开性。已经通过某种方式向市场公开、有充分理由认为市场能够知悉的信息或者属于常识性知识的信息不属于未公开信息。

二是由特定主体通过特定方式获取。虽然法律并不要求"未公开信息"以特定方式披露，但根据市场交易规则和交易行为性质，该信息只能由特定人员知悉，由交易行为在市场中逐渐释放。利用职务便利知悉"其他未公开的信息"的人员有义务保守秘密，不得利用和泄露。本条所说的"未公开信息"，必须是由证券交易场所、证券公司、证券登记结算机构、证券服务机构和其他金融机构的从业人员、有关监管部门或者行业协会的工作人员基于其职务、职责或岗位优势，能够获得的信息。如中国香港地区《证券（内幕交易）条例》就设置了"掌握以特殊身份获得的有关消息"。

三是内幕信息以外的信息。从本质上看，内幕信息和未公开信息存在一定交叉，但是考虑到禁止未公开信息从事证券交易的规定主要是作为规范内幕交易行为的补充。如果有关信息已经构成内幕信息，则应当适用关于内幕交易的规定，不再作为未公开信息进行规范。此外，对于未公开信息的范围，有意见提出，要将政策信息明确纳入未公开信息范畴。考虑到目前"内幕信息以外的其他未公开的信息"的表述已经具有很强的包容性，故未再作规定。

利用未公开信息从事证券交易的行为，主要是违背了相关特殊主体应负的信义义务，具有社会危害性。实践中，机构投资者的从业人员利用未公开的证券投资交易类信息，政府部门工作人员利用未公开的政策信息和经济数据从事证券交易活动的行为时有发生，但此类信息通常不属于上市公司本身的信息，难以与特定的上市公司对应，原条文对于此类行为也没有针对性的规定，导致实践中难以追究其责任。为解决这一问题，《刑法修正案（七）》增加了一款规定，明确"证券交易所、期货交易所、证券公司、期货经纪公司、基金管理公司、商业银行、保险公司等金融机构的从业人员以及有关监管部门或者行业协会的工作人员，利用因职务便利获取的内幕信息以外的其他未公开的信息，违反规定，从事与该信息相关的证券、期货交易活动，或者明示、暗示他人从事相关交易活动，情节严重的，依照第一款的规定处罚"。《最高人民法院、最高人民检察院关于执行〈中华人民共和国刑法〉确定罪名的补充规定（四）》对"利用未公开信息交易罪"做了进一步的司法解释规定。本次修法中，借鉴了《刑法》的相关规定，引入了禁止利用未公开信息从事证券交易的要求。与内幕交易相关规定类似，本条所禁止的从事与未公开信息相关证券交易活动，不仅指买卖该公司的证券，还应包括不得泄露该信息、不得建议他人买卖该证券，以及不得明示、暗示他人作出上述行为。

另外，本条在列举规定了证券交易场所等违法主体外，还兜底性规定了"其他金融机构"，以适应市场发展实践需要。实践中，私募基金管理人尚未设立金融牌照，但是已有意见提出因其管理资产较多，涉及投资者利益重大，实质上具有金融机构属性，应当将其纳入金融机构范畴，对其进行牌照化管理。因此，将来可以根据情况需要在执法和司法实践中，适用本条"其他金融机构"的规定来追究其"老鼠仓"行为的法律责任。

本条第二款还规定了利用未公开信息从事证券交易的民事赔偿责任。

◎ 操纵证券市场

第五十五条　禁止任何人以下列手段操纵证券市场，影响或者意图影响证券交易价格或者证券交易量：

（一）单独或者通过合谋，集中资金优势、持股优势或者利用信息优势联合或者连续买卖；

（二）与他人串通，以事先约定的时间、价格和方式相互进行证券交易；

（三）在自己实际控制的账户之间进行证券交易；

（四）不以成交为目的，频繁或者大量申报并撤销申报；

（五）利用虚假或者不确定的重大信息，诱导投资者进行证券交易；

（六）对证券、发行人公开作出评价、预测或者投资建议，并进行反向证券交易；

（七）利用在其他相关市场的活动操纵证券市场；

（八）操纵证券市场的其他手段。

操纵证券市场行为给投资者造成损失的，应当依法承担赔偿责任。

修改提示

本条有两处主要修改。一是完善了操纵市场的要件。二是新增列举了操纵市场的手段。

解　析

本条是对禁止操纵证券市场的规定。

一、操纵证券市场的要件

在证券交易活动中，禁止操纵证券市场是一项重要的法律原则，也是各国证券市场普遍的规则之一。操纵证券交易市场，一般是指以获取不正当利益或者转嫁风险为目的，利用资金、信息等优势或者滥用职权，影响证券交易价格或者证券交易量，诱导或者致使投资者在不理解事实真相的情况作出错误的投资判断的行为。原条文规定了三种主要操纵市场的行为，并规定当事人构成违法操纵市场的，不仅要求其实施具体行为，还要求其行为达成"影响证券交易价格或者证券交易量"的结果。由于证券市场情况复杂，参与人数众多，实践中可能难以证明当事人行为与证券交易价格、交易量之间的必然联系，导致在认定违法行为时产生争议。为此，修订后的《证券法》调整了操纵证券市场的要件。一方面，行为人必须要从事本条规定的行为之一，单纯的"思想犯"不会构成违法操纵市场；另一方面，只要其行为对证券交易价格或者交易量产生了影响，或者行为人主观上存在这种意图，二者满足其一即可。

二、操纵证券市场的行为

实践中产生了许多新型操纵市场方式，原条文三种操纵市场的规定已经难以满足实践需求。考虑到这种情况，修订后的《证券法》在总结监管实践的基础上，补充完善了操纵证券市场行为的类型：

一是单独或者通过合谋，集中资金优势、持股优势或者利用信息优势联合或者连续买卖。这种操纵方式通常称为"连续交易操纵"。操纵行为要同时具备两个条件，一个是集中资金优势、持股优势或利用信息优势，另一个是联合买卖证券或者连续买卖证券。单独的操纵者，通常是利用自己手中持有的大量资金或者股票或者利用所知悉的重要信息进行连续买卖，而两个以上的操纵者可以合谋集中各自的优势，联手或者连续进行证券买卖。所谓连续买卖，是指在短时间内对同一种证券反复进行买进又卖出的行为。按我国台湾地区和日本的实务见解，只要是基于概括犯意，为二次以上之行为，即为连续。

二是与他人串通，以事先约定的时间、价格和方式相互进行证券交易。这种操纵方式通常称为"约定交易操纵"，又称为"对倒"，是最古老的操纵证券市场的形式之一。其特点主要有二个：第一，串通好的操纵者一方作为买方，另一方作为卖方；第二，双方事先约定好证券交易的时间、价格和方式。双方在约定的时间、通过约定的方式，相互进行交易，抬高证券交易价格，做大交易量，诱导公众投资者盲目跟进。

三是在自己实际控制的账户之间进行证券交易。这种操纵方式通常称为"洗售操纵"。这种行为通常表现为行为人预先下达交易指令，通过自己实际控制的账户分别实施买进和卖出，实质上是自买自卖，左手倒右手，证券权益并不发生转移。而认定"自己实际控制的账户"是司法实践中认定构成此种操纵行为的难点。最高人民法院司法解释中，将以行为人对账户内资产具有交易决策权作为"自己实际控制的账户"的认定依据，具体包括四种情形：以自己名义开户并使用的实名账户，存在资金转移并承担实际损益的他人账户，通过其他方式管理、支配或者使用的他人账户，通过投资关系、协议等方式对账户内资产行使交易决策权的他人账户。同时，还规定了例外情形，即有证据证明行为人对账户内资产没有交易决策权的除外。

四是不以成交为目的，频繁或者大量申报并撤销申报。这种操纵方式通常被称为"虚假申报操纵"。随着计算机程序交易的普及，通过计算机程序快速下单和撤单已经具备了可能性。实践中，出现了许多利用程序化交易等技术手段操纵市场的案件，这种操纵方式要求行为不以成交为目的，行为人作出高频交易或者大量申报意图在于影响证券交易的数据，从而实现抬高股价、谋取利益的目的，因此境外也通常将高频交易作为操纵市场的监管重点。

五是利用虚假或者不确定的重大信息，诱导投资者进行证券交易。这种操纵方式通常称为"蛊惑交易操纵"，扰乱证券市场。实践中，编造、传播虚假信息或者误导性信息的目的，往往都是为了操纵证券市场，牟取不正当利益。特别是许多投资者存在迷信内部消息，追捧热点信息的心理，一些人通过散布虚假的重组意图、行业新闻等，吸引了大量投资者盲目跟风，达到拉高股价的目的。

六是对证券、发行人公开作出评价、预测或者投资建议，并进行反向证券交易。这种操纵方式通常被称为"抢帽子"。近年来，随着互联网、新媒体的高速发展，微博、微信公众号、QQ群等出现了一些所谓荐股"专家""网红分析师"。这些所谓的"专家""网红分析师"往往利用其身份，预先买入证券，然后在微博、电视等平台对其买入的股票进行公开评价、预测及推介，影响股票的价格，然后再卖出该等股票。如前知名证券节目主持人廖某某，利用自己的影响力公开荐股，在推荐前使用其控制的账户组买入相关股票，并在荐股后的下午或次日集中卖出。[1]

---

[1] 廖某某利用其知名证券节目主持人的影响力，在其微博、博客上公开评价、推荐股票，在推荐前使用其控制的账户组买入相关股票，并在荐股后的下午或次日集中卖出，操纵了佳士科技、大连国际、兴发集团、天富能源等39只股票。中国证监会决定对廖某某没收违法所得约4300万元，并处约8600万元罚款，合计约1.29亿元。

七是利用在其他相关市场的活动操纵证券市场。这种操纵方式也称为"跨市场操纵"，是指操纵的行为和结果涉及两个或两个以上具有直接价格影响关系的市场操纵形式。跨市场操纵的基本行为模式主要是价格关联操纵，即利用两个以上市场之间的价格关联实施操纵行为，通过实质交易、虚假交易、信息操纵等手段影响特定市场中的金融工具价格。此前，中国证监会出台的《股票期权交易试点管理办法》已经对跨市场操纵行为做了规范，本次修法过程中将其上升为法律规定。

八是操纵证券市场的其他手段。这项是对于操纵市场行为的兜底安排。

◎ 编造、传播虚假信息或者误导性信息

第五十六条　禁止任何单位和个人编造、传播虚假信息或者误导性信息，扰乱证券市场。

禁止证券交易场所、证券公司、证券登记结算机构、证券服务机构及其从业人员，证券业协会、证券监督管理机构及其工作人员，在证券交易活动中作出虚假陈述或者信息误导。

各种传播媒介传播证券市场信息必须真实、客观，禁止误导。传播媒介及其从事证券市场信息报道的工作人员不得从事与其工作职责发生利益冲突的证券买卖。

编造、传播虚假信息或者误导性信息，扰乱证券市场，给投资者造成损失的，应当依法承担赔偿责任。

修改提示 ::

本条有三处主要修改。一是扩大了禁止传播虚假或误导性信息的主体范围，从"国家工作人员、传播媒介从业人员和有关人员"扩展至"任何单位和个人"。二是将误导性信息纳入了禁止传播的范围。三是增加了传播媒介及其相关工作人员买卖证券的限制性规定，以防止利益冲突。

解　析

本条是对禁止传播虚假信息和误导性信息的规定。

一、禁止编造、传播虚假信息或者误导性信息

本条第一款规定，禁止任何单位和个人编造、传播虚假信息或者误导性信息，扰乱证券市场。虚假信息，是指不存在或者与事实不相符的信息。误导性信息，是指会使得投资人对事实情况或其投资行为发生错误判断并产生重大影响的信息。随着证券市场和通信技术的不断发展，传播证券市场信息的门槛越来越低，能够影响证券市场的信息越来越多，媒介和方式也越来越多样化，普通人可能通过微博、微信朋友圈等形式传播不实信息的危害也越来越大。仅将规范信息传播行为的对象限制在国家工作人员、传播媒介从业人员和有关人员范畴，已经难以适应实际情况。因此，本次修法中，扩大了禁止编造、传播虚假信息的主体和客体范围，一方面将所有单位和个人都归入了信息传播规定的适用范围，另一方面将误导性信息纳入了禁止编造、传播虚假信息的范畴。

此外，本条第二款沿用并完善了原条文的规定，要求证券交易场所、证券公司、证券登记结算机构、证券服务机构、证券业协会、证券监督管理机构及其工作人员不得在证券交易活动中作出虚假陈述或者信息误导。由于上述机构的工作职责之一就是制作、评价、报告公开证券发行人、上市公司提交的招股说明书、上市公告书、公司的年度报告、中期报告、临时报告、法律意见书、财务会计报告、资产评估报告等文件和材料，如果上述机构在证券交易活动中作出虚假陈述或者信息误导，必将对证券市场产生极大的影响。而上述机构的从业人员或者工作人员，由于工作性质的需要，可能会接触到证券发行、交易的许多信息，他们发布的信息比一般人发布的信息更具影响力，因此法律上做了着重强调。

二、对传播媒介的特殊规定

证券信息主要通过各种传播媒介进行传播，其影响范围广，传播及时，

通常具有一定的权威性。实践中，证券市场也有"舆论场"之称。如果各种传播媒介传播证券市场信息出现问题，必将误导广大投资者，造成的影响更大。因此，相较于本条第一款和第二款的规定，法律上不仅要求传播媒介传播的信息必须真实、禁止误导外，还必须客观。此外，现实中出现了一些"黑嘴"在媒体公开荐股并进行反向操作的行为，还有的信息平台通过发布虚假信息或者误导性信息，恶意炒作上市公司股票价格。这些行为利用传播媒介的公信力，牟取不正当利益，给投资者造成损失，并带来了较为恶劣的市场影响。

鉴于以上因素，为避免传播媒介及其从事证券市场信息报道的工作人员利用工作职责牟取不正当利益，修订后的《证券法》对其参与证券交易做了限制，禁止其从事与其工作职责发生利益冲突的证券买卖。不同于本法第四十条禁止符合特定职务身份的人员持有、买卖股票或者其他具有股权性质的证券，本条并不绝对禁止传播媒介及其工作人员从事证券买卖，而是限制其从事与其工作职责发生利益冲突的证券买卖，最大限度地减少了对这类人员民事权利的限制。

三、编造、传播虚假信息或者误导性信息的法律责任

本条第四款规定了编造、传播虚假信息或者误导性信息，扰乱证券市场的民事法律责任。原条文第七十九条和第一百七十一条分别规定了证券公司、投资咨询机构及其从业人员提供、传播虚假或者误导性信息的民事赔偿责任，本法吸收了原条文规定的思路，并扩大了适用范围，不再限定于特定身份的人员，只要任何单位和个人违反本条规定编造、传播虚假信息或者误导性信息，扰乱证券市场，都应当向投资者承担相应的赔偿责任。

◎ 证券公司损害客户利益

第五十七条　禁止证券公司及其从业人员从事下列损害客户利益的行为：

（一）违背客户的委托为其买卖证券；

（二）不在规定时间内向客户提供交易的确认文件；

（三）未经客户的委托，擅自为客户买卖证券，或者假借客户的名义买卖证券；

（四）为牟取佣金收入，诱使客户进行不必要的证券买卖；

（五）其他违背客户真实意思表示，损害客户利益的行为。

违反前款规定给客户造成损失的，应当依法承担赔偿责任。

修改提示

本条有两处主要修改。一是在法理上不再将有关行为限定于欺诈客户的行为；二是删除了禁止挪用客户证券或资金和禁止传播虚假信息和误导性信息的规定。

解　析

本条是对禁止证券公司及其从业人员从事损害客户利益行为的规定。在证券交易活动中，证券公司接受客户委托，代理客户进行证券买卖，构成了双方之间的一种行纪法律关系，要求证券公司应当对客户尽信赖义务和善良管理义务，诚实信用地履行受托义务。如果证券公司及其从业人员在其职责范围内作出损害客户利益的行为，则违反了上述义务，并可能给客户造成损失，应当予以规范并承担法律责任。

原条文将本条的禁止性行为定性为欺诈客户的行为。根据《最高人民法院关于贯彻执行〈中华人民共和国民法通则〉若干问题的意见》，一方当事人故意告知对方虚假情况，或者故意隐瞒真实情况，诱使对方当事人作出错误意思表示的，可以认定为欺诈行为。这要求构成欺诈行为，必须同时要求欺诈人有欺诈的故意、欺诈人实施了欺诈行为、被欺诈人陷入错误、被欺诈人因错误作出意思表示四个要件。但本条规范禁止性行为，是由证券公司及其从业人员作出，且不追究行为人是否存在主观故意，这与构成欺诈行为的要件并不相符。因此，修订后的《证券法》删除了原条文对于欺诈行为的表述，只要证券公司及其从业人员作出了损害客户利益的行为，就违反了本条规定，使得法律规定更为准确。

按照本条规定，损害客户利益的行为主要有以下具体表现：

一是违背客户的委托为其买卖证券。这种行为的构成有三个要件：第一，客户下达了买入或卖出证券的委托；第二，证券公司为客户买入了或者卖出了证券；第三，因证券公司的过错，导致证券交易结果不符合委托的内容。

二是不在规定时间内向客户提供交易的确认文件。这主要是指买卖成交后证券公司没有在规定时间内制作成交凭证并交付客户。由于证券业务无纸化程度越来越高，因此相较于原条文，本条不再要求必须以书面形式提供成交凭证，而且可以根据实际需要采用更为多样的形式。

三是未经客户的委托，擅自为客户买卖证券，或者假借客户的名义买卖证券。擅自为客户买卖证券是指证券公司或者其从业人员未经客户委托授权，擅自为客户买入证券或者卖出客户账户上的证券。假借客户的名义买卖证券，是指不动用客户账户上的证券和资金，而是借客户的账户为自己或者他人进行证券买卖。

四是为牟取佣金收入，诱使客户进行不必要的证券买卖。所谓"不必要的买卖"，是指对客户的经济利益没有影响证券买卖行为。

五是其他违背客户真实意思表示，损害客户利益的行为。这是一项概括性的规定，主要是考虑实践中损害客户利益行为多样，情况复杂，难以一一列举。

修订后的《证券法》删除了原条文第三项"挪用客户所委托买卖的证券或者客户账户上的资金"和第六项"利用传播媒介或者通过其他方式提供、传播虚假或者误导投资者的信息"的规定。关于挪用客户委托的证券或者资金，是指证券公司或其从业人员擅自将客户账户上的证券或资金挪作他用，由于本法第一百三十一条已经对禁止任何单位或者个人以任何形式挪用客户的交易结算资金和证券，为了减少法律上的重复规定，本次修订中删除了原条文第三项的规定。关于提供、传播虚假信息或者误导性信息，由于本法第五十六条已经规定，禁止任何单位和个人编造、传播虚假信息或者误导性信息，能够涵盖原条文第七十九条第六项的规定，因此本次修订删除了该项规定。

◎ 不得违规出借自己证券账户或者借用他人证券账户

第五十八条　任何单位和个人不得违反规定，出借自己的证券账户或者借用他人的证券账户从事证券交易。

修改提示

本条有两处主要修改。一是将规范主体范围从"法人"扩展至"任何单位和个人"；二是明确出借账户或者借用账户的行为必须符合规定。

解　析

投资者从事证券买卖应当开立两个账户，一个是证券账户，这个账户相当于投资者的证券存折，专门记载投资者所持有的证券种类和数量，是在证券登记结算机构开立的。另一个是资金账户，这个账户是用于存放投资者买入股票所需要的资金和卖出股票取得的价款等，一般通过证券公司开立。投资者的账户是证券监督管理机构以及政府有关部门监督管理的对象，严格对其管理，有利于维护正常的证券交易秩序。

证券账户实名制是《证券法》和《证券公司监督管理条例》的法定要求。2005年《证券法》中首次确立了禁止法人出借账户或者利用他人账户从事证券交易的规定。近年来，部分机构和个人借助信息系统为客户开立虚拟证券账户，通过借用他人证券账户、出借本人证券账户等方式，代理客户买卖证券，违反了证券账户实名制的规定，还导致了大量的自然人账户被利用于开展内幕交易类和操纵市场类的违法案件，损害了投资者合法权益，严重扰乱了市场秩序。特别是，在2015年股市异常波动期间，有关主体大量使用分账户、外挂账户开展非法场外配资行为，对我国资本市场穿透式监管提出了挑战。对此，《中国证券监督管理委员会关于清理整顿违法从事证券业务活动的意见》进一步明确了严格落实证券账户实名制的要求，要求进一步加强证券账户管理，严禁账户持有人通过证券账户下设子账户、分账户、虚拟账户等方式违规进行证券交易。修订后的《证券法》对此做了回应，扩大了禁止出借和利用他人账户的主体范围，将自然人、非法人机构也纳入了禁止出借证券账户或者借用他人的证券账户从事证券交易的规制范围。对此，还有意见提出，实践中诸如父母将证券账户提供给子女代管、亲属之间提供证券使用等情形并不罕见，这些行为对市场影响较小，并且已经形成了一定的惯例，如果在法律上"一刀切"地禁止这种账户使用习惯，可能与普遍的社会认知存在冲突。因此，修订后的《证券法》在禁止出借和利用他人账户的规定上留出法律空间，要求此类行为必须符合有关规定，授权国务院证券监督管理机构对出借账户或者借用账户的具体要求和例外情形作出规定。

◎ 规范拓宽资金入市渠道

第五十九条　依法拓宽资金入市渠道，禁止资金违规流入股市。禁止投资者违规利用财政资金、银行信贷资金买卖证券。

修改提示

本条新增一款规定，明确禁止投资者违规利用财政资金、银行信贷资金买卖证券。

解　析

本条是对禁止资金违规入市的规定。

针对银行资金通过各种方式违规流入股市，助长股市投机行为，扰乱金融秩序，加大金融风险的情况，1997 年，经国务院批准，中国人民银行发布《关于禁止银行资金违规流入股票市场的通知》。1998 年《证券法》规定，禁止银行资金违规流入市场。在 2005 年修订《证券法》时，考虑到银行资金入市的问题属于银行监管范畴，应当由《商业银行法》等进行规范；同时，党的十六届三中全会《中共中央关于完善社会主义市场经济体制若干问题的决定》提出，要拓宽合规资金入市渠道、建立健全货币市场、资本市场、保险市场有机结合、协调发展的机制。在此背景下，2005 年《证券法》做了调整，但只是原则规定，依法拓宽资金入市渠道，禁止资金违规流入股市。

本次修法过程中，曾考虑过删除本条规定。但恰逢 2015 年股市异常波动期间，大量资金通过各种创新工具和渠道以加杠杆的方式进入股市，这些资金参与交易的活跃度高，顺周期特征明显，一定程度上加大了股市异常波动的影响，成为导致股市异常波动的直接原因和主导力量，原来有关禁止银行资金等违规流入股市的规定又体现了其现实意义。因此，修订后的《证券法》在原条文"禁止资金违规流入股市"规定的基础上增加一款，规定禁止违规利用财政资金、银行信贷资金买卖证券。

◎ 对国有企业买卖股票的规定

第六十条　国有独资企业、国有独资公司、国有资本控股公司买卖上市交易的股票，必须遵守国家有关规定。

修改提示

本条将"国有企业和国有资产控股的企业"修改为"国有独资企业、国有独资公司、国有资本控股公司"。

解　析

本条是对国有企业买卖股票的规定。

国有企业是指国务院和地方人民政府分别代表国家履行出资人职责的国有独资企业、国有独资公司以及国有资本控股公司，包括中央和地方国有资产监督管理机构和其他部门所监管的企业本级及其逐级投资形成的企业。1997 年，国务院批转发布了国务院证券委员会、中国人民银行、国家经济贸易委员会联合制定《关于严禁国有企业和上市公司炒作股票的规定》，明确国有企业不得炒作股票，不得提供资金给其他机构炒作股票，也不得动用国家银行信贷资金买卖股票。1998 年《证券法》在法律上进行了明确。考虑到国有企业作为一个独立的法律主体，拥有独立的法人财产权，完全禁止其参与股票交易，一方面不利于国有资产保值增值，另一方面也不利于加强资本市场的流动性，无法发挥资本市场资源配置的作用，因此 2005 年《证券法》取消了这一限制，改为要求国有企业参与股票交易必须遵守国家有关规定。本次修法时，有意见提出，随着经济不断发展，本条规定特殊的时代背景已经过去，内容不再具有实际意义，因此建议删除本条规定。但考虑到本条规定属于宣示性条款，如果删除本条可能造成市场上的误解，故仍保留了本条规定，明确国有企业买卖股票还需遵守相关规定，如《企业国有资产法》《企业国有资产监督管理暂行条例》《上市公司国有股权监督管理办法》等。此外，由于 2008 年全国人大常委会修改了《企业国有资产法》的规定，本条按照修改后的《企业国有资产法》，将相关表述调整为国有独资企业、国有独资公司、国有资本控股公司。

◎ 对禁止性交易行为的报告义务

第六十一条　证券交易场所、证券公司、证券登记结算机构、证券服务机构及其从业人员对证券交易中发现的禁止的交易行为，应当及时向证券监督管理机构报告。

修改提示

本条将报告义务的主体由证券交易所进一步扩大到证券交易场所。

解析

证券市场的违法行为，通常存在专业性高、隐蔽性强、涉及金额大等特点，由于证券交易场所、证券公司、证券登记结算机构、证券服务机构及其从业人员专业性强且贴近市场一线，更有机会发现有关证券交易的违法行为。因此，有利于对相关证券市场违法行为的惩处，法律上规定此类主体在发现有本法规定的禁止性交易行为时，有义务向证券监督管理机构报告，充分发挥有关市场主体的监督作用。本法规定的禁止性交易行为主要包括：内幕交易，利用未公开信息从事证券交易，操纵市场，编造、传播虚假信息，损害客户利益，非法出借证券账户或利用他人账户买卖股票等。

第四章

上市公司的收购

本章共十七条，相较 2005 年《证券法》，修改、合并十一条，保留六条。一读稿规定了豁免要约收购义务的情形，增设一节规定上市公司的重大资产交易，不过在后续审议稿中都删除了该节规定，只对上市公司合并、分立进行了原则性规定。同时，二读稿开始强化了收购人的信息披露。

本章的主要修改内容包括：一是完善持股 5% 以上股东的信息披露与"慢走"规则；二是明确规定违规增持股份不得行使表决权的期限；三是要求披露增持股份的资金来源；四是明确变更收购要约不得存在的情形；五是建立类别股的区分收购制度；六是取消协议收购中要约收购义务豁免的行政许可；七是延长收购完成后的股份锁定期；八是明确上市公司合并分立的报告及公告义务。

123

◎ 收购的方式

第六十二条　投资者可以采取要约收购、协议收购及其他合法方式收购上市公司。

修改提示

本条未作修改。

解　析

从各国上市公司收购制度看，收购的方式主要有要约收购、协议收购和集中竞价交易收购，实践中还有其他获得上市公司控制权的收购方式。

要约收购是指投资者向目标公司的所有股东发出要约，表明愿意以要约中的条件购买目标公司的股票，以获得或巩固对目标公司控制权。要约收购可以分为强制要约收购和自愿要约收购，本法规定的是强制要约收购，是指投资者持有一个上市公司的股份达到一定比例时，如果继续购入该公司的股份，应当依法向该上市公司的所有股东公开发出收购要约。自愿要约收购是指收购人自主决定通过发出收购要约以增持目标公司股份而进行的收购。要约收购还可以分为全面要约收购和部分要约收购。

协议收购是指投资者在证券交易所外与目标公司的股东（主要是持股比例较高的大股东）就股票的价格、数量等方面进行私下协商，购买目标公司的股票，以期获得或巩固对目标公司控制权。境外资本市场也允许以协议方式收购上市公司股份。如英国规定经证券管理部门批准，收购人可以进行协议收购；澳大利亚规定，收购人可以在要约收购的同时进行协议收购，但是协议收购的价格不得高于要约价格，否则必须将要约价格提高到同一水平。

此外，本条规定还有其他合法方式。随着社会经济的不断发展，上市公司的收购方式也不断创新。为了给上市公司收购留下空间，本条规定上市公司收购除了采用要约收购和协议收购外，还可以采用其他方式。在实践中，其他方式包括国有股权的行政划转、司法裁决、继承、赠与等。需要注意的是，国有股权的行政划转、司法裁决等方式构成的上市公司收购中，收购方（即行政划转的受让方和司法裁决的胜诉方）可能没有取得上市公司控制权的主观动机，但如果上述行为的结果是获得了或者可能获得上市公司的实际控制权，即构成收购，收购方须按照本章规定履行相关义务。只有这样，才能实现保护中小投资者、防止规避信息披露义务和强制要约义务的立法意图。

◎ 大宗持股的信息披露及交易限制

第六十三条　通过证券交易所的证券交易，投资者持有或者通过协议、其他安排与他人共同持有一个上市公司已发行的有表决权股份达到百分之五时，应当在该事实发生之日起三日内，向国务院证券监督管理机构、证券交易所作出书面报告，通知该上市公司，并予公告，在上述期限内不得再行买卖该上市公司的股票，但国务院证券监督管理机构规定的情形除外。

投资者持有或者通过协议、其他安排与他人共同持有一个上市公司已发行的有表决权股份达到百分之五后，其所持该上市公司已发行的有表决权股份比例每增加或者减少百分之五，应当依照前款规定进行报告和公告，在该事实发生之日起至公告后三日内，不得再行买卖该上市公司的股票，但国务院证券监督管理机构规定的情形除外。

投资者持有或者通过协议、其他安排与他人共同持有一个上市公司已发行的有表决权股份达到百分之五后，其所持该上市公司已发行的有表决权股份比例每增加或者减少百分之一，应当在该事实发生的次日通知该上市公司，并予公告。

违反第一款、第二款规定买入上市公司有表决权的股份的，在买入后的三十六个月内，对该超过规定比例部分的股份不得行使表决权。

125

修改提示

原《证券法》对大宗持股信息披露制度进行了规定。此次主要做了以下修改：一是明确触发信息披露义务的股份为"有表决权股份"。二是调整大宗持股信息披露后不得买卖该股票的限制时限，即调整权益变动静默期。三是授权国务院证券监督管理机构另行规定静默期内不得买卖股票的除外情形。四是增加持股达到百分之五后持股比例每变动百分之一即披露的要求。五是增加违反大宗持股信息披露义务的法律后果。

解　析

本条是关于大宗持股信息披露制度的规定。大宗持股信息披露制度是关于投资者通过证券交易所的证券交易，控制上市公司一定比例的股份及在比例后每增减一定比例股份须履行一定信息披露义务的制度。

一、大宗持股信息披露制度的必要性

作为上市公司收购的前奏，收购人一般先谋求取得大宗的股份或者取得对大宗股份的控制权，以期以较低的收购成本实现成功收购的目的。因此，各国一般实行大宗持股信息披露制度这一收购预警制度。该制度可以起到以下作用：一是让目标公司股东注意到公司控制权发生变化的可能性，从而在重新估计持有股份价值的基础上作出投资决策；二是可以确定收购人持有的股份是否触发强制要约收购义务；三是可以避免突发性收购对公司股东和管理层产生的负面影响，保护公司的稳定和持续经营发展；四是防范内幕交易和操纵市场，保护中小投资者的合法权益。

二、信息披露的条件

投资者通过证券交易所的证券交易，在下列情况须履行信息披露义务：一是投资者持有或者通过协议、其他安排与他人共同持有一个上市公司已发行的有表决权股份达到百分之五；二是投资者持有或者通过协议、其他安排与他人共同持有一个上市公司已发行的有表决权股份达到百分之五后，其所持该上市公司已发行的有表决权股份比例每增加或者减少百分之五；三是投资者持有或者通过协议、其他安排与他人共同持有一个上市公司已发行的有表决权股份达到百分之五后，其所持该上市公司已发行的有表决权股份比例每增加或减少百分之一。

本条在原条文的基础上，明确触发信息披露义务的股份为"有表决权股份"。目前实践中已有上市公司同时发行普通股、优先股、特别表决权股等不同种类的股票。持有优先股的股东，除在特定事项和情形下享有表决权外，大多数情形不享有表决权；通常情况下，每一普通股拥有一表决权，而持有特别表决权股份的股东，其所持有的每一特别表决权股份拥有的表决权数量不同于每一普通股份拥有的表决权数量。因此应在制度设计上有所区分。本章其他条文针对这一问题的调整理由与此相同。

此外，增加持股达百分之五后持股比例每变动百分之一即披露的要求。这主要是因为，随着资本市场的不断发展，收购活动日趋活跃，交易类型也愈加丰富，传统制度对有关资本市场活动的监管力度有限，特别是对于一些股权分散度较高的上市公司，收购人利用 5% 阈值较高、披露触发点之间密度较大的制度特点，采取突击收购、敌意收购等手段，争夺上市公司控制权，如监管规则不能保证收购人及时、充分履行收购活动中的信息披露义务，则上市公司及投资者的利益难以得到有效保护。

关于触发披露义务的持股比例，境外有以下立法例：

美国《威廉姆斯法》第 13（d）条规定，除发行人之外的任何人，直接或间接取得上市公司权益股份的比例超过 5% 时，必须在 10 日内向美国证券交易委员会（SEC）、证券交易所和目标公司备案。在备案之后，发生买入或卖出 1% 以上该种股票时，须及时向上述机构补充备案。发行人无论直接还是通过关联方间接取得自身股份，均应根据第 13（d）条的规定履行相应的信息披露义务。

英国《披露与透明度规则》对英国公司与非英国公司的信息披露临界点制定了不同的标准。该规则规定，权益拥有人持有英国公司有表决权股份总额的 3% 或突破 3% 之后持股比例变动达到 1% 的任何增减，应于前述情形发生后两个交易日内通知目标公司并向英国金融管理局（FSA）作出申报；权益拥有人在所持非英国公司股份比例分别达到 5%、10%、15%、20%、30%、50% 及 75% 时，应于前述情形发生后四个交易日内履行同样的披露义务。

瑞士证券法律规定，如果收购方直接、间接或以与第三人一致行动的方式收购或出售对在瑞士证券交易所上市的瑞士公司或主要股票在瑞士证券交易所上市的外国公司直接或间接持有的股份，并因此达到、超过或者低于 3%、5%、10%、15%、20%、25%、33.33%、50% 或 66.66% 表决权的，收购方必须披露其持股量，并通知目标公司及相关证券交易所。

德国《证券交易法》第 21 条规定，任何一方通过购买、销售或以其他任何方式持有德国股份发行人超过或低于 3%、5%、10%、15%、20%、25%、30%、50% 或 75% 以上表决权的，应不得迟延地在四个交易日内通知该发行人，并向监管机构报告。

日本《金融商品交易法》规定，持有超过上市公司或于店头登记发行公司之有价证券等，超过 5% 以上时，应于五个营业日内向内阁总理大臣申报，此后如有 1% 以上变动时，亦同。

韩国《资本市场法》第 147 条规定，本人与其特殊关系人持有股票上市法人的股份合计超过该股份总数的 5% 以上时，应自大量持有之日起 5 日内向金融委员会和交易所报告。若持有的股份数的合计变动超过该股份总数的 1% 以上的，自其变动之日起 5 日以内，应将其变动内容向金融委员会和交易所报告。

此外，我国香港特别行政区、台湾地区也有类似规定。

我国台湾地区"证券交易法"第 43—1 条规定，任何人单独或与他人共同取得任一公开发行公司已发行股份总额超过百分之十之股份者，应于取得后十日内，向主管机关申报其取得股份之目的、资金来源及主管机关所规定应行申报之事项；申报事项如有变动时，并随时补正之。

我国香港地区《证券及期货条例》（第 571 章）第 XV 部规定，持有上市法团 5% 或以上任何类别带有投票权的股份的权益的个人及其 1% 或以上的淡仓，必须在 10 个营业日内向香港联合交易所有限公司及有关的上市法团发出通知，披露其在该上市法团带有投票权的股份的权益及淡仓。

三、信息披露的主体

本条规定，信息披露义务的主体是直接持有一个上市公司已发行的有表决权股份达到百分之五的投资者以及"通过协议、其他安排"共同持有上市公司已经发行的有表决权股份总数达到百分之五的"他人"，即收购人及其一致行动人。在现实中，有些收购人和潜在的收购人通过协议和其他安排方式，与关联企业或非关联企业采取一致行动，规避《证券法》中规定的信息披露义务和强制要约收购义务，增大了市场不透明性和风险因素。每个参与一致行动的收购人持有的股份比例可能都达不到法定披露要求，但合并计算后则可达到。各国上市公司收购制度中大都引入了一致行动人的概念，以防止收购人借助一致行动人来规避在上市公司收购过程中承担的义务。

美国《证券交易法》第 14（d）条中有两个与"一致行动人"类似的概念，即"视为个人的集体"（group as a person）和"受益所有权"（beneficial ownership）。"视为个人的集体"是指当两个或更多的个人充当合伙人、股份两合公司、辛迪加或者充当为了获得、持有和处理发行者的证券的其他集体时，这种辛迪加或者集体应被视为"个人"。"受益所有权"则是指直接或间接地通过任何合同、安排、默契、关系或其他方式全部或部分享有该等证券的表决权。根据美国的立法和司法实践，判断一致行动人以合意为标准，只要有为获得目标公司的经营控制权而进行共同行为的合意即可认定为一致行动。这种合意可以以书面形式存在，也可以以其他何形式存在，甚至只要有足够的情况证据即可。

如何成为一致行动人，股份如何合并计算，需要按照中国证监会的具体规定执行。

四、信息披露时点及期限

通过证券交易所的证券交易，投资者（包括一致行动人）持有上市公司已发行的有表决权股份总数的百分之五时，应当在该事实发生之日起三日内，向国务院证券监督管理机构、证券交易所作出书面报告，通知该上市公司，并予公告。已经持有上市公司已发行的有表决权股份百分之五的投资者（包括一致行动人），其所持该上市公司已发行的有表决权股份比例每增加或者减少百分之五，也应当在该事实发生之日起三日内，进行报告和公告。已经持有上市公司已发行的有表决权股份百分之五的投资者（包括一致行动人），其所持该上市公司已发行的有表决权股份比例每增加或者减少百分之一，应当在该事实发生的次日通知该上市公司，并予公告。

五、信息披露的方式

收购人的公告应当在证券交易所的网站和符合中国证监会规定条件的媒体发布。

六、信息披露前和信息披露期限内投资者的义务

信息披露前应当向国务院证券监督管理机构和证券交易所报告，并通知上市公司。向国务院证券监督管理机构、证券交易所提交的书面报告需要按

照中国证监会规定的内容与格式制作。如果信息披露义务人为多人，可以书面形式约定由其中一人负责统一编制书面报告，但各信息披露义务人应当在持股变动报告书上签字盖章。信息披露期限内，投资者不得买卖该上市公司的任何股票。值得注意的是，此次修改将已经持有一个上市公司已发行的有表决权股份百分之五的投资者（包括一致行动人），在增减该上市公司已发行的有表决权股份比例达到百分之五时，在信息披露期限内和作出报告、公告后不得买卖该上市公司股票的时限由"二日"调整为"三日"。此外，考虑到证券交易行为的监管实践情况，允许国务院证券监督管理机构对静默期内不得继续买卖股票的限制另行规定除外情形。

七、违反大宗持股信息披露义务的法律后果

本次修改增加了投资者（包括一致行动人）持有一个上市公司已发行的有表决权股份达到百分之五，以及投资者（包括一致行动人）持有一个上市公司已发行的有表决权股份达到百分之五后，其所持该上市公司已发行的有表决权股份比例每增加或者减少百分之五时，未及时履行信息披露义务并暂停交易的法律后果，即对该超过规定比例部分的股份，在三十六个月内不得行使表决权。限制行使表决权是对特定股东行使权利的限制而非设置新的股票类别，如果投资者依法将违规增持部分股份转让给他人，除非出让方和受让方构成一致行动人，否则受让方的表决权不受限制。

◎ 大宗持股公告的内容

第六十四条　依照前条规定所作的公告，应当包括下列内容：

（一）持股人的名称、住所；

（二）持有的股票的名称、数额；

（三）持股达到法定比例或者持股增减变化达到法定比例的日期、增持股份的资金来源；

（四）在上市公司中拥有有表决权的股份变动的时间及方式。

修改提示

本条是关于大宗持股信息披露公告内容的规定。此次主要做了以下修改：一是对书面报告的内容不再作统一要求；二是进一步完善了信息披露公告的内容。

解 析

一、规定公告内容的意义

通过证券交易所的证券交易，投资者控制法定比例的有表决权股份或者所控制的有表决权股份发生法定比例变化，都必须向国务院证券监督管理机构、证券交易所提交书面报告，并向社会进行公告。为了使公告能够全面披露该投资者买卖股票的信息，本条专门规定了必须披露的内容。国务院证券监督管理机构、证券交易所以及社会公众，可以通过公告的内容，对该投资者的股票买卖行为实行监督。如果证券交易所和证券登记结算机构所记载的该投资者的持股情况变化，与该投资者的收购情况公告内容不一致，或者所公告的日期与证券交易所和证券登记结算机构所记录的交易日期不相符合的，说明该投资者没有按照本法规定履行法定的义务，应当依法作出相应处理。值得注意的是，本条原条文是对书面报告和公告内容的统一要求，此次修改删除了对书面报告的统一要求。

二、公告必备内容

第一，收购人的名称、住所。这一项内容是使国务院证券监督管理机构和证券交易所以及社会公众能够了解该收购人的身份以及其所在地。因此，持股人的名称和住所必须真实，符合法定要求。

第二，所持有的股票的名称、数量。这是表明该收购人目前所持的上市公司的哪一种股票以及所持的股份数量。

第三，持股达到法定比例或者持股增减变化达到法定比例的日期、增持股份的资金来源。这是表明该收购人在什么时候所持有的股份比例达到了该上市公司所发行的有表决权股份的百分之五，或者达到百分之五后，又在何时发生了百分之五、百分之一的持股变化。特别是这次修订增加规定了披露增持股份资金的来源，是针对实践中滥用乃至违规运用杠杆资金进行收购的乱象，新专门采取的法律措施，有利于维护上市公司收购市场的秩序，防控市场风险。

第四，在上市公司中拥有有表决权的股份变动的时间及方式。增加此项披露内容，以突出披露大宗持股中可能涉及的控制权变化。

◎ 强制要约收购

第六十五条　通过证券交易所的证券交易，投资者持有或者通过协议、其他安排与他人共同持有一个上市公司已发行的有表决权股份达到百分之三十时，继续进行收购的，应当依法向该上市公司所有股东发出收购上市公司全部或者部分股份的要约。

收购上市公司部分股份的要约应当约定，被收购公司股东承诺出售的股份数额超过预定收购的股份数额的，收购人按比例进行收购。

修改提示

本条是关于强制要约收购制度的规定。此次修改主要是将"已发行的股份"限定为"已发行的有表决权股份"。

解　析

本条是投资者通过证券交易所的证券交易控制一定比例上市公司股份后，强制投资者发出收购要约的法律规定。

一、强制要约收购制度的立法理由

强制要约收购的立法理由有两个：一是避免出现歧视小股东的现象，着眼于所有股东获得平等的待遇。一旦收购方已经取得了目标公司的控制权，他就有义务发出公开收购要约，以不低于其为取得控股权所付的价格，收购

公司其他股东所持有的股份，以此避免大小股东之间的差别待遇。二是赋予非控股股东以退出公司的权利。小股东作出投资决定，是出于对公司当前的经营控制者能力及道德品质的信任，如果公司的控制权发生转移，小股东就失去了作出投资的依据。既然他们无法影响控制权的转移，至少应有公平的机会撤出他们的投资。但是，如果他们一起在股市上出售其股份，必然因股价下跌而蒙受损失，所以法律强制收购方发出公开收购要约，使这些股东有机会以公平的价格出售其股份，撤回投资。

英国是最早制定强制要约收购的国家，也是这一规则较为完善的国家。《伦敦城收购与合并守则》第九条规定：任何人（连同一致行动人）通过收购股份取得目标公司股东大会上百分之三十以上的投票权；或者任何人（连同一致行动人）原先持有百分之三十以上，百分之五十以下的投票权，在任意 12 个月的期间内通过收购股份使其投票权增加百分之二以上，那么必须向目标公司所有股东（无论其持股是否具有投票权）发出公开收购要约。其他国家如法国、比利时、西班牙、澳大利亚、新西兰也规定了强制要约收购制度。但是世界上还有为数不少的国家没有采用强制要约收购制度，如美国、德国、日本、澳大利亚以及韩国等。它们都只是对公开收购的申报义务以及信息披露等内容做了规定，而没有规定强制性全面要约义务。

二、触发强制要约义务的条件

（一）投资者控制上市公司已经发行的有表决权股份总数的百分之三十

这里的投资者包括其一致行动人，即通过协议、其他安排与他人共同持有一个上市公司已发行的有表决权股份合并计算。百分之三十可以理解为获得一个公司实际控制权的股份触发点。各个国家对触发点的设置不尽相同（通常都在百分之二十至百分之四十之间），例如英国、德国、新加坡、意大利为百分之三十，法国、瑞典规定为三分之一。在新兴市场国家中，南非定为百分之二十，马来西亚定为百分之三十三，捷克定为百分之四十，保加利亚定为百分之五十，而巴西则笼统表述为获得控制权以后。

（二）投资者继续收购上市公司股份

尽管百分之三十是一个触发点，但根据本条规定，仅仅达到这个触发点还不能触发强制要约义务，还需要另外一项条件，即投资者持有目标公司已发行的有表决权股份达到百分之三十时，"继续进行收购的"才应当进行全面的要约收购。也就是说，即使收购者已持有目标公司百分之三十的股份，只要其不再进行收购，就不必发出全面的收购要约。

三、投资者收购要约的发出对象

投资者应当向被收购的上市公司的所有股东发出收购要约，不能只向被收购的上市公司的部分股东发出收购要约。本条允许投资者收购上市公司的部分股份，并不是允许投资者向被收购的上市公司的部分股东发出收购要约。投资者部分收购上市公司的股份，应当向被收购的上市公司的所有股东发出收购要约，不能只向被收购的上市公司的部分股东发出收购要约。这项规定体现了股东平等待遇原则，即目标公司的所有股东均须获得平等待遇，而属于同一类别的股东必须获得类似的待遇。所有股东，不论大小，也不论持股的先后，在收购中，他们在信息的获得、条件的适用、价格的提高以及出售股份的机会等方面均应被一视同仁。股东平等待遇原则最重要的作用和意义在于防止公司收购中大股东操纵行情和私下交易。

四、全面要约收购和部分要约收购

投资者收购上市公司，可以收购上市公司的全部股份，也可以收购上市公司的部分股份。投资者收购上市公司的部分股份，被收购公司股东出售的股份数可能高于投资者计划收购的股份数，也可能低于投资者计划收购的股份数。被收购公司股东出售的股份数低于投资者计划收购的股份数时，出售被收购公司股份的股东的权利不会受到影响；但是，被收购公司股东出售的股份数高于投资者计划收购的股份数时，投资者收购时可能会只收购一部分股东的股份，而不收购另外一部分股东的股份，从而剥夺了这部分股东平等出售股份的权利。为了保证上市公司收购的公平性，保护被收购公司所有股东的权利，本条特别规定以强制要约收购方式部分收购上市公司股份，应当在收购要约中约定收购人收购的股份数低于被收购公司股东出售的股份数时，收购人应当在收购要约中约定按比例收购。此处的比例就是指投资者计划收购的股份数和被收购公司股东出售的股份数的比例。

本条对部分要约收购没有设定最低下限。如果任由收购人自行决定收购比例，会导致部分要约收购方式的滥用，操纵市场。因此应该设定比例收购的最低下限，具体规定应当由中国证监会根据本法的授权，依照本法的原则制定。

五、投资者发出收购要约必须依法进行

投资者发出收购要约应当依照法律、行政法规的规定进行，不能违背法律、行政法规的规定。本法对收购要约的发出时间，收购要约撤销和变更等都作出了规定，投资者发出收购要约时应当遵守。其他法律、行政法规对投资者发出收购要约有规定的，投资者发出收购要约时也要遵守。需要说明的是，本条新规定的"依法"除包括依照法律、行政法规外，还包括中国证监会依据《证券法》和本法授权所制定的规章。

六、强制要约义务的豁免

与本法第七十三规定不同，本条没有免除发出要约的规定。

七、收购人资格

近年来，上市公司收购日趋活跃，控制权之争案例逐渐增多，与此同时，股东监管方面的问题日益复杂。例如，投资者通过表决权委托、搭建复杂股权结构等方式规避收购人认定以及收购人资格监管；收购人借助其特殊身份或地位，制造概念、炒作股价、实现短期套利等。据此，需要进一步完善基础制度，将监管关口前移，以加强对上市公司相关股东的审慎监管。目前中国证监会对上市公司重要股东的监管主要侧重于信息披露和成为股东之后的持续行为监管。虽然中国证监会规章中明确禁止在合规、诚信方面存在重大问题的投资者收购上市公司，但规章效力层级偏低，此项

规定实际执行效果有限。从金融监管趋势来看，股东准入管理在金融机构监管中的作用正不断增强，对上市公司股东的监管需要在一定程度上参照金融机构的股东监管经验。例如《商业银行股权管理暂行办法》提出要加强对股东资质的穿透审查。上市公司与金融机构类似，具备面向公众的融资功能，其相关风险容易外溢；股东可以通过股权质押、短期转让等方式调配资金，重要股东往往还有投机套利、利益输送的优势地位。一旦不具备基本资格的投资者成为上市公司重要股东，由于事后补救及争议解决机制尚不健全，很可能使上市公司陷入治理僵局，影响公司实体正常的生产经营。由此来看，立法上有必要研究收购人的条件，以进一步加强前端把关，本次修改过程中也有类似意见提出，但由于研究还不够深入充分，条件不成熟，故未作规定。

◎ 上市公司收购报告书的内容

第六十六条　依照前条规定发出收购要约，收购人必须公告上市公司收购报告书，并载明下列事项：

（一）收购人的名称、住所；

（二）收购人关于收购的决定；

（三）被收购的上市公司名称；

（四）收购目的；

（五）收购股份的详细名称和预定收购的股份数额；

（六）收购期限、收购价格；

（七）收购所需资金额及资金保证；

（八）公告上市公司收购报告书时持有被收购公司股份数占该公司已发行的股份总数的比例。

修改提示

本条未作修改。

　　本条是对采取要约收购形式收购上市公司，报送上市公司收购报告书的规定。

一、报送上市公司收购报告书的目的

　　依照本法第六十五条的规定，投资者持有或者通过协议、其他安排与他人共同持有一个上市公司已发行的有表决权股份达到百分之三十时，继续进行收购的，应当依法向该上市公司所有股东发出收购上市公司全部或者部分股份的要约。为了监督以要约收购形式对上市公司的收购行为，本条专门规定了收购人报送上市公司收购报告书的义务。

二、报送上市公司收购报告书的方式

　　对于以要约收购方式收购上市公司的股份，有些国家规定收购人必须事先向政府的证券监督管理机构进行备案，也有的国家规定收购人在向社会公布其收购要约的同时，及时地向政府有关证券监督管理机构提交报告。无论是事先报告，还是公布要约的同时进行报告，各有其利弊。事先报告可以防患于未然，防止虚假的或者欺骗性要约发出，但是，在报告期间可能会因为信息泄露而对该上市公司收购行为产生不利的影响；在公布要约的同时进行报告，虽然可以防止因报告造成收购行为信息的泄露，但是也会发生违规要约收购的行为。经过反复研究，并从我国现实的条件出发，本条规定凡是发出收购要约的收购人，在其发出收购要约以前，都应当向国务院证券监督管理机构和证券交易所报告上市公司收购报告书，按其立法目的，是指事先报告，以接受国务院证券监督管理机构监督和便于证券交易所及时了解该上市公司股权交易和变化的情况。

三、上市公司收购报告书的必备内容

　　收购人向国务院证券监督管理机构和证券交易所报告上市公司收购报告书，应当按照本条规定明确记载法定事项。

第一，收购人的名称、住所。国务院证券监督管理机构和证券交易所通过此项内容，可以准确地掌握收购人的身份和所在地，因此，名称和住所必须真实、合法，并且收购人的名称应和持有股份的名称一致。

第二，收购人的收购决定。这主要是指收购人属于法人的，一个上市公司采取收购行动需要由该法人的意思决定机关或者意思表示机关作出决定，比如收购人的董事会作出的收购决议。收购人的收购决定必须合法、有效。

第三，被收购的上市公司名称。这表明收购人要收购的目标公司是哪一个上市公司。被收购的上市公司的名称必须是上市公司的全称。

第四，收购目的。表明收购人是出于什么目的来收购上市公司的股份，以此可以了解收购人的收购行为是恶意收购，还是善意收购，是兼并，还是控股。

第五，收购股份的详细名称和预定收购的股份数额。这是为了表明收购人主要是收购该上市公司哪一类的股份和准备收购多少比例的。

第六，收购的期限、收购的价格。这是表明收购要约在多长时间内具有效力，同时收购人是以什么样的价格收购该上市公司的剩余股份。这两项内容是收购要约中最主要的内容，因此，在上市公司收购报告书中必须准确地加以记载。

第七，收购所需资金额及资金保证。这是为了表明收购人具有多大的收购能力。为了防止某些机构或者个人非出于真正收购目的而旨在影响该上市公司的股票交易，或者旨在影响其他收购者的收购行为而进行违规操作，有必要对该收购人的收购能力进行监督。作这样的规定，也是防止一些盲目的收购者不顾其收购能力盲目地实行收购行为，避免收购人无力支付收购价款，损害广大中小股东的利益。

第八，报送上市公司收购报告书时所持有被收购公司股份数占该公司已发行的股份总数的比例。这是表明收购人当时已经持有了收购公司多大比例的股份，以此来确定收购人应当按照哪些法定程序进行活动。

◎ **收购要约的期限**

第六十七条　收购要约约定的收购期限不得少于三十日，并不得超过六十日。

修改提示

本条未作修改。

解　析

本条是对收购要约期限的规定。

一、要约收购的法定最短期限和法定最长期限

收购期限，是指收购要约生效之日起到要约失效之日止的一段时间。收购期限可以由法律规定，也可以由收购要约发出人规定。由法律规定的收购期限是法定收购期限，其分为法定最短期限 30 天和法定最长期限 60 天。规定法定最短收购期限是为了使被收购公司的股东有充分的时间考虑是否接受收购要约；规定法定最长收购期限是为了防止使收购人的成本过高和被收购公司的股票长期处于不稳定的状态。

二、收购期限的起算点

收购期限的起算点以收购要约规定的时间开始起算，没有规定起算点的，以收购要约公告之日起开始计算。

三、收购要约承诺生效的时间

本法对收购要约的承诺生效时间没有像收购要约的生效时间一样作出特别规定。依《合同法》规定，承诺到达要约发出人为生效时间；在承诺到达要约发出人之前，承诺发出人撤回承诺的意思到达，承诺不生效。在实践中，股东通过证券交易所的交易系统提交的准备接受要约的委托不是合同法意义上的承诺，而是对要约的预受。预受是指受要约人同意接受要约的初步意思表示，在要约期满前不构成承诺。预受要约的股东可以在要约期满前撤回预受。要约收购期满时，被收购公司股东的预受股份委托才作为承诺到达收购人，开始生效。

第六十八条　在收购要约确定的承诺期限内，收购人不得撤销其收购要约。收购人需要变更收购要约的，应当及时公告，载明具体变更事项，且不得存在下列情形：

（一）降低收购价格；

（二）减少预定收购股份数额；

（三）缩短收购期限；

（四）国务院证券监督管理机构规定的其他情形。

修改提示

原条文对收购人在要约确定的承诺期限内撤销要约做了禁止性规定，但允许收购人变更要约。此次修改，进一步明确了变更要约的禁止性情形，并进行了文字表述调整。

解 析

一、收购要约撤销

（一）要约撤销不同于要约撤回

要约撤回，是指在要约发生效力之前，要约发出人企图制止要约发生效力的意思表示。要约撤销，是指在要约发生效力之后，要约发出人取消要约的意思表示。要约撤回与要约撤销不同：第一，发出意思表示的时间不同。要约撤回的意思表示是在要约生效之前发出，要约撤销的意思表示是在要约生效之后发出。第二，意思表示的内容不同。要约撤回的意思表示的内容是收回未生效的要约，要约撤销的意思表示是取消已经生效的要约。第三，意思表示的自由度不同。要约撤回可以在要约生效之前自由发出，要约撤销在要约规定了承诺期限等法律限制的情况下不能发出。第四，法律责任不同。要约发出人撤回要约，不承担任何法律责任，要约发出人在法律限制撤销要约情况下撤销要约，应当承担相应的法律责任。因此，在 2005 年修订时，本条将禁止撤回收购要约改为禁止撤销收购要约，更加符合合同法原理，这次修订维持了上次修订内容不变。

（二）收购要约撤销的限制

收购要约撤销，是指在收购人公告收购要约之后，将该收购要约取消，使收购要约的法律效力归于消灭的意思表示。投资者持有或者通过协议、其他安排与他人共同持有该上市公司百分之三十及以上有表决权的股份，其发出收购要约已经将收购的有关信息做了披露，该上市公司的股东将依据这些信息进行分析、判断收购和决策。也就是说，这些披露的信息对该上市公司股票的交易将产生重要的影响。如果收购人撤销收购要约，会对该上市公司股票的交易造成新的影响，有可能对广大中小股东造成严重损害，扰乱证券市场的正常运行。为了保护广大中小股东的利益，防止证券欺诈，维护证券市场的正常运行，应当限制收购人自由撤销收购要约。因此，在收购要约确定的承诺期限内，收购人不得撤销其发出的收购要约。从日本、法国有关立法和欧盟公司法第 13 号指令的有关规定来看，收购者在一些特殊情形下是可以撤销收购要约的。由于我国的证券市场尚在发展完善，市场行为有待规范，本条做了禁止要约撤销的规定。但对收购要约撤回没有作出规定，根据《合同法》的一般原理，收购要约撤回是允许的。

二、收购要约变更

（一）收购要约变更的条件

收购要约变更，是指在收购要约生效之后，收购要约发出人改变要约内容的意思表示。收购要约经受要约人同意后，即受要约人作出承诺后，发生当事人的合意，合同成立。收购要约和收购要约承诺的内容构成合同的内容，双方当事人无权单独更改。如果更改收购要约，就是对合同本身的更改。由于收购要约的各项内容是收购人的真实意思表示，是广大股东进行分析、判断和决策的依据，收购要约内容发生变更涉及被收购公司股东的切身利益和证券市场的正常运行，对收购要约变更应当进行必要的管理。但收购中的情势复杂多变，确实存在着一些应当允许要约人变更要约条件的情况，例如收购要约人面临其他要约人的竞争时，应当允许其适当变更原要约内容以增强竞争力，否则要约人必将处于不利的竞争地位。因此，在不损害投资者利益和扰乱证券市场正常运行的情况下，国务院证券监督管理机构和证券交易所可以允许变更收购要约。综观英、美、日、欧盟等地的相关规定，收购要约的变更需要受到诸如时间、内容和程序等方面的限制。此次修订进一步明确了要约变更的内容限制，即不得降低收购价格、减少预定收购股份数额、缩短收购期限，考虑到收购要约内容复杂、种类多样、难以全部列举，同时授权国务院证券监督管理机构规定其他情形。作内容上的限制，主要为了规范要约收购义务人通过不加限制地调整要约收购内容，变相不履行要约收购义务的情形。英国《城市收购与兼并法典》第22条，对发出要约后的实质修改，特别是可能影响和侵害投资者利益的行为，亦有明确限制性规定。

（二）收购要约变更的生效

收购要约变更自收购要约变更公告后开始生效。

◎ 要约收购条件的适用

第六十九条　收购要约提出的各项收购条件，适用于被收购公司的所有股东。

上市公司发行不同种类股份的，收购人可以针对不同种类股份提出不同的收购条件。

修改提示

此次修改增加了发行不同种类股份的，收购人可以针对不同种类股份提出不同的收购条件。

解析

本条是对在要约收购中被收购的上市公司股东地位平等的规定。

所谓被收购公司股东地位平等，是指要约人应当对被收购公司所有股东一视同仁，不得对其实施歧视性待遇。其包括以下含义。

第一，被收购的上市公司股东平等参与要约收购的权利，要约人应当向被收购公司所有股东发出收购要约，不能仅向特定的股东发出收购要约。

第二，要约收购条件应当具有同一性，应当适用于被收购的上市公司全体股东，不能出现要约方面的差别待遇。这是因为收购要约是向被收购的上市公司全体股东发出的，不是对部分股东发出的，其提出的条件应当对被收购公司股东都一视同仁。

第三，如果在要约有效期间内，要约人需要变更要约条件或者提高要约价格的，则要约人应当对所有出售股份的股东适用变更后的价格，而无论该股东是在变更前接受要约，还是在变更后接受要约。要约人变更其他条件的，应当与此同理。

同时，考虑到实践中，上市公司已经可以发行不同于普通股的优先股、特别表决权股份，故在此次修改中，明确针对不同种类的股票，可以设置不同的收购条件。

◎ 要约收购人的交易限制

第七十条　采取要约收购方式的，收购人在收购期限内，不得卖出被收购公司的股票，也不得采取要约规定以外的形式和超出要约的条件买入被收购公司的股票。

修改提示

本条未作修改。

解　析

本条是对要约收购期限内收购人买卖被收购的上市公司股票的限制性规定，目的是防止收购人在收购期限内通过收购被收购公司的股票操纵市场，或牟取其他不正当利益。

收购人发出收购要约以后，该收购要约就发生法律效力。在规定的期限内，收购人只能等待被收购公司广大股东的承诺，不得违法擅自变更收购要约的内容、撤销该收购要约。同时，收购人不得卖出被收购公司的股票，也不得以收购要约规定以外的条件或者采取其他的形式，购买该上市公司的股票，以防止收购人操纵该上市公司的股票价格，牟取非法利益。

对于收购人来说，其连续买入被收购公司的股票并且公开发出收购要约，表明了其收购该公司的目的，即为了控制该公司而进行收购。如果收购人在发出收购要约以后，又在证券交易所通过集中竞价的方式，以当时的市价进行买卖，就会给接受要约的股东或者准备接受要约的股东造成信息误导。如果通过集中竞价交易收购股票的成交价格高于已经承诺收购要约的股东所接受的条件，那么就对这些承诺收购要约的股东造成了损害。另外，对那些准备接受要约的其他股东来说，也会造成不公平的对待。如果收购人在发出收购要约以后，在广大股东尚未作出承诺判断的情况下，又与少数股东采取协议方式进行股权的收购和转让，那么对于广大中小股东来说也构成了不公平的对待。因此，为了保护被收购公司股东利益，防止收购人操纵股票价格，本条规定收购人在收购期限内，不得卖出被收购公司的股票，也不得采取要约规定以外的形式和超出要约的条件买入被收购公司的股票。

◎ 协议收购

第七十一条 采取协议收购方式的，收购人可以依照法律、行政法规的规定同被收购公司的股东以协议方式进行股份转让。

以协议方式收购上市公司时，达成协议后，收购人必须在三日内将该收购协议向国务院证券监督管理机构及证券交易所作出书面报告，并予公告。

在公告前不得履行收购协议。

修改提示

本条未作修改。

本条是关于协议收购制度的规定。

一、协议收购制度

与要约收购相比，协议收购具有以下特点：第一，协议收购的主体具有特定性。协议收购的出让方为目标公司的特定股东，受让方为收购人。而要约收购方式和集中竞价交易方式的出让方都是不特定的。第二，协议转让是在场外进行的，故不会直接对二级市场造成冲击，引起股市大幅波动。第三，协议收购的交易程序和法律规制相对简单，交易手续费低廉，可以迅速取得对目标公司的控制权。第四，协议收购方式可以和集中竞价交易方式同时使用，而要约收购只能单独运用。

证券市场发达、监管措施完备的一些国家允许对上市公司的协议收购，但都规定了一定的监管措施，防止收购人通过暗箱操作来操纵市场。如英国规定经证券管理部门批准，收购人可以进行协议收购；澳大利亚规定，收购人可以在要约收购的同时进行协议收购，但是协议收购的价格不得高于要约收购的价格，否则必须将要约收购的价格提高到同水平。本条规定了对于协议收购的一些规制措施：一是在协议公开之后才能进行股权的转让；二是采取协议收购的方式收购上市公司，必须依照法律、行政法规的规定进行，不得违背法律、行政法规的规定。《公司法》和本法都对公司的股份转让行为作出了一定的限制，收购人采取协议的方式收购上市公司时，应当遵守。例如，《公司法》规定公司的董事、监事、高级管理人员所持本公司的股份自公司股票上市交易之日起一年内不得转让，采取协议收购的方式收购上市公司的收购人不能与这些董事、监事、高级管理人员签订收购他们股份的协议。

二、协议收购的成立

收购人与被收购的上市公司的股东签订转让股份的协议，协议收购就成立。协议收购的收购协议只能采取书面形式，不能采取口头等其他形式。收购协议的内容可参照收购要约及收购报告书的内容。协议收购具有交易行为的相对不公开性和交易条件的不统一性，其具体交易条件均依照双方的协议办理。

三、采取协议收购方式进行收购的收购协议的报告和公告

收购人双方达成收购协议后，协议收购成立，为了让国务院证券监督管理机构和证券交易所及时了解被收购的上市公司的股权变化，收购人应当向国务院证券监督管理机构和证券交易所报告收购协议，并予公告。值得注意的是，在协议收购中，本法第六十三条规定的大宗持股报告制度并不适用。第六十三条仅适用于通过证券交易所的证券交易，即在公开市场内按照目前的竞价交易规则买入上市公司挂牌交易的股票。而协议收购由于是收购双方在场外先达成买卖协议，对目标公司股票的二级市场价格没有直接影响，无须在达到上市公司已发行股份的5%时停止买入。举例来说，假设收购方拟协议收购转让方15%的股份，如果第六十三条适用，收购方与转让方的协议就不能一次性转让15%，而是先转让5%后公告，然后再协议转让5%，再公告。通过三次协议转让，收购方才能完成买入15%股份的收购计划。如此，收购效率将大为降低，而且加大了收购方的收购风险。因此，在协议收购中，大宗持股报告制度不适用。

四、协议收购履行的限制

在收购协议公告之前，如果协议收购双方履行了协议，被收购的上市公司的股权会发生新的变化，在收购协议履行后公告收购协议，公告的内容和事实不相符，投资者依据公告的收购协议的信息作出投资，会损害他们的利益。为了保护广大投资者的利益，必须禁止协议收购的双方在收购协议公告前履行收购协议。

◎ 协议收购中股票资金的保管与存放

第七十二条　采取协议收购方式的，协议双方可以临时委托证券登记结算机构保管协议转让的股票，并将资金存放于指定的银行。

修改提示

本条未作修改。

解 析

本条是对协议收购履行的保全性措施的规定。

一、规定协议收购履行保全性措施的意义

一般情况下，协议收购所涉及的股份和金额规模都比较大，如收购人在达成收购协议后没有足够的资金履行收购协议，或者被收购的上市公司的股东没有股票交付，欺骗协议的相对方，会损害相对方的合法利益，并且会对该上市公司股票的交易行市产生很大影响，误导一些投资者。为保护协议收购双方的合法权益，维护协议收购的正常秩序，防止利用协议收购进行违法、违规操作，有必要规定协议收购的当事人双方可以采取协议收购履行的保全性措施，保证协议收购的正常履行。

二、协议收购保全性措施的执行机构

证券登记结算机构作为负责办理股票过户登记的专门机构，对各上市公司的股东及股权变动情况最为清楚，由该机构临时保管股票，有助于消除风险。银行作为经营货币业务的专门机构，有较好的信誉和财力，代为存放资金，也有利于实现交易安全。正是如此，本条规定协议收购双方可以将协议转让的股票临时委托证券登记结算机构保管，将购买股票的资金存放于指定的银行，以保证交易安全，维护协议双方的合法权益。至于银行由谁指定，《证券法》未作明确规定。按照中国证监会制定的《上市公司收购管理办法》相关规定，由证券登记结算机构指定银行。

三、协议收购保全性措施具有选择性

虽然采取协议收购方式的，协议双方临时委托证券登记结算机构保管协议转让的股票，并将资金存放于指定的银行，可以维护协议收购的正常

秩序及协议收购双方当事人的合法权益。但是本条不属于强制性规定，协议双方可以将协议转让的股票临时委托证券登记结算机构保管和将购买股票的资金存放于指定的银行，也可以不将协议转让的股票临时委托证券登记结算机构保管和不将购买股票的资金存放于指定的银行。证券登记结算机构保管协议转让的股票和银行保存用于购买协议转让股票的资金，都不是它们的职责，只有协议收购双方与它们签订了合同后，他们才受合同的约束，依法履行其义务。

◎ 协议收购的强制要约与豁免

第七十三条　采取协议收购方式的，收购人收购或者通过协议、其他安排与他人共同收购一个上市公司已发行的有表决权股份达到百分之三十时，继续进行收购的，应当依法向该上市公司所有股东发出收购上市公司全部或者部分股份的要约。但是，按照国务院证券监督管理机构的规定免除发出要约的除外。

收购人依照前款规定以要约方式收购上市公司股份，应当遵守本法第六十五条第二款、第六十六条至第七十条的规定。

修改提示

本条主要修改如下：一是补充完善因协议收购触发强制要约收购的，也应当适用第六十五条第二款有关收购上市公司部分股份的收购要约的有关规定；二是此次《证券法》修订中，新增的第六十七条有关变更收购要约的禁止情形，以及第六十九条有关针对不同种类股份收购人可以提出不同收购条件的规定，也适用于因协议收购触发强制要约收购的情形；三是将原条文中证券监管机构免除发出要约的除外规定，修改为证券监管机构规定免除发出要约。

解　析

本条是协议收购中投资者控制一定比例上市公司股份，强制投资者发出收购要约的法律规定。

一、强制收购人发出收购要约的条件

第一，收购人控制上市公司已经发行的有表决权股份总数的百分之三十。收购人控制股份的方式可分为两类：一类是收购人单独持有上市公司已发行的有表决权股份总数的百分之三十，另一类是收购人通过协议、其他安排与他人共同持有上市公司已发行的有表决权股份总数的百分之三十。第二，收购人控制上市公司已发行的有表决权股份总数的百分之三十，是通过协议收购的方式产生的。如果不是通过协议收购达成百分之三十比例的，不是本条规范的范围。第三，收购人继续收购上市公司的股份。收购人控制上市公司已经发行的有表决权股份总数的百分之三十，继续收购上市公司的股份，是指一种意愿，不是一种事实。也就是说，收购人控制上市公司已经发行的有表决权股份总数的百分之三十后，打算继续收购上市公司的股份，应当向上市公司的所有股东发出收购要约。

二、收购人发出收购要约的发出对象

收购人应当向被收购的上市公司的所有股东发出收购要约，不能只向被收购的上市公司的部分股东发出收购要约。

三、收购人发出的收购要约应当包括的内容

收购要约，是指收购人收购已经依法上市交易的股份有限公司的股份的意思表示。收购要约作为一种意思表示，应当真实、明确。因此，收购要约应当包括：收购人的名称、住所；收购人关于收购的决定；被收购的上市公司名称；收购目的；收购股份的详细名称和预定收购的股份数额；收购期限、收购价格；收购所需资金及资金保证；报送上市公司收购报告书时持有被收购公司股份数占该公司已发行的股份总数的比例；收购上市公司部分股份的，应当约定，被收购公司股东承诺出售的股份数额超过预定收购的股份数额的，收购人按比例进行收购。

四、收购人发出收购要约必须依法进行

收购人发出收购要约应当依照法律、行政法规的规定进行，不能违背法律、行政法规的规定。本法对收购要约的发出时间，收购要约撤销和变更等都作出了规定，收购人发出收购要约时应当遵守。其他法律、行政法规对发出收购要约有规定的，收购人发出收购要约时也要遵守。国务院证券监督管理机构的规章在法律、行政法规之外还有具体规定的，也应遵守。

五、收购人发出收购要约的免除

国务院证券监督管理机构作为对全国证券市场进行统一监管的职能机构，出于监管需要，有可能在投资者通过协议方式控制上市公司已经发行的有表决权的股份总数达到百分之三十，继续收购该上市公司的股份时，允许其不发出收购要约。因此，2005 年《证券法》第九十六条规定，如果国务院证券监督管理机构免除收购人发出收购要约，则不用发出收购要约。豁免协议收购触发要约收购义务的条件由国务院证券监督管理机构规定。本次修改，在进一步简政放权的背景下，取消了国务院证券监督管理机构豁免要约收购义务的行政许可。考虑到实践中确有需要豁免发出要约的情形，在法律中授权国务院证券监督管理机构对此作出规定。

六、因协议收购触发要约收购的应当遵守要约收购有关规定

收购人采取协议收购的方式收购被收购的上市公司的股份达到一定比例后，再采取强制要约收购方式收购的，同时应当遵守本法第六十五条第二款和第六十六条至第七十条的规定。

◎ 被收购公司股票的终止上市与企业形式变更

第七十四条　收购期限届满，被收购公司股权分布不符合证券交易所规定的上市交易要求的，该上市公司的股票应当由证券交易所依法终

止上市交易；其余仍持有被收购公司股票的股东，有权向收购人以收购要约的同等条件出售其股票，收购人应当收购。

收购行为完成后，被收购公司不再具备股份有限公司条件的，应当依法变更企业形式。

修改提示

本条对收购导致上市公司退市的情形做了修改。

解　析

本条是对收购期限届满后，一定条件下终止上市、强制受让股份和企业形式变更的规定。

一、终止上市

（一）终止上市的依据

上市公司在证券交易所上市，是上市公司与证券交易所之间依据上市协议产生的民事法律关系，上市条件应是证券交易所在其业务规则中规定的自律管理事项。此次《证券法》修改，已将法律中强制规定的上市条件删除。同时，根据我国与境外资本市场实践情况，上市公司维持上市地位的条件与上市条件存在差别，前者一般低于后者，故不符合上市条件即终止上市的有关表述并不准确。故本次修改，将"不符合上市条件"的有关表述相应调整为"不符合证券交易所规定的上市交易要求"。

（二）终止上市的时间

被收购的上市公司股权分布不符合证券交易所规定的上市交易要求，由证券交易所决定终止其股票上市，是在收购期限届满时。收购期限届满是指收购期限到期，收购要约开始失效。也就是说，在收购期限到期时，不管收购完成与否，只要因收购人收购上市公司的股份导致不符合上市交易要求，证券交易所都应当依法终止被收购的上市公司的股票在证券交易所交易。

二、强制受让股份提起权

（一）规定强制受让股份提起权的必要性

强制受让股份提起权是指收购期限届满，被收购的上市公司不符合证券交易所规定的上市交易要求，股票在证券交易所终止上市交易，其余仍持有被收购的上市公司股票的股东向收购人提出以收购要约的同等条件出售其股票，收购人必须收购的权利。达到前述情形，意味着收购人实际上已经完全控制了被收购的上市公司，其余仍持有被收购上市公司股票的股东，已经处于明显少数。收购人作为被收购的上市公司的控股股东或者实际控制人，有可能会利用优势地位，损害小股东的利益。在这一情形下，其余股东以要约收购同等条件出售其股票，收购人必须收购其股票，给予了其股东在该公司被终止上市以后卖出其所持有的股票的机会，有利于保护这些小股东的利益。

（二）强制受让股份提起权的行使

行使的条件是被收购的上市公司的股票终止上市；行使的时间是收购期限届满后；行使的主体是收购期限届满后仍持有被收购的上市公司的股票的股东；行使的内容是向收购人提出以收购要约同等的条件出售其股票给收购人；行使的法律效力是收购人必须依收购要约的同等条件收购股东的股票。

三、余股挤出制度

与强制受让股份提起权相对应的是收购人的余股挤出权。余股挤出制度是指要约收购人在获得目标公司绝大多数股份的情况下，可强制性收购余下全部股权，将剩余少数股东强制性挤出，避免收购完成后因少数余股股东阻碍非公众化运作的机制。美国、英国、韩国、德国等境外国家或地区规定了该项制度。

（一）美国的排挤式合并

排挤式合并是美国法中的特色制度，指一公司获得对另一公司的控制权后，在其所作出的与该公司合并的决议中以现金交付的方式将该公司的少数股东排挤出公司，使少数股东丧失继续作为公司股东的身份。排挤式合并一般以两种方式进行：一是大股东直接在并购过程中对小股东进行排挤；二是收购者以要约收购取得目标公司股权后，将目标公司与自己公司合并，或直接在要约中表明如取得目标公司控制权，将于要约收购完成后进一步将收购公司与被收购公司合并。

美国有关州法律规定，如果一方持有超过另一方股权的一定比例（一般是 90%），收购方公司的董事会可以通过决议，将目标公司合并至收购方公司。该程序不要求收购方或目标公司的股东会决议，甚至无须目标公司董事会同意。小股东拥有评估权利，使得不愿意接受特定交易的股东可以通过司法途径确定对价。在上市公司被私有化的情形下，还要遵守《1934 年证券交易法》13e-3 规则，即任何私有化交易，应当提交 13e-3 表格，详细披露交易的公平性。在私有化交易中，小股东同样可以行使评估权利以保护自身的利益。在要约收购情形下，若要约条件达成（通常是获得超过了 50% 的股权），则分两种情况：一种是收购方获得了 90% 的股权，达到了按州法规定挤出剩余股权的标准，则无须召开股东大会，直接进行合并完成 100% 控制权的并购；另一种是收购方未获得 90% 的股权，则仍需召开股东大会进行 100% 控制权的合并，由于收购方已获得了超过 50% 的股权，股东大会的批准已不构成实质障碍（按州法规定这种情况控股股东无须回避），但所需时间拖得较长。

（二）德国的两种余股挤出

德国法规定了两种不同的余股挤出程序，但均要求收购人直接或间接持有目标公司有表决权股份的 95% 以上，并且必须向所涉少数股东支付足够的补偿。德国《有价证券收购法》规定了收购人的挤出权和余股股东的强制出售权。第 39a 条规定了收购人的挤出权，在收购出价或强制性要约后，由持有目标公司不少于 95% 有表决权股份的股东提出申请，经法院判令，剩余股份应当将所持股份转让给该要约人，收购人支付公平对价。考虑到收购人以收购价格取得了 90% 以上的股份，90% 以上股份的股东所接受的对价应该被认为是公允的对价，故要约对价即为公平对价。法律还规定，不论要约的对价形式为何，收购人都应该在强制挤出时提供现金对价供选择。第

39c 条规定了余股股东的强制出售权，在收购出价或强制要约后，目标公司没有接受要约的，股票持有人在要约期满后三个月内仍然可以接受要约。德国《股份公司法》规定，如某一股东持有某一股份公司 95% 以上的股份，该股东可以要求通过股东大会决议将剩余股份转移至自己手中，该股东须就这部分股份提供足够的现金补偿。补偿须能反映股东大会决议通过时，目标公司股份的公允价值。多数股东应就强制挤出计划出具书面报告，并提供银行担保以保障少数股东请求支付现金补偿的权利。补偿数额需要由法院指定的审计师进行审计；如有争议，补偿数额还会受到法院的审查。与《有价证券收购法》不同，《股份公司法》就强制挤出程序设立了专门的司法程序，即根据《股份公司法》实施的强制挤出一般会在股东大会结束九个月内被批准生效。有关补偿数额的争议则需通过另外的程序解决，一般耗时会超过一年。

（三）其他国家或地区的有关规定

《2006 年英国公司法》第 979 条规定了收购人在符合一定条件时强制购买没有接受收购要约的少数股东股份的权利。依该法之规定，若 A 已经取得或约定取得 B 公司 90% 的股份，则可以在达到持股 90% 之后的 2 个月内，向少数股东发出欲购买其股份的通知。少数股东可自通知之日起 6 个星期内向法院提出申诉。若是无申诉，或者法院没有颁布相反命令，A 就可以购买这些股份。韩国在 2011 年《商法》修订中引入了余股挤出制度，规定控股股东持有公司已发行股份总数的 95% 以上时，控股股东以经营为目的，在必要的情况下取得股东大会的决议，可以向持有剩余 5% 股份的少数股东行使购买权。此外，加拿大、澳大利亚、奥地利、荷兰、意大利、法国、欧盟、俄罗斯等境外国家和地区也对余股挤出制度有所规定。

在此次《证券法》修改过程中，曾有相关意见提出，在法律中明确余股挤出制度，但由于涉及对小股东权益保护，认识不统一，且从法律体系的协调及境外立法情况来看，余股挤出制度的做法并不完全一致，且多在《公司法》中规定，我国也可在修改《公司法》时再作研究，故本次修订对该制度未作规定。

四、企业形式变更

（一）变更企业形式的原因

《公司法》规定了设立股份有限公司的条件，收购人收购上市公司的股份导致被收购公司不再具备股份有限公司的设立条件，被收购的上市公司应当变更为其他形式的企业。例如收购人收购了被收购的上市公司的全部股份，被收购的上市公司的股东只有收购人一人，就应当将股份有限公司的形式变更为其他形式的企业。

（二）变更企业形式的时间

变更企业形式应当在收购完成之后，即收购人与被收购的上市公司同意出售其所持有的股份的股东进行了股权转让之后。

（三）变更企业形式的范围

依现行法律的规定，股份有限公司变更成为其他企业形式时，可以变更为有限责任公司，也可以变更为法律、行政法规规定的有限责任公司形式以外的企业形式。股份有限公司变更企业形式需要办理变更登记。

（四）变更企业形式后债权债务的承继

股份有限公司变更企业形式后，股份有限公司的债权债务由新的企业承继。

◎ 收购人持有被收购公司股票的限售期

第七十五条　在上市公司收购中，收购人持有的被收购的上市公司的股票，在收购行为完成后的十八个月内不得转让。

修改提示

原条文对收购人持有的被收购公司的股票限制转让的期限进行了规定，此次修改，将限制转让的期限从十二个月调整为十八个月。

解析

本条是对收购人持有的被收购公司的股票在一定期限转让限制规定。

一、对收购人持有的被收购的上市公司的股票转让作限制的意义

以获得或者巩固被收购上市公司控制权为目的的收购行为，其收购人收购上市公司股票后，不会在很短的期限内立即转让，而是要在一定期间内持有以行使被收购上市公司的控制权。但是有些机构、个人出于操纵该上市公司股票市场行情，阻碍与之存在竞争关系的上市公司的正常经营等其他投机目的，在短时间内大量地买进或卖出股票。为了规避法律、逃避中国证监会监管，这些人可能假借收购形式掩盖其违法行为，广大中小股东和其他社会公众不了解股东的意图，无法把握证券市场的动向，很容易在大股东的操纵下使自己的利益遭到损害。从保护广大中小股东和其他社会公众的合法利益出发，有必要在一定时间内限制收购人转让其持被收购的上市公司股票。

二、限制收购人转让其持有的被收购的上市公司股票的期限

这次修改，将收购人转让其持有的被收购的上市公司股票的限制期限由十二个月增加到十八个月，是为了更好地防止收购人利用上市公司收购操纵证券市场，保护中小股东的利益。需要说明的是，《证券法》未对收购行为完成时的具体时点进行规定，按照中国证监会制定的《证券期货法律适用意见第9号——〈上市公司收购管理办法〉第七十四条有关通过集中竞价交易方式增持上市公司股份的收购完成时点认定的适用意见》规定，收购人通过集中竞价交易方式增持上市公司股份的，当收购人最后一笔增持股份登记过户后，视为其收购行为完成。采取协议收购方式的，也应照此办理。在修改过程中，对于期限的确定，有过不同意见。一读稿曾提出改为6个月，在二读稿形成过程中曾提出改为36个月，但在提请二读稿审议时，调整为18个月。

◎ 被收购公司解散后的股票更换

第七十六条　收购行为完成后，收购人与被收购公司合并，并将该公司解散的，被解散公司的原有股票由收购人依法更换。

收购行为完成后，收购人应当在十五日内将收购情况报告国务院证券监督管理机构和证券交易所，并予公告。

修改提示

此次修改将原《证券法》第九十九条、第一百条合并为一条，分列两款。

解　析

本条第一款，是对收购行为完成后，需要更换被收购公司股票的规定，是对被收购公司原有股东提供的保护性措施。本条第二款，是对收购行为完成后，收购人的报告义务和公告义务的规定。

一、收购行为完成后，需要更换被收购的上市公司的股票的情形

收购行为完成后，需要更换被收购的上市公司的股票的情形是收购人购入被收购的上市公司的具有控制权的股份，通过股东大会决议，将被收购的上市公司与收购人合并，解散被收购的上市公司。这属于《公司法》规定的公司吸收合并情形。

二、股票更换的程序

收购人与被收购的上市公司合并，被收购的上市公司解散，被收购的上市公司成为收购人的一部分，被收购的上市公司的股东成为收购人的出资人，收购人应当给这部分出资人签发证实其对本企业出资的出资证明。收购人签发的出资证明依据收购人采用的企业形式的不同而程序不同。但无论什么程序，都必须注销被收购的上市公司的股东所持有的被收购的上市公司的股票。

三、收购行为完成后，收购人的报告义务

（一）规定报告义务的目的

收购人在收购行为完成后的报告义务，是指收购行为完成后，收购人应

当在十五日内将收购情况报告国务院证券监督管理机构和证券交易所。收购人的收购行为是否合法，是国务院证券监督管理机构和证券交易所需要及时了解的，收购人及时将收购的情况报告国务院证券监督管理机构和证券交易所，能够让他们及时确定收购活动是否合乎法律、行政法规和证券交易所规则的规定。因此，要求收购人在收购行为结束后将收购情况报告国务院证券监督管理机构和证券交易所有很重要的意义。

（二）收购行为完成的含义

收购行为完成是指收购人通过要约收购、协议收购或其他方式收购的股份在证券登记结算机构完成过户登记手续。

（三）报告的对象

收购人应当向国务院证券监督管理机构和证券交易所同时报告。收购人报告的证券交易所，应当是被收购的上市公司的股票上市交易的证券交易所。

（四）报告的内容

收购人向国务院证券监督管理机构和证券交易所报告的应当是收购的情况，而不是与收购情况无关的信息。收购人向国务院证券监督管理机构和证券交易所报告的收购情况应当真实、准确、完整。

（五）报告的期限

收购人应当在收购行为结束后的十五日内，履行其报告义务。收购人超过法定的报告期限向国务院证券监督管理机构和证券交易所报告，或者不予报告，应当承担相应的法律责任。

四、收购行为完成后，收购人的公告义务

（一）规定公告义务的目的

收购人在收购完成后的公告义务，是指收购行为结束后，收购人应当在十五日内将收购情况向社会公众公告。收购结果如何将影响广大投资者的判断和决策，收购人向社会公告收购的情况，能使广大投资者了解收购的结果，便于他们根据这一信息作出正确的投资判断和决策。这也是证券市场"三公"原则在收购领域的具体体现。

（二）公告的内容

收购人向社会公众公告的应当是收购的情况，而不是与收购情况无关的信息。收购人向社会公众公告的收购情况应当真实、准确、完整。

（三）公告的期限

收购人应当在收购行为结束后的十五日内，履行其公告义务。收购人超过法定的公告期限向社会公众公告，或者不予公告，应当承担相应的法律责任。

◎ 上市公司收购具体办法的法律授权与上市公司合并、分立的报告、公告

第七十七条　国务院证券监督管理机构依照本法制定上市公司收购的具体办法。

上市公司分立或者被其他公司合并，应当向国务院证券监督管理机构报告，并予公告。

159

修改提示

本条是授权中国证监会制定上市公司收购具体办法的有关规定。在原《证券法》第一百零一条的基础上，删除了原第一款关于收购上市公司中由国家授权投资的机构持有的股份的批准，增加了第二款关于上市公司合并、分立的报告、公告义务。

解　析

一、删除收购上市公司中国家授权投资的机构持有的股份的批准

在我国的公司实践中，国有企业改制为股份有限公司时，该企业的存量资产作为国有资产，投入股份有限公司中，由国家授权投资的机构作为股东持有该公司的部分股权。同时，为了有效地合理运用国有资产，国家授权投资的机构也可以为了经营、投资的需要向某些上市公司进行投资，而持有该

上市公司的股权。从国有资产管理和国家对某些重要行业控制的考虑出发，原《证券法》第一百零一条第一款规定，收购上市公司中由国家授权投资的机构持有股份，应当按照国务院的规定，经有关主管部门批准。有关主管部门准许转让的，才能转让；不同意转让的，不得转让。考虑到法律体系的协调，关于国家授权投资机构持有股份的收购，已统一在国有资产相关法律、法规中进行规范，故不再在《证券法》中进行规定。

二、授权国务院证券监督管理机构制定上市公司收购具体办法

本法对上市公司收购的收购方式、收购程序、收购人的义务等做了规定，但是仍比较原则，可能无法满足当前和今后规范上市公司收购、促进上市公司收购良性进行的需要。为此，本条规定国务院证券监督管理机构应当制定上市公司收购的具体办法，对上市公司收购作出更为详细具体的规定。制定上市公司收购的具体办法不仅是国务院证券监督管理机构的一项法定权力，也是一项法定职责。国务院证券监督管理机构制定上市公司收购具体办法时，应当依照本法规定的原则制定，不得违背本法。

三、上市公司合并、分立的报告、公告义务

上市公司合并、分立是实现上市公司盘活存量、提高质量、多元化退出的重要制度。我国《公司法》做了相应规定，但由于目前法律层面的规定不明确等原因，境内上市公司的合并、分立活动开展得并不理想。同时，合并、分立还涉及上市公司公开发行股票、变更组织形式，以及新设公司股票上市等问题，涉及广大投资者的切身利益，目前缺乏专门规定，影响了上市公司合并、分立活动的实际开展，有必要在《证券法》中对其作出安排。涉及上市公司合并、分立的法律问题比较复杂，牵涉《公司法》的规定等，未作详细规定，只是从信息披露的角度，在《证券法》中明确，上市公司分立或者被其他公司合并，应当向国务院证券监督管理机构报告，并予公告。后续还需要就上市公司合并、分立中对涉及证券发行上市的特殊程序、条件等，作出进一步的针对性规定。

第五章

信息披露

　　完善的信息披露制度是证券市场健康发展的重要基础，也是保护投资者合法权益的重要方式。本次修改将"信息披露"作为专章进行规定，是一大亮点。

　　本章由原《证券法》第三章第三节补充修改而来，一共十条。

　　本章主要修改内容包括：明确发行人及法律、行政法规和中国证监会规定其他负有信息披露义务的主体都是信息披露义务人；明确信息披露简明清晰、通俗易懂原则；强调在境外披露的信息应当在境内同时披露；增加了有关自愿披露及公开承诺的规范要求；根据监管实践补充了应当披露的重大事件类别；完善对虚假陈述等信息披露违法行为的民事损害赔偿责任。

◎ 信息披露义务主体及信息披露基本原则

　　第七十八条　发行人及法律、行政法规和国务院证券监督管理机构规定的其他信息披露义务人，应当及时依法履行信息披露义务。

　　信息披露义务人披露的信息，应当真实、准确、完整，简明清晰，通俗易懂，不得有虚假记载、误导性陈述或者重大遗漏。

　　证券同时在境内境外公开发行、交易的，其信息披露义务人在境外披露的信息，应当在境内同时披露。

修改提示

　　原《证券法》第六十三条对信息披露真实、准确、完整做了原则性规定。此次主要做了以下修改：一是扩大了信息披露义务人的范围，新增了法律、行政法规和国务院证券监督管理机构规定的其他信息披露义务人；二是增加了信息披露简明清晰、通俗易懂的原则；三是强调了在境外披露的信息应当在境内同时披露的原则。

解 析

一、信息披露义务人的范围

信息披露义务人的范围在原有"发行人、上市公司"的基础上，进一步增加了法律、行政法规和中国证监会规定的其他负有信息披露义务的主体。本条中，"发行人"不仅指的是公开发行证券的公司，还包括上市公司、公司债券上市交易的公司、股票在国务院批准的其他全国性证券交易场所交易的公司等。在此基础上，法律、行政法规和中国证监会规定的负有信息披露义务的其他主体也属于信息披露义务人。这一修改进一步扩大了信息披露义务人的范围，为全面加强信息披露监管及追究相关主体信息披露法律责任提供了法律依据。

二、信息披露的原则

信息披露是对证券市场监管的有效手段，也是公开原则的具体体现，具体来讲有三层含义：一是证券发行要进行信息披露；二是证券上市交易要进行信息披露；三是与证券发行、上市交易有关的信息要披露。

（一）真实、准确、完整原则

真实，是指文件的内容必须反映实际情况，不能提供虚假、不存在的信息，申请文件中的内容都应具备事实证据。准确，是指申请文件中的文字、数据等内容符合实际，力求精准，不得有误导性陈述。完整，是指所提交的申请文件的种类应当齐全，内容要能够完整涵盖实际情况，不能报喜不报忧、有二只说一，通过发行人的陈述，投资者能够完整了解到实际情况的全貌。

（二）简明清晰、通俗易懂原则

信息披露是信息披露义务人与投资者和社会公众全面沟通信息的桥梁。

所披露的信息内容如果过于庞杂、冗长晦涩、强调专业性语言，就难以被普通投资者所阅读和理解，因此要求依法披露的信息应当简明清晰、通俗易懂。

（三）不得有虚假记载、误导性陈述或者重大遗漏

投资者和社会公众在获取这些信息后，可以作为投资决策的主要依据。如果披露的信息有虚假记载、误导性陈述或者重大遗漏，就会使社会公众作出错误的判断，从而导致其利益受到损害，破坏正常的交易秩序，甚至影响到社会稳定。

三、境内外信息披露的一致性

目前证券同时在境内境外公开发行和交易的情形日益增多，考虑到境内外市场对信息披露的要求不尽一致，如果信息披露义务人选择性地在境内进行信息披露，就会造成信息的不对称，使境内投资者在信息知情权方面受到侵害。为保证境内外投资者公平地获得信息，本条新增了一款，规定证券同时在境内境外公开发行和交易的，其信息披露义务人在境外披露的信息，应当在境内同时披露。

◎ 定期报告

第七十九条　上市公司、公司债券上市交易的公司、股票在国务院批准的其他全国性证券交易场所交易的公司，应当按照国务院证券监督管理机构和证券交易场所规定的内容和格式编制定期报告，并按照以下规定报送和公告：

（一）在每一会计年度结束之日起四个月内，报送并公告年度报告，其中的年度财务会计报告应当经符合本法规定的会计师事务所审计；

（二）在每一会计年度的上半年结束之日起二个月内，报送并公告中期报告。

修改提示

原《证券法》第六十五条、第六十六条对信息披露定期报告义务做了规

定。此次主要做了以下修改：一是将报送主体修改为"上市公司、公司债券上市交易的公司、股票在国务院批准的其他全国性证券交易场所交易的公司"；二是不再对中期报告和年度报告需载明的具体内容进行规定，修改为"按照国务院证券监督管理机构和证券交易场所规定的内容和格式编制定期报告"；三是增加规定年度报告中的年度财务会计报告应当经符合本法规定的会计师事务所审计。

解　析

一、定期报告的义务主体

原《证券法》仅规定上市公司和公司债券上市交易的公司的定期报告披露义务。在实践中，非上市公众公司是否应当披露有关定期报告是《证券法》信息披露制度中的重要问题。实践中，根据中国证监会有关规章和新三板市场规则要求，新三板挂牌公司也需要披露年度报告和中期报告。如在法律层面不要求非上市公众公司披露有关定期报告信息，不利于对非上市公众公司的投资者提供充分保护，也与实践要求不符。据此，本条明确了在新三板挂牌的非上市公众公司的定期报告披露义务。按照本条规定，定期报告包括年度报告和中期报告。在修订过程中，有意见指出，实践中上市公司还披露季报，建议增加季报。考虑到年度报告和中期报告已经比较全面覆盖公司全年的信息情况，再加之临时报告，不会对信息披露的及时性产生大的影响，因此，从减轻公司信息披露成本负担考虑，不再将季度报告作为《证券法》规定的法定定期报告进行规定。

需要说明的是，由于《证券法》未规定季度报告，因此，如果上市公司未按中国证监会规定或交易场所规定披露季度报告，则不能按照本法第一百九十七条第一款进行处罚；但如果在季度报告中披露的信息有虚假记载、误导性陈述或重大遗漏，则可按其违反本法第七十八条规定，依照本法第一百九十七条第二款进行处罚。

二、定期报告的披露时间要求

（一）中期报告

本条规定上市公司、公司债券上市交易的公司、股票在国务院批准的其他全国性证券交易场所交易的公司依法报送和公告中期报告的法定期限为每一会计年度的上半年结束之日起二个月内。

（二）年度报告

由于年度报告记载的公司生产经营情况及其他一些重要信息会直接影响上市交易的股票或者公司债券的价格，为了保护广大投资者的合法权益，本条规定，上市公司、公司债券上市交易的公司、股票在国务院批准的其他全国性证券交易场所交易的公司，应当在每一个会计年度结束之日起四个月内，向国务院证券监督管理机构和证券交易场所报送年度报告，并予公告。

无论中期报告还是年度报告，其披露时间要求都是法定的，上市公司等不能违背，中国证监会、证券交易场所也无权予以变更或延长。但有一个例外情况，2020年4月7日，中国证监会根据《突发事件应对法》等法律法规，经商相关部门，发布了《关于做好当前上市公司等年度报告审计与披露工作有关事项的公告》，对部分确受新型冠状病毒感染肺炎疫情影响的上市公司等，规定可以延迟披露2019年年度报告。

三、定期报告的编制

上市公司、公司债券上市交易的公司和股票在国务院批准的其他全国性证券交易场所交易的公司应当按照国务院证券监督管理机构和证券交易场所规定的内容和格式编制定期报告。本条关于定期报告的编制格式和内容的授权性规定，进一步提高了定期报告编制的灵活性，也符合目前的实践经验。实践中，信息披露义务人定期报告的披露内容，主要是按照中国证监会制定的规章、规范性文件规定进行的。

另外，需要说明的是，这次修订在法律层面对年度报告中的财务会计报告要经符合本法规定的会计师事务所审计做了强制性规定。

◎ 上市公司、新三板公司的临时报告

第八十条 发生可能对上市公司、股票在国务院批准的其他全国性证券交易场所交易的公司的股票交易价格产生较大影响的重大事件，投资者尚未得知时，公司应当立即将有关该重大事件的情况向国务院证券监督管理机构和证券交易场所报送临时报告，并予公告，说明事件的起因、目前的状态和可能产生的法律后果。

前款所称重大事件包括：

（一）公司的经营方针和经营范围的重大变化；

（二）公司的重大投资行为，公司在一年内购买、出售重大资产超过公司资产总额百分之三十，或者公司营业用主要资产的抵押、质押、出售或者报废一次超过该资产的百分之三十；

（三）公司订立重要合同、提供重大担保或者从事关联交易，可能对公司的资产、负债、权益和经营成果产生重要影响；

（四）公司发生重大债务和未能清偿到期重大债务的违约情况；

（五）公司发生重大亏损或者重大损失；

（六）公司生产经营的外部条件发生的重大变化；

（七）公司的董事、三分之一以上监事或者经理发生变动，董事长或者经理无法履行职责；

（八）持有公司百分之五以上股份的股东或者实际控制人持有股份或者控制公司的情况发生较大变化，公司的实际控制人及其控制的其他企业从事与公司相同或者相似业务的情况发生较大变化；

（九）公司分配股利、增资的计划，公司股权结构的重要变化，公司减资、合并、分立、解散及申请破产的决定，或者依法进入破产程序、被责令关闭；

（十）涉及公司的重大诉讼、仲裁，股东大会、董事会决议被依法撤销或者宣告无效；

（十一）公司涉嫌犯罪被依法立案调查，公司的控股股东、实际控制

人、董事、监事、高级管理人员涉嫌犯罪被依法采取强制措施;

（十二）国务院证券监督管理机构规定的其他事项。

公司的控股股东或者实际控制人对重大事件的发生、进展产生较大影响的，应当及时将其知悉的有关情况书面告知公司，并配合公司履行信息披露义务。

修改提示

原《证券法》第六十七条对上市公司应当依法报送并公告临时报告进行了规定。此次主要做了以下修改：一是增加规定在新三板挂牌交易的公司需要披露临时报告；二是在要求披露重大投资行为的基础上，进一步明确"公司在一年内购买、出售重大资产超过公司资产总额百分之三十，或者公司营业用主要资产的抵押、质押、出售或者报废一次超过该资产的百分之三十"，应当披露，提高条文的可操作性；三是增加"提供重大担保或者从事关联交易"作为重大事件；四是增加了公司控股股东、实际控制人配合公司履行信息披露的义务。此外，还补充完善了其他重大事件情形。

解 析

在股票的交易中，有关公司的信息，特别是一些重要信息，会对股票交易价格产生影响，甚至会引起股票价格的大幅度波动。为了使所有的投资者都能够及时平等地了解公司的有关信息，保证公平、公正、公开原则的实现，防止投资者因不能公平地获悉该重大事件，从而造成证券交易中的不公平，本条规定，当发生可能对公司股票交易价格产生较大影响的重大事件，并且投资者尚未得知时，公司应当报送临时报告。

一、重大事件的内容

本条采取"列举＋兜底"的方式对重大事件进行了规定。

（一）公司的经营方针和经营范围的重大变化。经营方针是指公司进行经营活动的方向和最终要达到的目标。经营范围是指公司从事的行业、项目的种类。经营范围通常在公司章程和营业执照中有明确的列举。

（二）公司的重大投资行为，公司在一年内购买、出售重大资产超过公司资产总额百分之三十，或者公司营业用主要资产的抵押、质押、出售或者报废一次超过该资产的百分之三十。重大投资行为是指公司进行数额较大的投资、对有较大影响的项目进行投资或者对公司的经营将产生重大影响的项目进行投资等行为。

（三）公司订立重要合同、提供重大担保或者从事关联交易，可能对公司的资产、负债、权益和经营成果产生重要影响。订立重要合同、提供重大担保和从事关联交易均属于公司主要的经营活动，如对公司的资产、负债、权益和经营成果产生重要影响，可能会对股票价格产生重大影响，应作为重大事件进行披露。

（四）公司发生重大债务和未能清偿到期重大债务的违约情况。公司发生重大债务，就意味着公司将要以较大数额的资产清偿债务，从而造成公司资产的减少，有可能影响公司的经营。公司未能清偿到期重大债务，其后果可能是被依法强制清偿甚至是被宣告破产。所以，公司发生重大债务和未能清偿到期重大债务的违约情况，属于重大事件。

（五）公司发生重大亏损或者重大损失。重大亏损是指公司发生的对公司有重大影响的净损失。公司一旦发生了重大亏损或者重大损失时，必然会影响到股东、债权人的利益，从而有可能对公司股票交易价格产生较大的影响。

（六）公司生产经营的外部条件发生的重大变化。公司生产经营的外部条件是指非公司本身而是在公司以外的、影响公司生产经营的各种条件。公司在进行生产经营时，其经营成果的好坏不仅要受到公司本身的决策、管理等内部因素的影响，而且要受到各种外部条件如银行利率的调整、国家产业政策的变化等的影响。公司生产经营的外部条件发生重大变化，会对公司的生产经营产生直接影响。

（七）公司的董事、三分之一以上监事或者经理发生变动，董事长或者经理无法履行职责。公司董事、监事或者经理能够行使的职权对公司的运行具有重要的影响，当公司的董事、三分之一以上监事或者经理发生变动，或董事长或者经理无法履行职责时，就可能对股票交易价格产生较大的影响。

（八）持有公司百分之五以上股份的股东或者实际控制人持有股份或者控制公司的情况发生较大变化，公司的实际控制人及其控制的其他企业从事与公司相同或者相似业务的情况发生较大变化。由于上市公司或者股票在国务院批准的其他全国性证券交易场所交易的公司的股份可能较为分散，持有公司百分之五以上股份的股东，对公司的生产经营有举足轻重的影响。

（九）公司分配股利、增资的计划，公司股权结构的重要变化，公司减资、合并、分立、解散及申请破产的决定，或者依法进入破产程序、被责令关闭。根据《公司法》的规定，公司股东依法享有资产收益的权利。公司增资是指公司为扩大经营规模、拓宽业务、提高公司的资信程度而依法增加注册资本金的行为。公司股权结构是指公司股东所持股份的集中度以及不同性质的股份所占的比例及其相互关系，股权结构的重要变化会对股东的权益产生重要影响。公司合并是指两个或两个以上的公司订立合并协议，依照《公司法》的规定，不经过清算程序，直接合并为一个公司的法律行为。公司分立是指一个公司不经过清算程序，分为两个或两个以上的公司的法律行为。公司解散是指公司因发生法律或章程规定的解散事由而停止业务活动，并进行清算，最后可能使公司终止的法律行为。破产是指公司因严重亏损，不能清偿到期债务，由法院依据公司或债权人的申请，按法定程序对公司财产进行清算的法律制度。

（十）涉及公司的重大诉讼、仲裁，股东大会、董事会决议被依法撤销或者宣告无效。涉及公司的重大诉讼、仲裁，是指与公司有关，将对公司造成重大影响的诉讼、仲裁活动，其所争议的标的通常较大，在公司资产中所占比例也较大。《公司法》规定，公司股东大会、董事会的决议内容违反法律、行政法规的无效。股东大会、董事会的会议召集程序、表决方式违反法律、行政法规或者公司章程，或者决议内容违反公司章程的，股东可以自决议作出之日起六十日内，请求人民法院撤销。由于股东大会、董事会所决议的事项都是公司的重要事项，如果被撤销或宣告无效，就很可能对公司的股票价格产生较大的影响。

（十一）公司涉嫌犯罪被依法立案调查；公司的控股股东、实际控制人、董事、监事、高级管理人员涉嫌犯罪被依法采取强制措施。公司涉嫌犯罪被立案调查，会影响到广大股东的利益，而且刑事侦查机关也会对公司财产采取一些有影响的强制措施，可能影响到公司经营状况。控股股东、实际控制人、董事、监事和高级管理人员对公司的经营管理活动有着重要的影响，一旦这些人员由于涉嫌犯罪被司法机关拘留或者逮捕，可能会使公司的经营管理活动陷入混乱的状态，影响到公司的生产经营，从而影响公众的投资信心。需要说明的是，在修订中曾将该项内容扩大至被证券监管机构立案调查或采取强制措施。后考虑到这种行政违法的处罚或强制措施有的影响较轻，如果一律作为强制性法律要求，会加重上市公司等的经营成本，故未在法律中规定，但中国证监会可根据本条的授权条款，针对不同情况作出具体的规定。

（十二）国务院证券监督管理机构规定的其他事项。除上述事项以外，还存在其他一些可能对上市公司股票交易价格产生较大影响的事项，本条没有列举的，授权国务院证券监督管理机构规定。

二、控股股东、实际控制人的配合义务

一方面，在信息披露中，公司虽然是当然责任人，但在实践中，发行人的控股股东、实际控制人往往能够支配或者控制公司的行为。另一方面，目前我国不少上市公司还存在"大股东控制"情形，许多控股股东损害上市公司利益的行为，如资金占用、违规担保等，往往伴随着信息披露违法。近年来，控股股东、实际控制人故意隐瞒或者指使上市公司违规进行信息披露的事件时有发生，严重影响了投资者对证券市场信息的获取。为此，本条新增一款，规定了控股股东、实际控制人配合公司进行信息披露的义务。

◎ 公司债券上市交易公司的临时报告

第八十一条　发生可能对上市交易公司债券的交易价格产生较大影响的重大事件，投资者尚未得知时，公司应当立即将有关该重大事件的

情况向国务院证券监督管理机构和证券交易场所报送临时报告，并予公告，说明事件的起因、目前的状态和可能产生的法律后果。

前款所称重大事件包括：

（一）公司股权结构或者生产经营状况发生重大变化；

（二）公司债券信用评级发生变化；

（三）公司重大资产抵押、质押、出售、转让、报废；

（四）公司发生未能清偿到期债务的情况；

（五）公司新增借款或者对外提供担保超过上年末净资产的百分之二十；

（六）公司放弃债权或者财产超过上年末净资产的百分之十；

（七）公司发生超过上年末净资产百分之十的重大损失；

（八）公司分配股利，作出减资、合并、分立、解散及申请破产的决定，或者依法进入破产程序、被责令关闭；

（九）涉及公司的重大诉讼、仲裁；

（十）公司涉嫌犯罪被依法立案调查，公司的控股股东、实际控制人、董事、监事、高级管理人员涉嫌犯罪被依法采取强制措施；

（十一）国务院证券监督管理机构规定的其他事项。

修改提示

本条为新增条款。

解　析

本条对上市交易的公司债券应当依法报送并公告临时报告进行了规定。

在公司债券的交易中，有关公司的信息，特别是一些重要信息，会对公司偿债能力或债券交易价格产生影响。为了使所有的投资者都能够及时平等地了解公司的有关信息，保证公平、公正、公开原则的实现，防止投资者因不能公平地获悉该重大事件，从而造成证券交易中的不公平，本条规定，当发生可能对公司债券交易价格产生较大影响的重大事件，并且投资者尚未得知时，公司应当报送临时报告。

本条采取"列举＋兜底"的方式对重大事件进行了规定，其中部分事项与股票交易类的重大事件类似，不再赘述。

第一，公司股权结构或者生产经营状况发生重大变化。公司股权结构或者生产经营状况的变化，都会对公司债券的偿债能力产生重要影响。

第二，公司债券信用评级发生变化。公司债券信用评级是对公司债券，按期还本付息的履行义务能力和水平进行评估，并标示其信用程度的等级。这种信用评级，是为投资者购买债券和证券市场债券的流通转让活动提供信息服务。

第三，公司重大资产抵押、质押、出售、转让、报废。公司资产质量，对公司债务偿还能力有着重要的影响，其抵押、质押、出售、转让或报废都会直接影响公司的偿债能力。

第四，公司发生未能清偿到期债务的情况。公司未能清偿到期重大债务，其后果可能是被依法强制清偿甚至是被宣告破产。所以，公司发生未能清偿到期重大债务的违约情况，属于重大事件。

第五，公司新增借款或者对外提供担保超过上年末净资产的百分之二十。净资产是指公司的资产总额减去负债之后的净额，是反映公司经营业绩的重要指标，如新增借款或者对外提供担保超过上年末净资产的百分之十，会对公司经营业绩产生重大影响，属于重大事件。

第六，公司放弃债权或者财产超过上年末净资产的百分之十。公司放弃债权或者财产超过上年末净资产的百分之十，会对公司经营业绩产生重大影响，属于重大事件。

第七，公司发生超过上年末净资产百分之十的重大损失。公司发生超过上年末净资产百分之十的重大损失，会对公司经营业绩产生重大影响，属于重大事件。

需要注意的是，按照本条规定，所规范的对象只限于发生可能对上市交易公司债券的交易价格产生较大影响的重大事件，不包括在其他市场中进行交易的公司债券；而且，本条规定只授权国务院证券监督管理机构进行兜底性规定，未授权于国务院其他部门。

◎ 发行人董事、监事和高级管理人员对发行文件和定期报告的书面确认

第八十二条　发行人的董事、高级管理人员应当对证券发行文件和定期报告签署书面确认意见。

发行人的监事会应当对董事会编制的证券发行文件和定期报告进行审核并提出书面审核意见。监事应当签署书面确认意见。

发行人的董事、监事和高级管理人员应当保证发行人及时、公平地披露信息，所披露的信息真实、准确、完整。

董事、监事和高级管理人员无法保证证券发行文件和定期报告内容的真实性、准确性、完整性或者有异议的，应当在书面确认意见中发表意见并陈述理由，发行人应当披露。发行人不予披露的，董事、监事和高级管理人员可以直接申请披露。

修改提示

原《证券法》第六十八条对上市公司董事、监事、高级管理人员对定期报告和上市公司所披露的信息的责任做了规定。本次修改主要体现在三个方面：一是增加规定发行人的董事、监事、高级管理人员应当对证券发行文件签署书面确认意见；二是对于董事会编制的发行文件和定期报告，在监事会审核并出具书面审核意见基础上，增加规定监事应当签署书面确认意见；三是明确董事、监事和高级管理人员在无法保证发行文件和定期报告真实、准确和完整或者有异议的情况下，应当发表意见并陈述理由。

解　析

本条是关于发行人董事、监事、高级管理人员对发行人信息披露责任的规定。

一、发行人的董事、监事、高级管理人员的书面确认义务

发行人的董事、监事、高级管理人员应当对证券发行文件和定期报告签署意见或者提出审核意见。公司的证券发行文件主要是指招股说明书、公司债券募集办法等文件，定期报告主要是指公司的年度报告、中期报告等。发行人董事、高级管理人员应当对证券发行文件和公司定期报告签署书面确认意见，监事会应当对董事会编制的证券发行文件和公司定期报告进行审核并提出书面审核意见。此外，本次修改进一步强调监事职责，要求监事应当签署书面确认意见。这就要求发行人董事、监事、高级管理人员须负有诚信义务，应当忠实、勤勉履行职责，对披露信息的真实、准确、完整承担法律责任。

二、发行人的董事、监事、高级管理人员保证发行人及时、公平披露信息，并保证所披露的信息真实、准确、完整

发行人的董事、监事、高级管理人员应当保证发行人所披露的信息真实、准确、完整。发行人所披露的信息主要是指上市公司以招股说明书、公司债券募集办法、财务会计报告、上市报告文件、年度报告、中期报告、临时报告以及其他信息披露资料等形式，向投资者和社会公众公开披露的信息及与公司相关的信息。只有发行人所披露的信息真实、准确、完整，投资者才可以通过阅读披露的信息，对少数公司信息披露中存在的问题有所发现，避免一些投资失误。

本条在修改中，有的意见也提出原规定过于刚性，与实践情况不符。目前，有的公司，尤其是红筹架构的公司中非执行董事、独立董事等并未直接参与公司运营，对公司财务状况并不了解，要求其签署书面确认意见，保证所披露的信息真实、准确、完整，脱离实践。同时，实践中也出现了上市公司董事、监事、高级管理人员声明难以保证信息披露文件真实、准确、完整的案例。因此，有的意见提出参考境外市场的做法，增加制度弹性。从境外市场看，美国市场对证券发行文件要求发行人的首席执行官、财务总监、主要会计管理人员和董事会多数董事（或履行类似职能的人员）签字；定期报

告则仅要求公司首席执行官及财务总监签署两份书面确认意见。也有意见认为，我国《公司法》对公司治理结构的规定与境外有关国家和地区的法律规定不同，在《证券法》中统一规定董事、监事、高级管理人员对定期报告的签署义务和对披露信息真实性、准确性、完整性的保证义务，不但符合实践需要，也是与我国《公司法》规定相一致的。

综合上述意见，本次修订维持了董事、监事、高级管理人员统一的签署义务和保证义务，并修改新增一款，规定董事、监事和高级管理人员无法保证证券发行文件和定期报告内容的真实性、准确性、完整性或者有异议的，应当在书面确认意见中发表意见并陈述理由，发行人应当披露。发行人不予披露的，董事、监事和高级管理人员可以直接申请披露。

需要说明的是，本条第四款允许董事、监事和高级管理人员发表意见并不代表赋予其不保真披露的权利。根据本法第七十八条和本条前三款规定，披露保真是董事、监事、高级管理人员的法定义务，虽然董事、监事、高级管理人员各自负责的事务不同，参与公司日常经营的程度不同，对财务报表保真能施加的影响不同，但那只是影响公司财报失真后如何追究责任的问题，并不能改变法律已经配置好的责任。如果有关董事、监事、高级管理人员发表了异议意见，但是未陈述理由，或者所陈述理由明显不足的，也要对其签署的定期报告承担责任，由此以防止个别董事、监事、高级管理人员任意提出异议、未勤勉尽责的情况出现。

◎ 信息披露的公平性和信息披露前的保密义务

第八十三条　信息披露义务人披露的信息应当同时向所有投资者披露，不得提前向任何单位和个人泄露。但是，法律、行政法规另有规定的除外。

任何单位和个人不得非法要求信息披露义务人提供依法需要披露但尚未披露的信息。任何单位和个人提前获知的前述信息，在依法披露前应当保密。

原《证券法》第七十一条第二款规定证券监督管理机构、证券交易所、保荐人、承销的证券公司及有关人员，对公司依照法律、行政法规规定必须作出的公告，在公告前不得泄露其内容。本条则明确信息披露义务人在信息披露前的保密要求，实现平等信息披露，即披露的信息应当同时向所有投资者披露；并将对披露前信息的保密义务主体扩及任何单位和个人。

解　析

一、信息披露的公平性原则

长期以来，《证券法》规定的我国上市公司信息披露的基本原则为真实、准确、完整。其实，在中国证监会制定的《上市公司信息披露管理办法》中，已经对公平原则进行了明确的规定，也为这一个重要的基本原则的实施积累了有益的经验。从境外发展看，美国证券监督委员会在 2000 年 8 月通过了《公平披露规则》（Regulation Fair Disclosure），要求从 2000 年 10 月 23 日起，美国上市公司公开财务信息时，对证券分析师和中小投资者一视同仁，平等对待。以往上市公司与证券分析师和机构投资者之间的先行沟通、选择性对待披露对象的行为开始受到法律的规制。

缺失公平原则，信息披露制度就成为一种选择性制度，由于发行人可以选择仅向中介机构等披露信息，从而会造成信息的不对称，使中小投资者在信息知情权方面受到侵害。缺少及时披露原则，就没有信息披露及时性的要求，将会极大地影响信息披露制度整体功能的发挥。因此，考虑到公平原则的确立对于保护投资者具有重要的意义，本条将信息披露公平性原则上升为法定原则，即要求向所有投资者同时披露信息，不得提前向任何单位和个人泄露。

二、信息披露的保密义务

依法需要披露的信息包括申请公开发行股票时的募股申请和发行申请文

件及其他有关文件，发行证券时的招股说明书或者公司债券募集办法，申请证券上市交易时向证券交易所提交上市报告书以及发行人、上市公司的年度报告、中期报告、临时报告等信息披露信息。这些信息在公告前，社会公众并不知晓，如果被泄露，就可能会使获得信息的人利用这些信息进行证券交易，从中牟取不正当利益，造成对其他没有获得信息的社会公众的不公平，影响证券市场的正常秩序。因此，披露前知悉披露内容的主体承担着在披露前不得泄露的义务。此外，本条在明确保密义务的基础上，扩大了保密义务的主体，进一步明确任何单位和个人在上述文件披露前知悉披露的内容，应当保密。

◎ 自愿披露和公开承诺

第八十四条　除依法需要披露的信息之外，信息披露义务人可以自愿披露与投资者作出价值判断和投资决策有关的信息，但不得与依法披露的信息相冲突，不得误导投资者。

发行人及其控股股东、实际控制人、董事、监事、高级管理人员等作出公开承诺的，应当披露。不履行承诺给投资者造成损失的，应当依法承担赔偿责任。

修改提示

本条为新增条款。

解　析

本条明确了信息披露的自愿披露规则，并规定了公开承诺履行制度，规定发行人、控股股东、实际控制人等主体作出公开承诺不履行的、给投资者造成损失的，应当依法承担赔偿责任。

一、自愿披露

自愿信息披露，是对强制性信息披露的有益补充，回应了市场和实践需要。长期以来，我国实行的是强制性信息披露义务制度，信息披露内容主要包括发行上市材料、定期报告、重大事项临时公告。对于符合法定标准的重大事项，信息披露义务人必须履行信息披露义务，否则构成信息披露违法违规。但对于未触发信息披露义务标准的信息如何披露，法律未进行明确规定。实践中，信息披露义务人披露的信息主要以满足强制性披露为目的，自愿性披露较少。如有的发行人由于公司规模较小、经营情况较为平稳，公司全年度信息披露除定期报告外，仅有几条临时公告。这种情况下，投资者对上市公司的真实情况难以及时掌握。允许公司自愿性信息披露是提高公司透明度的有效手段。

又如，部分上市公司可能利用自愿性信息披露"报喜不报忧"，或是对于自愿披露事项的后续进展不予披露，对投资者产生误导。为避免个别不诚信公司利用选择性披露进行内幕交易和股价操纵，对自愿性信息披露行为应建立相关制度进行规范。因此，本条要求信息披露义务人自愿披露的信息不得与依法披露的信息相冲突，不得误导投资者。

二、公开承诺的披露义务和履行义务

实践中，相关方公然违反承诺或不恰当履行承诺等不规范现象屡见不鲜，严重影响了公开承诺的施行效果，损害了市场的诚信环境。在法律、行政法规缺乏相应规定的情况下，要对公开承诺的履行进行监管执法往往面临着上位法依据不足的问题。因此，本条在法律层面对相关方作出公开承诺应当披露和履行做了规定。

按照《民法总则》第一百三十四条规定，民事法律行为可以基于单方的意思表示成立。发行人及其控股股东等作出的公开承诺，属基于单方意思表示而成立的民事法律行为。同时，按照《民法总则》第一百三十九条规定，以公告方式作出的意思表示，公告发布时生效。因此，公开承诺一经公告发布，便依法成立，并对作出人产生法律约束力，如果其不履行，即构成对法律的违反。实践中，投资者依据发行人及其控股股东、实际控制人、董事、监事、高级管理人员等作出的公开承诺作出投资判断，如上述主体不履行所作出的公开承诺的，就可能对证券价格造成波动，导致投资者在证券交易中遭受损失。由于投资者的这种损失是由相关主体未履行承诺的违法行为造成的，根据《民法总则》相关规定和本法第八十四条规定，作出公开承诺的人对投资者因此遭受的损失，应当予以赔偿。

◎ 未按规定披露信息或者信息披露资料中存在虚假记载、误导性陈述、重大遗漏的民事赔偿责任

第八十五条 信息披露义务人未按照规定披露信息，或者公告的证券发行文件、定期报告、临时报告及其他信息披露资料存在虚假记载、误导性陈述或者重大遗漏，致使投资者在证券交易中遭受损失的，信息披露义务人应当承担赔偿责任；发行人的控股股东、实际控制人、董事、监事、高级管理人员和其他直接责任人员以及保荐人、承销的证券公司及其直接责任人员，应当与发行人承担连带赔偿责任，但是能够证明自己没有过错的除外。

179

修改提示

原《证券法》第六十九条规定了发行人及上市公司公告的信息有虚假记载、误导性陈述或者重大遗漏时，如何承担赔偿责任。此次主要做了如下修改：一是将"发行人、上市公司"改为"信息披露义务人"，扩大了信息披露义务的责任主体；二是将发行人的控股股东、实际控制人在信息披露违规中的民事法律责任设置为过错推定责任；三是将保荐人、承销的证券公司的直接责任人员纳入民事赔偿责任主体的范围，规定其承担过错推定责任。此外，本条还对文字表述做了修改。

解 析

一、信息披露义务人应承担的赔偿责任

根据本法规定，信息披露义务人披露的信息，应当真实、准确、完整。如果存在虚假记载、误导性陈述或者重大遗漏，社会公众得到的信息就不真

实、不完整或者会被该信息误导，并在此基础上作出错误的判断。这种错误的判断就将导致投资者在不适当的时候或者以不适当的价格买进或者卖出证券，从而在证券交易中遭受损失。由于投资者的这种损失是由信息披露义务人披露的信息资料有虚假记载、误导性陈述或者有重大遗漏造成的，不论信息披露义务人主观上有无过错，对投资者因此遭受的损失，应当予以赔偿。

二、发行人的控股股东、实际控制人、董事、监事、高级管理人员和其他直接责任人员应承担的民事责任

董事会是发行人的经营决策和执行机构，高级管理人员负责发行人日常经营管理，监事会负责对发行人的经营管理进行监督。在信息披露中，董事、高级管理人员对发行人信息披露资料的起草、核查、公告等工作负责，监事会对董事、高级管理人员的上述行为进行监督。在发行人对因其公告信息有虚假记载、误导性陈述或者重大遗漏而在证券交易中遭受损失的投资者承担赔偿责任的同时，发行人的董事、监事、高级管理人员和其他直接责任人员应当承担连带赔偿责任，除非能够证明自己没有过错。这里采取的是过错推定责任，即受损失的投资者不必证明上述人员存在过错，而上述人员如果想免责，则需要提出证据证明自己没有过错。

发行人的控股股东、实际控制人虽然不制作、公告公司的信息披露资料，但其可能支配或者控制公司的信息披露行为。因此，如果发行人的控股股东、实际控制人指使、授意发行人制作、披露有虚假记载、误导性陈述或者重大遗漏的信息资料，将会致使投资者在证券交易中遭受损失。虽然发行人与其控股股东、实际控制人是两个不同的法律人格，但考虑到目前我国公司治理结构中"大股东控制"现象比较普遍，控股股东、实际控制人隐身公司的背后，操控指使公司披露虚假信息，损害投资者合法权益的情况时有发生。而且在这种情况下，受害投资者往往难以找出控股股东、实际控制人在背后指使、授意的证据。因此，为保证发行人信息披露的真实、准确、完整，便于受害投资者的权利维护，本条将发行人的控股股东、实际控制人的民事法律责任设置为过错推定责任。如果发行人的控股股东、实际控制人想免责，则需要提出证据证明自己没有过错。

三、保荐人、承销的证券公司及其直接责任人员应承担的赔偿责任

保荐人的主要职责就是将符合条件的企业推荐发行上市，并对申请人发行文件的真实、准确、完整负有保证责任。如果披露的信息有虚假记载、误导性陈述或者重大遗漏，首先推定保荐人有过错，承担连带法律责任。承销的证券公司在协助证券发行人推销其所发行的证券时，同样应当对公开发行募集文件的真实性、准确性、完整性进行核查，发现有虚假记载、误导性陈述或者重大遗漏的，不得进行销售活动，已经销售的，必须立即停止销售活动，并采取纠正措施。如果信息披露资料有虚假记载、误导性陈述或者重大遗漏的，应当与发行人承担连带赔偿责任，但是能够证明自己没有过错的除外。需要说明的是，本条在原有保荐人和承销的证券公司的赔偿责任的基础上，增加了承销的证券公司直接责任人员的赔偿责任规定，需要引起承销的证券公司有关人员的高度重视。

◎ 披露信息的发布网站、媒体和置备地点

第八十六条 依法披露的信息，应当在证券交易场所的网站和符合国务院证券监督管理机构规定条件的媒体发布，同时将其置备于公司住所、证券交易场所，供社会公众查阅。

修改提示

原《证券法》第七十条对披露的信息如何公告进行了规定。本条扩大了披露信息发布的载体，一是新增证券交易场所的网站作为信息发布的法定载体，二是将国务院证券监督管理机构指定的媒体调整为符合国务院证券监督管理机构规定条件的媒体。

解 析

信息公开制度是证券交易的一项基本制度，是公开、公正、公平原则的

具体体现，而公告是信息公开的一个重要途径。所以，如何进行公告，对于信息公开的实现，具有十分重要的意义。

一、在证券交易场所的网站和符合国务院证券监督管理机构规定条件的媒体发布

进行公告的目的，是为了保证广大社会公众能够知悉所公告的信息。由于公司向社会公开发行股票、公司债券，所面对的是社会公众，公司的股票、公司债券在证券交易场所进行交易，进行交易的人也是为数众多的投资者，为了使广大投资者能够充分知悉所公告的信息，方便社会公众及时、准确地了解有关证券的信息，同时，为了降低公告的成本、减轻上市公司等信息披露义务人的经济负担，并打破长期以来只有几家指定媒体的垄断局面，本条规定依照法律、行政法规规定必须发布的公告，应当在证券交易场所的网站和符合国务院证券监督管理机构规定条件的媒体发布。

本次《证券法》修订过程中，曾对改革信息披露指定媒体制度进行过专项研究。从国际市场经验看，建立电子化的信息披露系统是证券信息披露制度的总体趋势。建立电子化的信息披露系统的意义主要有两个方面：一是信息披露义务人将不再需要通过纸质媒介公告信息，这样将会极大地减轻信息披露义务人的经济负担。二是电子化信息披露系统的建立将会使电子化资料传输法定化，这对于迅速传输信息具有重要的推动作用。实践中，证券交易场所的网站已经同步披露应当公告的信息。为顺应实践需要和信息时代发展趋势，同时考虑到通过报纸等纸质媒介发布信息已行之多年，实践中仍有部分投资者习惯于通过阅读报纸获取信息，且在特定时间、地点等情况下，电子化媒介也不能完全满足需要，本条最终采用了折中的方式，明确将交易所网站和其他符合国务院证券监督管理机构规定条件的媒体共同列为法定披露途径，为信息披露电子化提供改革空间。

需要说明的是，本条将原来规定的国务院证券监督管理机构"指定"媒体修改为符合国务院证券监督管理机构"规定条件"的媒体，并非行政许可，不需要相关媒体向证监会申请，也不需要中国证监会作出行政许可决定。在执行中，有关媒体要自觉遵守有关条件规定，不符合条件的，不应开

展相关业务，否则将依法承担法律责任。

二、将公告的文件置备于公司住所、证券交易场所供社会公众查阅

依照法律、行政法规规定必须发布的公告，除应当在证券交易场所的网站和符合国务院证券监督管理机构规定条件的媒体发布以外，还应当将其置备于公司住所，供社会公众查阅。对于其证券在证券交易场所交易的，公告者还应当将公告的文件置备于证券交易场所，供社会公众查阅，使社会公众能有更多的途径充分获知信息，从而保障社会公众在证券发行、证券交易中的合法权益。

◎ 信息披露行为的监督管理

第八十七条　国务院证券监督管理机构对信息披露义务人的信息披露行为进行监督管理。

证券交易场所应当对其组织交易的证券的信息披露义务人的信息披露行为进行监督，督促其依法及时、准确地披露信息。

修改提示

本条由原《证券法》第七十一条第一款和第一百一十五条第二款修改而来，规定了国务院证券监督管理机构和证券交易场所对信息披露义务人进行信息披露的监督职责。

解　析

一、国务院证券监督管理机构监督信息披露义务人的信息披露

根据本法规定，上市公司、公司债券上市交易的公司、股票在国务院批准的其他全国性证券交易场所交易的公司等信息披露义务人应当依法向国务院证券监督管理机构和证券交易场所报送招股说明书、公开转让说明书、债

券募集办法、上市公告书、定期报告和临时报告等信息披露文件，并予公告。国务院证券监督管理机构对这些信息披露文件的真实性、准确性、完整性进行监督，审查其是否存在虚假记载、误导性陈述或者重大遗漏，是否存在违反法律之处。对有不符合规定的，可以要求其改正，涉嫌违法的可以立案查处。

实践中，有的上市公司、新三板挂牌公司和债券上市的公司认为只要公告即可，没有同时履行向中国证监会、证券交易场所报送的义务，这是不符合法律规定的。同时，中国证监会收到报送的信息披露文件后，也有义务进行审查，这是履行监督管理职责的要求。

二、证券交易场所监督信息披露义务人的信息披露

证券交易场所在提供证券交易场所的同时，还有监督在本所上市证券正常交易的职能，这是国际上通行的做法。证券交易场所在履行其监督职能时，必须以维护投资者利益、充分保障公平交易为基本原则。公司的信息对于投资者的决策具有重要的参考作用，证券交易场所应当尽责督促上市公司及相关信息披露义务人依法及时、准确地披露信息，保证投资者及时获取公司的信息。本条的规定，为证券交易场所行使信息披露监督权提供了权威的法律依据。信息披露义务人应当披露的信息包括招股说明书、公开转让说明书、债券募集办法、上市公告书、定期报告和临时报告等。

需要说明的是，法律对中国证监会和证券交易场所在这方面的职责规定是不同的：对中国证监会的规定，强调的是监督管理，职责范围更广，属于行政管理的法律性质；而对证券交易所的规定，则强调的是监督和督促，职责范围相对较窄，不包括"管理"，在法律上属于自律性质。

第六章

投资者保护

　　本章为新增加的有关投资者保护的专章规定。原《证券法》规定的证券发行制度、证券交易制度、证券公司管理、证券服务机构及证券监管制度等都在一定程度上体现了投资者保护的精神，但随着实践发展，出现了一些新情况、新问题，需要进一步完善投资者保护制度，主要有以下几个方面：一是随着境内外资本市场投资者保护工作的不断探索，一些好的投资者保护措施做法逐渐成熟，有必要上升为法律规定；二是需要根据投资者的不同情况，有针对性地加强投资者的分类保护；三是目前投资者保护制度多为"间接的投资者保护制度"，对中小投资者的倾斜式保护较少；四是我国证券法律体系中的投资者保护制度多散见于不同层级的制度规定中，原来分散于各章节规定的立法模式已不能适应实践需要；特别是一些实践中急需的投资者保护制度还涉及《民事诉讼法》《公司法》等法律，在现有《证券法》的章节中更难涵盖。因此，有必要在《证券法》中设专章进行规定。

　　从境外立法体例来看，证券投资者保护的立法形式主要有三种模式：一是分散模式，证券投资者保护的相关规定分布在诸多证券监管法律法规中；二是集中模式，在证券监管法律法规中设置专章或专节，相对集中地规定投资者保护相关内容；三是单行模式，制定独立的投资者保护法。

　　从我国目前资本市场发展实践与立法基础来看，制定出一部单行的投资者保护法尚不具备条件，继续沿用原《证券法》中以分散的条文来规定投资者保护内容的方式，既过于零散，缺乏系统性，又不能将投资者保护充分反映出来，难以凸显证券投资者保护在《证券法》中的重要性。因此，在《证券法》

185

中设立投资者保护专章是我国《证券法》修改的现实选择。从一读稿到四读稿均坚持了这一立法体例未变。

本章规定的主要内容包括四个方面：一是建立投资者适当性制度；二是完善上市公司治理机制；三是强化债券投资者的保护；四是完善对受害投资者的法律救济机制。

◎ 投资者适当性

第八十八条　证券公司向投资者销售证券、提供服务时，应当按照规定充分了解投资者的基本情况、财产状况、金融资产状况、投资知识和经验、专业能力等相关信息；如实说明证券、服务的重要内容，充分揭示投资风险；销售、提供与投资者上述状况相匹配的证券、服务。

投资者在购买证券或者接受服务时，应当按照证券公司明示的要求提供前款所列真实信息。拒绝提供或者未按照要求提供信息的，证券公司应当告知其后果，并按照规定拒绝向其销售证券、提供服务。

证券公司违反第一款规定导致投资者损失的，应当承担相应的赔偿责任。

修改提示

本条为新增条款，在法律层面规定了证券公司投资者适当性管理制度。

解　析

一、明确了证券公司关于了解客户、充分揭示风险、销售匹配产品的投资者适当性管理义务

证券市场是一个有风险的专业化市场，各种产品风险特性千差万别，而投资者在专业水平、风险识别与承受能力、风险收益偏好等方面也存在很大不同，投资者适当性管理正是基于两者的差异，要求证券经营机构履行必要的义务，减少信息不对称，根据不同的产品、业务风险情况，为不同的投

资者提供相匹配的适当的产品或服务，就是将合适的产品和服务卖给合适的人。

投资者适当性制度是一项国际通行的保护投资者的制度。欧盟《金融工具市场指令》规定了较为完善的投资者适当性制度，韩国和我国台湾地区也建立了此项制度。2009 年以来，中国证监会陆续在创业板、金融期货、融资融券、新三板、私募投资基金等市场、产品或业务中建立了投资者适当性制度。《国务院办公厅关于进一步加强资本市场中小投资者合法权益保护工作的意见》提出了关于严格落实投资者适当性制度的要求。中国证监会制定了《证券期货投资者适当性管理办法》、中国证券业协会制定了《证券公司投资者适当性制度指引》，本次修订在借鉴境外做法、总结实践经验的基础上，将上述政策规则中的相关规定在法律中予以体现。明确了证券公司关于了解客户、充分揭示风险、销售匹配产品的投资者适当性管理义务。

二、投资者的如实告知义务

本条第一款规定了证券公司有充分了解客户、向客户充分揭示风险以及采用适当的销售行为等义务，相应的，本条第二款规定了投资者对证券公司也有如实告知义务。在明确"卖者有责"原则的同时，也明确了"买者自负"。履行如实告知义务即要求投资者应当按照证券公司明示的要求提供真实信息，若投资者拒绝或未按要求提供，证券公司应当告知其后果并拒绝向其销售证券或提供服务。

三、证券公司违反适当性义务时应承担的民事赔偿责任

本条第三款规定证券公司违反本条第一款规定的投资者适当性义务，导致投资者损失的，应当承担相应的民事赔偿责任，为投资者向证券公司请求赔偿其违反适当性义务给自身造成的损失提供了明确的法律依据。

◎ 投资者分类制度

第八十九条 根据财产状况、金融资产状况、投资知识和经验、专

业能力等因素，投资者可以分为普通投资者和专业投资者。专业投资者的标准由国务院证券监督管理机构规定。

普通投资者与证券公司发生纠纷的，证券公司应当证明其行为符合法律、行政法规以及国务院证券监督管理机构的规定，不存在误导、欺诈等情形。证券公司不能证明的，应当承担相应的赔偿责任。

修改提示

本条为新增条款，在法律层面规定了投资者分类管理制度和证券公司履行投资者适当性义务时的责任承担方式。

解　析

一、投资者分类

实施投资者适当性制度的前提，是投资者分类。即按照投资者的财产状况、投资知识和经验、专业能力等方面对投资者进行区分，财产状况好、投资知识和经验丰富、具有专业能力的客户，一方面其风险识别与承受能力较高，可以购买高风险高收益的产品；另一方面因其自我保护能力较强，不需要对其提供倾斜的保护。而对普通投资者，由于其风险识别与承受能力相对较低，就需要给予一些特别的保护，包括对相关金融机构提出更高的义务、责任与要求等。我国香港的雷曼兄弟"迷你债券"事件是投资者适当性管理的典型案例。雷曼兄弟"迷你债券"实际上是一种结构性产品，其对应的资产池包含了多种极其复杂的金融衍生产品，不适合向社会公众出售，而有关金融机构将其冠以"债券"之名，出售给了普通投资者，累计销售额达156亿港币，涉及众多民众。因雷曼兄弟公司倒闭，该产品无法兑付，投资者遂向香港特区政府部门投诉。在香港金管局、证监会的干预之下，销售雷曼兄弟"迷你债券"的银行，与大多数投资者达成和解协议，投资者获得了相当于本金85%的赔偿。

本次《证券法》修订，引入了投资者适当性管理制度，将投资者分为普通投资者和专业投资者，并授权中国证监会对专业投资者的标准作出规定。

同时，考虑到普通投资者与证券公司发生纠纷时，普通投资者一般处于弱势地位，对于证券公司是否已经履行了适当性义务等，本条明确，由证券公司证明其行为符合法律、行政法规以及国务院证券监督管理机构的规定，不存在误导、欺诈等情形；除非证券公司能够证明其已经履行了相关义务，否则在普通投资者主张其权益受到损害时，证券公司应当承担赔偿责任。这与证券公司在销售产品、提供服务阶段所处的信息等优势地位相符合。

◎ 上市公司股东权利的公开征集

第九十条　上市公司董事会、独立董事、持有百分之一以上有表决权股份的股东或者依照法律、行政法规或者国务院证券监督管理机构的规定设立的投资者保护机构（以下简称"投资者保护机构"），可以作为征集人，自行或者委托证券公司、证券服务机构，公开请求上市公司股东委托其代为出席股东大会，并代为行使提案权、表决权等股东权利。

依照前款规定征集股东权利的，征集人应当披露征集文件，上市公司应当予以配合。

禁止以有偿或者变相有偿的方式公开征集股东权利。

公开征集股东权利违反法律、行政法规或者国务院证券监督管理机构有关规定，导致上市公司或者其股东遭受损失的，应当依法承担赔偿责任。

修改提示

本条为新增条款。

解　析

公开征集股东权利是指上市公司董事会、独立董事和符合一定条件的股东，劝说其他股东选任自己或第三人就某项或多项股东大会决议事项行使投票权和提案权等股东权利的行为。当前，中小投资者在我国上市公司股东结构中占比较高，囿于其在知识、精力、成本等诸多方面的原因，主动参加股东大会并行使股东权利的积极性和行使股东权利的效果较差。公开征集股东权利制度为征集人代理上市公司中小股东参与上市公司治理提供了一个渠道，征集人可以将中小股东的权利聚集起来行使，有效降低单个股东的行权成本，以积少成多的方式代表中小股东充分表达其参与公司重大事项决策的意愿，有利于引导广大中小股东参加股东大会，提高其行使股东权利的积极性，充分发挥股东大会机能，从而优化上市公司治理，促进上市公司规范运作，保障中小投资者合法权益。

美国、德国等都存在公开征集股东权利制度，其经验表明，公司越是大型化、股权越分散，公开征集投票权制度越加必要。我国《上市公司治理准则》（2018年修订）第十六条、《上市公司章程指引》（2019年修订）第七十八条第四款、《上市公司股东大会规则》等规章和规范性文件中也有对公开征集的相关规定，实践中也存在上市公司董事会、独立董事、公司股东等主体实施公开征集行为。但我国对公开征集制度的规定存在零散、分散的问题，且规范层级较低。本条借鉴了境外经验并结合了我国实际，从征集主体、征集方式、征集权利的类型、征集文件信息披露、违法征集的损害救济等方面将我国的公开征集制度上升到法律层面，是一次有益的制度探索。

一、关于公开征集股东权利的四类适格主体

对于在上市公司中，有权作为公开征集股东权利的主体，本条第一款明确规定了四类：董事会、独立董事、持有百分之一以上有表决权股份的股东和投资者保护机构。其中，"董事会"作为征集主体主要是吸取了《上市公司股权分置改革管理办法》中的规定；"独立董事"作为征集主体主要是吸取了《上市公司股权激励管理办法》中的规定；还有多个规范性文件均规定"符合有关条件的股东"也可作为征集主体，本条文进一步明确了"持有百分之一以上有表决权股份的股东"有权作为征集主体；本条还增加了"投资者保护机构"作为适格主体。

赋予投资者保护机构适格征集主体的法律地位并豁免其持股限制，是本次修订的一大亮点。该规定创造性地赋予投资者保护机构一种特殊的权利，使其在不持股或者持有很少股份的情况下也能征集股东权利，出席股东大会

并参与上市公司治理。这对于促进中小股东投票权的合理聚集，对解决内部人控制问题无疑意义重大。

二、关于征集的形式和内容要求

在股东权利的征集要求方面，一是征集必须以公开请求的形式进行，且有对应的信息披露作为保障；二是适格主体可以自行征集，也可以委托证券公司、证券服务机构等中介机构具体开展征集行为；三是征集的股东委托内容首先应包括代为出席股东大会。

三、关于股东权利的范围

本条文第一款规定，公开征集的范围包括提案权、表决权等股东权利，且有代为出席股东大会之目的。

四、关于征集信息披露的强制性规定

公开征集股东权利的强制性信息披露，是对被征集股东权利的股东在掌握必要信息的前提下作出理性决策的重要保障。综观各国关于征集股东权利的信息披露，相比而言，作为实行征集代理投票权较早的国家，美国在《1934年证券交易法》附表14A的投票权征集规则中作出了一系列具有操作性的、较为详细的安排。美国还以判例的形式确定了默示诉权理论，即如果征集中的虚假性信息披露或误导性信息披露导致被征集者遭受了损失，投资者可以向法院提起索赔之诉。

本条第二款对征集文件披露及上市公司配合义务作出了强制性规定。征集人按照本条第一款规定征集股东权利时，应当对征集文件进行披露。所披露内容应当真实、准确、完整、及时，不得出现虚假信息，不得有误导性内容，上市公司应当予以配合。

五、关于禁止有偿征集股东权利的规定

股东权利的有偿征集在大多数国家的立法中也是被禁止的，美国认为通过有偿方式获得的委托书有违反公共政策的可能。

我国《上市公司股东大会规则》和《上市公司章程指引》此前早已有"禁止以有偿或者变相有偿的方式征集股东投票权"的相关规定，本条第三款是在法律层面明确了公开征集股东权利无偿原则。能够被征集的股东权利应当是股东以参与公司经营为目的而得以行使的权利。这些权利作为股东共益权，如果允许有偿转让，将很有可能对公司利益和全体股东利益带来巨大的代理风险。

六、关于违法征集主体的赔偿责任

本条第四款规定了公开征集过程中的民事赔偿责任。一是无损害结果则无赔偿责任，违法征集主体进行赔偿的前提是上市公司或者股东遭受损失；二是上市公司或者其股东遭受损失这一损害结果同征集主体违反有关规定之间须存在因果关系，但主观上是否存在过错不影响赔偿责任的成立；三是依法承担赔偿责任的"法"包括"法律、行政法规或者国务院证券监督管理机构有关规定"。该表述为日后公开征集股东权利制度的完善提供了空间。

◎ 上市公司的现金分红

第九十一条　上市公司应当在章程中明确分配现金股利的具体安排和决策程序，依法保障股东的资产收益权。

上市公司当年税后利润，在弥补亏损及提取法定公积金后有盈余的，应当按照公司章程的规定分配现金股利。

修改提示

本条为新增条款。

解析

投资者通过投资上市公司股票，分享经济发展和上市公司成长带来的收益和回报，是投资者的合理诉求。我国证券市场分红公司占比、股息率等指标不能尽如人意，这是导致我国证券市场交易短期化的一个重要原因。部分上市公司长期不分红，应该分红而未分红、少分红，市场上有不少批评指责的声音。

本条根据我国证券市场的实际情况，在尊重公司自治的前提下，规定了现金分红制度：一是要求每家上市公司要在"章程"中明确分配现金股利的具体安排和决策程序，依法保障股东的资产收益权。法律不能强制公司分红，但是要求分红制度必须写到每家上市公司的"章程"中，在公司内部要建立分红规范，给投资者以合理预期。二是要求上市公司当年税后利润，在弥补亏损及提取法定公积金后有盈余的，应当按照公司章程的规定分配现金股利。

值得一提的是，本条规定的现金分红制度本质上依然是公司法人意思自治的体现，并非强制性规定。在法律上，上市公司股东享有的分红权利，主要体现为股息支付请求权，就其性质而言，并非支配权或形成权；只有当公司有税后利润存在，且公司按法律及章程规定通过分红议案后，股东才能够通过请求公司进行分配而实现其权利。德国公司法即规定股息支付请求权随着股东大会就盈利使用进行决议而产生。也就是从这个时候开始，该请求权由各个股东按照其应得的金额作为债权人权利而享有。[①] 本条规定采取法律宣示引导的方式，鼓励和督促上市公司通过分红履行责任，给予股东合理投资回报，促进证券市场稳定健康发展。

◎ 债券持有人会议和债券受托管理人

第九十二条　公开发行公司债券的，应当设立债券持有人会议，并应当在募集说明书中说明债券持有人会议的召集程序、会议规则和其他重要事项。

公开发行公司债券的，发行人应当为债券持有人聘请债券受托管理人，并订立债券受托管理协议。受托管理人应当由本次发行的承销机构

---

① ［德］格茨·怀克、克里斯蒂娜·温德比西勒：《德国公司法》，殷盛译，法律出版社 2010 年版，第 570 页。

或者其他经国务院证券监督管理机构认可的机构担任，债券持有人会议可以决议变更债券受托管理人。债券受托管理人应当勤勉尽责，公正履行受托管理职责，不得损害债券持有人利益。

债券发行人未能按期兑付债券本息的，债券受托管理人可以接受全部或者部分债券持有人的委托，以自己名义代表债券持有人提起、参加民事诉讼或者清算程序。

修改提示

本条为新增条款，引入了债券持有人会议和债券受托管理人制度，强化对债券投资者的保护。

解　析

在我国，债券市场投资者专业知识、风险防范和自我保护意识还比较薄弱。由于债券违约事件时有发生，而公开发行债券持有人数众多且不断变化，分散维权成本较高。因此，亟须建立起保护债券投资者权益、方便债权投资者维权的法律制度。

债券持有人会议是指由全体债券持有人组成，按照一定的规则和程序召开的会议。债券持有人会议一般有以下职权：一是就发行人变更募集说明书的约定作出决议；二是应发行人提议或在担保人责任能力发生重大变化的情况下，决定变更担保方式；三是在发行人发生减资、合并、分立、解散时，决定如何行使债券持有人享有的权利；四是在发行人不能偿还本期公司债券本息时，授权债券受托管理人参与相应的法律救济程序；五是变更债券受托管理人。

债券受托管理人是根据债券受托管理协议而设立的维护债券持有人利益的机构。受托管理人应当由本次发行的承销机构或者其他经国务院证券监督管理机构或者国务院授权的部门认可的机构担任。债券受托管理人一般有以下职权：一是出现可能影响债券持有人重大权益的事项时，召集债券持有人会议；二是保管有关担保的权利证明和相关文件；三是发行人未能按期兑付债券本息的，债券受托管理人可以自己名义代表债券持有人提起民事诉讼，要求公司追加担保，或者依法申请法定机关采取财产保全措施，或者参与整顿、和解、重组或者破产的法律程序；四是发现存在对债券持有人利益有重大损害的情形时及时报告。公司债券持有人会议制度常见于大陆法系国家，债券受托管理人制度常见于英美法系国家，日本、我国台湾地区等同时采用了这项制度。

需要说明的是，债券受托管理人的一项重要职责是在发生债券违约或侵权行为时，负责处理相关诉讼事宜。但由于受托管理人并非债券的实体权利主体，在目前法律制度下，需取得债券持有人的委托才可提起诉讼。为便于债券受托管理人提起诉讼，修订草案参考《信托法》第六十五条关于"信托监察人有权以自己的名义，为维护受益人的利益，提起诉讼或者实施其他法律行为"的做法，曾经规定债券发行人未能按期兑付债券本息的，债券受托管理人可以自己名义代表债券持有人提起、参加民事诉讼或者清算程序。在修订过程中，虽然一读稿至三读稿均将这种权利直接赋予债券受托管理人，但在四读稿审议中发生了变化，增加规定"接受全部或者部分债券持有人的委托"的限制，由于担心债券受托管理人滥用这种诉权，将这种提起参加诉讼、清算程序的权利，从法定变为受托。委托形式可以采取在公司债券募集办法等文件中约定的方式等。

◎ 对受害投资者损失的先行赔付

第九十三条　发行人因欺诈发行、虚假陈述或者其他重大违法行为给投资者造成损失的，发行人的控股股东、实际控制人、相关的证券公司可以委托投资者保护机构，就赔偿事宜与受到损失的投资者达成协议，予以先行赔付。先行赔付后，可以依法向发行人以及其他连带责任人追偿。

修改提示

本条为新增条款，引入了先行赔付制度。

　　先行赔付制度作为我国证券市场投资者保护机制的创新性探索，是一种便利投资者获得经济赔偿的替代性纠纷解决机制。该制度一方面有利于保护广大投资者的利益，高效、快捷地解决投资者赔偿问题，能够避免投资者与诸多连带责任方通过旷日持久的法律诉讼获得赔偿的繁琐程序，破解证券民事诉讼存在的周期长、成本高、索赔难度大等困境，及时赔付投资者因欺诈发行等违法行为而遭受的损失；另一方面，能够倒逼发行人控股股东和实际控制人减少造假冲动，促使证券公司在其内部建立有效的项目质量和风险控制制度，提高整个行业的执业质量。

　　此前先行赔付制度在实践中面临缺乏法律层面依据的质疑。2013年，《国务院办公厅关于进一步加强资本市场中小投资者合法权益保护工作的意见》提出"健全中小投资者赔偿机制，督促违规或者涉案当事人主动赔偿投资者"。2015年12月，中国证监会发布了《公开发行证券的公司信息披露内容与格式准则第1号——招股说明书》（2015年修订），规定保荐人承诺，因其为发行人首次公开发行股票制作、出具的文件有虚假记载、误导性陈述或者重大遗漏，给投资者造成损失的，将先行赔付投资者损失。实践中，先后在万福生科、海联讯和欣泰电气中，实施了由保荐人及发行人主要股东对受害投资者的先行赔付，取得了积极效果。[①]《证券法》第九十三条规定是在总结证券市场实践经验的基础上，将符合国情、行之有效的先行赔付相关规定上升到证券市场基本法的层面，并突出了该制度为相关主体的自愿性安排，

----

① 2012年9月15日，万福生科发布公告称被湖南证监局立案稽查。2013年，作为其保荐人及承销商的平安证券公司出资3亿元人民币设立"万福生科虚假陈述事件投资者利益补偿专项基金"，先行赔付受害投资者。

2011年11月23日，海联讯在深交所上市。2013年3月21日，海联讯因涉嫌违反证券法律法规被中国证监会立案调查。2014年7月18日，海联讯主要股东刊登公告称，为维护投资者合法权益，出资设立"海联讯虚假陈述事件投资者利益补偿专项基金"，用基金财产赔偿适格投资者因海联讯财务数据差错而遭受的投资损失。

2016年7月，中国证监会对欣泰电气欺诈发行、信息披露违法行为作出行政处罚。2017年，其保荐人兴业证券公司发布《关于设立欣泰电气欺诈发行先行赔付专项基金的公告》，出资5.5亿元设立先行赔付专项基金，对受害投资者进行先行赔付。

而非强制性义务的制度特征。作为投资者保护的一项重要基础制度，先行赔付制度被明确写入《证券法》，对于促使相关案件的责任主体主动自愿出资、先行赔付投资者，具有重大的鼓励和倡导意义。特别是在我国资本市场设立科创板并试点注册制的背景下，此举对探索完善与注册制相适应的配套证券纠纷解决机制具有积极的现实意义，是我国证券市场基础制度的重大发展。

一、关于适用案件类型

本条文规定，适用先行赔付的案件类型范围为发行人因欺诈发行、虚假陈述或者其他重大违法行为。该规定为违法行为具有重大性且相关主体具有赔付意愿的案件，均提供了先行赔付的适用空间。实践中，适用先行赔付的案件以欺诈发行、虚假陈述案件为主。

二、关于赔付主体

本条文以列举方式明确了先行赔付的主体包括发行人的控股股东、实际控制人、相关证券公司。

三、关于签订先行赔付协议

先行赔付协议是证券民事纠纷的双方当事人自愿达成的纠纷解决协议。发行人的控股股东、实际控制人、相关的证券公司等先行赔付人，与受害投资者之间属于平等的民事主体关系，双方之间的和解行为是一种私法行为。在发生纠纷时，发行人控股股东、实际控制人及相关的证券公司可以不选择先行赔付的方式，也可以采取接受投资者提起的民事诉讼的方式处理；投资者可以自由选择是否接受先行赔付协议，如果投资者认为先行赔付协议缺乏客观性、公正性，可以选择不接受赔付，而提起诉讼。

四、关于投资者保护机构的角色

发行人的控股股东、实际控制人、相关的证券公司可以委托投资者保护机构，就赔偿事宜与受到损失的投资者达成先行赔付协议。投资者保护机构扮演的角色通常包括协商拟订先行赔付方案，担任先行赔付专项基金的管理人，负责基金的日常管理及运作；按照赔付方案中列明的适格投资者范围和计算方法对赔付金额进行精准计算和核定；办理赔付资金划付等事宜，保证专项基金财产的安全、完整和专款专用。

五、关于追偿机制

需要指出的是，对投资者的先行赔付与对连带责任人的事后追偿是先行赔付制度不可或缺的两个方面，先行赔付是一种先付责任，而非承担连带赔偿责任。先行赔付是为了证券市场的整体稳定，化解社会矛盾，由控股股东、实际控制人、相关的证券公司先行单独与适格投资者达成和解，是保障中小投资者快速得到赔偿的一种制度性设计。如果最终先行赔付人能够证明其不存在过错，在履行先行承担赔偿责任后，可向发行人以及其他连带责任人追偿。如果先行赔付人向投资者进行超额赔付，其他连带责任人也有权依法提出抗辩。

◎ 证券纠纷的强制调解、支持诉讼、股东派生诉讼

第九十四条　投资者与发行人、证券公司等发生纠纷的，双方可以向投资者保护机构申请调解。普通投资者与证券公司发生证券业务纠纷，普通投资者提出调解请求的，证券公司不得拒绝。

投资者保护机构对损害投资者利益的行为，可以依法支持投资者向人民法院提起诉讼。

发行人的董事、监事、高级管理人员执行公司职务时违反法律、行政法规或者公司章程的规定给公司造成损失，发行人的控股股东、实际控制人等侵犯公司合法权益给公司造成损失，投资者保护机构持有该公司股份的，可以为公司的利益以自己的名义向人民法院提起诉讼，持股比例和持股期限不受《中华人民共和国公司法》规定的限制。

修改提示

本条为新增条款。

一、投资者保护机构纠纷调解制度

证券类纠纷往往具有复杂性、群体性，法律关系复杂，涉及金额较大，涉及人数较多等特点，需要专业且有公信力的调解机构承担调解工作。在总结实践情况的基础上，本条明确投资者保护机构可以作为独立的第三方机构，接受投资者等当事人申请，通过专业、高效和便捷的调解服务，妥善化解证券纠纷。按照本条规定，投资者保护机构已经成为人民调解委员会等之外的一种新型法定调解机构，且有法定地位。同时，借鉴德国等境外经验，将强制调解制度引入证券期货领域，明确普通投资者与证券公司发生证券业务纠纷，普通投资者提出调解请求的，证券公司不得拒绝。

二、投资者保护机构支持诉讼

在我国《民事诉讼法》中早有原则性规定。本条规定的支持诉讼是指投资者保护机构作为支持机构，选择案件、委派诉讼代理人，支持权益受损的中小投资者依法诉讼维权。

由于证券市场中侵权行为频繁发生、技术性高、诉讼维权成本较高等，绝大多数受损投资者不敢诉讼、不愿诉讼，在维权上存在较大困难，其合法利益未得到应有的维护。依据《民事诉讼法》第十五条的规定，机关、社会团体、企业事业单位对损害国家、集体或者个人民事权益的行为，可以支持受损害的单位或个人向人民法院起诉。在此背景下，经证监会批准，中证中小投资者服务中心有限公司（以下简称"投服中心"）于2014年在上海注册成立。投服中心是受证监会直接管理的证券金融类公益机构，在诉讼时效内，投服中心会公开征集符合起诉条件的中小投资者，在取得授权后，以中小投资者为原告，由投服中心帮助聘请专业律师，准备诉讼材料提起诉讼并参加庭审。在总结实践经验的基础上，这次《证券法》修订专门从法律层面作出了明确规定，为投服中心支持诉讼的深入推进提供了法律保障，有利于保护中小投资者合法权益。

三、投资者保护机构股东代表诉讼

《公司法》第一百五十一条规定了股东代表诉讼制度（又称"派生诉讼"），董事、高级管理人员有《公司法》第一百四十九条规定的损害公司利益情形的，有限责任公司的股东、股份有限公司连续一百八十日以上单独或者合计持有公司百分之一以上股份的股东，可以为了公司的利益以自己的名义，直接对损害公司利益的公司董事、高级管理人员或者他人提起诉讼。本次《证券法》修订在上述《公司法》规定基础上，对投资者保护机构提起股东代表人诉讼进行了两项特殊规定。

一是关于提起股东代表诉讼的事由。《公司法》第一百五十一条规定的股东代表提起诉讼的事由主要是"董事、监事、高级管理人员执行公司职务时违反法律、行政法规或者公司章程的规定，给公司造成损失的"（第一百四十九条），《公司法》第一百五十一条规定的"他人侵犯公司合法权益"情形属于兜底条款，含义不太明确。在实践中，由于公司的董事、监事、高级管理人员往往受控股股东、实际控制人所控制，当控股股东和实际控制人侵犯公司利益时，公司董事、监事、高级管理人员往往不会主动主张利益，需要启动股东代表诉讼。故而，本条对"发行人的控股股东、实际控制人等侵犯公司合法权益给公司造成损失"的情形予以特别明确。

二是关于提起股东代表诉讼的股东资格。根据《公司法》第一百五十一条规定，有资格提起股东代表诉讼的股份有限公司股东必须满足"连续一百八十日以上单独或者合计持有公司百分之一以上股份"的条件。实践中，投服中心作为投资者保护机构，基本上持有每家上市公司一手股票，显然难以符合《公司法》的要求。鉴于实践中的必要性，本条第三款进行了特别规定，"投资者保护机构持有该公司股份的，可以为公司的利益以自己的名义向人民法院提起诉讼，持股比例和持股期限不受《中华人民共和国公司法》规定的限制"。故而，投服中心尽管只持有上市公司一手股票，但《证券法》赋予其具有提起股东代表诉讼的法定权利，便于投资者保护机构行使职能，代表投资者行权维权。

◎ 证券代表人诉讼、"集体诉讼"

第九十五条 投资者提起虚假陈述等证券民事赔偿诉讼时，诉讼标的是同一种类，且当事人一方人数众多的，可以依法推选代表人进行诉讼。

对按照前款规定提起的诉讼，可能存在有相同诉讼请求的其他众多投资者的，人民法院可以发出公告，说明该诉讼请求的案件情况，通知投资者在一定期间向人民法院登记。人民法院作出的判决、裁定，对参加登记的投资者发生效力。

投资者保护机构受五十名以上投资者委托，可以作为代表人参加诉讼，并为经证券登记结算机构确认的权利人依照前款规定向人民法院登记，但投资者明确表示不愿意参加该诉讼的除外。

修改提示

本条为新增条款。核心是借鉴境外的集体诉讼制度，引入了"申明退出"（opt-out）的集体诉讼机制，为建立符合中国国情的证券民事集体诉讼做了有益探索。

解 析

我国证券市场是一个以散户为主的市场，在证券侵权纠纷中，许多中小投资者基于举证能力不强、诉讼成本负担等方面的考虑，客观上难以参与到相关的民事赔偿诉讼中来，难以弥补投资者尤其是中小投资者的损失以及对违法行为人造成震慑。特别是在目前的代表人诉讼制度下，受到有关委托、登记、推选等诉讼程序要求的限制，证券民事损害赔偿诉讼中很少采取代表人诉讼的方式，广大受害中小投资者难以有效地获得诉讼保护。

本次《证券法》修订，根据投资者保护的实际需要，在总结以往代表人诉讼实践的基础上，合理借鉴境外集体诉讼的成功经验，结合我国实际，对有关证券民事损害赔偿诉讼制度做了进一步的完善规定。

一、代表人诉讼

本条前两款明确了在投资者提起虚假陈述等证券民事赔偿诉讼时，可以适用代表人诉讼制度，主要依据现行《民事诉讼法》第五十三条、第五十四条的相关规定实施诉讼活动。

《最高人民法院关于审理证券市场因虚假陈述引发的民事赔偿案件的若干规定》虽然采用了因果关系推定的方式解决了实体法问题，但并没有解决诉讼方式的问题。从境内情况来看，我国代表人诉讼制度在实践中运用很少，尤其是缺乏人数不确定的代表人诉讼。

实际上，虚假陈述等证券民事赔偿诉讼的主要困难在于受害投资者人数众多，单个受损金额较少，因此需要有一个便利的诉讼方式将所有受害投资者组织起来参与诉讼。本条第一款和第二款的规定，明确了证券民事赔偿诉讼可以采用人数不确定的代表人诉讼，由人民法院发出公告征集受害投资者登记。按照《民事诉讼法》第五十三条和第五十四条的规定，当事人一方人数众多的共同诉讼，可以由当事人推选代表人进行诉讼。诉讼标的是同一种类、当事人一方人数众多在起诉时人数尚未确定的，人民法院可以发出公告，说明案件情况和诉讼请求，通知权利人在一定期间向人民法院登记。这是在证券市场领域对实施《民事诉讼法》规定的代表人诉讼制度的法律确认。

二、集体诉讼制度

本条第三款是对符合中国国情的证券集体诉讼制度的初步探索性规定。在本次《证券法》修订中，不少意见提出引入证券集体诉讼制度。特别是在推进证券公开发行注册制改革中，市场各方人士普遍呼吁将集体诉讼作为注册制改革的配套制度写入《证券法》。2019年1月，经党中央、国务院同意，中国证监会发布的《关于在上海证券交易所设立科创板并试点注册制的实施意见》指出："根据试点情况，探索完善与注册制相适应的证券民事诉讼法律制度。"党的十九届四中全会通过的《中共中央关于坚持和完善中国特色社会主义制度　推进国家治理体系和治理能力现代化若干重大问题的决定》

明确要求"探索建立集体诉讼制度"。由于《民事诉讼法》暂无修改计划，作为证券领域民事诉讼的一项制度探索，新《证券法》在代表人诉讼的基础上，对建立符合我国国情的证券集体诉讼制度做了探索性规定。

从国际上看，运行成熟有效的集体诉讼（Class-action）是指受害者集体中的一人或数人代表所有集体成员进行诉讼，法院裁判效力适用于所有未明确表示退出的集体成员的民事诉讼制度。集体诉讼的核心规则是"申明退出"机制。"申明退出"有两方面的法律含义：一是由于单个原告提起集体诉讼不需要征得其他成员的同意，其他成员可以在一定的时间范围内，向法院明确表示自己不愿意被包括在集体诉讼中，因而被排除在集体诉讼之外；二是如果其他成员不明确"申明退出"，法官自动将其包括在集体中，将其视为集体成员，集体诉讼的判决结果对其直接适用。集体诉讼制度是一项新型的诉讼模式，在成立条件、诉讼代表人职权、通知公告、判决效力等方面与我国《民事诉讼法》代表人诉讼机制均有显著的不同。

在境外，经过美国、澳大利亚、加拿大、韩国等国家持续的探索完善，证券集体诉讼目前已经发展成为一种成熟的证券纠纷解决机制：一是证券集体诉讼在各国已不再出现滥诉现象。如美国联邦法院年均受理 220 件左右（其中最高的是 2017 年 412 件、最低的是 2006 年 120 件），澳大利亚年均受理 5.4 件（1992 年 3 月至 2017 年 5 月共 81 件），加拿大 2006 年至今共受理 87 件，韩国法院 2005 年至今共许可提起集体诉讼案件 11 件。二是集体诉讼已成为境外有效化解证券民事纠纷的主要方式。与英国、德国、日本等实行代表人诉讼效果不佳的境况相比较，美国从 1966 年引入"申明退出"制后，已发展成美国法律制度"重要而极有价值的组成部分"，在实践中发挥了非常好的效果。澳大利亚从 1992 年开始经历了退出制的集体诉讼与一般的代表人诉讼并行实施若干年后，明确回归"申明退出"模式的集体诉讼。英国通过 2015 年修改《消费者权益法案》，在反不正当竞争领域开始实施"申明退出"制的集体诉讼。可以说，以"申明退出"为主要内容的集体诉讼已成为一个国际主流发展方向。三是证券集体诉讼在实践中受到严格规范和控制。以美国为代表的境外国家持续对证券集体诉讼进行了有针对性的制度调整完善，对诉讼条件、诉讼确认、联邦法院管辖权、当事人利益冲突、诉讼代表人和代理律师的选任、和解协议批准、律师酬金调整等进行了管控。证券集体诉讼已不是一个无法掌控的"巨型怪物"，而是一种较为成熟的群体诉讼纠纷解决机制。

本次立法征求意见过程中，各方对于集体诉讼基本持正面积极的态度，认为在《证券法》中引入集体诉讼制度具有必要性和可行性。但对于集体诉讼具体的制度安排，尤其是多大程度引入美国式集体诉讼的各项制度安排，还有不同意见，担心会引起滥诉和诱发社会不稳定因素。经过综合权衡，尤其是立足中国资本市场及司法审判实际，本次制度主要做了以下安排：一是充分发挥投资者保护机构的作用。由投资者保护机构接受五十名以上投资者委托，作为法定的诉讼代表人来主动提起或者后续加入来参与证券集体诉讼，而不论该投资者保护机构本身是否属于证券侵权行为的受害方。为防止产生滥诉以及不可控等问题，与境外集体诉讼制度相比，对首席原告范围进行了限制。二是充分利用证券登记结算机构的数据优势。在司法机关认定了侵权行为的关键要素后，我国证券登记结算机构能够根据相关交易数据整理出受害投资者范围及受损失情况，有助于确定集体成员名单及实施精准通知公告等。这是充分立足我国证券市场实际，也是我国证券集体诉讼的最大优势。三是借鉴境外集体诉讼"申明退出"原理，投资者不明确表示退出诉讼的，都默认为参与到诉讼中，这是境外集体诉讼的核心要素，也是我国民事诉讼制度的一个突破。

但是，也有意见认为，本款这一规定在一定程度上将证券集体诉讼制度异化为证券公益诉讼，一方面不利于受害投资者提起集体诉讼；另一方面还会造成诉讼垄断，滋生道德风险；同时，也对投资者保护机构能否独自承担这一重大职责而有所顾虑。

第七章

证券交易场所

　　本章共二十二条，相较原《证券法》，新增五条，修改、合并十二条，保留五条。原《证券法》仅规定了证券交易所，对其他层次市场缺乏明确规定。一读稿将本章章名修改为"证券交易场所"，对多层次资本市场增加了相应规定。二读稿在一读稿基础上进一步修改完善：将证券交易场所划分为证券交易所、国务院批准的其他全国性证券交易场所和按照国务院规定设立的区域性股权市场。此外，针对 2015 年股市异常波动暴露的问题，二读稿专门增加规定了防控市场风险的制度措施。三读稿、四读稿基本维持了二读稿规定，只做了个别调整。

　　本章修改的内容主要包括：证券交易场所的类型、性质和证券交易场所的组织机构、交易规则、职责等。总体而言，本章针对完善多层次资本市场基础制度、强化证券交易场所自律管理规则依据、加强账户实名制要求等，做了较为全面的修改完善。

◎ 证券交易场所的法律地位、性质及设立、变更和解散

　　第九十六条　证券交易所、国务院批准的其他全国性证券交易场所为证券集中交易提供场所和设施，组织和监督证券交易，实行自律管理，依法登记，取得法人资格。

　　证券交易所、国务院批准的其他全国性证券交易场所的设立、变更和解散由国务院决定。

国务院批准的其他全国性证券交易场所的组织机构、管理办法等，由国务院规定。

原《证券法》第一百零二条对证券交易场所的法律地位、性质及设立和解散的安排作出规定。此次主要做了以下修改：一是增加国务院批准的其他全国性证券交易场所作为证券集中交易的场所和设施；二是相应明确由国务院决定国务院批准的其他全国性证券交易场所的设立、变更和解散；三是国务院批准的其他全国性证券交易场所的组织机构、管理办法等，授权国务院规定。

解　析

随着多层次资本市场体系建设不断推进，国务院批准设立了全国中小企业股份转让系统有限责任公司（也称"新三板"），但原《证券法》未对其法律地位、性质作出明确规定。立法过程中，各方对于《证券法》将新三板纳入调整范围基本达成一致，但对于规制方式却存在不同意见：一是概括授权，对新三板作出原则规定，具体范围由国务院另行规定；二是原则授权加特别规定，授权国务院对新三板作出具体规定，但法律同时对重要事项进行明确规定；三是对新三板进行逐条具体规定。综合而言，第一种方式过于原则，对于重点问题规定不够明确，第三种方式过于具体，可能致使法律条文过于琐碎、繁杂，且不利于法律的灵活性。因此，本次修订采用了第二种方式。

一、证券交易所和国务院批准的其他全国性证券交易场所的法律地位

证券交易所和国务院批准的其他全国性证券交易场所均为法人，有严密的组织形式和组织机构，而且有整套的交易规则和交易制度，其在市场经济条件下，从事的是一种民事活动，必须符合民法的有关规定。因此，《证券法》明确规定证券交易所、国务院批准的其他全国性证券交易场所是法人，

是一种民事法律主体，这是发展社会主义市场经济的必然要求，也是世界各国证券立法的通例。

证券交易所和国务院批准的其他全国性证券交易场所的职能是为证券集中交易提供场所和设施，组织和监督证券交易，实行自律管理。证券交易所和国务院批准的其他全国性证券交易场所在证券市场中的角色是多重的：第一，它是证券市场集中交易的组织者，为投资者、证券公司、上市或挂牌公司提供场地、设施和服务，为市场参与者提供交易平台和服务。第二，它是重要的自律管理者，通过章程、契约和相关业务规则，对证券公司、上市或挂牌公司、证券市场进行自律管理，以维护证券市场交易秩序、提高市场效率。所谓自律管理，就是通过内部组织机制的运行，规范其成员的行为，主要体现为自我规范、自我约束、自我管理和自我控制。证券交易所和国务院批准的其他全国性证券交易场所的自律管理是证券市场监管体系的重要组成部分。第三，它是被监管者，其设立和开展的自律管理活动都要受到国务院证券监督管理机构的监督管理，其行为违反法律、法规和中国证监会规定的，应承担相应法律责任。

需要说明的是，证券交易场所作为社会组织，在法律、行政法规授权的情况下，可以承担一定的公共管理职责，如其在注册制下根据《证券法》规定按照国务院授权对证券公开发行申请进行审核等。此时，其又具有公共事务管理者的性质，相对人对其行为不服的，可以提起行政诉讼。

二、证券交易所、国务院批准的其他全国性证券交易场所的设立、变更和解散

证券交易所、国务院批准的其他全国性证券交易场所的设立，是指创设提供证券集中交易场所这一法人的法律行为。证券交易所、国务院批准的其他全国性证券交易场所的解散，是指已经存在的证券交易所、国务院批准的其他全国性证券交易场所停止提供证券交易活动的场所、不再进行有关活动的法律行为，并终止其法人主体资格。

证券交易所和国务院批准的其他全国性证券交易场所的设立、变更和解散由国务院决定，是一项强制性的规定。未经国务院批准，任何单位和个

人，包括各级地方人民政府及国务院的组成部门均无权决定证券交易所和国务院批准的其他全国性证券交易场所的设立、变更和解散。

证券交易所和国务院批准的其他全国性证券交易场所的设立、变更和解散由国务院决定，主要考虑到三个方面的原因：一是证券市场是一个非常敏感的市场，是国家经济的晴雨表。证券交易所和国务院批准的其他全国性证券交易场所是证券交易的主要场所，涉及面很广，如果设立不合适，或者解散不合适，就有可能影响国家的经济秩序，造成经济社会的混乱。对此，国家需要进行总体的宏观把握调控，各地方、各部门不得各行其是。二是关于证券交易所和国务院批准的其他全国性证券交易场所的设立、变更和解散，境外许多国家和地区管理也是比较严格的，我国的证券市场起步较晚、发展还不够成熟，相关证券交易场所的设立、变更和解散更需要严格控制，加强管理。三是现阶段我国证券市场的交易者还不够成熟，在这种情况下，也需要国家加强宏观管理，否则可能影响整体的经济秩序，造成市场及社会混乱。

三、确立新三板的法定地位，明确新三板的组织机构、管理办法等由国务院规定

新三板市场是多层次资本市场的重要组成部分，是多层次资本市场体系中承上启下的重要环节。自 2013 年正式运营以来，新三板市场逐步形成了包容性的市场准入机制、差异化的信息披露和公司治理规范、适应中小微企业股权结构与交易需求的交易方式和市场化的退出机制。本次修改，明确了证券交易所、国务院批准的其他全国性证券交易场所和区域性股权市场为主体的多层次资本市场体系。新三板市场与证券交易所市场一样作为公开市场，在法律属性与便利企业融资、实现价格发现、促进资源配置、提供流动性等基本功能上具有一致性。新三板可以根据证券品种、行业特点、公司规模等因素设立不同的市场层次，并依照法律、法规等规定，制定挂牌规则、交易规则、会员管理规则和其他有关业务规则，同时有权给予纪律处分或者采取其他自律管理措施。

考虑到国务院批准的其他全国性证券交易场所的特殊性，本条新增一

款，对于《证券法》中未予详细明确规定的事项，授权国务院对国务院批准的其他全国性证券交易场所的组织机构、管理办法等进行全面规定。需要说明的是，与三读稿相比，最终通过的《证券法》中在授权国务院规定新三板的组织机构管理办法之外，专门增加了一个"等"字，进一步扩大了对国务院的授权范围。按此规定，国务院除了可以规定新三板的组织机构、管理办法，还可以对在新三板进行的证券发行、交易等市场活动事项进行规定。当然，《证券法》关于证券发行、交易的一般要求，包括禁止的交易行为和投资者保护等规定，也适用于新三板市场的证券发行、交易活动。此处授权国务院规定的，主要是有关新三板市场中具体的和一些特殊性的发行、交易规范。

◎ 证券交易场所内部的市场层次

第九十七条 证券交易所、国务院批准的其他全国性证券交易场所可以根据证券品种、行业特点、公司规模等因素设立不同的市场层次。

修改提示

本条为新增条款。

解　析

由于原《证券法》缺乏设立不同的市场层次的规定，证券交易所、国务院批准的其他全国性证券交易场所一段时间内存在市场层次较为单一，不能适应不同规模、不同行业特点公司需求的问题。实际上，境外交易所普遍通过内部分层形成了多层次市场体系，这既是顺应企业融资需求多样化和投资者结构变化的产物，也是交易所之间良性竞争的必然结果。设立不同的市场层次是证券交易所、国务院批准的其他全国性证券交易场所开展业务的应有之义，是争取上市公司、新三板挂牌公司自愿、有效服务实体经济的重要手段。本条规定证券交易所、国务院批准的其他全国性证券交易场所可以根据证券品种、行业特点、公司规模等因素设立不同的市场层次。

实践中，根据社会经济发展对资本市场的需求和建立健全多层次资本市场体系的要求，我国除了通过设立证券交易所、新三板、区域性股权市场等这些不同市场层次之外，还在交易场所内部进行了层次区分。其中，在上海证券交易所设置了主板市场、科创板市场；在深圳证券交易所设置了主板市场、中小企业板市场和创业板市场；在新三板市场设置了基础层、创新层和精选层，从而形成了交易所市场内的不同市场层次。

需要注意的是，证券交易所和新三板都主要定位于公开的市场，如果按照本法第三十七条第二款规定在其中另设证券的非公开发行和转让市场层次，必须在制度机制等方面做好区分，尤其是防止在非公开市场层次中出现变相公开发行交易的情形。

◎ 区域性股权市场

第九十八条　按照国务院规定设立的区域性股权市场为非公开发行证券的发行、转让提供场所和设施，具体管理办法由国务院规定。

修改提示

本条为新增条款。

解 析

区域性股权市场是主要服务于所在省级行政区域内中小微企业的私募股权市场，是多层次资本市场体系的重要组成部分，是地方人民政府扶持中小微企业政策措施的综合运用平台。本条第一次在法律上明确规定了区域性股权市场的法定地位和功能，确认区域性股权市场是我国多层次资本市场的重要组成部分。同时，该条授权国务院制定区域性股权市场管理办法，便于国务院根据区域性股权市场发展探索的实际情况制定相关行政法规和规范性文件，从而灵活高效地促进区域性股权市场的规范发展。

2017 年 1 月 20 日，国务院办公厅发布的《国务院办公厅关于规范发展区域性股权市场的通知》，按私募市场的定位，就规范发展区域性股权市场有关事项作出规定。区域性股权市场由所在地省级人民政府按规定实施监管，并承担相应风险处置责任。中国证监会依法依规履职尽责，加强对省级人民政府开展区域性股权市场监管工作的指导、协调和监督。区域性股权市场运营机构（以下简称"运营机构"）负责组织区域性股权市场的活动，对市场参与者进行自律管理，保障市场规范稳定运行。区域性股权市场的各项活动应遵守法律、法规和中国证监会制定的业务及监管规则。区域性股权市场实行合格投资者制度，信息系统应符合有关法律、法规和中国证监会制定的信息技术管理规范，不得为所在省级行政区域外的企业私募证券或股权的融资、转让提供服务。

另外，在该条的制定过程中，还有意见提出增加一款，为证券公司柜台市场提供法律依据，将证券公司柜台市场作为证券非公开发行转让的平台，统一纳入多层次资本市场体系之中。但考虑到目前尚缺乏这方面的实践，而且证券公司如果要为证券的非公开发行转让提供服务，也可以从证券公司业务拓展的角度，根据《证券法》中有关证券公司业务兜底条款规定，经中国证监会批准，即可从事这一业务活动，不需要在这里将其作为市场层面进行规定。因此，未采纳有关柜台市场的建议。

◎ 证券交易所履行自律管理职能的原则及证券交易所章程

第九十九条　证券交易所履行自律管理职能，应当遵守社会公共利益优先原则，维护市场的公平、有序、透明。

设立证券交易所必须制定章程。证券交易所章程的制定和修改，必须经国务院证券监督管理机构批准。

修改提示

原《证券法》第一百零三条对证券交易所章程作出了规定，本条在此基础上，增加一款规定证券交易所履行自律管理职能，应当遵守社会公共利益优先原则，维护市场的公平、有序、透明。

一、证券交易所履行自律管理职能的原则

证券交易所作为自律管理的主体具有市场功能和企业属性，是自律管理组织，也是商业组织。证券交易所的自律管理权具有权利和权力的双重特质，是权利和权力的混合体。证券交易所在履行自律管理职能，协调、管理不同市场主体活动时存在结构性的内在利益冲突。这一利益冲突，在会员制交易所中表现为会员利益与公共利益的冲突，在公司制交易所中表现为商业利益和公共利益的冲突。

证券交易所自律管理的内在利益冲突无法消除，但必须予以控制，本条在法律层面进行了规定，督促交易所履行职责，促进交易所维护公共利益，维护市场的公平、有序、透明。

二、证券交易所章程

无论是会员制证券交易所或是公司制证券交易所，其设立都必须制定章程，这是设立证券交易所的必备条件。证券交易所章程，是指由证券交易所会员大会或者股东会制定的对证券交易所及其会员、内部组织机构具有约束力的，并经过国务院证券监督管理机构批准的内部行为规范。对其可作如下的理解：一是证券交易所的章程是由会员大会或者股东会议通过的。二是证券交易所的章程对证券交易所及其会员、内部组织机构均有约束力，也就是说，证券交易所和证券交易所的会员、股东、内部组织机构必须遵守其规定。三是证券交易所章程必须经过证券监督管理机构批准。四是它是一种内部行为规范。即是证券交易所及其有关机构、成员的行为准则。

证券交易所章程的制定和修改须经国务院证券监督管理机构批准。这就是说，证券交易所章程的制定和修改后的生效时间为国务院证券监督管理机构批准之日。

◎ 证券交易所的名称

第一百条　证券交易所必须在其名称中标明证券交易所字样。其他任何单位或者个人不得使用证券交易所或者近似的名称。

修改提示

本条未作修改。

解 析

本条是对证券交易所名称的规定。证券交易所的名称是指证券交易所的称谓，它是区别于其他单位或者个人的标志。在法律上以专门条文设定名称的规范，是为了便于主管机关监管，也有利于投资者识别。根据我国的有关法律规定，法人名称的构成、确定及效力应遵循以下原则：（1）法人名称的构成必须符合法律规定；（2）法人只能使用一个名称；（3）法人名称不得包含禁用文字；（4）法人的名称使用权受到法律保护；（5）法人名称具有排他的和禁止仿冒的效力。证券交易所的名称制度除遵循上述一般性规定之外，还具有特殊之处。

本条关于证券交易所名称规定了下述两个方面的内容：

第一，证券交易所名称中必须标明证券交易所字样。这是证券交易所名称的强制使用制度，即要求其名称使用规范化。证券交易所是一个特定化了被人们认可的名称，本法规定必须标明证券交易所字样也是为了更好地使人们认识它、了解它。

第二，其他任何单位或者个人不得使用证券交易所或者近似的名称。这是为了防止该名称被滥用，造成混乱。不得使用证券交易所或者近似的名称是指不得直接使用证券交易所的字样或者容易被人误解的字样，比如不得使用"某某证券买卖所""某某证券所""某某证交所""某某股交所"等。"其他任何单位或者个人"的概念应当理解为不受地域、行业限制的国内所有单位和个人。由此可见，证券交易所的名称具有最广泛的排他效力。

◎ 证券交易所的财产归属与使用

第一百零一条 证券交易所可以自行支配的各项费用收入，应当首先用于保证其证券交易场所和设施的正常运行并逐步改善。

实行会员制的证券交易所的财产积累归会员所有，其权益由会员共同享有，在其存续期间，不得将其财产积累分配给会员。

修改提示

本条未作修改。

解 析

证券交易所在提供证券交易的场所、设施和服务过程中会收取费用，比如证券交易费用、会员费、席位费及其他业务收入等。证券交易所有权自行支配上述费用收入。根据本条规定，对于这部分费用应当首先用于下述两个方面：

第一，保证证券交易场所和设施的运行。证券交易场所和设施是证券交易所的核心部分，这一部分不正常或者出了问题，整个证券交易所就会引起混乱或者造成交易中断，给社会造成不良的影响。

第二，用于场所和设施的改善。所谓改善，是指在现有的自己运用的资金范围内根据实际情况使现有的交易场所和设施有所改观，不断提高现有的条件。这一规定是保证证券交易高效运行的一项措施，也是证券交易所的法定义务。

证券交易所除了支出有关费用以外，剩余的费用即是证券交易所的财产积累。实行会员制的证券交易所，其财产积累由会员共同享有。本条在修改过程中，有的意见曾提出，我国证券市场发展起点是依凭国家公权力和国家的信誉，交易所发起人、会员多数都是国有企业，实际上是一种特许经营，其财产具有国有属性，建议不再强调会员所有制。但从实践上看，沪深证券交易所会员制属性确立已久，证券交易所资产来源也较为复杂多样，国家对有关行业与企业的管理等支持，与相关行业、企业财产的法律属性并无必然联系，且会员制证券交易所的财产由全体会员享有是国际证券市场的一般惯例，如进行调整，对现有制度改变过大，有关市场及社会影响也难以把握，需进一步论证，因此本条继续维持了实行会员制的证券交易所的财产积累归会员所有的规定。

◎ 证券交易所理事会、监事会和总经理

第一百零二条　实行会员制的证券交易所设理事会、监事会。

证券交易所设总经理一人，由国务院证券监督管理机构任免。

本条由原《证券法》第一百零六条和第一百零七条合并而来。本条在原条文的基础上，将"证券交易所设理事会"修改为"实行会员制的证券交易所设理事会、监事会"。其他未作修改。

｜解　析｜

一、证券交易所设理事会、监事会

原《证券法》仅规定证券交易所设理事会。实践中，证券交易所已设立监事会。监事会对于完善证券交易所治理、健全证券交易所内部监督体系、促进证券交易所规范运行，提供了有力的组织保障。因此，本次修改对实践中行之有效的做法进行认可，规定证券交易所设立监事会，明确了监事会在证券交易所治理中的法定地位。

根据《证券交易所管理办法》第二十三条的规定，理事会是证券交易所的决策机构，由七至十三人组成，其中非会员理事人数不少于理事会成员总数的三分之一，不超过理事会成员总数的二分之一。会员理事由会员大会选举产生，非会员理事由证监会委派。第二十二条规定理事会行使下列职权：（1）召集会员大会，并向会员大会报告工作；（2）执行会员大会的

决议；（3）审定总经理提出的工作计划；（4）审定总经理提出的年度财务预算、决算方案；（5）审定对会员的接纳和退出；（6）审定取消会员资格的纪律处分；（7）审定证券交易所业务规则；（8）审定证券交易所上市新的证券交易品种或者对现有上市证券交易品种作出较大调整；（9）审定证券交易所收费项目、收费标准及收费调整程序；（10）审定证券交易所重大财务管理事项；（11）审定证券交易所重大风险管理和处置事项，管理证券交易所风险基金；（12）审定重大投资者教育和保护工作事项；（13）决定高级管理人员的聘任、解聘及薪酬事项，但中国证监会任免的除外；（14）会员大会授予和证券交易所章程规定的其他职权。

根据《证券交易所管理办法》第三十条的规定，证券交易所监事会人员不得少于五人，其中会员监事不得少于两名，职工监事不得少于两名，专职监事不得少于一名。监事每届任期三年。会员监事由会员大会选举产生，职工监事由职工大会、职工代表大会或者其他形式民主选举产生，专职监事由中国证监会委派。证券交易所理事、高级管理人员不得兼任监事。第二十九条规定监事会行使下列职权：（1）检查证券交易所财务；（2）检查证券交易所风险基金的使用和管理；（3）监督证券交易所理事、高级管理人员执行职务行为；（4）监督证券交易所遵守法律、行政法规、部门规章和证券交易所章程、协议、业务规则以及风险预防与控制的情况；（5）当理事、高级管理人员的行为损害证券交易所利益时，要求理事、高级管理人员予以纠正；（6）提议召开临时会员大会；（7）提议召开临时理事会；（8）向会员大会提出提案；（9）会员大会授予和证券交易所章程规定的其他职权。

二、关于总经理的设置的规定

总经理是证券交易所的常设职务，在理事会领导下负责证券交易所的日常管理工作，副总经理按照中国证监会相关规定任免或者聘任。总经理、副总经理每届任期三年。总经理因故临时不能履行职责时，由总经理指定的副总经理代其履行职责。《证券交易所管理办法》第二十八条规定总经理的职权包括：（1）执行会员大会和理事会决议，并向其报告工作；（2）主持证券交易所的日常工作；（3）拟订并组织实施证券交易所工作计划；（4）拟订证券交易所年度财务预算、决算方案；(5) 审定业务细则及其他制度性规定；(6) 审定除取消会员资格以外的其他纪律处分；(7) 审定除应当由理事会审定外的其他财务管理事项；(8) 理事会授予的和证券交易所章程规定的其他职权。

◎ 证券交易所负责人的任职资格限制

第一百零三条　有《中华人民共和国公司法》第一百四十六条规定的情形或者下列情形之一的，不得担任证券交易所的负责人：

（一）因违法行为或者违纪行为被解除职务的证券交易场所、证券登记结算机构的负责人或者证券公司的董事、监事、高级管理人员，自被解除职务之日起未逾五年；

（二）因违法行为或者违纪行为被吊销执业证书或者被取消资格的律师、注册会计师或者其他证券服务机构的专业人员，自被吊销执业证书或者被取消资格之日起未逾五年。

217

修改提示

原《证券法》第一百零八条对证券交易所负责人任职资格的限制条件作出了规定。本条主要做了文字调整。

解　析

本条是对不得担任证券交易所负责人的规定。对于证券交易所负责人的范围，本条未作规定，一般认为包括证券交易所的理事、监事、总经理、副总经理等。按照本条规定，有以下两种情况的，不能担任证券交易所负责人：

第一，有《公司法》第一百四十六条规定的情形之一的不能担任。按照该条规定，有下列情形之一的，不得担任证券交易所的负责人：(1) 无民事行为能力或者限制民事行为能力；(2) 因贪污、贿赂、侵占财产、挪用财产或者破坏社会主义市场经济秩序，被判处刑罚，执行期满未逾五年，或者因犯罪被剥夺政治权利，执行期满未逾五年；（3）担任破产清算的公司、企业的董事或者厂长、经理，对该公司、企业的破产负有个人责任的，自该公司、企业破产清算完结之日起未逾三年；（4）担任因违法被吊销营业执照、责令关闭的公司、企业的法定代表人，并负有个人责任的，自该公司、企业被吊销营业执照之日起未逾三年；（5）个人所负数额较大的债务到期未清偿。

第二，有本条规定情况之一的不能担任证券交易所负责人。根据本条规定，限制对象包括两类人员：一是因违法行为或者违纪行为被解除职务的证券交易场所、证券登记结算机构的负责人或者证券公司的董事、监事、高级管理人员；二是因违法行为或者违纪行为被吊销执业证书或者被取消资格的律师、注册会计师或者其他证券服务机构的专业人员。限制的时间为五年，即相关人员被解除职务或者被取消资格之日起未逾五年不得担任证券交易所负责人。

◎ 证券交易所从业人员招聘条件

第一百零四条　因违法行为或者违纪行为被开除的证券交易场所、证券公司、证券登记结算机构、证券服务机构的从业人员和被开除的国家机关工作人员，不得招聘为证券交易所的从业人员。

修改提示

原《证券法》第一百零九条对证券交易所从业人员招聘条件作出了规定。本条进一步扩大了限制人员的范围，将因违法行为或者违纪行为被开除的"证券交易所"从业人员修改为"证券交易场所"从业人员，因违法行为或者违纪行为被开除的新三板和区域性股权市场的从业人员也不得招聘为证券交易所的从业人员。

解析

本条是对招聘证券交易所从业人员的限制条件的规定。限制对象为五类人员：第一类人员是被开除的证券交易场所的从业人员。证券交易场所的从业人员是指所有在证券交易所、新三板公司、按照国务院规定设立的区域性股权市场等证券交易场所任职的从业人员。第二类人员是被开除的证券登记结算机构的从业人员。第三类人员是被开除的证券公司的董事、监事、高级管理人员及其他从业人员。第四类人员是被开除的证券服务机构的从业人员，包括投资咨询机构、会计师事务所、律师事务所、财务顾问机构、资信评级机构、资产评估机构、财务顾问、信息技术系统服务的证券服务机构从事证券业务的专业人员。第五类人员是被开除的国家机关的工作人员。

◎ 参与证券交易所集中交易的主体

第一百零五条 进入实行会员制的证券交易所参与集中交易的，必须是证券交易所的会员。证券交易所不得允许非会员直接参与股票的集中交易。

修改提示

原《证券法》第一百一十条对参与证券交易所集中交易的主体作出了规定。本条在此基础上，将证券交易所限定为实行会员制的证券交易所，并进一步明确证券交易所不得允许非会员直接参与股票的集中交易。

解析

上海、深圳证券交易所都是会员制交易所。实践中，非会员交易参与人进入交易所参与集中交易经历了初创阶段持有席位入场、清理整顿退出交易所、逐步优化租用证券公司通道入场三个阶段。对于进入证券交易所参与集中交易的主体问题，本条在修改过程中，各方存在较大分歧。按照《证券交易所管理办法》第四十六条的规定，证券交易所接纳的会员应当是有权部门批准设立并具有法人地位的境内证券经营机构。但有的观点曾提出，应当扩大进入证券交易所参与集中交易的主体范围，允许证券公司以外的其他主体参与集中交易。

考虑到如允许证券交易所会员以外的其他机构参与证券交易所集中交易，会员对其交易行为不掌握具体情况，容易导致"以会员监管为中心"的一线监管出现空白，形成风险敞口，可能会影响证券交易所的正常交易秩序，因此，本条维持了参与证券交易所集中交易的必须是交易所会员的规定，并在此基础上补充规定"证券交易所不得允许非会员直接参与股票的集中交易"。这一规定的基本逻辑是，进入会员制证券交易所参与集中交易的，不论是从事股票的还是债券或者其他证券的集中交易，都必须是证券交易所的会员；在此基础上进一步强调了交易所不得允许非会员直接参与股票的集中交易，强化了交易所的特定义务要求，但并非是可以允许非会员直接参与其他证券的集中交易。

此外，本条仅对"实行会员制的证券交易所"参与集中交易的主体进行了规定，未对其他组织形式的证券交易所参与集中交易的主体进行规定，为公司制证券交易所参与集中交易的主体资格改革留出了空间。未来公司制证券交易所可以根据实践需求，在法律法规允许的范围内，对参与集中交易的主体范围作进一步探索创新。

◎ 投资者委托买卖证券的程序、方式

第一百零六条　投资者应当与证券公司签订证券交易委托协议，并在证券公司实名开立账户，以书面、电话、自助终端、网络等方式，委托该证券公司代其买卖证券。

修改提示

原《证券法》第一百一十一条对投资者买卖证券的程序进行了规定。本条进一步明确了投资者应在证券公司实名开立账户，并对投资者买卖证券的方式进行了扩充，增加了自助终端、网络等方式。

解　析

投资者应当在证券公司实名开立账户，通过委托证券公司的方式在证

交易所买卖证券，自己不能直接在证券交易所内进行交易。投资者的证券账户是证券监管机构及政府有关部门监督管理的对象，严格其管理，对于维护市场正常交易秩序有着重要的作用。2015年出现的股市异常波动中，很多违规交易都和出借、借用证券账户有关，特别是场外配资公司通过出借账户控制投资者交易、强行平仓引发市场波动等问题较为突出。为了更好地维护证券市场交易秩序，有必要全面强化证券账户实名制要求。因此，本条明确投资者应当在证券公司实名开立账户。

此外，鉴于目前投资者大量通过自助终端、互联网方式委托证券公司进行证券交易，本条在原有委托的方式上增加了自助终端和网络等方式。

◎ 投资者账户实名制

第一百零七条　证券公司为投资者开立账户，应当按照规定对投资者提供的身份信息进行核对。

证券公司不得将投资者的账户提供给他人使用。

投资者应当使用实名开立的账户进行交易。

修改提示

本条为新增条款。

解析

证券公司是连接分散投资者和交易所集中市场的中枢环节，与客户直接发生证券法律关系。证券公司作为证券账户的开户代理机构，应当承担客户管理责任，成为落实证券账户实名制的第一道关口。本条进一步规定证券公司的核对义务，并且不得将投资者账户提供给他人使用，投资者应当使用实名开立的账户进行交易。

按照本条第二款规定，证券公司不得以任何方式将投资者的账户提供给他人使用。实践中，有的证券公司营业部为开拓业务，将其自己私下掌控的其他投资者账户，交给一些"大户"操作，以多赚取佣金等，是违反本条规定的。

按照本条第三款规定，投资者不但应以其本人的实名开立账户，还应当以其本人的实名使用账户。实践中，一些投资者使用一些冒用他人名义开立的"麻袋账户"或者通过获取密码的方式使用他人账户，都是违反本规定的。

本条在修改过程中，有的意见提出，在规定账户实名制的同时，应该进一步给名义持有制度实施预留空间。目前我国证券市场的多个业务领域实际上已经存在适用名义持有制度的情形。沪港通、深港通、沪伦通、融资融券、B 股、QFII、员工持股计划等多种业务中均不同程度地存在名义持有制度，未来创新业务的开展也有适用名义持有模式的可能。但在实践中，名义持有账户存在"看不穿"的问题，证券交易所难以对其背后的实际权益拥有人进行"看穿式监管"。如在沪港通实践中，境外投资者持有的 A 股是登记在香港中央结算有限公司开立在中国证券登记结算有限公司的名义持有账户下，境内证券交易所难以对名义持有账户下实际投资者交易行为和权益持有等进行监管。但不少意见依然认为，名义持有制度与账户实名制的要求存在一定的冲突，第三人持有和行使股东权利容易产生纠纷，也容易造成实践中难以揭示实际权利持有人的问题，相关制度上升到立法层面的必要性需要进一步研究，本次修改未专门对名义持有人制度进行规定。

◎ 证券公司接受投资者委托买卖证券的职责

第一百零八条 证券公司根据投资者的委托，按照证券交易规则提出交易申报，参与证券交易所场内的集中交易，并根据成交结果承担相应的清算交收责任。证券登记结算机构根据成交结果，按照清算交收规则，与证券公司进行证券和资金的清算交收，并为证券公司客户办理证券的登记过户手续。

修改提示

本条仅作标点符号修改。

一、证券公司接受投资者委托进行证券买卖

根据本条规定，证券公司根据投资者的委托，按照证券交易规则提出交易申报，即证券公司必须根据证券交易委托协议，按照投资者的指令提出交易申报，并按照证券交易规则中申报内容、方式及程序等有关规定进行交易申报。目前证券公司多采用计算机终端申报竞价的方式，即证券公司将交易申报通过计算机终端输入证券交易所主机，计算机主机收到申报后按证券品种、价格、数量排列，再将各方买卖申报按规定的顺序和原则自动撮合成交。证券交易于成立时生效，买卖双方必须承认交易结果，履行清算交收义务，任何一方不得反悔。

二、证券登记结算机构与证券公司进行证券和资金的清算交收，并为投资者办理登记过户手续

清算交收是证券交易的最后履约阶段。证券交易成交后，交易双方需通过各自委托的证券公司进行资金和证券的交收。买入证券者获得证券，同时交付资金；卖出证券者交付证券，同时获得资金。清算交收分为两个阶段：一是证券公司与证券登记结算机构进行清算交收；二是投资者与证券公司进行清算交收。在我国，由于实行无纸化电脑交收，采用集中保管证券方式，所以在一般情况下，办理证券交收时，由证券登记结算机构通过证券集中保管库存账户划转完成。

登记过户是指证券交易成交后，由证券登记结算机构根据成交结果，将证券所有权从卖方过户到买方，并在投资者的账户进行登记。由于我国证券交易实行电脑交易过户一体化，所有的登记过户手续全部由电脑过户系统一次完成，通常情况下，买卖双方一旦成交，过户手续就已经完成。

◎ 证券交易即时行情的公布和权益享有

第一百零九条　证券交易所应当为组织公平的集中交易提供保障，实时公布证券交易即时行情，并按交易日制作证券市场行情表，予以公布。

证券交易即时行情的权益由证券交易所依法享有。未经证券交易所许可，任何单位和个人不得发布证券交易即时行情。

修改提示

原《证券法》第一百一十三条对交易所即时行情进行了规定。本条进一步规定证券交易所应"实时"公布证券交易的即时行情，并强调了证券交易所对证券交易即时行情的信息专有权。

解　析

一、证券交易所公布证券交易行情的义务

为组织公平的集中交易提供保障和公布交易信息是证券交易所的义务之一。国家设立证券交易所的目的是确保证券交易有序运行，保证投资者有一个公平交易的场所，信息公开是证券市场的一个重要规则，为此，本条规定了证券交易所要为组织公平的集中交易提供保障，公开证券交易信息的义务。

证券交易即时行情是投资者对证券作出客观判断的重要依据。发布证券交易即时行情必须准确及时，实时公布，不能延迟和出现差错，否则会给投资者造成不必要的损失。本条新增加规定的"实时"，是指交易行情的公布，要与交易行情的发生、发展过程同时进行。目前，证券交易所为履行公布即时行情的法定义务，保证证券交易行情的实时性，已经发展出一套由地面高速光纤和空中卫星网络传播双向保障的行情专属路径，保障证券交易即时行情能够稳定、实时地显示在投资者行情终端。

二、证券交易所对即时行情的所有权

证券交易所行情信息是保障证券交易顺利进行的重要基础，为投资者进行投资决策提供了重要参考。同时，行情信息也是证券交易所的重要资源，以行情信息服务为基础的信息服务在一定程度上体现交易所核心竞争力的强弱。

证券交易所对即时行情信息享有专属权益是国际惯例，如不在法律中对相关权属作出明确规范，将面临境外机构基于即时行情编制指数并推出衍生品等一系列问题，进而削弱境内市场的定价权，危害我国金融安全。据此，为加强对证券交易即时行情的立法保护，本条增加规定了"证券交易即时行情的权益由证券交易所依法享有"。按规定，未经证券交易所授权许可，其他任何单位、个人不得发布证券交易即时行情，也不得以证券交易所发布的即时行情为基础，组织开展相关衍生品交易，或者从事其他经营活动。

◎ 上市交易股票的停牌、复牌

第一百一十条 上市公司可以向证券交易所申请其上市交易股票的停牌或者复牌，但不得滥用停牌或者复牌损害投资者的合法权益。

证券交易所可以按照业务规则的规定，决定上市交易股票的停牌或者复牌。

修改提示

本条为新增条款。

解 析

上市公司停复牌制度，是证券市场的一项基础性制度。停复牌制度设计的出发点，是在股价敏感信息已经产生但尚未披露的情况下，通过暂时中断证券交易，保证市场参与者能够公平地获取可能影响投资者决策的信息，并

维护交易秩序的公平。从市场运行机理分析，停牌的实质是公司股票暂时停止交易，与申请股票上市、再融资和并购重组等类似，应该被视为上市公司的一项基础性权利，属于公司自治事项，由公司自主决策。因此，在证券交易中，一般是以不停牌为原则，停牌为例外。从境内外制度与实践来看，股票停牌大体分为两种情形，一种是上市公司主动申请股票停牌，另一种是交易所或证监会等监管机构对公司股票实施的停牌，现实中，后一种情形较为少见。

停复牌制度在保证信息披露公平性的同时，对证券市场流动性及投资者交易权却有影响，应当接受证券监管机构和证券交易所的适当监管，以平衡市场公平交易秩序和投资者交易权两种价值。目前，我国对于上市公司停复牌的规则体系主要包括两个层面。一是《证券法》《国务院办公厅转发证监会等部门关于依法打击和防控资本市场内幕交易意见的通知》《上市公司信息披露管理办法》《上市公司重大资产重组管理办法》《关于完善上市公司股票停复牌制度的指导意见》等法律、法规、中国证监会部门规章和规范性文件，主要侧重于停复牌管理的基本原则。二是沪深证券交易所《股票上市规则》等自律规则，主要侧重于停复牌办理的标准和程序安排，同时沪深证券交易所又在《股票上市规则》的基础上出台了一些具体细则指导上市公司相关工作。

原《证券法》对于停复牌制度没有规定。本次在修改过程中，各方对于是否应当将停复牌管理纳入其中曾存在争议。有的观点认为，停复牌管理是证券交易所自律管理的应有之义，无须在法律中专门规定；也有观点认为，停复牌管理影响到上市公司、投资者的重大利益，应当在法律中予以规定。2015年证券市场异常波动期间，一千家左右的上市公司集中停牌的负面影响十分严重。一方面剥夺了投资者的交易机会，影响了市场整体流动性；另一方面，波及以股票为基础的其他衍生品种的交易及股票质押活动，破坏了市场结构，影响到整个证券市场的平稳安全运行。因此，考虑到目前对于停复牌制定的法律层级较低，相关监管要求缺乏权威性，本次修改在法律层面对上市公司合理使用停复牌作出原则性规定具有必要性。

◎ 对影响证券市场突发性事件的处置

第一百一十一条　因不可抗力、意外事件、重大技术故障、重大人为差错等突发性事件而影响证券交易正常进行时，为维护证券交易正常秩序和市场公平，证券交易所可以按照业务规则采取技术性停牌、临时停市等处置措施，并应当及时向国务院证券监督管理机构报告。

因前款规定的突发性事件导致证券交易结果出现重大异常，按交易结果进行交收将对证券交易正常秩序和市场公平造成重大影响的，证券交易所按照业务规则可以采取取消交易、通知证券登记结算机构暂缓交收等措施，并应当及时向国务院证券监督管理机构报告并公告。

证券交易所对其依照本条规定采取措施造成的损失，不承担民事赔偿责任，但存在重大过错的除外。

修改提示

原《证券法》第一百一十四条对证券交易所应对突发性事件采取技术性停牌、临时停市措施作出了规定。本条主要做了如下修改：一是列举了主要突发性事件的类型；二是增加一款规定因突发性事件导致证券交易结果出现重大异常，且将对证券交易正常秩序和市场公平造成重大影响的，证券交易所可以取消交易，并通知证券结算机构暂缓交收；三是规定了证券交易所对采取上述措施造成的损失的民事赔偿豁免。

解　析

一、因突发性事件导致的证券交易异常情况

证券交易异常情况是指导致或可能导致市场全部或者部分交易不能正常进行的各种情形。原《证券法》对于证券交易异常情况的规定过于概括，无法对技术故障、人为差错等证券交易异常情况进行有效规制，难以满足证券市场发展与监管的实际需要。实践中，因重大技术故障、重大人为差错等突

发性事件引发的证券交易异常情况日益频繁。据不完全统计，自 2008 年以来，境内外证券市场因系统故障原因导致的大规模交易异常已经多达百余起，对证券市场的功能和秩序形成巨大威胁。

造成交易异常的突发性事件主要包括四种类型：（1）不可抗力。不可抗力是指不能预见、不能避免、不能克服的客观情况，包括台风、地震等自然灾害，也包括事故灾难、公共卫生事件、社会安全事件等社会事件。（2）意外事件。与不可抗力中的社会事件不同，意外事件可能是由于第三人原因造成，往往只是针对特定当事人具有不可预见性和不可抗拒性。（3）技术故障。技术故障一般是指技术设备系统或相应零部件丧失其规定性能的状态。（4）人为差错。人为差错是指在业务实施、流程衔接、操作运行等环节因人为原因出现的重大误差，其典型就是各种"乌龙指"交易。

二、证券交易异常情况的处置措施

因突发性事件影响正常交易或者导致交易结果出现重大异常的，证券交易所应当采取相应的处置措施。本条第一款和第二款根据突发事件对交易影响的不同程度，分别规定了有关处置措施。

一类是技术性停牌和临时停市措施，适用于一般的因突发性事件影响证券交易正常进行时。发生交易异常情况时，如仅涉及个别或少部分证券，交易所可以对相关证券（单只或多只）予以技术性停牌，也叫临时停牌。此举可以防止异常行为持续下去，向投资者揭示风险，也能为处理异常交易争取时间和空间，因此全球证券交易所普遍有此规定。停牌可以是交易所主动作出，也可以是由当事人申请。从境外情况看，证券的停牌主要由发行人提出申请，交易所保留最终裁量权。

临时停市主要适用于当交易异常情况导致所有交易无法正常进行时的情形，例如，因技术系统故障等原因，导致所有或者大量交易无法正常进行，又或是在突发的政治和社会背景下，证券交易如果继续进行可能出现大幅下跌甚至崩盘等系统性风险，等等。德国《交易所法》就规定，如果交易所的正常交易受到暂时威胁或者出于维护公共利益之需，业务执行机构可以暂停交易；如果无法保证交易所交易正常进行，业务执行机构可以停止交易。此举主要是为了维护市场秩序，保障交易公平，防范和警示证券交易系统性风险，或是服务于特定政治和社会管理之目的。

另一类是暂缓交收和取消交易的措施，适用于因突发性事件导致交易结果出现重大异常时。所谓暂缓交收是指对交易异常情况中的相关交易予以中止，使其暂不进入交收程序。但暂缓交收并非最终的解决措施，其目的在于为解决问题做准备，即组织交易双方进行协商，争取就了结相关交易达成妥协；如协商不成，仍需视情况采取取消交易或其他处置措施。

所谓取消交易是指对已达成的交易确认无效，包括交易所主动取消或根据当事人申请取消交易两种情形。各交易所对是否取消交易，态度十分谨慎，适用的条件和程序比较严格，需综合考虑各方因素。通常只有在极端市场环境下，为维护市场的公平、有序，并保护投资者和公众利益，交易所才会决定采取这种"强硬"的处理措施。

三、证券交易所民事赔偿豁免

由于证券市场复杂性和不可预见性，证券交易所作为风险输入性组织，应当豁免其除故意或者重大过失外造成的损害的民事赔偿责任。否则，会导致证券交易所在履职时瞻前顾后，丧失灵活性与及时性的优势。据此，本条规定了证券交易所对突发事件的善意监管民事责任豁免，以便证券交易所能够有效履行突发性事件处理的职责。

在修改过程中，有的意见也提出，证券交易所的民事赔偿豁免应适用于所有自律监管职责。从美国等境外市场立法与实践看，善意监管免责原则适用于交易所监管履职一般情形，而非局限于异常情况处置等特殊情形。如美国司法实践中发展出来了一项自律组织绝对豁免权（Absolute Immunity）原则，即虽然自律组织行使着大量重要的政府职能，但是缺少政府机关所享有的"主权豁免"（Sovereign Immunity），因此，赋予自律组织绝对豁免权，使其在履行法定监管职责时免受民事损害赔偿之诉。我国香港地区《证券及期货条例》也有类似规定，其第22条规定："以下人士——（a）认可交易所；或（b）任何代表认可交易所行事的人，包括（i）该交易所的董事局的任何成员；或（ii）该交易所设立的任何委员会的任何成员，在履行或其本意是履行第 21 条所规定的该交易所的责任时，或在执行或其本意是执行该交易所的规章授予该交易所的职能时，如出于真诚而作出或不作出任何作为，则在不局限第 380（1）条（即'就上市法团的核数师等与证监会之间的通讯豁免承担法律责任'）的一般性的原则下，无须就该等作为或不作为承担任何民事法律责任，不论是在合约法、侵权法、诽谤法、衡平法或是在其他法律下产生的民事法律责任。"

◎ 对证券交易的实时监控和对异常交易账户的限制

第一百一十二条　证券交易所对证券交易实行实时监控，并按照国务院证券监督管理机构的要求，对异常的交易情况提出报告。

证券交易所根据需要，可以按照业务规则对出现重大异常交易情况的证券账户的投资者限制交易，并及时报告国务院证券监督管理机构。

修改提示

原《证券法》第一百一十五条是证券交易所对证券交易实行监控并监督上市公司披露信息、对异常证券账户限制交易的规定。本条主要做了如下修改：一是将原条文第二款证券交易所监督上市公司信息披露的规定调整至本法第五章信息披露中，本条不再规定；二是进一步强调证券交易所可以按照业务规则对重大异常交易的证券账户限制交易；三是将限制交易向中国证监会备案改为向中国证监会报告。

解　析

一、证券交易所对证券交易进行监控

证券交易所是证券市场的组织者，能够对证券交易进行实时监控，这种特殊的角色、职能和优势，客观上要求证券交易所承担起对会员、上市公司、证券交易的一线监管责任。证券交易所在提供证券交易场所的同时，还有监督管理证券交易正常有序进行的职能，这是国际上通行的做法。本法明

确赋予证券交易所一定的监管职能，实时监控权就是其中重要的部分。

所谓实时监控，是指证券交易所为实现对证券交易的有效监督和管理，通过电脑程序对证券交易情况进行与证券交易发生发展过程同时间的监控，包括监察掌握交易情况、统计分析并及时警示非正常交易的监控措施。其日常监控主要包括四方面的内容：

第一，行情监控。主要是指对交易行情进行实时监控，观察股票价格、股价指数、成交量等的变化情况，如果出现股价或指数突然大幅度波动或成交量突然放大等，监控人员可以立即掌握情况，作出判断。

第二，交易监控。主要是指对异常交易进行跟踪，察看分析异常交易是否由违规引起的等。

第三，证券监控。主要是指对证券卖出情况进行监控，察看分析是否存在卖空等异常交易情况。

第四，资金监控。主要是指对证券交易和新股发行的资金进行监控，察看分析是否存在买入证券未及时补足清算头寸的买空等异常交易情况。

本款还规定证券交易所有义务将本交易所内的异常情况，按照国务院证券监督管理机构的要求，向国务院证券监督管理机构报告。

二、证券交易所可以对重大异常交易情况的证券账户限制交易

异常交易行为会损害投资者利益，严重危害证券市场发展。因此，应当赋予证券交易所限制证券交易的权力，强化证券交易所一线监管职能。证券交易所实时监控系统可以捕捉到部分违反交易规则的异常交易行为，将预先设置合理监控指标，对证券交易价格剧烈波动或者严重背离指标的情形，及时检查、专项监控，对出现重大异常交易情况的证券账户按照业务规则限制交易。

关于证券交易所根据业务规则对出现重大异常交易情况的证券账户限制交易的性质，有不同认识。有的认为证券交易所根据法律授权履行公共管理职能，实践中也有当事人据此向人民法院提起行政诉讼。本次修订中，进一步明确了证券交易所对相关证券账户采取限制交易的措施是"按照业务规则"，而业务规则在法律性质上通常被认定为契约的一种形式，境外有的国

家法律还将业务规则明确规定为契约。① 因此，证券交易所采取的限制交易措施属于法定的自律管理范畴，是法律对交易所管理市场以契约为基础的自律管理调整方式的确认，从而避免了将其理解为交易所根据法律法规授权履行公共管理职能的误读。

此外，原《证券法》规定，证券交易所实施限制账户的交易后需要报国务院证券监督管理机构备案。考虑到限制证券账户交易对投资者权利产生极大影响，本次修改为证券交易所应当及时报告国务院证券监督管理机构。

◎ 对证券交易的风险监测和对证券交易重大异常波动的处置

第一百一十三条　证券交易所应当加强对证券交易的风险监测，出现重大异常波动的，证券交易所可以按照业务规则采取限制交易、强制停牌等处置措施，并向国务院证券监督管理机构报告；严重影响证券市场稳定的，证券交易所可以按照业务规则采取临时停市等处置措施并公告。

证券交易所对其依照本条规定采取措施造成的损失，不承担民事赔偿责任，但存在重大过错的除外。

修改提示

本条为新增条款。

解析

本条规定了证券交易所风险监测职能和重大异常波动处置措施。

一、证券交易所风险监测和处置

证券交易所对证券交易进行风险监测和对重大异常波动进行处置是证券

---

① 新加坡《证券期货法》第 24（1）条规定："经认可的交易所的业务规则应被视为具有约束力的合同，并应作为具有约束力的合同而运作——（a）经批准的交易所与每个成员之间；和（b）每个成员与其他成员之间。"

交易所的法定职责之一，是证券交易所履行证券市场一线监管职能的重要举措。证券交易所应当建立风险管理和风险监测机制，依法监测、监控、预警并防范市场风险，维护证券市场安全稳定运行。2015年股市异常波动暴露出了证券交易所对证券市场风险监测的不足。针对在证券市场的重大异常波动情况下证券交易所采取处置措施缺乏明确法律依据的问题，本次修改新增了本条，明确规定了证券交易所风险监测的职能和及时对异常波动进行处置的职能。

需要说明的是，重大异常波动不同于证券交易异常，交易异常是指单只证券的非正常交易，重大异常波动是指全市场范围的非正常波动。为抑制重大异常波动，促进证券市场平稳运行，证券交易所在重大异常波动情况下，可以采取限制交易、强制停牌、临时停市等处置措施。

二、证券交易所民事责任豁免

本法第一百一十一条对证券交易所因突发性事件发生进行处置的善意监管民事责任豁免原则，本条进一步规定了证券交易所在进行证券交易的风险处置时的善意监管民事豁免原则。即在组织和管理证券交易的过程中，只要其主观上不存在故意或重大过失，即使导致证券交易参与人遭受损失的，亦不承担法律责任。

◎ 证券交易所风险基金

第一百一十四条　证券交易所应当从其收取的交易费用和会员费、席位费中提取一定比例的金额设立风险基金。风险基金由证券交易所理事会管理。

风险基金提取的具体比例和使用办法，由国务院证券监督管理机构会同国务院财政部门规定。

证券交易所应当将收存的风险基金存入开户银行专门账户，不得擅自使用。

本条由原《证券法》第一百一十六条和第一百一十七条合并而来，对证券交易所风险基金做了相关规定。

解　析

一、证券交易所风险基金

证券交易所风险基金是指用于弥补证券交易所重大经济损失，防范与证券交易所业务活动有关的重大风险事故，以保证证券交易活动正常进行而设立的专项基金。中国证监会、财政部颁布的《证券交易所风险基金管理暂行办法》，对风险基金的概念、基金来源和提取的具体比例、使用办法等做了详细的规定。

根据《证券交易所风险基金管理暂行办法》第三条的规定，风险基金的来源包括：（1）按证券交易所收取交易经手费的百分之二十提取，作为风险基金单独列账；（2）按证券交易所收取席位年费的百分之十提取，作为风险基金单独列账；（3）按证券交易所收取会员费百分之十的比例一次性提取，作为风险基金单独列账；（4）按本办法施行之日新股申购冻结资金利差账面余额的百分之十五，一次性提取；（5）对违规会员的罚款、罚息收入。

根据本条规定，风险基金由证券交易所的理事会进行管理。证券交易所的理事会应当指定专门机构，负责风险基金的日常管理和使用。

对于风险基金提取的具体比例和使用办法，本条规定由国务院证券监督管理机构和国务院财政部门作具体的规定。本法在修改过程中，有的意见曾提出，证券交易所风险基金提取和使用由国务院证券监督管理机构会同国务院财政部门规定，限制了证券监督管理机构根据市场发展情况对风险基金的提取和使用进行及时调整，应由证券监督管理机构单独规定。考虑到目前证券交易所风险基金的管理模式运行正常，本着"有限目标"的修订原则，本条未对此进行修改。

二、证券交易所风险基金不得擅自使用

风险基金是一种法定的有特殊用途的基金，只有发生了特定的情况时才能动用。只有这样才能保护广大客户、会员的利益，保证证券交易的正常运行。为此，本条给证券交易所设定了一项法定的义务，即专款专用，不得擅自动用。历史上，沪深证券交易所使用风险基金的情况极少。

◎ 证券交易所业务规则的法律地位与效力

第一百一十五条　证券交易所依照法律、行政法规和国务院证券监督管理机构的规定，制定上市规则、交易规则、会员管理规则和其他有关业务规则，并报国务院证券监督管理机构批准。

在证券交易所从事证券交易，应当遵守证券交易所依法制定的业务规则。违反业务规则的，由证券交易所给予纪律处分或者采取其他自律管理措施。

修改提示

本条由原《证券法》第一百一十八条和第一百二十一条合并而来，是对证券交易所依法制定业务规则和对在证券交易所内违规业务规则采取措施的规定。本条主要做了如下修改：一是增加国务院证券监督管理机构的规定作为证券交易所制定业务规定的依据；二是将遵守业务规则的主体范围由人员扩大到所有在证券交易所从事证券交易的主体，并进一步强调了交易所业务规则的效力；三是在纪律处分的基础上，将其他自律管理措施纳入对违反业务规则行为的处分措施范围内。

解　析

一、证券交易所依法制定业务规则

证券交易所负有制定业务规则对证券市场进行规范的权利和义务，该业

务规则是证券经营活动的自律性规范。

根据本法和《证券交易所管理办法》等法律、行政法规、中国证监会制定的有关规定，证券交易所业务规则主要包括上市规则、交易规则、会员管理规则及其他有关规则，如证券交易所从业人员规则、证券交易所营业细则等。

二、证券交易所业务规则的效力

原《证券法》仅规定证券交易所有权制定业务规则，并未对业务规则的效力进行规定，本条第二款增加规定了在证券交易所从事证券交易，应当遵守证券交易所依法制定的业务规则，进一步明确了交易所业务规则的效力。需要说明的是，除法律、行政法规有直接规定外，证券交易所依据业务规则作出的行为是自律管理职能，而非行政行为。实践中，人们往往将交易所的自律管理混同为行政管理，与证券交易所依据法律所确认的职责实施自律管理的基本定位产生了偏差，可能导致交易所市场组织和管理行为受到严格的行政法制实体和程序制度的制约，妨碍交易所及时、专业、灵活、高效地履行市场组织服务管理职责。

三、采取纪律处分或自律管理措施的规定

按照本条规定，在证券交易所从事证券交易，违反证券交易所业务规则的，给予纪律处分或者采取其他自律管理措施。

（一）采取纪律处分或者其他自律管理措施的依据

给予纪律处分或者采取自律管理措施是因为违反了证券交易所的有关业务规则。

（二）纪律处分和自律管理措施的类型

纪律处分的主要种类包括通报批评、公开谴责、公开认定不适合担任相关职务、暂不受理专业机构或者其相关人员出具的文件、暂停或者限制交易权限、取消会员或者其他交易参与人资格等，具有惩戒性和责难性。本条在原有纪律处分的基础上，增加规定了交易所可以采取其他自律管理措施的规定，主要是指一些为维护市场秩序、防范市场风险而采取的处置性、管理

性、矫正性的应对措施，一般不具有惩戒性和责难性，以与纪律处分相区分，这一规定为交易所采取除纪律处分以外的其他自律管理措施提供了上位法依据。

需要说明的是，按本条规定，无论是纪律处分还是自律管理措施，都必须是证券交易所业务规则中规定的措施。而本法中所规定的业务规则，都应当是证券交易所依照法律、行政法规和证监会规定所制定，并报中国证监会批准，不能在本法规定的业务规则之外另行制定业务规则，更不应在本法规定的业务规则之外的规则中规定另一类的二级的纪律处分或自律管理措施。

◎ 证券交易所负责人和其他从业人员执行职务的回避制度

第一百一十六条　证券交易所的负责人和其他从业人员执行与证券交易有关的职务时，与其本人或者其亲属有利害关系的，应当回避。

修改提示

本条做了文字修改。

解　析

本条是对证券交易所负责人和其他从业人员执行职务应当回避的规定。

证券交易所应保证参与证券交易的各方利益不受侵犯和保证证券交易过程中的公平、高效和有序。为了达到公开、公平、公正的目的，本条做了回避的规定，即证券交易所的理事、监事、高级管理人员等负责人和其他从事证券交易工作的从业人员在执行与证券交易有关的职务时，与自己或者自己的亲属有利害关系的，应当退出由他人来处理。

根据本条规定，回避的人员包括下述两大类：第一类是证券交易所的负责人员，主要包括理事、监事、高级管理人员；第二类是证券交易所负责人员以外的其他从业人员，主要指的是证券交易所的工作人员。

◎ 证券交易结果的恒定性

第一百一十七条　按照依法制定的交易规则进行的交易，不得改变其交易结果，但本法第一百一十一条第二款规定的除外。对交易中违规交易者应负的民事责任不得免除；在违规交易中所获利益，依照有关规定处理。

修改提示

原《证券法》第一百二十条规定，依交易规则进行的交易不得改变其交易结果，违规交易者应当承担法律责任。本条对不得改变交易结果作出了例外规定，如交易结果是因本法第一百一十一条第二款规定的突发性事件造成的，则可以对交易结果作出变更。

解析

由于证券交易市场主体变化很大，涉及众多的投资者，如果交易结果确认后，可以随意改变，整个市场交易秩序就会混乱，影响到众多投资者的利益。因此，交易结果恒定是证券交易所组织交易的一个基本原则，只要是依据证券交易所制定的交易规则进行的交易，不论其交易主体是否发生违规行为，均应予以确认。但交易结果的确认并不否定交易中违规交易者应承担的责任。在交易活动中，虽然交易结果不得改变，但是存在过错的一方应当承担民事赔偿责任。本条规定民事责任不得免除，还有一层意思就是在追究违规交易者行政责任甚至刑事责任的同时，民事责任亦不免除。

实践中，在一些特殊情形下，证券交易会出现因不可抗力、意外事件、技术故障等情形，引起交易结果的异常，导致证券交易的价格、数量甚至品种严重违背交易者的真实意图。这些存在重大异常的交易，往往被称为错误交易。历史上境内外的证券交易所均发生过错误交易事件，如：2010年5月6日，美股"闪电暴跌"事件，道琼斯工业指数盘中自10460点开始近乎直线式下跌，仅五分钟便暴跌至9870点附近，其间通用电气、埃森哲等公司的股价惨跌至仅仅只有 1 美分；2009 年 12 月 30 日，交银施罗德"上证 180 治理 ETF"申赎清单出现重大失误，导致不少机构获得套利机会。

从境外成熟资本市场来看，为尽量减少甚至避免交易异常情况对利益相关者以及证券市场整体的不利影响，多数市场都通过法律以及证券交易所的业务规则，规定错误交易的取消政策，即证券交易所依职权或者依申请，根据一定标准并按照一定程序取消明显错误交易或者宣告该错误交易无效。如在 2010 年 5 月 6 日美股"闪电暴跌"事件中，当天 18：00 左右，各交易所宣布取消当日美国东部时间 14：00—15：00 间较 14：40 或之前的最后一笔交易中上涨或下跌超过 60% 的所有股票交易。但这类政策的适用情形一般比较严格，且适用次数非常少。本条对交易结果恒定原则也规定了例外，允许证券交易所在特定情况下采取取消交易的措施。

第八章

证券公司

本章共二十七条，相比于原《证券法》，修改、合并二十五条，保留六条，删除两条。一读稿将本章的章名修改为"证券经营机构"，并调整了有关章节的立法结构，如允许设立证券合伙企业经营证券业务，将证券投资咨询机构、财务顾问机构纳入证券经营机构的范围等。二读稿又恢复了原《证券法》的基本框架，并对规定内容进一步修改完善。三读稿、四读稿仅对二读稿作个别修改。

本章修改内容主要包括：一是完善证券公司设立条件及相关禁止性规定，调整证券业务类型；二是取消了关于证券公司的部分行政许可；三是进一步完善了证券公司相关管理规定，调整证券公司董事、监事、高级管理人员及证券公司从业人员任职的有关要求。

◎ 证券公司设立的条例

第一百一十八条　设立证券公司，应当具备下列条件，并经国务院证券监督管理机构批准：

（一）有符合法律、行政法规规定的公司章程；

（二）主要股东及公司的实际控制人具有良好的财务状况和诚信记录，最近三年无重大违法违规记录；

（三）有符合本法规定的公司注册资本；

（四）董事、监事、高级管理人员、从业人员符合本法规定的条件；

（五）有完善的风险管理与内部控制制度；

（六）有合格的经营场所、业务设施和信息技术系统；

（七）法律、行政法规和经国务院批准的国务院证券监督管理机构规定的其他条件。

未经国务院证券监督管理机构批准，任何单位和个人不得以证券公司名义开展证券业务活动。

修改提示

原《证券法》第一百二十二条至第一百二十四条、第一百二十六条，对证券公司设立的行政许可、证券公司的组织形式、证券公司设立的条件、证券公司的名称进行了规定。此次修订，将前述四条合并为一条并相应调整表述，删除了证券公司的组织形式要求。

解　析

一、设立证券公司应经国务院证券监督管理机构批准

我国资本市场发展的三十多年间，证券公司作为融资企业与投资者之间的桥梁和经营证券业务的特殊金融机构，是证券市场的重要参与者，也是市场功能发挥的重要环节。对证券公司设立、规范运作、从业行为等方面的监管，是资本市场法制建设的重点内容。同时，证券公司所从事的证券业务，具有高流动性和高风险性的特点，需要有专门人才、健全的内部管理机制和必要的经营条件。证券公司的数量也要与证券市场的规模、证券业务量的大小以及经济发展的需要相适应。为此，《证券法》规定证券公司设立必须经国务院证券监督管理机构批准。

国务院证券监督管理机构依据《证券法》受理审核申请人提出的设立证券公司的申请，不仅要求申请人依照法定程序提交法律规定的各种申请文件，还要对其提交的申请文件的真实性、准确性和完整性进行审查，不符合法定条件的设立申请不予批准。该项行政许可的确立，可以防止信誉不好、资产不良、内部组织机构不健全的公司进入资本市场，有利于净化市场环

境，增强交易安全，具有防范市场风险的作用。

在修订过程中，有意见提出，将本法中关于"证券公司"的规定进一步扩展至"证券经营机构"，放开证券公司的组织形式要求，不再局限于有限公司或者股份公司，为引入证券合伙企业等形式提供法律依据，为将国务院证券监督管理机构按照规定批准经营证券业务的其他机构纳入相关规定的规范提供法律依据。但考虑到目前实践中采用合伙制的证券公司不多，境外历史上一些曾经采用合伙制的证券商也因适应公司的上市和发展壮大需要，而改为公司制，因此，对合伙形式的证券商未作规定。

二、证券公司设立的条件

随着资本市场的发展，证券公司的设立条件需要进行相应调整。此次修订，在原证券公司设立条件的基础上，结合我国证券公司经营活动逐步完善、规范，证券公司监管制度不断完备、健全的实际情况，进行了以下调整。

一是对证券公司主要股东和实际控制人资格进行调整。原条文要求，证券公司的主要股东应具有持续盈利能力，信誉良好，净资产不低于人民币二亿元。此次《证券法》修订提高了资本市场制度建设的市场化水平，对于证券公司主要股东的资信状况，不再作净资产与持续盈利能力的硬性要求，仅规定"具有良好的财务状况和诚信记录"的原则性要求。同时，基于监管实践经验，证券公司实际控制人在证券公司的日常经营与规范运作方面发挥着重要作用，应作为监管的主要关注对象，因此将实际控制人的有关要求纳入证券公司的设立条件。

二是取消了证券公司董事、监事、高级管理人员取得任职资格的有关要求。为贯彻落实党中央关于推进"放管服"改革的有关部署，进一步加强资本市场简政放权，此次修订取消了证券公司董事、监事、高级管理人员任职资格审批，在证券公司设立条件中不再要求董事、监事、高级管理人员取得任职资格相关行政许可，并明确证券公司董事、监事、高级管理人员需符合本法规定的条件。

三是取消了从业人员取得证券从业资格的有关要求。2016 年 12 月，国家人社部公布了调整后的"国家职业资格目录清单",其中,将"证券从业资格"由准入类资格调整为水平评价类资格,此次《证券法》修订反映了这一变化,不再将取得证券从业资格作为从业人员的准入要求,故在证券公司设立条件中,不再要求证券公司从业人员具有证券从业资格,并明确从业人员需符合本法规定的条件。证券从业人员,通常是指在依法从事证券业务的机构从事证券业务的专业人员,包括:(一)证券公司中从事自营、经纪、承销、投资咨询、受托投资管理等业务的专业人员,包括相关业务部门的管理人员。(二)基金管理公司、基金托管机构中从事基金销售、研究分析、投资管理、交易、监察稽核等业务的专业人员,包括相关业务部门的管理人员;基金销售机构中从事基金宣传、推销、咨询等业务的专业人员,包括相关业务部门的管理人员。(三)证券投资咨询机构中从事证券投资咨询业务的专业人员及其管理人员。(四)证券资信评估机构中从事证券资信评估业务的专业人员及其管理人员。(五)中国证监会规定需要取得从业资格和执业证书的其他人员。

在修订过程中,各方对于取消从业人员资格有较大的争议。有的提出,证券从业资格,属于水平评价类的资格,用于判断有关人员是否具备专业能力,应归入行业自律管理的范畴,无须在法律上做准入门槛的规定;也有的提出,金融行业作为强监管行业,对金融机构从业人员有必要设置准入门槛,如果不设门槛,可能导致证券行业鱼龙混杂,大量不具有专业能力的人进入证券机构,可能对投资者造成损失。况且,我国银行业、保险业等金融行业都采用了人员资格准入的做法,如果仅在证券行业做区分,在监管统一性上似有不妥。考虑到证券从业资格在"国家职业资格目录清单"中已经不再属于准入类资格,如果将其规定为从业准入门槛将导致规则之间的矛盾,因此法律上不再对此作规定。

需要说明的是,法律取消证券从业人员的准入资格,并不意味着不再对证券公司从业人员的能力提出要求。修订后的法律要求证券公司的董事、监事、高级管理人员、证券从业人员符合本法规定的条件。但该条件规定不属于行政许可,即担任证券公司的董事、监事、高级管理人员和证券从业人员,无须经证监会批准,而是由证券公司根据本法规定的条件来确定;当然，如果证券公司任用了不符合本法条件的董事、监事、高级管理人员和证券从业人员，也会面临相应的法律后果，包括在申请设立阶段得不到批准，在申请证券业务许可时得不到核准等。另外，此处所指"本法规定的条件"是指本法第一百二十四条和第一百二十五条规定的条件，不包括在此之外监管机构所规定的条件。但监管机构可以在本法规定条件范围内作出细化的解释性规定。

四是增加规定，设立证券公司要有合格的信息技术系统。

三、不得以证券公司名义开展证券业务活动

原条文规定，未经国务院证券监督管理机构批准，任何单位和个人不得经营证券业务。此次修订，将前述要求进一步细化，明确未经国务院证券监督管理机构批准，任何单位和个人不得以证券公司名义开展证券业务活动。在修订过程中，有意见提出，本条第三款规定禁止任何单位和个人未经批准以证券公司名义开展证券业务活动。实践中可能出现有的主体不以"证券公司"名义经营，但实际从事证券业务的情形。以这种"打擦边球"的方式规避法律规定，不仅会扰乱证券行业的正常经营秩序，也不利于保护投资者的合法权益，不利于证券市场的稳定健康发展，增大打击非法证券活动的难度。对此，本法第一百二十条规定了八种证券业务类型，并明确其中证券承销、证券保荐、证券经纪和证券融资融券业务必须由证券公司从事，如果任何主体违法从事上述业务，应当按照本法第二百零二条追究其相应责任。除上述专营业务外，证券投资咨询，与证券交易、证券投资活动有关的财务顾问，证券做市交易，证券自营业务，法律上规定不限于证券公司从事，但是有关主体从事上述业务也应当符合法律、行政法规的规定，并按照本法第七条的规定接受国务院证券监督管理机构的统一监管。同时，修订后的《证券法》强调，未经批准以证券公司名义开展证券业务的，应当禁止。对于未经批准，不以证券公司名义而开展证券业务的，虽然没有明确规定统一予以禁止，但可根据本法第二百零二条和第二百一十三条中有关非法经营证券业务、擅自从事证券服务业务等规定，对有关行为予以规制。例如，目前未经批准经营证券业务的罚则，其中有"擅自"这一表述，即是对该类情形进行

的规制。

◎ 证券公司设立的程序

第一百一十九条　国务院证券监督管理机构应当自受理证券公司设立申请之日起六个月内，依照法定条件和法定程序并根据审慎监管原则进行审查，作出批准或者不予批准的决定，并通知申请人；不予批准的，应当说明理由。

证券公司设立申请获得批准的，申请人应当在规定的期限内向公司登记机关申请设立登记，领取营业执照。

证券公司应当自领取营业执照之日起十五日内，向国务院证券监督管理机构申请经营证券业务许可证。未取得经营证券业务许可证，证券公司不得经营证券业务。

修改提示

本条未作修改。

解　析

本条是对证券公司设立审批、登记和申领经营证券业务许可证的程序规定。

一、证券公司设立审批时限

由于证券业务与众多投资人的利益及证券市场的稳定关系密切，对证券公司设立申请的审批应当严格、慎重。因此，本条规定，国务院证券监督管理机构应当自受理证券公司设立申请之日起六个月内审查完毕，作出批准或者不予批准的决定，并通知申请人。对设立申请不予批准的，国务院证券监督管理机构还应当向申请人说明理由，以保障申请人的知情权。

二、证券公司设立审批依据

国务院证券监督管理机构在审批证券公司设立申请时，除应当依据本法和有关法律、行政法规规定的条件和程序外，还应当依据审慎监管原则。审慎监管原则，是指国务院证券监督管理机构对证券公司提出的旨在防范和控制其经营风险，确保经营业务的稳健运行和客户资产安全所必需的监管要求和标准，包括风险管理、内部控制、资本充足率、资产质量、资产流动性等方面的要求和标准。对于"审慎监管原则"的理解与执行，有意见认为应限于监管机构在个案审查中对许可条件的把握，不包括监管机构以规章形式新增加规定许可条件。实际上，在执行审慎监管原则时，应赋予监管机构为防范金融风险而采取有关措施的更大法律空间。既应当包括在个案中对既有许可条件的弹性把握，也包括根据需要而依法新增加规定有关许可条件。本法第一百一十八条第一款第（七）项也就此做了授权规定。

三、证券公司的"证"和"照"

本条规定，设立证券公司，应当先向国务院证券监督管理机构申请，在设立申请获得批准后，再向公司登记机关申请设立登记，领取营业执照，然后再申请经营证券业务许可证。

2014年起，各地、各行业陆续推出"先照后证"改革。"证"与"照"是我国企业进入市场的两把钥匙，其中"照"是指市场监管部门颁发的营业执照，"证"则指代相关行业主管部门颁发的经营许可证。在修法过程中，围绕证券公司应当"先证后照"还是"先照后证"的问题，有过广泛的讨论。有的认为，在"先证后照"的制度安排下，设立证券公司只要到工商部门领取一个营业执照，就可以从事一般性的生产经营活动，如果要从事需要许可的生产经营活动，再向国务院证券监督管理机构申请；在等待许可期间，证券公司可以着手开展一些筹备工作，为先期发展节约时间成本。但考虑到证券公司区别于其他行业，存在投资者分布广、水平参差不齐、行业风险高、社会影响大的特点，必须设置符合风险特征的准入门槛，采用有效的监管规范，必须持牌经营、先取得设立许可。如果采用"先照后证"的模式，可能会出现许多未经证券监管机构设立许可而以证券公司名义活动的公司，普通投资者难以辨别，可能破坏正常的市场秩序，导致大量风险的累积。因此，这次修订维持了原有规定，要求先经审批，再办理营业执照和领取许可证。

◎ 证券公司的业务

第一百二十条　经国务院证券监督管理机构核准，取得经营证券业务许可证，证券公司可以经营下列部分或者全部证券业务：

（一）证券经纪；

（二）证券投资咨询；

（三）与证券交易、证券投资活动有关的财务顾问；

（四）证券承销与保荐；

（五）证券融资融券；

（六）证券做市交易；

（七）证券自营；

（八）其他证券业务。

国务院证券监督管理机构应当自受理前款规定事项申请之日起三个月内，依照法定条件和程序进行审查，作出核准或者不予核准的决定，并通知申请人；不予核准的，应当说明理由。

证券公司经营证券资产管理业务的，应当符合《中华人民共和国证券投资基金法》等法律、行政法规的规定。

除证券公司外，任何单位和个人不得从事证券承销、证券保荐、证券经纪和证券融资融券业务。

证券公司从事证券融资融券业务，应当采取措施，严格防范和控制风险，不得违反规定向客户出借资金或者证券。

修改提示

原《证券法》第一百二十五条对证券公司业务范围进行了规定。此次修订，对本条做了以下调整：一是对证券公司业务类型进行调整；二是增加了国务院证券监督管理机构审查证券公司业务牌照的程序性要求；三是明确了证券公司核心业务类型；四是对融资融券业务的风险防控进行了规定。

解 析

一、证券公司业务类型

证券公司从事证券业务，应经国务院证券监督管理机构批准，根据监管实践情况，本次修订对证券业务类型作出调整：

一是将融资融券业务列入证券业务类型。证券公司从事融资融券业务，应当与客户签订融资融券合同，按照规定向客户出借资金供其买入证券，或者出借证券供其卖出，并收取规定比例的担保物。原《证券法》第一百四十二条规定，证券公司为客户买卖证券提供融资融券服务，应当按照国务院的规定并经国务院证券监督管理机构批准。为贯彻落实党中央关于推进"放管服"改革的有关部署，此次修订对证券公司融资融券业务行政许可进行了调整，将融资融券业务列入证券业务类型，归入证券业务牌照管理，不再单独设置行政许可。

二是将证券做市交易业务列入证券业务范畴。证券做市交易业务，是指发布证券买卖双向报价，并在其报价数量范围内按其报价履行与投资者成交义务的经营活动。随着证券公司做市交易业务的开展和相关制度规则的逐步完善，此次修订将做市交易正式列入证券业务类型进行监管。证券公司从事证券做市交易业务，应当诚实守信、勤勉尽责，按照规定持续规范发布买卖双向报价，并在其报价价位和数量范围内履行与投资者的成交义务。目前，世界各地证券市场中有相当数量采用做市交易制度，如美国的纳斯达克市场以做市交易制度为核心，通过做市交易竞争性报价保证市场的效率。按照全美证券商协会规定，证券商须在该协会登记注册才能在美国纳斯达克市场从事做市交易，并应达到一定的最低净资本要求，具备做市商业务必须的软件设备。

三是在证券业务类型中不再规定证券资产管理业务。考虑到证券资产管理业务已在《基金法》中进行系统规定，为使证券资产管理业务的监管标准统一，考虑《基金法》与《证券法》规范内容的区分，此次修订明确证券公司经营证券资产管理业务，应当符合《证券投资基金法》等法律、行政法规的规定，不再将证券资产管理列入证券公司证券业务类型。

二、经纪业务、融资融券及做市交易规则的完善

2015 年股市异常波动中，部分机构通过其控制的证券交易账户，借助 HOMS 系统的分仓管理功能为投资者开立虚拟子账户，接受投资者的交易指令，代客户完成证券交易，反馈成交结果并提供结算服务，实际属于未经证监会批准变相经营证券经纪业务的行为。此外，部分互联网平台也在大量为投资者买卖证券提供虚拟证券账户开立、委托交易、结算等业务。这些行为扰乱证券行业正常经营秩序，而且容易被不法分子利用，进而从事操纵市场、内幕交易、洗钱等违法违规行为。因缺少有关业务规则，不利于认定上述行为的非法性。此外，融资融券业务、做市交易业务等证券业务在原《证券法》中都缺乏相应的界定，为了有效打击此类非法证券业务活动，有必要对证券经纪业务等证券业务类型的核心要素进行描述。因此，在此次修订过程中有意见提出，应在《证券法》中明确证券经纪、证券融资融券、证券做市交易三项主要业务的业务规则，更好地界定业务边界，以作为监管的有力抓手。但是，考虑到现阶段证券业务活动正在发展、创新，对前述三项业务的业务规则加以归纳的条件尚未成熟，市场上对于此三类业务的认识也不统一，尤其是做市交易业务，实践经验较少，最终此次修订暂未采纳该建议。

三、证券公司专属业务类型

此次修订，新增了关于证券公司专属业务的有关规定，明确除证券公司外，任何单位和个人不得从事证券承销与保荐、证券经纪、证券融资融券业务，将这些业务归入证券公司专属业务。同时，也为其他机构按照规定从事专属业务以外的其他证券业务，留出了法律空间。

需要说明的是，实践中一些商业银行在银行间债券市场从事承销业务，

对此在《证券法》修订中有关方面也进行了研究。考虑到这次《证券法》修订并未将调整范围扩大到按《中国人民银行法》设立的银行间债券市场，在银行间债券市场发行的产品种类多样、情形复杂，特别是实践中有关部门并未将相关品种发行作为公开发行，其性质是否属证券公开发行尚有疑义。因此，这次《证券法》修订将证券承销规定为证券公司专属业务，并不影响上述商业银行的目前做法。但如果将银行间债券市场的债券发行活动按照《证券法》有关公开发行公司债券的规定来执行，则其承销活动自然也应当遵循《证券法》的规定。

四、融资融券业务的风险防控

本条第五款，新增了关于证券公司融资融券业务风险防控的规定，明确证券公司从事证券融资融券业务，应当采取措施，严格防范和控制风险，不得违反规定向客户出借资金或者证券。证券融资，是指向客户出借资金供其买入证券、客户缴存担保物的经营活动；证券融券，是指向客户出借证券供其卖出、客户缴存担保物的经营活动。融资融券业务，存在亏损放大风险、平仓风险、损失本金风险等固有风险，具有杠杆效应，一旦达到担保标准，客户又无法提供新的担保物，就会发生"爆仓"，对证券市场产生较大的冲击。考虑到融资融券业务风险的特殊性，因此本条对融资融券的风险管控做了更为严格的规定。

◎ 证券公司的注册资本

第一百二十一条　证券公司经营本法第一百二十条第一款第（一）项至第（三）项业务的，注册资本最低限额为人民币五千万元；经营第（四）项至第（八）项业务之一的，注册资本最低限额为人民币一亿元；经营第（四）项至第（八）项业务中两项以上的，注册资本最低限额为人民币五亿元。证券公司的注册资本应当是实缴资本。

国务院证券监督管理机构根据审慎监管原则和各项业务的风险程度，可以调整注册资本最低限额，但不得少于前款规定的限额。

本条根据证券业务类型的调整，对证券公司注册资本最低限额要求进行了完善。

本条是对证券公司注册资本最低限额的规定。

一、经营不同业务的证券公司的注册资本最低限额

证券公司经营证券经纪、证券投资咨询和与证券交易、证券投资活动有关的财务顾问业务中的一项和数项的，注册资本最低限额为人民币五千万元。证券公司接受投资者委托，代理买卖证券，或者为证券投资提供咨询、财务顾问服务，不直接从事证券交易，风险程度较低，因此，本条对其注册资本最低限额的要求较低。

经营证券承销与保荐、证券融资融券、证券做市交易、证券自营、其他证券业务中的一项的，注册资本最低限额为人民币一亿元；经营其中两项以上的，注册资本最低限额为人民币五亿元。上述所列证券公司业务类型，涉及较高风险，需要证券公司有充足的资金支持业务开展，并承担可能发生的风险或者在特定情形下承担保证责任，因此本条对其注册资本最低限额的要求较高。

值得注意的是，证券公司从事第一项至第三项业务，同时还从事第四项至第八项业务的，对于其注册资本的最低限额按照孰高原则执行。

经营证券业务，涉及众多投资者的利益，法律对其注册资本作严格要求，应当实缴，不得分期缴付，以保证证券公司的资本足额按时到位，维持较好的偿付能力，保护客户的利益。

二、国务院证券监督管理机构对证券公司最低注册资本限额的调整

由监管机构对证券公司最低注册资本限额进行调整，是原《证券法》就有的规定。由于证券市场处于不断的变化之中，有些证券业务的风险可能会

随着市场变化剧增，为了提高证券公司承担风险的能力，维护证券市场稳定，在法律对证券公司注册资本"底线"进行规定的基础上，有必要授权国务院证券监督管理机构根据审慎监管原则和证券公司各项业务的风险程度，在必要时调整证券公司注册资本最低限额。

◎ 证券公司的变更

第一百二十二条　证券公司变更证券业务范围，变更主要股东或者公司的实际控制人，合并、分立、停业、解散、破产，应当经国务院证券监督管理机构核准。

修改提示

原《证券法》第一百二十九条规定了证券公司相关的行政许可，包括：证券公司设立、收购或者撤销分支机构；证券公司变更业务范围；增加注册资本且股权结构发生重大调整；减少注册资本；变更持有 5% 以上股权的股东、实际控制人；变更公司章程重要条款；合并、分立审批；证券公司在境外设立、收购或者参股证券经营机构的批准。此次修订，取消或修改了上述部分行政许可。

解析

为贯彻落实党中央关于推进"放管服"改革的相关部署，加强资本市场简政放权，结合目前监管实践的需要及资本市场发展的现状，此次修订对本条有关证券公司的部分行政许可进行了调整或取消。其中，对于证券公司变更业务范围的行政许可予以保留，在实践中配合本法第一百二十条进行适用；对于证券公司设立、收购或者裁撤分支机构，证券公司在境外设立、收购或者参股证券经营机构两项行政许可予以取消。对于证券公司增加注册资本且股权结构发生重大调整、减少注册资本、变更公司章程中的主要条款等事项，结合近年来我国《公司法》修订中放松管制、增加市场化程度的有关原则，《证券法》不再要求对其进行审批；对于证券公司变更持有百分之五以上股权股东的审批，考虑到监管的必要性与法律规定之间的一致性，将其调整为证券公司变更主要股东的审批；对于证券公司变更实际控制人、合并、分立、停业、解散、破产的审批予以保留。

有意见提出，区别于其他行业，金融行业一直以来都被认为应当采用强监管的模式，应当设置较高的准入门槛和行为规范要求。本次修订删除证券公司设立、收购或者撤销分支机构，在境外设立、收购或者参股证券经营机构等行政许可，未来可能发生难以对此类行为监管的问题。此外，目前的监管实践中，我国实体企业在境外投资的行为都要符合商务部门、项目管理部门、外汇管理部门的要求，并取得相应的法律手续才可以实施投资行为，反而是强监管的金融行业取消了行政许可，似乎存在监管逻辑不统一的问题。修订过程中，曾就恢复证券公司相关行政许可有过多次讨论，但由于各方意见并不统一，最终法律上仍删除了相关行政许可的规定。

◎ 证券公司的风险控制指标

第一百二十三条　国务院证券监督管理机构应当对证券公司净资本和其他风险控制指标作出规定。

证券公司除依照规定为其客户提供融资融券外，不得为其股东或者股东的关联人提供融资或者担保。

修改提示

原条文对证券公司风险控制指标以及禁止证券公司为其股东或者股东的关联人提供融资或者担保进行了规定。此次修订，调整了原条文对风险控制指标进行列举的立法技术，改为概括的表述方式；同时，对禁止证券公司为其股东或者股东的关联人提供融资或者担保增加了例外情形，明确证券公司按照规定为其客户提供融资融券的除外。

解析

本条是对证券公司风险控制指标以及禁止证券公司为其股东或者股东的

关联人提供融资或者担保的规定。

一、证券公司风险控制指标

考虑到《证券法》作为上位法，不宜对证券公司的风险控制指标规定得过于具体，以避免限制监管机构根据市场情况对指标进行及时调整的空间。同时，中国证监会及相关自律组织已制定了一系列关于证券公司风险控制指标的有关规定。如中国证监会制定了《证券公司风险控制指标管理办法》，建立了以净资本和流动性为核心的风险控制指标体系，明确了净资本、风险覆盖率、资本杠杆率、流动性覆盖率、净稳定资金率等各项风险控制指标；中国证券业协会制定了《证券公司全面风险管理规范》，对证券公司风险管理组织架构、风险管理政策和机制、风险管理信息技术系统和数据等有关要求进行了补充完善。故此次修订删除了原《证券法》对于各类具体风险控制指标的列举，仅保留净资本要求，明确国务院证券监督管理机构应当对证券公司净资本和其他风险控制指标作出规定。

二、证券公司不得为其股东或者股东的关联人提供融资或者担保

股东的关联人，是指受证券公司股东直接或者间接控制，或者与证券公司股东之间存在可能导致公司利益转移的其他关系的企业和个人。在实践中，一些证券公司由于内部控制机制不严，经营活动不规范，存在股东、股东的关联人通过向证券公司借款或者要求证券公司为其提供无偿担保等关联交易，借此转移公司资产或者向证券公司转移风险的现象。为此，2005 年《证券法》修订时明确禁止证券公司为其股东或者股东的关联人提供融资或者担保。但该规定限制了证券公司的股东或股东的关联人成为证券公司融资融券业务的客户，特别是对于上市的证券公司而言，不适应证券行业创新发展的需要。考虑前述情况，此次修订认为证券公司为其股东或者股东的关联人提供融资或者担保不应全盘禁止，故增加了证券公司为客户提供融资融券服务作为禁止向股东提供融资或担保的例外情形。

◎ 证券公司董事、监事、高级管理人员的任职条件和备案管理

第一百二十四条　证券公司的董事、监事、高级管理人员，应当正直诚实、品行良好，熟悉证券法律、行政法规，具有履行职责所需的经营管理能力。证券公司任免董事、监事、高级管理人员，应当报国务院证券监督管理机构备案。

有《中华人民共和国公司法》第一百四十六条规定的情形或者下列情形之一的，不得担任证券公司的董事、监事、高级管理人员：

（一）因违法行为或者违纪行为被解除职务的证券交易场所、证券登记结算机构的负责人或者证券公司的董事、监事、高级管理人员，自被解除职务之日起未逾五年；

（二）因违法行为或者违纪行为被吊销执业证书或者被取消资格的律师、注册会计师或者其他证券服务机构的专业人员，自被吊销执业证书或者被取消资格之日起未逾五年。

修改提示

原《证券法》第一百三十一条对证券公司董事、监事、高级管理人员任职资格管理进行了规定。此次修订，删除了证券公司董事、监事、高级管理人员任职资格行政许可，改为备案管理，并将相关从业人员撤销资格的表述修改为吊销执业证书或者被取消资格。

解析

本条是对证券公司董事、监事、高级管理人员任职资格管理的规定。

证券公司的董事、监事、高级管理人员共同组成公司的经营管理层，负责公司的经营管理，有权依照法律和公司章程的规定，处理公司经营管理中的重大问题。他们的素质如何、能否忠实地履行自己的职责，不仅事关公司的命运，对证券市场的稳定与发展也有重大影响。对此，原条文对于证券公司董事、监事、高级管理人员的任职资格，单设行政许可进行管理，要求证

券公司董事、监事、高级管理人员应在任职前取得国务院证券监督管理机构核准的任职资格。此次修订，取消了证券公司董事、监事、高级管理人员任职资格审批，改为备案管理，要求证券公司任免董事、监事、高级管理人员应当报国务院证券监督管理机构事后备案，不再进行审批核准。

但也有意见提出，境外成熟市场如美国、英国、日本等国家均对证券业高管监管做了规定，要求证券业高管必须具备一定的资质，通过相应测试，并有后续职业培训要求。综合考虑金融业涉众性广、公共性强，外部效应明显的特点，同时鉴于严格董事、监事、高级管理人员准入管理是金融审慎监管的第一道防线，应当恢复法律上关于证券公司董事、监事、高级管理人员任职资格的行政许可。但从贯彻落实党中央关于推进"放管服"改革的相关部署出发，最终本条取消了证券公司董事、监事、高级管理人员任职资格的行政许可，改为规定有关人员必须正直诚实、品行良好，熟悉证券法律、行政法规，具有履行职责所需的经营管理能力的要求。

◎ 证券公司从业人员的任职条件

第一百二十五条　证券公司从事证券业务的人员应当品行良好，具备从事证券业务所需的专业能力。

因违法行为或者违纪行为被开除的证券交易场所、证券公司、证券登记结算机构、证券服务机构的从业人员和被开除的国家机关工作人员，不得招聘为证券公司的从业人员。

国家机关工作人员和法律、行政法规规定的禁止在公司中兼职的其他人员，不得在证券公司中兼任职务。

修改提示

原《证券法》第一百三十二条规定，因违法行为或者违纪行为被开除的证券交易所、证券登记结算机构、证券服务机构、证券公司的从业人员和被开除的国家机关工作人员，不得招聘为证券公司的从业人员。原《证券法》第一百三十三条规定，国家机关工作人员和法律、行政法规规定的禁止在公司中兼职的其他人员，不得在证券公司中兼任职务。此次修订将前述两条合为一条，分列两款；将"证券交易所"改为"证券交易场所"；同时新增一款，明确证券公司从事证券业务的人员应当品行良好，具备从事证券业务所需的专业能力。

解 析

本条是对证券公司从业人员任职条件的规定。证券公司的从业人员，是指在证券公司中任职，依照证券公司章程的规定，经办所任职业务的证券公司的职员。包括证券公司的管理人员和业务人员。

一、品行良好，具备从事证券业务所需的专业能力

本次修订在《证券法》中删除了证券从业资格的有关规定，为了保障证券公司从业人员具有从事证券业务必备的专业能力和职业道德素养，本条新增一款关于证券公司从业人员任职要求的原则性规定，明确证券公司从事证券业务的人员应当品行良好，具备从事证券业务所需的专业能力。在此基础上，中国证监会可以进一步规定证券公司从业人员的细化要求，虽不得再以资格准入的方式对其进行监管，但可以通过事中事后监管的方式对证券公司形成规制。

二、招聘证券公司从业人员的限制条件

为了加强市场监管，保护投资者的合法权益，本法在总结证券市场监督管理经验的基础上规定，因违法行为或者违纪行为被开除的证券交易场所、证券公司、证券登记结算机构、证券服务机构的从业人员和被开除的国家机关工作人员，不得招聘为证券公司的从业人员。证券公司对已招聘的从业人员如果发现有本条规定的情形的，应当依法予以解聘。

三、在证券公司中兼职的限制条件

禁止国家机关工作人员在证券公司中兼职，是因为他们手中掌握国家赋予的管理公共事务的职权，这种权力不应当用于公司的经营。否则，将容易

使国家权力被滥用，为非法经营提供方便；也容易让国家机关中的腐败分子钻空子，以权谋私，还可能削弱国家对社会经济生活的监管职能。

除本条规定的国家机关工作人员外，有关法律、行政法规还会根据需要禁止一些不宜在证券公司中兼职的人员在证券公司兼任职务。

◎ 证券投资者保护基金

第一百二十六条 国家设立证券投资者保护基金。证券投资者保护基金由证券公司缴纳的资金及其他依法筹集的资金组成，其规模以及筹集、管理和使用的具体办法由国务院规定。

修改提示

原《证券法》第一百三十四条对投资者保护基金进行了规定，并授权国务院对投保基金的筹集、管理和使用的具体办法进行规定。此次修订，在授权国务院规定具体办法的内容中，增加了投资者保护基金的规模。

解 析

证券投资者保护基金制度是各主要资本市场国家和地区普遍建立的一种证券投资者保护制度。20世纪70年代初，部分西方国家出现了大量券商破产倒闭，造成投资者现金和股票损失的问题，证券投资者对证券市场的信心受到打击。为了维护投资者信心，保证证券市场稳定发展，各国开始建立保护中小投资者利益的投资者保护基金制度。例如，美国在1970年制定的《证券投资保护法》中规定，设立证券投资者保护协会，要求所有在证券交易所注册的投资银行都必须成为该协会的会员，并按照经营毛利的千分之五缴纳会费，建立基金，用于投资银行财务困难或破产时的债务清偿。此外，爱尔兰1988年颁布的《投资者赔偿法》、澳大利亚1987年颁布的《国家担保基金法》、英国2000年颁布的《金融服务和市场法》、德国1988年颁布的《存款保护和投资者赔偿法案》等均以立法形式，对设立证券投资者赔偿计划作出了规定，并据此设立了证券投资者保护基金。

证券公司作为证券市场最重要的中介机构，其规范发展直接关系到资本市场改革开放和稳定发展的大局。伴随着我国资本市场发展，国家对证券公司进行了综合治理，以化解现有风险，同时有效防范新的风险，为证券公司规范、持续、稳定发展奠定基础。作为综合治理配套措施之一，我国从 2004 年开始研究设立证券投资保护基金。作为投资者保护体系的重要组成部分，证券投资者保护基金的设立，一是可以在证券公司出现关闭、破产等重大风险时弥补投资者的损失，通过简捷的渠道快速地对投资者特别是中小投资者予以保护；二是有助于稳定和增强投资者对我国金融体系的信心，有助于防止证券公司个案风险的传递和扩散；三是对现有的国家行政监管部门、证券业协会和证券交易所等行业自律组织、市场中介机构等组成的全方位、多层次监管体系的一个重要补充，在监测证券公司风险、推动证券公司积极稳妥地解决遗留问题和处置证券公司风险方面发挥重要作用；四是有助于我国建立国际成熟市场通行的证券投资者保护机制。2005 年 6 月 30 日，经国务院批准，中国证监会、财政部、中国人民银行联合发布了《证券投资者保护基金管理办法》，对我国投资者保护基金的募集、使用、监督和管理进行了规定。2005 年《证券法》修订时规定，专门增加有关证券投资者保护基金设立的规定和授权条款，为国务院制定投资者保护基金的管理办法提供了上位法依据。

随着投资者保护基金制度在我国资本市场的落地与十余年间的发展，目前投资者保护基金的规模正在不断增长。但与其日益增长的规模形成对比的是，证券投资者保护基金使用次数寥寥，一方面造成了资源的极大浪费，另一方面也加重了证券公司的负担。对此，有意见提出，法律上应当对投资者保护基金的募集金额作出明确限制。但也有意见提出，虽然投资者保护基金的规模有了较大增长，但证券公司的运营规模亦随着业务开展不断扩大，风险敞口也会有对应的增长，如果法律上对基金规模做了明确限制，难以覆盖未来的风险敞口需求，如何科学地进行规范尚需进一步讨论。因此，考虑到投资者保护基金制度发展的这一现状，本条新增授权国务院规定投资者保护基金的规模，允许国务院根据实际需要作出更为灵活的规定，在加强投资者保护的同时，合理规划证券公司的运营财务成本，提高资源配置的效率。

◎ 证券公司交易风险准备金

第一百二十七条　证券公司从每年的业务收入中提取交易风险准备金，用于弥补证券经营的损失，其提取的具体比例由国务院证券监督管理机构会同国务院财政部门规定。

修改提示

本条有三处修改：一是关于交易风险准备金的提取方法，由从税后利润中提取改为从业务收入中提取；二是关于交易风险准备金的用途，由证券交易的损失扩展到证券经营的损失；三是关于具体提取比例，要求由国务院证券监督管理机构会同财政部门规定。

解析

证券市场是一个高风险市场，证券公司作为证券市场的主要参与者和重要中介组织，其抗风险水平，不仅事关自身的交易安全，还影响着广大投资者的权益。为了防范和化解市场风险，巩固证券公司自身的财产基础，保护投资者的权益，法律上规定了风险准备金制度，这一制度属于法定风险准备金，而非任意准备金，要求证券公司必须按照特定的方法和比例提取一部分资金，用于为维护证券市场正常运转提供财务担保和弥补因证券交易不可预见风险带来的亏损的资金。早期，我国山西票号的"身股制"就是一种类似的风险准备金制度，即从红利中预提一定数额的资金，作为弥补未来意外损失的风险基金。

2005 年《证券法》规定，交易风险准备金的用途限定于证券交易。但实践中，因证券交易导致损失的情形并不多见，这一用途限定反而导致了证券公司无法将该准备金用于弥补其他损失，一方面不利于维护受损者的权益，另一方面也不利于证券公司财务健康。对此，本条将交易风险准备金的用途扩展到证券经营，使得其使用更具弹性，能够更好地适应实际情况。此外，关于交易风险准备金的提取方法，通常有从税后利润中提取、从高级管理人员的工资和控股股东分配股利中提取、从发行或配股所获资金中提取、从风险准备金投资收益中提取、从营业收入中提取等多种方式。2005年《证券法》规定，交易风险准备金必须从证券公司每年的税后利润中提取，不得税前提留。本次修法时，为了进一步减轻证券公司经营管理的财务负担，提高我国证券公司的竞争力，改为从每年业务收入中提取，允许将交易风险准备金做税前扣除，降低了证券公司的税收负担。同时，考虑到这一修改涉及证券公司的税务事项，需要由证券监管部门和财政部门一同作出具体安排。因此，本条规定：交易风险准备金的提取比例，由国务院证券监督管理机构会同财政部门规定。

◎ 证券公司的内部控制

第一百二十八条 证券公司应当建立健全内部控制制度，采取有效隔离措施，防范公司与客户之间、不同客户之间的利益冲突。

证券公司必须将其证券经纪业务、证券承销业务、证券自营业务、证券做市业务和证券资产管理业务分开办理，不得混合操作。

修改提示

本条将证券做市业务纳入了不得混合操作的业务范畴。

解 析

本条是对证券公司内部控制制度的规定。证券公司内部控制，是指证券公司为实现经营目标，根据经营环境变化，对证券公司经营与管理过程中的风险进行识别、评价和管理的制度安排、组织体系和控制措施。通常情况下，证券公司的内部控制应充分考虑控制环境、风险识别与评估、控制活动与措施、信息沟通与反馈、监督与评价等要素。完善的内部控制制度有利于保证证券公司经营的合法合规，防范经营风险和道德风险，保障客户及证券公司资产的安全、完整，提高证券公司经营效率和效果。

本条第一款要求，证券公司应当建立健全内部控制制度，主要包括证券公司经营与管理中的授权与审批、复核与查证、业务规程与操作程序、岗位权限与职责分工、相互独立与制衡、应急与预防等措施，并强调证券公司应当采取隔离措施，以防范公司与客户之间、不同客户之间的利益冲突等。"利益冲突"一词起源于英美衡平法，通常是指"一个人的自身利益与此人对其他人所负的受信义务的情形，或者一个人对两个或以上的人负有相互冲突的受信义务的情形"[①]。证券公司的利益冲突，主要表现在证券公司自身利益与其客户的信托义务之间，或者是证券公司对两个以上客户所负的受托义务间的冲突。

本条第二款对证券公司业务隔离提出了更进一步的要求。按照本法规定，证券公司可以同时经营证券经纪、证券承销、证券自营、证券做市等多种业务，证券公司在这些业务中有的属于交易一方，有的属于中间人。如果这些业务在操作过程中不加以隔离，可能会发生证券公司牟取属于客户的商业机会、利用敏感信息买卖股票等问题，因此为了确保证券公司开展有关业务时的独立性、公正性和客观性，本条对证券公司必须进行业务隔离，不得混合操作提出了明确要求，也是建立健全内部控制制度的重要原则。对此，国外资本市场通常要求证券公司建立完善的信息隔离机制，一般有"信息墙"和"防火墙"两种安排。信息墙制度，是指综合性金融机构制定的一系列内部制度和规定，以隔离不同部门之间的信息和规范信息的流动，防止因利益冲突引致的利益输送或内幕交易。防火墙制度，则是用于隔离金融集团各个不同业务子公司之间的经营风险传递。如1968年美国SEC诉美林证券案中，由于美林证券承销部向机构销售部泄露了其承销的道格拉斯飞机制造公司盈利信息，导致其他客户大量抛售，最终美国SEC要求美林证券制订、实施和保证遵循新的程序规则，为防范内幕交易提供更加有效的保护。1988年美国制定的《内幕交易与证券欺诈施行法》中也明确规定，"任何注册证券商经纪人或交易商均应建立、维持、实施以

---

① 胡伏云、姚松涛：《完善证券公司业务信息隔离机制问题探讨》，《证券市场导报》2008年第1期。

书面形式规定的、合理制订的、充分考虑到该经纪人或交易商业务性质的政策和程序，以阻止该经纪人或交易商及其相关人员违反本法、规则或规定对重大的非公开信息的滥用"。

本法第一百二十条将证券做市交易业务新纳入了证券公司的证券业务范畴。考虑到在开展证券做市业务时，证券公司同时扮演了买方和卖方的角色，如果不与其他证券业务进行隔离，可能会发生证券公司利用其地位损害交易对手方的情形，因此本条第二款将证券做市业务也纳入了业务隔离的范畴。

◎ 证券公司的自营业务

第一百二十九条 证券公司的自营业务必须以自己的名义进行，不得假借他人名义或者以个人名义进行。

证券公司的自营业务必须使用自有资金和依法筹集的资金。

证券公司不得将其自营账户借给他人使用。

263

修改提示

本条未作修改。

解 析

本条是对证券公司自营业务管理的规定。证券自营业务，是指证券公司以自己的名义和自有资金买卖证券从而获取利润的经营性活动。该业务的定位，不仅是单纯的证券投资交易，更是代表一种有别于其他参与证券投资交易的主体、可以直接进入交易所进行交易的权利。同时该业务的功能，除了交易本身之外，还应具有活跃市场、增强市场流动性的功能。从境外来看，以美国为例，以证券交易为业、为自身利益从事证券交易的机构被称作交易商。作为重要的市场中介机构，交易商通过参与进场交易、做市交易等发挥着发现价格、丰富市场流动性，以促进资本形成的功能。

本条第一款和第二款规定了证券自营业务的两个特征：一是证券公司

的自营业务，必须以自己的名义进行，行使民事权利，承担民事责任。为防止证券公司逃避监管，本条进一步规定证券公司自营业务不得假借他人名义或者以个人名义进行。二是证券自营业务的资金来源，必须是证券公司的自有资金和依法筹集的资金。其中，自有资金，是指证券公司的资本金以及由使用该资本金而产生的收益；依法筹集的资金，是指通过债券融资、同业拆借市场拆借的资金等依法筹集的资金，资金来源不得是客户交易的结算资金，也不得是以客户的交易结算资金和证券作担保取得的资金。本条第三款还规定，证券公司不得将其自营账户借给他人使用。这是为了避免证券公司自营业务成为非法从事证券买卖业务的通道，防止企业或个人以证券公司名义进行证券买卖，不但违反本法关于账户实名制的规定，还可能发生逃避监管、增加证券市场风险、扰乱证券市场秩序的问题。

◎ 证券公司审慎经营与自主经营

第一百三十条 证券公司应当依法审慎经营，勤勉尽责，诚实守信。

证券公司的业务活动，应当与其治理结构、内部控制、合规管理、风险管理以及风险控制指标、从业人员构成等情况相适应，符合审慎监管和保护投资者合法权益的要求。

证券公司依法享有自主经营的权利，其合法经营不受干涉。

修改提示

原《证券法》第一百三十八条对证券公司的自主经营权进行了规定。此次修订，增加了第一款、第二款，明确证券公司应当依法审慎经营、勤勉尽责、诚实守信，其业务活动，应当与其治理结构、内部控制、合规管理、风险管理以及风险控制指标、从业人员构成等情况相适应，符合审慎监管和保护投资者合法权益的要求。

《证券公司监督管理条例》第二十七条规定，证券公司应当按照审慎经营的原则，建立健全风险管理与内部控制制度，防范和控制风险。此次修订将条例实践比较成熟的内容，上升到法律，增加了证券公司应当依法审慎经营的规定，并根据本法总则中诚实信用的原则，结合证券市场诚信建设的需要，增加规定了证券商应当勤勉尽责、诚实守信的有关要求。

本条第二款也吸收了《证券公司监督管理条例》的相关内容，增加规定了证券公司的业务活动，应当与其治理结构、内部控制、合规管理、风险管理以及风险控制指标、从业人员构成等情况相适应，符合审慎监管和保护投资者合法权益的要求。

同时，证券公司是依法设立的、以营利为目的的企业法人，依法享有自主经营的权利。本条规定，证券公司依法享有自主经营的权利，其合法经营不受干涉，为证券公司依法维护自身的合法权益提供了依据。各级政府部门、监督管理机构、证券业协会应当维护证券公司的合法权益，证券公司的合法权益受到侵害时，证券公司可以通过申请行政复议或者诉讼等方式保护自身的合法权益。

◎ 证券公司客户交易结算资金的第三方独立存管和安全保障

第一百三十一条　证券公司客户的交易结算资金应当存放在商业银行，以每个客户的名义单独立户管理。

证券公司不得将客户的交易结算资金和证券归入其自有财产。禁止任何单位或者个人以任何形式挪用客户的交易结算资金和证券。证券公司破产或者清算时，客户的交易结算资金和证券不属于其破产财产或者清算财产。非因客户本身的债务或者法律规定的其他情形，不得查封、冻结、扣划或者强制执行客户的交易结算资金和证券。

原《证券法》第一百三十九条对客户资产管理进行了规定。此次修订，删除了国务院对证券公司客户交易结算资金管理的具体办法和实施步骤进行规定的授权。

解　析

一、客户交易结算资金的独立存管

证券交易结算资金，是指客户交易结算资金、证券经营机构自营资金、其他用于证券交易资金的统称。本条第一款要求证券公司客户的交易结算资金应当在商业银行独立存管，从制度上防止了证券公司挪用客户交易结算资金。所谓存放在商业银行，以每个客户的名义单独立户管理，是指证券公司客户的交易结算资金应当以客户的名义，而不是证券公司的名义存放于商业银行。每个客户账户中的交易结算资金的收付，由该商业银行根据证券公司按照客户要求发出的指令进行管理。这样的做法，有利于避免证券公司挪用客户资金、损害客户的合法权益。

证券公司综合治理前，证券公司大量违规开展委托理财、"三方监管"、国债回购等业务，积累了大量风险。许多证券公司利用客户资金与自有资金未分离的"漏洞"挪用客户交易结算资金，严重侵害投资者的合法权益。随后，证监会开展了证券公司综合治理工作，化解了有关行业风险。

境外成熟市场通常采用独立存管、第三方存管和混合存管三种方式。如美国的独立存管模式，要求证券经纪商开立"客户特别存款账户"，该账户只能在联邦储蓄系统银行开立，账户资产不得用于担保；英国要求投资机构管理客户资产时，应通过分户保管等方式，并提供适当的保全措施；韩国采用了第三方存管模式，规定证券公司必须将客户资金存入韩国证券金融公司，与证券公司的自有资金账户分离。

2005年《证券法》修订时，借鉴综合治理工作经验，明确了第三方存管制度，并考虑客户交易结算资金存管制度实施时间不长，账户管理尚不规范，证券公司清理原有账户、规范客户资金管理需要一定时间，部分商业银行为实施这一制度还需要进一步完善存管、结算系统，故授权国务院对证券公司客户交易结算资金独立存管的具体办法和实施步骤进行规定。本次修订时，考虑到该制度已运行多年，制度机制充分建立，故不再要求国务院出台有关规定。

证券公司客户交易资金存管制度是在特定历史时期，解决当时证券公司风险处置水平较低、挪用客户保证金情形较多的问题而作出的特殊安排。该制度的确立，充分适应了当时的市场环境和监管能力，对于规范证券公司经营、规范证券行业发展具有十分重要的作用。也有意见提出，随着我国资本市场的逐步发展，资本市场基础设施与基本制度不断完善，证券客户资金独立存管制度在稳步运行的过程中也暴露出了一些问题，比如商业银行无法掌握客户汇总数据，难以对证券公司整体资金及全市场资金情况监控，难以发现异常；客户资金变动的指令需要经过多个环节，资金流转效率低等，建议取消该制度。但考虑到这一制度目前运行相对平稳，如果取消该制度，可能仍会发生挪用客户保证金的风险，最终仍保留了该项制度安排。

二、证券公司客户资产的独立性

由于证券公司客户的交易结算资金和证券是客户委托证券公司进行证券买卖的，其中的交易结算资金按照本法规定独立存管于商业银行，其证券资产则存管于证券登记结算机构，独立于证券公司的自有财产。这体现了对客户资产给予充分法律保护的原则。根据客户资产的这种独立性，本条第二款从四个方面就客户交易结算资金的安全保障进行了规定：一是不得将该资产归入证券公司自有财产；二是禁止任何单位和个人挪用该资产；三是明确该资产不属于证券公司破产或清算财产；四是规定行政机关或司法机关不得任意查封、冻结、扣划或强制执行该财产。

◎ 证券公司办理经纪业务的买卖委托管理

第一百三十二条　证券公司办理经纪业务，应当置备统一制定的证券买卖委托书，供委托人使用。采取其他委托方式的，必须作出委托记录。

客户的证券买卖委托，不论是否成交，其委托记录应当按照规定的期限，保存于证券公司。

修改提示

本条未作修改。

解　析

证券公司办理经纪业务，首先要与客户订立合同，明确双方的权利和义务，然后才能按照客户的委托要求代客户进行证券买卖。为了方便客户，证券公司有义务置备统一制定的证券买卖委托书供其使用，同时进一步规范客户与证券公司之间的委托与受托内容。

客户的证券买卖委托记录是确认客户与证券公司之间权利和义务的法律文件，是证券公司代客户买卖证券的凭据。不论根据客户的委托进行的交易是否成交，证券买卖委托记录无论是柜台委托保存的书面委托书，还是电话委托、电脑委托保存的录音及其他委托记录，都必须按照监管机构规定的期限，保存于证券公司，以备日后查询。要求证券买卖委托记录按照监管机构规定的期限予以保存，有利于保证证券公司按照客户的真实指令，代客户进行证券买卖和结算，防止证券公司借用客户的名义为自己进行证券买卖，也可以防止证券公司挪用客户资金或者证券，减少证券公司与客户之间的纠纷，并为处理证券公司与客户之间可能发生的纠纷提供可靠的证据。

◎ 证券公司办理经纪业务的买卖委托执行

第一百三十三条　证券公司接受证券买卖的委托，应当根据委托书载明的证券名称、买卖数量、出价方式、价格幅度等，按照交易规则代理买卖证券，如实进行交易记录；买卖成交后，应当按照规定制作买卖成交报告单交付客户。

证券交易中确认交易行为及其交易结果的对账单必须真实，保证账面证券余额与实际持有的证券相一致。

修改提示

原《证券法》第一百四十一条对证券公司买卖委托执行进行了规定。此次修订，删除了证券交易由交易经办人员以外的审核人员逐笔审核的有关规定。

解 析

客户向证券公司对所买卖的证券名称、买卖数量、出价方式、价格幅度等作出明确的指令，证券买卖委托书即是这种指令的凭据，证券公司根据客户的指令完成证券交易，这种行为构成了证券公司和客户之间的委托关系。证券买卖的委托方式有当面委托、电话委托、电传委托、传真委托、信函委托、电子委托等形式。目前我国证券市场上的证券买卖常见委托方式有三种：一是柜台委托，即投资者亲自到证券公司营业部填报买卖委托书；二是电话委托，投资者将买卖委托书所需填报内容电话告知营业部工作人员，由其代为填报，证券公司对电话进行录音，作为纠纷发生时处理纠纷的证据材料；三是电子委托，即投资者在柜台开立账户时一并开设网络账户，投资者通过互联网登录网络账户，并依据指示填报相关交易信息。证券公司接受客户委托后，应当严格按照交易规则和委托书载明的客户委托要求，通知其在证券交易所的交易员，将客户指令输入交易所的自动交易系统，或者通过与证券交易所自动交易系统联网的计算机终端直接将客户指令输入证券交易所自动交易系统进行撮合。证券公司执行客户的委托指令应当及时、准确。当客户委托的交易成交后，证券公司必须按照证券交易、结算规则的规定办理证券交易的清算、交收，为客户办理资金的收付和证券的过户，并对证券交易的所有环节作出交易记录。证券公司作出的交易记录必须真实、准确、完整，不得有虚假记载。

本条第一款要求，证券交易完成后，证券公司应当制作成交报告单交付客户。买卖成交报告单，是证券公司按照本法和国务院证券监督管理机构以及证券交易规则的规定制作的记载证券交易成交情况的文件。本条第二款规定的证券买卖对账单，是证券公司编制的，在一定期限内，客户在该证券公司的交易行为及其交易结果的情况记录。证券买卖对账单应当按照本法和国务院证券监督管理机构以及证券交易规则的规定编制，正本交客户存查，副本保存于证券公司备查。对账单应保证账面证券余额与实际持有的证券相一致。随着我国证券市场的发展和交易方式的优化，目前，无纸化交易已成为证券市场的主流交易方式，因此买卖成交报告单和证券买卖对账单的形式也发生了变化，不再采用传统的纸质单据，而是通过电子数据的形式进行传递和保管，使得客户能够更快速、便捷地取得这些单据。但同时，这种变化对于证券公司的技术系统提出了更高的要求，也带来了如数据处理可靠性、信息安全防护等诸多问题，要求监管部门出台更有针对性的措施。

◎ 证券公司办理经纪业务不得接受客户全权委托和不得允许他人借自己名义入场交易

第一百三十四条 证券公司办理经纪业务，不得接受客户的全权委托而决定证券买卖、选择证券种类、决定买卖数量或者买卖价格。

证券公司不得允许他人以证券公司的名义直接参与证券的集中交易。

修改提示

原《证券法》第一百四十三条对禁止全权委托买卖证券进行了规定。此次修订，增加了证券公司不得允许他人以证券公司的名义直接参与证券的集中交易的有关规定。

解析

一、禁止接受客户全权委托买卖证券

全权委托，是指客户在委托证券公司代其买卖证券时，对证券的买进或者卖出，或者买卖证券的种类、数量、价格不加任何限制，完全由证券公司代为决定。对于众多中小投资者来说，缺乏专门的证券知识和投资技巧，而证券公司无论在资金、技术、人才和信息方面都比一般的投资者具有更多的优势。因此，为了盘活市场、发挥好证券公司的专业能力，境外国家地区也有对允许全权委托作出安排的，如美国在立法中允许全权委托，日本采用原则禁止、允许例外的模式。但在立法过程中，考虑到一方面，不是所有的证券公司及其从业人员都能忠实地履行诚信义务，有些甚至利用客户的授权为自己牟取私利，如利用客户的账户和资金翻炒证券，或者为证券公司牟利而损害客户利益等；另一方面，全权委托实际上改变了经纪业务的基础法律关系，更类似于一种资产管理的行为，需要对其提出专门的监管要求，不能简单地作为经纪业务看待。此外，证券公司利用全权委托来集中资金买卖证券，还可能会造成证券市场的价格波动。因此，本条仍完全禁止证券公司在经纪业务中全权委托。

二、证券公司不得允许他人以证券公司的名义直接参与证券的集中交易

资本市场是以信用为基础进一步开展各项相关活动的，证券公司取得的有关业务牌照是对其经营能力与开展相关业务资质的信用证明，而且证券公司在开展经纪业务时，还承担有相应职责，因此法律允许其可以自己的名义参与证券的集中交易。若证券公司允许他人以证券公司名义直接参加证券集中交易，实际上是将自己的业务许可转让于他人，也即允许他人"借道"经营证券经纪业务，一方面导致监管难以对实际操盘人进行监控；另一方面实际上导致了不具备相当信用的主体直接参与集中交易，滋生交易风险和非法证券业务活动，从而影响证券市场秩序。故此，本次修订增加了证券公司不得允许他人以证券公司的名义直接参与证券的集中交易的有关规定。用"证券"的集中交易这一表述，是同时考虑了债券与存托凭证的交易规范，而非仅指股票单一品种的交易。

第一百三十五条 证券公司不得对客户证券买卖的收益或者赔偿证券买卖的损失作出承诺。

修改提示

本条仅作文字表述调整。

解 析

本条是禁止证券公司向客户提供证券买卖收益承诺的规定。

在实践中，有些证券公司为了招揽客户或者促使客户完成证券买卖以赚取手续费，事先向客户承诺证券买卖的收益或者赔偿证券买卖的损失。考虑到证券买卖是一项高风险的投资活动，证券的价格受多种因素的影响，投资者自行对证券投资价值进行判断，并承担相应的投资风险，是证券买卖的基本要求，如果由证券公司保证投资活动的收益或赔偿有关损失，有悖证券业务的实质和证券市场发展的规律。同时，证券公司作为证券买卖活动的中介，也不具有履行此类承诺的能力。根据《公司法》，证券公司的收入，在依法弥补亏损和提取公积金后，属于股东权益，应按照股东的出资比例、持股比例或者有限责任公司全体股东约定的方式、股份有限公司章程规定的方式分配给证券公司股东；提取的公积金，只能用于弥补公司亏损、扩大公司经营或者转增股本。即证券公司资金难以用于保障客户证券买卖的收益或赔偿客户证券买卖的损失。如果证券公司对客户作出的此类承诺，在实际上履行不了，则其实质是证券公司以欺骗的手段进行不正当竞争，还可能形成大量的潜在风险和纠纷，不利于证券市场的有序竞争发展和证券经营机构的合规经营。因此，从1998年《证券法》制定时起，就明确规定禁止此类行为。在监管实践中，对此类行为也是严格遏制的态度，证监会有关派出机构曾对某证券公司在开展业务时向投资人发送承诺收益的虚假或者误导性信息的行为作出了行政处罚。

◎ 证券公司对其从业人员的职务行为负责和禁止从业人员私下接受委托

第一百三十六条　证券公司的从业人员在证券交易活动中，执行所属的证券公司的指令或者利用职务违反交易规则的，由所属的证券公司承担全部责任。

证券公司的从业人员不得私下接受客户委托买卖证券。

修改提示

本条将原《证券法》第一百四十五条和第一百四十六条的规定做了合并，并删除了证券公司不得私下接受委托的规定。

解　析

本条是对证券公司从业人员有关行为的法律后果和行为规范的规定。

一、证券公司应当依法对其从业人员违反交易规则的行为严格承担责任

《民法通则》规定，企业法人对它的法定代表人和其他工作人员的经营活动，承担民事责任。《侵权责任法》规定，用人单位的工作人员因执行工作任务造成他人损害的，由用人单位承担侵权责任。证券公司的从业人员，在证券交易活动中作出的行为，一般都是以证券公司的名义作出的职务行为或者因执行证券公司指令作出的，而非独立的经纪人。因此，在证券交易活动中，证券公司的从业人员执行所属的证券公司的指令或者利用职务违反交易规则时，给他人造成损失或者产生其他法律后果的，也应当由所属证券公司承担全部责任。本款的规定，既有利于对客户利益的保护，又有利于促使证券公司严格公司纪律，加强对其从业人员的教育和监管。

二、证券公司从业人员不得私下接受客户委托买卖证券

证券公司从业人员私下接受客户委托，是指从业人员未履行其所属证券公司关于相关证券业务开展的管理规定，直接接受客户委托买卖证券的行为。此类行为，不利于证券公司对其从业人员的执业行为进行全面、有效的监督管理，对投资者保护造成很大隐患，容易滋生商业贿赂、内幕交易等违法犯罪行为，也可能发生证券公司从业人员为牟取自身利益绕开证券公司开展证券活动。为有效规范证券公司从业人员的执业行为，避免买卖纠纷、预防违法犯罪、维护公平竞争，从 1998 年《证券法》制定时起就明确禁止证券公司从业人员私下接受客户委托。此外，本条删除了2005 年《证券法》第一百四十五条关于禁止证券公司未经过其依法设立的营业场所私下接受客户委托买卖证券的规定。一方面，考虑到当前资本市场信息交换方式的多元性，证券公司为客户提供服务的方式和地点已经不限于在营业场所现场服务，还包括电话、互联网等多种形式，法律上仍规定必须在依法设立的营业场所提供服务难以适应实际需要；另一方面，证券公司作为主营证券业务的经营主体，不存在私下接受委托的问题，实际上也难以认定其私下接受客户委托的行为，而本条的立法本意旨在规范证券公司从业人员私下接受委托的行为。因此，本条第二款删除了相关表述。

◎ 证券公司的客户信息查询和证券公司的各项信息保存

第一百三十七条　证券公司应当建立客户信息查询制度，确保客户能够查询其账户信息、委托记录、交易记录以及其他与接受服务或者购买产品有关的重要信息。

证券公司应当妥善保存客户开户资料、委托记录、交易记录和与内部管理、业务经营有关的各项信息，任何人不得隐匿、伪造、篡改或者毁损。上述信息的保存期限不得少于二十年。

修改提示

原《证券法》第一百四十七条对证券公司负有依法保存有关资料的义务进行了规定。此次修订,增加了证券公司应建立客户信息查询制度的有关规定,并将证券公司保存资料范围扩展到"各项信息"。

解 析

本条是证券公司建立客户信息查询制度与客户信息保存义务的有关规定。

客户信息,主要包括账户信息、开户资料、委托记录、交易记录等内容。其中,账户信息,是指投资者证券账户的有关信息,如自然人姓名、机构名称,自然人有效身份证件号码、机构营业执照、组织机构代码,自然人手机号码、联系地址、电子邮件等联系信息,机构联系电话、联系地址等联系信息以及法人性质、法定代表人或负责人等重要信息等。开户资料,是指投资者是否在证券公司开户以及开户时所提供的各种信息,如姓名或者名称、公民身份证明的号码、法人合法证件的有关情况等。委托记录,是指客户委托证券公司买卖证券时所填写的证券买卖委托书,以及以电话委托、电脑委托时保存的录音、电子数据等委托记录。交易记录,是指记载客户所进行的证券交易活动的资料,如交易的时间、买卖证券的种类、交易的数额等。客户开户资料、委托记录、交易记录和与内部管理、业务经营有关的各项资料是记录和反映证券交易活动、证券公司运行状况和业务状况的重要史料和证据。

上述信息,能够帮助了解证券交易的有关情况与证券公司业务开展、合规经营等有关情况,可以有效减少或防止客户与证券公司之间的纠纷,并作为处理纠纷的证据材料。为此,原《证券法》规定证券公司负有依法保存有关资料的义务。修订过程中,有意见提出,当前我国证券业务无纸化已经基本普及,通常也不再制备纸质单据,原《证券法》第一百四十七条未明确规定证券公司保存"资料"的性质和范围,实践中部分证券公司在客户交易终端信息的采集、记录、储存、报送等方面存在诸多问题,如有的将保存范围狭义理解为仅指纸质文件或数据。因此，为保障立法的准确性与包容性，本条将"资料"一词改为"信息"，进一步明确证券公司保存义务的涵盖范围。此外，原《证券法》仅规定了相关信息的保存，但未明确相关信息的使用方法，为了进一步保障客户的知情权，此次修订增加了证券公司建立客户信息查询制度的有关要求。还有意见提出，原《证券法》未明确保存资料期限的起始时间，实践操作中可能发生争议，建议明确起算时点。但考虑到各项信息的情况有所不同，有的适合从信息形成之日起算，有的需要从客户销户之日起算，法律上不宜作出过于具体的安排，因此未采纳该意见。

◎ 证券公司及其主要股东、实际控制人报送和提供有关信息、资料的义务

第一百三十八条　证券公司应当按照规定向国务院证券监督管理机构报送业务、财务等经营管理信息和资料。国务院证券监督管理机构有权要求证券公司及其主要股东、实际控制人在指定的期限内提供有关信息、资料。

证券公司及其主要股东、实际控制人向国务院证券监督管理机构报送或者提供的信息、资料，必须真实、准确、完整。

修改提示

原《证券法》第一百四十八条对证券公司及其股东、实际控制人负有依法报送或提供有关信息和资料的义务进行了规定。此次修订，调整了报送或提供有关信息和资料的义务主体，将"股东"修改为"主要股东"。

解　析

本条是对证券公司及其主要股东、实际控制人负有依法报送或提供有关信息和资料义务的规定。

对比原条文，本次修订缩小了报送义务人的范围，将报送义务人由全体股东调整为主要股东。考虑到证券公司的全体股东，特别是已经上市的证券

公司的全体股东，并不必然掌握证券公司业务、财务等经营管理信息和资料，在《证券法》中对要求证券公司全体股东负有信息报送义务并无必要。本法第一百一十八条规定设立证券公司要求主要股东和实际控制人具有良好的财务状况和诚信记录，本法第一百二十二条明确变更主要股东或实际控制人时需要国务院证券监督管理机构核准，本条对证券公司信息报送义务主体的规定亦采用同样标准，明确证券公司主要股东、实际控制人负有信息报送义务。

◎ 对证券公司的委托审计或评估

第一百三十九条　国务院证券监督管理机构认为有必要时，可以委托会计师事务所、资产评估机构对证券公司的财务状况、内部控制状况、资产价值进行审计或者评估。具体办法由国务院证券监督管理机构会同有关主管部门制定。

修改提示

本条未作修改。

解　析

本条是对国务院证券监督管理机构可以依法委托有关证券服务机构对证券公司进行审计或者评估的规定。

本法规定证券公司应当按照规定向国务院证券监督管理机构报送业务、财务等经营管理信息和资料，证券公司及其主要股东、实际控制人应按国务院证券监督管理机构的要求向国务院证券监督管理机构提供有关信息、资料，并要求提供或者报送的信息、资料，必须真实、准确、完整。证券公司报送、提供的信息、资料是否反映了证券公司的真实状况，还需要国务院证券监督管理机构进行具体的分析。由于国务院证券监督管理机构对证券公司财务和经营状况的掌握程度，直接影响到监督管理的质量，但证券公司的财务和经营状况如何，不能完全按照证券公司的表述来确定，对此，国务院证券监督管理机构可以自己进行核查，但在必要时，也可以委托会计师事务所、资产评估机构对证券公司的财务状况、内部控制状况、资产价值进行审计或者评估。

在本次修订过程中有意见提出，为强化国务院证券监督管理机构的执法手段，应当增加国务院证券监督管理机构在认为有必要时不仅可以直接委托中介机构，也可以责令证券公司委托会计师事务所等中介机构对证券公司的财务状况等进行审计评估。但作此规定涉及增加市场主体的经营成本，相关论证还不充分，故该意见未被采纳。

◎ 对治理结构、合规管理、风险控制指标不符合规定证券公司的监督管理措施

第一百四十条 证券公司的治理结构、合规管理、风险控制指标不符合规定的，国务院证券监督管理机构应当责令其限期改正；逾期未改正，或者其行为严重危及该证券公司的稳健运行、损害客户合法权益的，国务院证券监督管理机构可以区别情形，对其采取下列措施：

（一）限制业务活动，责令暂停部分业务，停止核准新业务；

（二）限制分配红利，限制向董事、监事、高级管理人员支付报酬、提供福利；

（三）限制转让财产或者在财产上设定其他权利；

（四）责令更换董事、监事、高级管理人员或者限制其权利；

（五）撤销有关业务许可；

（六）认定负有责任的董事、监事、高级管理人员为不适当人选；

（七）责令负有责任的股东转让股权，限制负有责任的股东行使股东权利。

证券公司整改后，应当向国务院证券监督管理机构提交报告。国务院证券监督管理机构经验收，治理结构、合规管理、风险控制指标符合规定的，应当自验收完毕之日起三日内解除对其采取的前款规定的有关限制措施。

修改提示

原《证券法》第一百五十条对不符合净资本或者其他风险控制指标规定的证券公司的处理程序和有关措施进行了规定。此次修订：一是扩大了相关措施适用的范围，将证券公司"净资本或者其他风险控制指标不符合规定"的情形扩大为"治理结构、合规管理、风险控制指标不符合规定"的情形；二是增加、删除或调整采取措施的类型。

解 析

本法第一百二十三条规定，国务院证券监督管理机构应当对证券公司净资本和其他风险控制指标作出规定。本法第一百三十条进一步规定，证券公司的业务活动，应当与其治理结构、内部控制、合规管理、风险管理以及风险控制指标、从业人员构成等情况相适应，符合审慎监管和保护投资者合法权益的要求。证券公司的治理结构、合规管理、风险控制指标如不符合规定，就有可能影响证券公司的运营，给投资者造成损害，并引起证券市场的动荡。为此，本条对不符合规定的证券公司，规定由国务院证券监督管理机构依法处理。

本次修改，对国务院证券监督管理机构在证券公司逾期未改正情形下采取的有关措施进行了调整。一是将停止"批准"新业务更改为停止"核准"。二是因相关行政许可的取消，此次修订删除了停止批准增设、收购营业性分支机构的措施。三是新增认定负有责任的董事、监事、高级管理人员为不适当人选的措施，即对证券公司董事、监事、高级管理人员本身采取行政监管措施，这也是证券公司董事、监事、高级管理人员任职资格被取消后，中国证监会从严监管金融机构的重要抓手。四是将"责令控股股东转让股权或者限制有关股东行使股东权利"，调整为"责令负有责任的股东转让股权，限制负有责任的股东行使股东权利"。

◎ 对虚假出资、抽逃出资的证券公司股东的监督管理措施

第一百四十一条 证券公司的股东有虚假出资、抽逃出资行为的，

国务院证券监督管理机构应当责令其限期改正，并可责令其转让所持证券公司的股权。

在前款规定的股东按照要求改正违法行为、转让所持证券公司的股权前，国务院证券监督管理机构可以限制其股东权利。

修改提示

本条未作修改。

解　析

本条是对虚假出资、抽逃出资的证券公司股东采取措施的规定。

根据《公司法》规定，股东的出资，是公司设立并从事生产经营活动的物质基础，是法人财产的组成部分，是公司开展日常经营、对外承担债务的保证。因此，《公司法》要求股东出资到位，不得虚假出资、抽逃出资。根据《公司法》，公司的股东也不得虚假出资、抽逃出资。对虚假出资、抽逃出资的证券公司股东，国务院证券监督管理机构应当责令其限期改正，还可根据证券公司股东虚假出资、抽逃出资的情节、所造成的后果等情形，责令其转让所持证券公司的股权，使其持有的证券公司的股权减少，或者不再成为证券公司的股东。股东虚假出资、抽逃出资时，由于其出资存在瑕疵，或减少或完全丧失股权，其行使股东权利的基础也就受到了影响，只有完全履行了相应出资义务后，才重新有行使股东权利的基础。为此，本条规定虚假出资、抽逃出资的股东，在按照要求改正违法行为、转让所持证券公司的股权前，国务院证券监督管理机构可以限制其股东权利。

在修订过程中，有意见提出，实践中证券公司的实际控制人损害证券公司利益或者客户利益的行为时有发生，但是原《证券法》中缺少对实际控制人此类行为的约束性规定，存在一定规则漏洞，建议增加禁止实际控制人违法干预证券公司经营管理活动的规定，并在发生此类情形时授权国务院证券监督管理机构限制其股东权利，甚至要求其转让股权。考虑到该项规定涉及强制处分当事人的财产权利，法律上做此规定应当较为慎重，各方意见不够一致，最终未采纳该建议。

◎ 对未能勤勉尽责的证券公司董事、监事、高级管理人员的监督管理措施

第一百四十二条　证券公司的董事、监事、高级管理人员未能勤勉尽责，致使证券公司存在重大违法违规行为或者重大风险的，国务院证券监督管理机构可以责令证券公司予以更换。

修改提示

原《证券法》第一百五十二条对国务院证券监督管理机构在法定情形下可以对证券公司的董事、监事、高级管理人员采取的措施进行了规定。此次修订删除了撤销证券公司董事、监事、高级管理人员任职资格的有关措施。

解析

本条是对国务院证券监督管理机构在法定情形下可以对证券公司的董事、监事、高级管理人员采取的措施的规定。

如果证券公司的董事、监事、高级管理人员，在履行职责时没有勤勉尽责，导致证券公司存在重大的违反法律、行政法规或者有关规定的行为，或者导致证券公司存在重大风险的，国务院证券监督管理机构根据未勤勉尽责的具体情形，可以责令证券公司更换该董事、监事、高级管理人员。考虑到本法已经取消了证券公司董事、监事、高级管理人员任职资格核准的行政许可，因此本条相应取消了撤销证券公司董事、监事、高级管理人员任职资格的措施手段。

◎ 对违法经营或者出现重大风险证券公司的监督管理措施

第一百四十三条　证券公司违法经营或者出现重大风险，严重危害证券市场秩序、损害投资者利益的，国务院证券监督管理机构可以对该证券公司采取责令停业整顿、指定其他机构托管、接管或者撤销等监管措施。

修改提示 ┈┈┈┈┈┈┈┈┈┈┈┈┈┈┈┈┈┈┈┈┈┈┈┈┈┈┈┈┈┈┈┈┈┈┈┈

本条未作修改。

解　析 ┈┈┈┈┈┈┈┈┈┈┈┈┈┈┈┈┈┈┈┈┈┈┈┈┈┈┈┈┈┈┈┈┈┈┈┈┈┈

本条是对在证券公司违法经营或者出现重大风险并造成严重后果的情形下国务院证券监督管理机构可以采取的监管措施的规定。

证券公司成立后，依法享有自主经营的权利，也承担合法经营的义务。如果证券公司在经营活动中违反法律、行政法规及有关规定，或者出现了重大风险，严重危害了证券市场秩序、损害投资者利益，国务院证券监督管理机构可以对该证券公司采取一些处置风险的监管措施：一是责令停业整顿，如让违法经营或者有重大风险的证券公司继续经营，其违法行为对证券市场秩序、投资者利益的严重危害就会继续下去，并给国家经济秩序和社会秩序的稳定造成极大的隐患，因此规定国务院证券监督管理机构可以采取责令停业整顿的措施。二是指定其他机构托管，以处置证券公司风险、保证证券公司业务正常开展。三是接管，即由监管当局以及政府强制性接管其经营管理，由接管机构派出人员全面负责证券公司的经营管理，行使公司权力，证券公司的相关组织机构和管理人员暂停履行其职能，以迅速控制和有效化解风险，最大限度地减少风险处置成本和市场波动。四是撤销，依法终止证券公司的经营活动，并予以解散，以维护证券市场的正常秩序和社会公众利益。除上述监管措施以外，国务院证券监督管理机构还可以依法采取其他监管措施，以有效监管市场，维护证券市场的正常秩序，保护国家利益和社会公众利益。

◎ 对证券公司有关人员的阻止出境和禁止处分财产措施

第一百四十四条　在证券公司被责令停业整顿、被依法指定托管、接管或者清算期间，或者出现重大风险时，经国务院证券监督管理机构批准，可以对该证券公司直接负责的董事、监事、高级管理人员和其他直接责任人员采取以下措施：

（一）通知出境入境管理机关依法阻止其出境；

（二）申请司法机关禁止其转移、转让或者以其他方式处分财产，或者在财产上设定其他权利。

修改提示

原《证券法》第一百五十四条对可对证券公司直接负责的董事、监事、高级管理人员和其他直接责任人员采取有关措施进行了规定，此次修订进一步完善了有关表述。

解析

本条是对可以依法对证券公司直接负责的董事、监事、高级管理人员和其他直接责任人员采取有关措施的规定。

在证券公司被责令停业整顿、被依法指定托管、接管或者清算期间，或者出现重大风险时，经国务院证券监督管理机构批准，可以对该证券公司直接负责的董事、监事、高级管理人员和其他直接责任人员采取通知出境入境管理机关依法阻止其出境，申请司法机关禁止其转移、转让或者以其他方式处分财产，或者在财产上设定其他权利的措施。本次修订对出境入境管理机关的有关表述进行了完善。在实践中，对于阻止证券公司直接负责的董事、监事、高级管理人员和其他直接责任人员出境这一措施，还需进一步明确决定主体与执行程序，划分国务院证券监督管理机构与出境入境管理机关在执行该措施时的行政职责。

有意见提出，本条授权国务院证券监督管理机构有权通知出境入境管理机关依法阻止有关人员出境，可能导致国务院证券监督管理机构的权限过大，采用国务院证券监督管理机构申请、由出境入境管理机关批准的方式可能更为妥当。考虑到一方面，出境入境管理机关难以对有关人员是否符合本条规定的情形进行判断，本身不具备审查的条件，另一方面实践中阻止有关人员出境的要求可能发生在其即将离境前，具有急迫性，如果需要由出境入境管理机关另行批准，可能导致该措施丧失作用，因此本条仍维持了原《证券法》的安排。

第九章

证券登记结算机构

本章共十五条，共修改了八条，将其中一条拆分为两条，保留了六条。主要规定了证券登记结算机构的设立与解散、性质、法律地位、职能、运营、保障措施、业务规则等内容。

一读稿对证券登记结算的立法模式做了较大调整，分为"证券结算""证券登记与担保""证券登记结算机构"三部分，内容上明确规定了名义持有人制度、让与担保制度。二读稿则恢复原《证券法》立法模式，并删除了名义持有人制度、让与担保制度规定。三读稿、四读稿基本延续了二读稿规定，并进一步完善了相关制度规定。

◎ 证券登记结算机构的法律地位

第一百四十五条　证券登记结算机构为证券交易提供集中登记、存管与结算服务，不以营利为目的，依法登记，取得法人资格。

设立证券登记结算机构必须经国务院证券监督管理机构批准。

修改提示

本条做了文字修改。

284

一、证券登记结算机构的主要职能

《证券法》规定证券登记结算机构为证券交易提供集中登记、存管与结算服务，是证券登记结算机构的三项法定基本职能，也是其为整个证券市场提供的三项最重要服务。

（一）证券登记

证券登记，是指证券登记结算机构受证券发行人委托维护证券持有人名册从而确认证券权属状态的行为。证券登记是连接证券发行人与证券持有人的重要纽带。证券登记对于发行人来说，是为其维护证券持有人名册，证券发行人通过证券登记掌握证券持有人名册，并据此向证券持有人派发股利、送股、配股等；对于证券持有人来说，是对其持有证券的事实及权属状态予以确认，证券持有人可以证券登记的结果为凭证向证券发行人主张权利。证券登记具有公示效力。

证券登记业务包括初始登记、变更登记、退出登记以及其他登记相关服务。证券初始登记包括股票首次公开发行登记、权证发行登记、公司债券发行登记、记账式国债发行登记以及股票增发登记、配股登记等。对于在证券交易场所上市或挂牌交易的证券，证券变更登记包括集中交易过户登记、非集中交易过户登记和其他变更登记，其中，最为常见的变更登记方式为集中交易过户登记，也就是证券登记结算机构根据证券交易场所集中交易达成后证券所有人变更情况修改持有人名册。对于在交易所终止上市的证券，证券登记结算机构为证券发行人办理交易所市场的退出登记。其他登记相关服务包括证券持有人名册查询、权益派发、网络投票服务等。为了规范证券登记业务，防范证券登记风险，保护投资者合法权益，中国证券登记结算有限责任公司制定了《中国证券登记结算有限责任公司证券登记规则》。

在修订过程中，有意见提出证券登记与证券存管、结算的法律性质不同，属于产权登记的范畴，有关登记行为具有公权力属性，建议参照有关产权登记的做法，将证券登记制度予以专门规定，并设立专门的证券登记机构。考虑到证券登记与存管、结算等证券发行、交易活动密切关联，实践操作中难以分割开来，且目前的做法已行之多年，为维持市场机制运行的稳定性，这次修改对此未作调整。

（二）证券存管

证券的存管，是指证券登记结算机构受托集中保管证券公司交存的客户证券和自有证券，并提供相关权益维护服务的行为。

证券的集中存管是指将全部证券集中存放于中央证券存管机构，由证券存管机构以电子化簿记形式记录证券的归属及变动从而替代实物证券交付的制度。最早的证券是以实物方式存在，证券交易需要将实物证券在交易双方之间进行转移交付和登记。但是，随着证券市场的发展，交易量激增，大量实物证券的转移无法及时处理，为提高交易效率，投资者把实物证券交付给证券公司保管（称为"证券托管"），证券公司再把客户交付的证券，连同自有证券，交付给证券登记结算机构集中保管（称为"证券存管"），证券登记结算机构通过电子簿记形式记录证券的归属及变动，并提供权益维护服务，实现了证券的"非移动化"。证券集中存管后，市场逐步向"证券无纸化"方向发展，即不再发行实物证券，仅由证券存管机构（CSD）设立证券账户对证券进行记账，以提高证券结算的效率。证券的集中存管和无纸化简化了证券发行、交易、结算流程，提高了证券发行、交易、结算效率，大大降低了市场参与者的运作成本。

我国证券市场在建立初期就实现了证券的集中存管和发行、交易、结算的无纸化，建立了证券结算的电子簿记系统，中国证券登记结算有限责任公司履行证券存管的职能。投资者需要先与证券公司建立托管关系，证券公司代客户保管证券并提供代收红利等权益维护服务。中国证券登记结算有限责任公司向证券公司提供证券存管服务，受托集中保管证券公司交存的客户证券和自有证券，并提供权益维护服务。具体业务包括：开立和管理证券账户，通过电子簿记系统维护证券公司交存的客户证券和自有证券余额，提供查询和代收红利等服务，记录证券公司和客户的托管关系的产生、变更和终止等。

（三）证券结算

结算是指证券交易成交后交易双方确定和交付钱或券的过程，包括清算和交收两个步骤。清算是指根据证券成交结果，计算交易双方在结算日应收应付的证券数额和资金数额的过程。交收是指根据清算结果，组织交易双方进行证券交付和资金支付的过程。

在实践中，中国证券登记结算有限责任公司按照分级结算原则进行证券结算。所谓分级结算原则，就是指中国证券登记结算有限责任公司不直接参与普通投资者的证券结算服务，而是负责办理与结算参与人（证券公司、托管银行和其他机构）之间的集中清算交收，完成证券和资金的一级清算交收；由结算参与人负责办理与其客户之间的清算交收，进行资金和证券的二级清算交收，并委托中国证券登记结算有限责任公司代为划拨证券。

二、证券登记结算机构的性质

本条规定证券登记结算机构的性质是非营利性法人，即中国证券登记结算有限责任公司以营利为手段但不以分配盈余为目的，仅将所得盈余用以维持、发展、实现其本身功能和作用，其存在价值不是为追求利润，而是为证券交易提供集中的登记、存管与结算服务，为整个证券市场安全、稳定、高速、有效运行提供保障。实践中，我国证券登记结算机构之所以采用公司制，与其成立时的背景有关。我国证券登记结算机构原来分别为上海证券交易所和深圳证券交易所的结算部门，后来统一组成独立的证券登记结算机构。在成立过程中，也有意见认为，该机构所履行的职责具有一定的公共管理属性，如登记职责等，且其原来所属的证券交易所也为事业单位，希望能按事业单位组建，但是，由于新设事业单位的要求比较严格，困难较大，而以公司制形式组建则比较简便。因此，采取了公司制的形式。不过，这并不影响其非营利法人的实际性质。这种与《公司法》有关公司是以营利为目的的法人的一般规定之间的差异，有着其特定的背景。

三、证券登记结算机构的法律地位

本条规定证券登记结算机构具有法人地位。本次文字性修改强调了证券登记结算机构应当依法登记，取得法人资格。中国证券登记结算有限责任公司按照有限责任公司进行注册登记，并采取内部设立股东会、董事会和监事会的公司治理结构，是一个独立存在的组织，有独立的财产，有自己的名称、组织机构和场所，符合我国《民法典》有关法人的要求，在民商事法律关系中能够成为权利义务主体并承担责任。

四、证券登记结算机构设立批准的规定

证券登记结算机构在证券交易中提供服务，处于关键环节，承担重要的责任，关系到买卖双方的利益关系，必须由国家实施严格的监督管理，因此它的设立需要由国务院证券监督管理机构批准，不得擅自设立。

◎ 证券登记结算机构的设立条件和名称识别

第一百四十六条　设立证券登记结算机构，应当具备下列条件：

（一）自有资金不少于人民币二亿元；

（二）具有证券登记、存管和结算服务所必须的场所和设施；

（三）国务院证券监督管理机构规定的其他条件。

证券登记结算机构的名称中应当标明证券登记结算字样。

修改提示

本条第一款关于设立证券登记结算机构的条件中删除了"主要管理人员和从业人员必须具有证券从业资格"。

解　析

证券登记结算机构是具有法定职能的机构，必须具有一定的物质基础，来保证其实现各项法定职能。本条第一款规定：一是自有资金不少于人民币

二亿元的资金条件，因证券登记结算机构日常业务涉及巨额资金流动，为使其正常业务活动有所保障，需要较高的自有资金数额。二是场地和设施条件，证券登记结算机构提供登记、存管和结算服务要求，具备与之相适应的基本物质条件，包括相应的办公场所和软硬件设施等。三是国务院证券监督管理机构规定的其他条件。前两项仅是主要条件，还有必要规定其他条件，故在法律上作出授权性规定。

本次修订删除了"主要管理人员和从业人员必须具有证券从业资格"的条件，一是因为证券从业资格的调整，在第八章"证券公司"相关条文已经作出修订解释，此处不再赘述。二是因为在实践中，证券登记结算机构的主要管理人员和从业人员并不需要具有证券从业资格，为避免因法律相关规定造成现实的不适应，故予以删除。

本条第二款作出专门规定，即需要在名称中显示出机构的特征，标明证券登记结算字样。一方面，通过名称标明其特殊的职能，便于辨认；另一方面，排除任何其他单位使用该字样，防止其他机构使用同样或类似名称造成混乱，更要防止其利用该名称欺诈或误导社会公众。

◎ 证券登记结算机构的职能

第一百四十七条　证券登记结算机构履行下列职能：

（一）证券账户、结算账户的设立；

（二）证券的存管和过户；

（三）证券持有人名册登记；

（四）证券交易的清算和交收；

（五）受发行人的委托派发证券权益；

（六）办理与上述业务有关的查询、信息服务；

（七）国务院证券监督管理机构批准的其他业务。

修改提示

本条主要作以下修改：一是将原条文第四项"证券交易所上市证券交

易"扩大为"证券交易";二是第六项新增"信息服务"。

一、设立证券账户、结算账户

（一）证券账户的开立

投资者买卖证券需要开立证券账户，用于记录投资者持有证券的余额及变动情况。个人和一般机构投资者开立证券账户应到证券公司营业部办理，证券公司等开户代理机构受证券登记结算机构委托接收投资者申请，证券登记结算机构为投资者开立证券账户。

（二）结算账户的开立

证券登记结算机构仅为证券公司等结算参与人开立结算账户。所谓结算参与人，是指在证券登记结算机构设立和管理的电子化证券资金结算系统内，直接参与证券、资金清算交收业务的证券公司、商业银行和其他合格机构。结算账户专用于证券交易成交后的清算交收，具有结算履约担保作用。

二、证券存管和过户

在电子信息化的交易模式下，投资者持有的证券集中登记存管在证券登记结算机构，具有安全性和便捷性。当证券发生交易，由证券登记结算机构以电子数据划转方式完成证券过户行为，过户是清算交收后的结果。过户与登记不是一个概念，过户是证券账户上记载量的变更，过户需要登记但不等于登记。

三、证券持有人名册登记

证券登记结算机构根据其与发行人签订的协议，为证券发行人提供证券持有人名册登记服务，根据证券交易中结算、交收、过户完的结果进行，提供确定投资者权利的登记服务。

四、证券交易的清算和交收

证券交易的清算与交收统称为证券交易的结算，包括证券结算和资金结算。本次修订扩大了证券登记结算机构清算交收的职能范围。实践中，证券登记结算机构负责清算交收的证券，除了在证券交易所上市的证券外，还包含非上市公司股票、退市证券等品种。随着金融创新的深化，创新产品不断涌现，证券登记结算机构负责登记结算的证券品种也将进一步增加，清算交收的职能范围不全面的问题将越来越突出。因此本次修订删除了"证券交易所上市证券"的对象限制。

在我国结算参与人制度下，只有证券公司等结算参与人才能直接参与证券登记结算机构组织的集中结算活动。证券公司对投资者进行二级结算时，在资金结算方面，由证券公司直接对投资者进行资金结算；在证券结算方面，证券公司应当委托证券登记结算机构代为办理其客户证券的划付手续。对于一般交易，投资者证券账户或资金账户上应当有足额的证券或资金用以履行结算义务。

五、受发行人的委托派发证券权益

证券登记结算机构根据发行人的委托向证券持有人派发证券权益，发行人的权益分派业务包括派发股票红利、公积金转增股本登记、分派现金红利以及兑付派息等。

上市公司派发股票红利、公积金转增股本以及分派现金红利的，由上市公司向证券登记结算机构提交材料申请权益派发业务。证券登记结算机构审核上市公司权益分派申请，并核准权益登记日。上市公司申请审核通过后，发布权益分派公告，并在收到证券登记结算机构发送的付款通知后，及时确认并足额付款。证券登记结算机构在确认上市公司权益分派款项足额到账后，实施权益分派，对于分派股票红利、公积金转增股份的，登记到股东证券账户，对于分派现金红利的，向结算参与人发送现金红利清算数据，并向结算参与人划付现金红利资金。

公司债券、可交换债券、可转换债券发行人委托证券登记结算机构办理债券兑付派息，首先也要提出申请，经证券登记结算机构确认后，债券发行人进行公告，并在收到证券登记结算机构付款通知后及时确认并付款。证券登记结算机构确认发行人足额汇付款项后，向结算参与人发送派息清算数据，并向结算参与人划付、兑付派息资金。

六、办理查询、信息服务

本次修订新增了证券登记结算机构信息服务的职能。实践中，证券登记结算机构汇集了市场中的大量信息，也承担了证券账户的信息查询以及其他信息服务的职能，为回应实务的需要，本次修订予以完善。证券发行人和证券持有人可以通过证券登记结算机构提供的电子网络服务系统、现场办理等方式申请查询证券登记信息。证券发行人可以申请查询关联人、董事、监事和高级管理人员等知悉内幕信息当事人持有该证券及变更登记等情况。证券持有人可以申请查询本人证券持有及变更登记等情况。证券交易所依法履行职责，可以查询证券登记相关数据和资料。国家监察机关、人民法院、人民检察院、公安机关和中国证监会等依照法定条件和程序，可以查询证券登记相关数据和资料。

◎ 证券登记结算机构的运营方式

第一百四十八条 在证券交易所和国务院批准的其他全国性证券交易场所交易的证券的登记结算，应当采取全国集中统一的运营方式。

前款规定以外的证券，其登记、结算可以委托证券登记结算机构或者其他依法从事证券登记、结算业务的机构办理。

修改提示

本条修订对证券登记结算全国集中统一运营方式的适用范围进行了调整。

解　析

为提高登记结算效率，节约投资者的投资成本，防范相关风险，原条文规定证券登记结算采取全国集中统一的运营方式。但是随着多层次资本市场的发展，实践中各区域性股权市场的证券登记结算业务基本上由其运营机构自办，或委托省级人民政府批设的登记结算机构办理，并没有采取全国集中统一的运营方式。

考虑到在证券交易所和国务院批准的其他全国性证券交易场所交易的证券，其登记结算采取全国集中统一的运营方式，有助于保持交易秩序的安全、快捷，避免多头登记产生交易结算的不确定和不稳定，也有利于维护参与交易的投资者权益，立法采取了强制性的全国集中统一运营方式。另外，考虑到区域性股权市场对登记结算及时性和便利性的需求，修订后的条文规定其他证券的登记结算既可以委托证券登记结算机构，也可以委托其他机构办理，建立了多层次的证券登记结算机制。但是，其他机构应当是依法从事证券登记、结算业务的机构，除了法律、行政法规规定的机构外，还包括国务院证券监督管理机构以规章形式规定的机构。

◎ 证券登记结算机构的章程和业务规则

第一百四十九条　证券登记结算机构应当依法制定章程和业务规则，并经国务院证券监督管理机构批准。证券登记结算业务参与人应当遵守证券登记结算机构制定的业务规则。

修改提示

本条新增了证券登记结算机构业务规则效力的规定。

解析

证券登记结算机构是一个有法人资格的组织，应当制定章程，但基于其自身职责的特殊性，章程要体现法律的要求，需依法制定，并经过国务院证券监督管理机构批准才能生效。同时，证券登记结算机构为履行其法定职能，需要制定业务规则，同样需要依法制定并经国务院证券监督管理机构批准。

证券登记结算机构是证券市场重要基础设施，其依法制定的业务规则是解释、细化证券市场参与人之间权利义务、法律关系的重要依据。

实践中，部分市场参与人、司法机关未准确理解和认同证券登记结算业务规则的法律效力，导致了一些证券登记结算机构的涉诉案件。证券登记结算业务规则的法律效力被否认，将导致据其开展的业务活动的合法性和确定性被质疑，影响整个证券市场的后台运行，甚至可能引发系统性风险。因此，本条明确规定证券登记结算机构业务规则对证券登记结算业务活动的各参与主体的普遍约束力。

◎ 在证券交易场所交易证券的存管

第一百五十条　在证券交易所或者国务院批准的其他全国性证券交易场所交易的证券，应当全部存管在证券登记结算机构。

证券登记结算机构不得挪用客户的证券。

修改提示

本条修订扩大了证券登记结算机构存管证券的范围。

解　析

一、在证券交易场所交易的证券的存管

在传统的实物券交易模式下，以实物券的流通来完成交易。但实物券的清点、交割、运输、保管和防伪等工作量浩繁，无法适应日益激增的证券交易需求。我国证券市场在设立后不久，即采用无纸化电子交易结算方式，以电子数据交换的方式完成证券的登记与结算。这就要求证券持有人在证券上市交易时必须将证券全部存管于证券登记结算机构，证券登记结算机构将所存管证券的有关信息记载于证券持有人的证券账户内，以保证电子化交易与登记结算过程的顺利进行。

本次修订没有再强调"上市交易时"的存管时点，但是将应当全部存管在证券登记结算机构的证券范围由"上市交易的证券"扩大至"在证券交易

所或者国务院批准的其他全国性证券交易场所交易的证券"，主要是因为在证券交易所或者国务院批准的其他全国性证券交易场所交易证券的登记结算采取强制性的全国集中统一运营方式，且在此场所交易的证券已采用无纸化方式登记结算，需要全部存管在登记结算机构。

二、证券登记结算机构不得挪用客户的证券

证券登记结算机构作为法定的专业存管机构，负有妥善保管投资者证券的义务，不得非法挪用客户的证券，侵犯其合法权益。所谓挪用客户证券，是指证券登记结算机构未经客户同意，将客户存管的证券用于为客户证券结算以外的其他用途，主要包括以下情形：据为己有，用于其他客户的证券交易结算，出借给他人，用作自己或者他人借款的担保物等。

◎ 证券持有人名册、证券持有事实的确认和证券登记过户记录

第一百五十一条　证券登记结算机构应当向证券发行人提供证券持有人名册及有关资料。

证券登记结算机构应当根据证券登记结算的结果，确认证券持有人持有证券的事实，提供证券持有人登记资料。

证券登记结算机构应当保证证券持有人名册和登记过户记录真实、准确、完整，不得隐匿、伪造、篡改或者毁损。

修改提示

本条仅作文字修改。

解　析

一、证券登记结算机构向发行人提供证券持有人名册及有关资料的义务

证券登记结算机构有义务向证券发行人提供证券持有人名册及有关资

料。无纸化证券的持有、交易和权利行使都有赖于登记系统的电子簿记和账户电子记录，只有证券登记结算机构掌握证券初始登记行为完成后的全部业务数据，而发行人自身无法掌握该种情况。因此，证券登记结算机构应当依据与发行人签订的服务协议，向发行人提供证券持有人名册及有关资料。

二、证券登记结算机构应当依照登记结算结果确认证券权利归属

对于实物证券而言，证券的外观效力更多表现在证券实物凭证上。而对于无纸化证券，无论是证券账户还是无纸化的证券持有人名册，都是证券登记结算的产物。因此，无纸化证券的外观公示效力需要通过《证券法》规定的证券登记制度的效力规则来解决。证券清算交收之后，过户登记是登记结算机构对交收结果的确认和公示，过户完成证券交易终了。法律上，明确了证券登记结算机构确认证券持有人持有证券的事实，所根据的应当是证券登记结算的结果，这种结果是反映交易的实际后果，是经过既定程序之后形成的，成为确认证券权属、投资者权利的可靠依据。

三、证券登记结算机构对证券持有人名册和登记过户记录的保证义务

对于证券持有人名册和登记过户资料，证券登记结算机构应保证其真实、准确、完整，不得有隐匿、伪造、篡改或者毁损行为。这是证券登记结算机构的法定职责。证券持有人名册和登记过户资料都记载了投资者合法权益，关系到投资者的直接利益，所以必须真实、准确、完整，否则就会侵害投资者或者其他合法权利人的合法权益。

◎ 证券登记结算机构的业务保障措施

第一百五十二条 证券登记结算机构应当采取下列措施保证业务的正常进行：

（一）具有必备的服务设备和完善的数据安全保护措施；

（二）建立完善的业务、财务和安全防范等管理制度；

（三）建立完善的风险管理系统。

修改提示

本条未作修改。

解 析

证券登记结算机构是维持证券交易持续进行的前提和基础。为了保证证券市场持续不断地正常运转，防范结算系统风险，就要求证券登记结算机构自身必须具有一系列的保障条件。

一、必备的服务设备和数据安全保护措施

在证券无纸化的前提下，证券登记结算系统储存的数据庞大而且至关重要，因此需要强大的软硬件设备作为开展登记结算业务的物质基础，必须采取优化设备、数据备份等措施保证数据不会出现错漏、丢失，同时，数据安全还要求数据保密，必须采取有效措施防止数据泄密等情况发生。

二、完善的业务、财务和安全防范等管理制度

一是建立健全业务管理制度，要求证券登记结算机构的登记、存管、结算及其他日常业务的开展有条不紊，同时对证券市场交易的新品种应及时制定出配套的登记、存管、结算业务规则。

二是建立健全财务管理制度，证券登记结算机构除了自有资金外，还管理证券结算风险基金、结算互保基金、结算备付金等多项专门用途的资金。因此，证券登记结算机构必须强化财务管理制度，保证各项资金各尽其用。

三是建立健全安全防范制度，证券登记结算机构的办公场所、业务开展场所、硬件设备存放场所等都需要特别注意安全保障问题。

三、完善的风险管理系统

证券登记结算系统的风险主要指结算风险，主要包括结算机构在组织开展结算业务时，由于交收对手方（即结算参与人）不能及时足额履行交

收义务、发生技术故障等原因，导致结算系统遭受损失或不能正常运行的可能性。与其他国家的结算机构类似，按照风险来源，大致可以分为以下几类。

（一）来自交收对手方面的风险

交收对手方风险是结算机构面临的最大风险，是指结算参与人不能及时足额履行交收义务而对结算机构产生的风险，主要包括：1.本金风险，是指由于证券与资金交收时点不一致，导致结算机构交付相应证券或资金后，不能获得相应资金或证券的可能性。2.价差风险，是指当结算参与人证券或资金交收违约时，虽然结算机构按照货银对付原则暂不交付相应资金或证券，控制了本金风险，但补购证券或处置证券时因市场价格波动而遭受价差损失的可能性。3.流动性风险，是指当结算参与人发生资金交收违约时，结算机构必须向履约方结算参与人先行垫付相应资金而导致资金流动性不足的可能性。流动性风险一般不会产生本金亏蚀，但会增大重置风险，给被违约方造成损失或额外的成本。

（二）来自业务运作及业务环境的风险

来自业务运作及业务环境的风险主要包括：1.操作风险，是指由于结算机构的技术、通信系统发生故障或人为操作失误等原因，导致结算业务不能正常进行的可能性。2.法律风险，是指因为决定交易各方之间的权利和义务的法律法规不透明、不明确或法规适用不当，造成对证券结算、资金交付和所有权进行处理具有很大的不确定性，从而使有关当事人遭受损失的可能性。3.证券或资金的保管风险，是指实物证券或结算资金没有安全保管而发生损失的可能性。就中国证券登记结算有限责任公司而言，因为所有证券已实现无纸化中央存管，不存在证券保管风险，但结算资金存放在结算银行，面临因银行倒闭而带来的资金保管风险。

（三）系统性风险

系统性风险是指由于上述风险影响巨大，发生连锁性的不利反应，导致整个结算系统不能运转的可能性。例如，个别或部分结算参与人发生巨额交收违约后，其他市场参与者也因此无法履行交收义务，最后可能扩散到整个市场。

证券登记结算机构必须建立完善的风险管理系统，才能增强抵御结算风险的能力，更好地履行其在证券市场中的职能。

◎ 证券登记结算机构文件资料的保存

第一百五十三条　证券登记结算机构应当妥善保存登记、存管和结算的原始凭证及有关文件和资料。其保存期限不得少于二十年。

修改提示

本条未作修改。

解　析

证券登记结算机构为证券交易提供登记过户、存管、结算服务而形成的清算交收、登记过户记录等原始凭证以及会计账簿、财务会计报告等文件和资料，是记录和反映证券登记、存管、结算、过户业务活动的重要史料和证据。通过这些文件和资料，可以了解证券登记结算机构每项业务活动的真实情况，有些文件和资料还是证券财产的权属证明，也是证券监督管理机构查处证券违法行为的重要线索和凭据。正是由于证券登记、存管、结算过程中形成的原始凭证及有关文件和资料的重要性，证券登记结算机构有责任对其妥善保存。同时本条还规定，原始凭证及有关文件和资料的保存期限不得少于二十年，这是从法律上限定原始凭证及有关文件和资料最短的保存期限，与《民事诉讼法》有关特殊诉讼时效的规定相衔接。

◎ 证券结算风险基金的设立

第一百五十四条　证券登记结算机构应当设立证券结算风险基金，用于垫付或者弥补因违约交收、技术故障、操作失误、不可抗力造成的证券登记结算机构的损失。

证券结算风险基金从证券登记结算机构的业务收入和收益中提取，

并可以由结算参与人按照证券交易业务量的一定比例缴纳。

证券结算风险基金的筹集、管理办法，由国务院证券监督管理机构会同国务院财政部门规定。

修改提示

本条未作修改。

解 析

一、证券结算风险基金的用途

因证券登记结算机构的重要性以及结算系统的风险所产生后果的严重性，证券登记结算机构必须设立结算风险基金，作为防范和化解结算风险的重要手段。该基金是为用于垫付或者弥补因违约交收、技术故障、操作失误、不可抗力造成的证券登记结算机构的损失而设立的专项基金。

二、证券结算风险基金的来源

将证券结算风险基金的来源法定化，以使之有稳定、合理的来源和维持一定的资金数额。法定的基金来源有三项：一是从证券登记结算机构的业务收入中提取；二是从证券登记结算机构的收益中提取；三是由结算参与人缴纳，就是按结算参与人证券交易业务量的一定比例确定缴纳数额。本法之所以确定证券结算风险基金的这三项来源，是为了体现证券市场结算参与人风险共担的原则。

三、《证券结算风险基金管理办法》的规定

由国务院证券监督管理机构会同国务院财政部门规定证券结算风险基金的筹集、管理办法。制定专门的证券结算风险基金的筹集、管理办法，一是规定基金的筹集，包括有关的缴纳单位、缴纳的具体比例、时间上的限制等内容；二是规定基金的管理，包括确定管理的机构、使用的权限、使用的程序、监督检查等，如由中国证监会和财政部 2006 年发布的《证

券结算风险基金管理办法》，就规定了证券结算风险基金最低支付限额为2000万元，证券登记结算机构动用该基金时，必须报经中国证监会会同财政部批准。

◎ 证券结算风险基金的保管

第一百五十五条　证券结算风险基金应当存入指定银行的专门账户，实行专项管理。

证券登记结算机构以证券结算风险基金赔偿后，应当向有关责任人追偿。

修改提示

本条未作修改。

解析

本条是关于证券登记结算基金专户专项管理和证券登记结算机构追偿权的规定。

一、证券登记结算基金专户专项管理的规定

本条第一款规定，应当专项管理、专户存放证券结算风险基金，这是为了保证它正确地发挥作用，避免与其他资金混合管理、交叉使用带来弊端，特别是防止影响或者改变证券结算风险基金的特定用途。《证券结算风险基金管理办法》规定，证券结算风险基金应当以专户方式全部存入国有商业银行，存款利息全部转入基金专户。证券结算风险基金资产与证券登记结算机构资产分开列账。证券结算风险基金应当下设分类账，分别记录各类基金资产、利息收入及对应的资产本息使用情况。

二、证券登记结算机构追偿权的规定

证券结算风险基金是作为一项经济补偿制度来设立的，有利于充分保护

301

投资者合法权益，但是用这项基金赔偿损失后，如果就此结束，对控制风险和合理承担风险责任是不利的。所以在法律上确立了证券登记结算机构的追偿权。一旦出现因违约交收、技术故障、操作失误等造成的损失，即由证券结算风险基金先行赔偿，然后由证券登记结算机构向有关责任人提出承担赔偿责任的要求，依法追回应由相关责任人承担的部分。

◎ 证券登记结算机构的解散

第一百五十六条　证券登记结算机构申请解散，应当经国务院证券监督管理机构批准。

修改提示

本条未作修改。

解　析

本条是关于证券登记结算机构解散审批制度的规定。证券登记结算机构作为具有系统重要性的金融基础设施，负有组织管理证券登记结算业务的特殊职能。证券登记结算机构的解散，应当与其设立联系起来规定审批机构与办理程序，其设立和解散都必须慎重而严密。所以，证券登记结算机构的解散须经国务院证券监督管理机构批准，而不能擅自解散。

◎ 投资者证券账户的开立

第一百五十七条　投资者委托证券公司进行证券交易，应当通过证券公司申请在证券登记结算机构开立证券账户。证券登记结算机构应当按照规定为投资者开立证券账户。

投资者申请开立账户，应当持有证明中华人民共和国公民、法人、合伙企业身份的合法证件。国家另有规定的除外。

修改提示

本条对投资者开立证券账户的规定进行了修订：一是新增了"通过证券公司"申请"在证券登记结算机构"开立证券账户，进一步明确投资者、证券公司和证券登记结算机构之间的法律关系；二是删除了"以投资者本人的名义"的表述，为名义持有制度留下法律空间；三是新增了"合伙企业"开立账户的规定。

解 析

一、证券账户的开立

根据本法规定，在证券交易所或者国务院批准的其他全国性证券交易场所交易的证券，应当全部存管在证券登记结算机构。由证券登记结算机构统一进行清算交收、登记过户，这就要求投资者在委托证券公司进行证券交易时必须开立证券账户。本条明确规定投资者开立证券账户，应当通过证券公司申请在证券登记结算机构开立。原条文仅规定投资者委托证券公司进行证券交易，应当申请开立证券账户，对投资者的证券账户究竟是由证券登记结算机构为投资者开立，还是证券公司为投资者开立，规定比较模糊。

为明确证券登记结算机构与证券公司、商业银行等开户代理机构之间的关系，修订后的条文规定证券账户是由证券登记结算机构为投资者开立的，投资者与证券登记结算机构之间在开户环节存在直接的法律关系。所有的证券公司作为开户代理机构都是证券登记结算机构的代理人。但这种代理是法定代理，是具有强制性的。根据代理人行为之法律责任由被代理人承担的法律原理，开户代理机构开户行为的法律责任由证券登记结算机构承担，明确证券登记结算机构在开户环节的相关责任，能够进一步促进证券登记结算机构做好开户代理机构的管理工作。

二、名义持有制度

原条文规定证券登记结算机构应当按照规定以投资者本人的名义为投资

者开立证券账户，证券直接登记在证券权利人名下，明确了证券账户实名制，是典型的直接持有体制。证券直接持有模式下，实际投资人也是法律上的名义所有人。在证券间接持有（也叫名义持有）模式中，在证券持有人名册中登记的证券权利人，并非证券的实际投资人，而是投资人委托的名义持有人，投资人在名义上并不对证券享有权利，只能通过名义持有人间接享有证券权益。

目前，在我国证券市场的多个业务领域实际上已经存在适用名义持有制度的情形。沪港通、深港通、融资融券、B 股等多种业务中均有名义持有制度的应用，未来沪伦通等创新业务的开展也存在适用名义持有模式的可能，确立名义持有制度是我国资本市场对外开放在立法上的要求。但是，此前名义持有模式并没有法律层面的明确规定。因此，无论是从当前我国资本市场改革稳定发展的实际需要出发，还是出于借鉴境外较为成熟的证券持有模式的考虑，有必要在《证券法》中增加关于名义持有制度的相关规定，确立以直接持有为主、名义持有为辅的证券持有模式。考虑到我国一直以来对证券账户都有实名制的要求，对证券账户也采用看穿式监管的模式。名义持有与看穿式监管、账户实名制等要求存在一定的冲突，故在本次修订中虽然为名义持有留下了法律空间，但并未作为一项制度专门明确规定。

三、开立证券账户的主体

本次修订还明确了合伙企业可以开立证券账户。根据 2009 年修订的《证券登记结算管理办法》，合伙企业可以开立证券账户。目前合伙企业开立证券账户在实践中已非常普遍，因此本条规定了合伙企业持有合法身份证件可以申请开立证券账户。

四、让与担保

本条修改过程中，还有意见提出新增关于让与担保的规定，明确为担保融资融券等证券活动中债权的实现，债务人或者其他担保人可以按照约定将其持有的证券转移于债权人或者第三人的证券账户。债务清偿后，证券返还于债务人或者其他担保人；债务不履行的，担保权人有权就该证券优先受偿。担保自证券登记结算机构办理证券转移的变更登记时生效。

让与担保的本质是，担保权人取得担保人所让与的标的物上的所有权，以此作为其债权实现的担保。它虽要求移转担保标的物上的所有权，但该权利在担保期限内处于最终归属不明状态，即可因履约而回转，或因违约而被行使，故它显著区别于确定地移转权利的买卖和赠与制度。典型的担保物权（如质押权）在实现时有拍卖、变卖的要求，存在着手续烦琐、费用过高的弊端。而在拍卖或变卖中，标的物的实际价格往往低于市场价格或实际价值，给双方的利益都造成损害。而让与担保因事先已经转移了标的物的所有权，实现时担保权人直接占有标的物即可，减少了手续，节约了交易成本，具有明显的优势。

根据《证券公司监督管理条例》《证券公司融资融券业务管理办法》等法规规章的规定，证券公司经营融资融券业务，应当以自己的名义开立客户信用交易担保证券账户和客户信用交易担保资金账户，用于记录和存放客户用于担保证券公司债权的证券和资金，当客户未偿还债务的，证券公司可以按照约定处分上述担保物。《证券公司监督管理条例》等明确了在融资融券等业务活动中，证券公司与客户之间实质上属于让与担保的法律关系。从融资融券等业务的实践情况来看，上述安排运行平稳高效，有效平衡了各方利益，保护了交易安全，已经为市场各方主体所接受和认可。根据"物权法定原则"，让与担保制度应通过法律设定，但现行《物权法》及"其他法律"均未规定让与担保制度，融资融券等业务的让与担保安排缺乏法律依据，一旦出现纠纷，这些让与担保安排将面临法律风险，进而危害交易安全，酿成市场风险。因此，从防范金融系统性风险、维护国家金融安全的角度，从法律层面规定让与担保制度具有十分重要的意义。不过，由于还存在不同意见，该建议最终没有被采纳。

◎ 证券结算服务的中央对手方、货银对付及交收财产安全

第一百五十八条　证券登记结算机构作为中央对手方提供证券结算服务的，是结算参与人共同的清算交收对手，进行净额结算，为证券交

易提供集中履约保障。

证券登记结算机构为证券交易提供净额结算服务时，应当要求结算参与人按照货银对付的原则，足额交付证券和资金，并提供交收担保。

在交收完成之前，任何人不得动用用于交收的证券、资金和担保物。

结算参与人未按时履行交收义务的，证券登记结算机构有权按照业务规则处理前款所述财产。

修改提示

本条新增第一款，明确了证券登记结算机构作为中央对手方的地位及其职能。

解 析

本条是关于证券登记结算机构作为中央对手方、证券结算货银对付原则、禁止动用交收财产和违约交收处理权限的规定。

一、净额结算

证券交易的结算方式可以分为全额结算和净额结算。全额结算是指交易双方对所有达成的交易实行逐笔清算，并通过某种机制交换全部证券和资金。全额结算是最基本的结算方式，但这种方式意味着要对交易一笔一笔地进行清算交割，具有债权债务关系明确、易控制流程、风险较小等优势，但同时也存在手续烦琐、效率较低的特点，对交易双方的资金量、结算系统处理能力和自动化程度要求较高，适用于交易量较小、参与人较少、交易频率较低的市场。

净额结算又称差额结算，指证券登记结算机构以结算参与人为单位，对其买入和卖出交易的余额进行轧差，以轧差得到的净额组织结算参与人进行交收的制度。现代证券市场参与证券买卖的投资者数量很多，每天成交笔数和金额都很大，而且很多交易是通过电子交易系统以匿名方式进行。如果对所有交易逐笔交收，则效率低、成本高、风险大，不能满足现代证券市场飞速发展的需要。因此，证券交易结算一般采取"净额结算"的方式，这是国际证券市场较为通行的做法。相对于全额结算，净额结算大大降低了结算处理量，提高了市场运行效率。因此，这次修订继续明确规定了净额结算。

净额结算又可以分为双边净额结算和多边净额结算两种方式。双边净额结算是指证券登记结算机构对交易双方之间达成的全部交易的余额进行轧差，交易双方按照轧差得到的净额进行交收的结算方式。多边净额结算是指证券登记结算机构介入证券交易双方的交易关系中，成为"所有买方的卖方"和"所有卖方的买方"，然后以结算参与人为单位对其达成的所有交易的应收应付证券和资金进行轧差，每个结算参与人根据轧差所得净额与证券登记结算机构一个交收对手进行交收的结算方式。多边净额结算与双边净额结算的最大区别是，多边净额结算时交易双方的交收对手发生了变化，所有交易结算都必须通过证券登记结算机构这个共同的对手方完成。目前我国证券交易的结算采用了多边净额结算的方式，中国证券登记结算有限责任公司承担着中央对手方的角色。

二、中央对手方

为保证多边净额结算结果的法律效力，一般需要引入中央对手方的制度安排。我国实践中长期存在中央对手方制度，但法律没有直接规定，存在立法空白。在国际清算银行支付结算体系委员会（CPSS）和国际证监会组织（IOSCO）联合发布的《金融市场基础设施原则》、欧盟《关于支付和证券结算体系中结算最终性的指令（98/26/CE）》中都对中央对手方作出了规定。欧盟《关于支付和证券结算体系中结算最终性的指令（98/26/CE）》（1998）明确"中央对手方（Central Counter Party，简称 CCP）指介入一个体系内各机构之间的一个实体，该实体作为这些机构的转移指令的唯一对手方"。《证券法》修订后的条文明确了证券登记结算机构作为证券结算中央对手方的角色。中央对手方也称为共同对手方或共同交收对手方，是指在结算过程中，同时作为所有买方和卖方的交收对手并保证交收顺利完成的主体，一般由结算机构充当。如果买卖中的一方不能按约定条件履约交收，结算机构也要依照结算规则向守约方先行垫付其应收的证券或资金。在合同法律中，有观点将中央对手方制度称为"约务更替",当作一种比较特殊的合同变更制度来解释。

中央对手方制度的核心内容是担保交收,其作用主要体现为以下四个方面:一是重新分配对手方风险,解决了多边净额交收失败的问题。对于参与人众多的证券市场,市场参与者自行控制对手方风险的困难较大、成本也很高。中央对手方的介入承接了交易双方的对手方风险,解决了个别参与人交收违约引起连锁交收失败的问题。二是降低结算参与人的交收风险。中央对手方对每个参与人应收应付的金额和证券进行轧差,不仅减少了每个参与人的风险头寸,也使整个市场的风险头寸显著减少。三是提高结算效率和资金使用效率。中央对手方组织多边净额结算,简化了参与人交收过程,减少了参与人资金和证券实际交收的数量,大大提高了结算效率;同时也减少了结算参与人在结算系统内占用的资金量,提高了资金的使用效率。四是活跃市场交易。中央对手方提供担保交收并实施严格的风险管理制度,使市场参与者无须再顾虑对手方的信用风险,有助于增强投资信心,活跃市场交易。

中央对手方在发挥上述积极作用的同时,也承担着整个市场的对手方信用风险,必须依靠完备的法律保护制度和严格的风险管理手段加以防范和化解。如果法律制度不完善,风险管理不到位,就可能造成结算体系的重大损失,直接影响到结算系统和整个证券市场的安全运行。因此,中央对手方制度的正常运行必须建立在较为完善的法律制度环境和结算机构风险管理制度的基础之上。

三、货银对付原则

货银对付原则(Delivery Versus Payment,简称 DVP)是证券结算的一项基本原则,通俗说法就是"一手交钱、一手交货",是指在证券登记结算机构的组织管理下,结算参与人进行的证券交收和资金交收同时完成,且不可撤销。在此机制下,一旦结算参与人发生资金或证券交收违约,证券登记结算机构可以暂不向违约参与人交付其买入的证券或应收的资金,从而防范本金损失的风险。这是维护结算系统安全、保证市场正常运行的客观要求。

根据国际证券业的实践,货银对付有三种实现模式。

一是证券与资金同时逐笔全额对付。这种模式完全规避了本金风险，但由于该模式下交收量大，容易造成交收失败，加大了重置成本风险和流动性风险。同时，结算的顺利完成需要投资者保持较高的证券、资金头寸。这一模式的实施需要投资者事先缴纳具有抵押性质的证券头寸或保证金，以获得融券或融资服务，从而降低结算失败率。

二是证券逐笔全额与资金净额同时对付。这种模式大大减少了资金头寸需求，降低了结算失败率；在证券卖空风险得到有效控制的同时，需要对买空风险建立有效的管理机制。这一模式的实施需要建立资金支付担保制度，如银行担保付款制度，确保及时足额支付资金净额，从而控制结算参与人的透支风险。

三是证券净额与资金净额同时对付。该种模式是完全意义上的净额交收，最大限度地降低了证券与资金头寸需求，提高了交易率，但任何参与方证券或资金头寸不足，均可能影响整体结算工作的顺利进行。该种模式适用于共同对手方体制下的多边净额结算。实现这一模式需要建立风险共担机制（所有结算参与人均须缴纳风险保证金，共同分担可能出现的风险）并实行融资融券配套制度，以解决参与人暂时的流动性不足问题。

按照货银对付的原则组织结算活动，是维护结算系统安全、保证市场正常运行的重要手段。从境外实践情况看，货银对付已成为国际证券市场通行的结算原则。本条规定为我国证券交易实行货银对付的结算原则提供了法律依据。

四、结算履约优先原则

本法第一百一十七条规定："按照依法制定的交易规则进行的交易，不得改变其交易结果"。正是由于证券交易具有集中性、匿名性、无因性等特征，交易一旦达成，就不可撤销，必须按时准确完成证券、资金的清算交收，否则将直接影响下一交易日的正常交易。卖方卖出的证券或者买方用于买入证券的资金，在交收完成之前虽然尚未交付，但是这些证券或资金已指定了特定的用途，进入了特定的结算法律关系之中，属于已进入交收程序的财产。同样道理，证券登记结算机构按照业务规则要求结算参与人提供的担保物，是结算参与人的履约保证，在参与人没有足额资金或证券完成交收时，必须用这些担保物完成向交易对手方的交收。

同时，由于我国证券市场采用多边净额结算模式，证券登记结算机构作为中央对手方，介入买卖双方合同关系之中，市场参与人只与证券登记结算机构一个对手方发生债权或债务关系，并与之进行资金和证券的交收，证券登记结算机构对结算参与人的履约义务，不以任何一个对手方正常履约为前提。如果这些财产在完成交收前被挪作他用，将会打乱正常的交收秩序，甚至影响结算和交易系统的正常运行，并最终导致无辜投资者的合法权益遭到损害。为维护证券市场正常秩序，保证证券交易的连续性，法律规定，在交收完成之前，任何人（包括单位和组织）不得动用结算参与人用于交收的财产，包括证券、资金和担保物，如结算参与人存放于证券登记结算机构的用于交收的结算备付金等。

这条规定，确立了证券交易结算履约优先的重要原则，即证券交易达成后，履约义务人已进入清算交收程序的财产应优先用于清偿证券交易、清算交收债务。这样规定的目的是维护结算系统的秩序和交易规则的公平，切实保护广大投资者的合法权益。否则，依法交易、守信履约的投资者的合法权益就难以保障了。

从境外实践情况看，结算参与人即使进入破产清算程序，其对结算系统的交收义务也必须优先履行，不应受破产清算程序的影响。欧盟 1998 年制定了《关于支付和证券结算体系中结算最终性的指令（98/26/CE）》，其核心内容是，一项交收指令一旦被输入结算体系，即不受其他债权债务的影响，必须确保完成对结算系统的交收义务。美国《破产法》第 362-b-6 款规定，证券交易合约的一方金融机构破产时，证券合约的执行和证券交易的净额结算不受破产法"自动中止支付债务"条款（Automatic Stay）的限制。此外，我国香港地区《证券及期货条例》第 45 条"认可结算所的处事程序凌驾破产清盘法"规定：一是市场合约、结算所得交收规则及相关程序、行动等，不因有关方破产而被视为无效；二是有关人员或破产法院不得阻止或干预按照结算所规则作出的市场合约交收或违约处置程序。

五、违约交收处理权限

在法律层面上严肃权威地规定结算参与人未按时履行交收义务的，证券登记结算机构有权按照业务规则处理相关交收财产，有利于保证交易安全，保护广大投资者的合法权益。

◎ 结算资金和证券的存放及用途

第一百五十九条　证券登记结算机构按照业务规则收取的各类结算资金和证券，必须存放于专门的清算交收账户，只能按业务规则用于已成交的证券交易的清算交收，不得被强制执行。

修改提示

本条未作修改。

解　析

一、清算交收履约财产的存放制度

证券登记结算机构为保证按时准确完成交收，按照业务规则向结算参与人收取的各类结算资金和证券，必须存放于专门设立的资金集中交收账户和证券集中交收账户，不得与其他资金、证券混合存放，并只能按业务规则用于已成交的证券交易的清算交收。专门的清算交收账户制度，有利于保证结算资金、证券按其法定目的专门使用。

二、清算交收履约财产执行豁免制度

强制执行，应当以被执行人的责任财产为标的。在执行实践中，由于现代社会财产往往有复杂的性质和多种存在形式，有些财产因其性质不应被强制执行。

证券登记结算机构收取用于交收的证券、资金、担保品，并非是为了其

自身的利益。作为中央对手方，证券登记结算机构从一方结算参与人获得的资金与证券，必须向另外一方结算参与人交付。如果前者结算参与人不能向证券登记结算机构交付资金与证券，证券登记结算机构向其他结算参与人交付资金与证券必然产生严重的困难，进而造成结算参与人向投资者履约困难。同样道理，这些证券、资金、担保品，如果在证券登记结算机构收取之后又被强制执行，也将造成上述一系列的困难，打乱正常的交收秩序。此时，证券登记结算机构为了履行中央对手方的职责，不能以进入交收程序的财产被强制执行为由对抗其他结算参与人，只能被迫垫支。如果强制执行证券公司交存的结算资金或者证券，就会使证券登记结算机构承受极大的垫支压力，大大增加了清算交收的风险和不确定性。长此以往，必将影响整个结算和交易系统的正常运行，并最终损害投资者的合法权益。

《证券法》确立的清算交收履约财产执行豁免制度，要求证券、资金、担保品等进入清算交收期间的清算交收履约财产，不得被强制执行。这从表面上看是为了保障结算参与人向证券登记结算机构履约，实质上是为了保障证券登记结算机构向其他结算参与人履约，最终保障结算参与人向投资者履约，维护投资者证券财产的安全。清算交收履约财产执行豁免与保护申请执行人的合法利益、维护执法机关的权威并不矛盾。在清算交收完成之后，证券交易的履行宣告完成，作为交易标的的证券、资金的权属也最终确定，已不再属于清算交收履约财产，此时，有关机关才可以依法对相关财产进行强制执行。

其他证券市场对清算交收履约财产执行豁免制度早有规定，如我国香港地区《证券及期货条例》第52条"市场抵押品的运用不受某些其他权益等影响"和第53条"对受市场押记等所规限的财产所作判决的强制执行"中规定，除非香港结算所在获取抵押品时知晓该财产有权利上的瑕疵，那么即使有"任何优先的衡平法权益或权利，或有由于违反受信责任而产生的权利或补救"，如果需要，仍可按照结算规则对作为抵押品的财产进行处置。结算所获得抵押品之后才产生的权利或补救，不得通过强制执行以阻止或干预结算所按照其规则处置该财产。已经成为抵押品的财产不能根据判决或命令强制执行。

为进一步维护结算财产安全，加强结算财产保护制度的完整性，同时避免司法机关与证券登记结算机构因法律适用问题而产生争议甚至冲突，本条明确证券登记结算机构按照业务规则收取的各类结算资金和证券，不得被强制执行，既包括民事纠纷，也包括刑事追赃、破产清算等。

第十章

证券服务机构

本章共四条。相较于原《证券法》，这次修订增加一条，删除两条。

一读稿调整了证券服务机构监管方式，分别实行登记管理或备案管理。二读稿将除证券投资咨询以外的其他证券服务业务统一为备案管理，并建立了负面清单。三读稿延续了这一规定。四读稿审议期间，由于对负面清单规定的争议较大，最终删除了这一规定，仅规定了备案管理。

◎ 证券服务机构的活动准则和监管模式

第一百六十条　会计师事务所、律师事务所以及从事证券投资咨询、资产评估、资信评级、财务顾问、信息技术系统服务的证券服务机构，应当勤勉尽责、恪尽职守，按照相关业务规则为证券的交易及相关活动提供服务。

从事证券投资咨询服务业务，应当经国务院证券监督管理机构核准；未经核准，不得为证券的交易及相关活动提供服务。从事其他证券服务业务，应当报国务院证券监督管理机构和国务院有关主管部门备案。

修改提示

本条修改了以下内容：一是规定了证券服务机构的勤勉义务；二是明确会计师事务所、律师事务所以及从事资产评估、资信评级、财务顾问、信息技术系统服务的证券服务机构从事证券服务业务备案制。

解 析

一、明确证券服务机构的勤勉义务

为提高证券服务机构的服务质量，充分发挥证券服务机构的"看门人"作用，确保资本市场各项业务规范合法开展，防范化解金融风险，切实保护广大投资者的权益，本条第一款明确了证券服务机构的勤勉义务，主要包括以下两个方面。

一是明确了"勤勉尽责、恪尽职守"这一根本活动准则。"勤勉尽责、恪尽职守"是证券服务机构履行中介职责、加强内部管理、从事证券服务业务的基本要求，是监管机构对证券服务机构进行监管、处罚的基本依据，也是在相关纠纷中判断证券服务机构是否承担责任的基本标准。

二是要求证券服务机构应当按照相关业务规则开展证券服务业务。由于证券服务机构从事证券服务业务涉及方方面面，本法难以对其作出具体规定，所以仅原则性规定了遵守相关业务规则的要求。相关业务规则涵盖范围广泛，包括相关法律、行政法规、司法解释、部门规章、规范性文件、自律规则等；从业务规则的制定主体来看，既包括国务院有关主管部门出台的一般业务规则，也包括国务院证券监督管理机构根据证券市场特定需要制定的专门从事证券服务业务的规则。

考虑到"勤勉尽责、恪尽职守"具有较强的原则性，而证券服务业务千差万别，业务指导性不足，在具体案件的责任认定中监管机构及司法机构等一般不宜直接以"勤勉尽责、恪尽职守"为依据进行判断。实践中，证券服务机构是否应当承担法律责任，首先应当查明其是否存在违反"相关业务规则"的行为。但如果在缺乏具体的相关业务规则时，监管机构和司法机关还可以根据"勤勉尽责、恪尽职守"的原则，结合具体情况作出认定和判断。

二、会计师事务所、律师事务所以及从事资产评估、资信评级、财务顾问、信息技术系统服务的证券服务机构从事证券服务业务需报国务院证券监督管理机构和国务院有关主管部门备案

本条第二款明确了对会计师事务所、律师事务所以及从事资产评估、资信评级、财务顾问、信息技术系统服务的证券服务机构从事证券服务业务的监管模式采用备案制。

之所以将有关证券服务机构的监管模式统一修订为备案管理的方式，是为了适应市场发展变化需要和更好发挥相关服务机构力量作用。在我国证券市场发展初期，会计师事务所、律师事务所、资产评估机构等从事证券业务的，实行审批许可制。如在 1992 年《国务院关于进一步加强证券市场宏观管理的通知》中，即明确规定，对注册会计师和会计师事务所从事证券业有关的会计事务的资格由中国证监会审定。律师从事证券业务的要经过中国证监会组织的考试，取得资格。后来，取消了对律师事务所从事证券业务的许可，但还保留了会计师事务所等从事证券服务业务的审批许可。从实践来看，通过设立市场准入的行政许可有利于保障证券服务机构的质量，有利于保护投资者的合法权益。但也产生了较多问题：一是监管效果不理想，例如大量不具有资格的会计师事务所通过挂靠、合并、开设分所等方式实际从事证券服务，相关市场准入行政许可已然形同虚设；二是实质监管缺位，单纯实施事前审批，缺乏对执业过程的实质监管，不符合业务实际，不利于通过借力监管，充分发挥中介机构的"看门人"作用，实践中出现了大量的发行人、上市公司财务造假案件，其中，会计师事务所把关不严，乃至同流合污、为虎作伥的也很严重；三是阻碍市场发展，审批制容易造成"牌照"经济，即市场准入许可执照成为一家证券服务机构最为核心的资产，而不是以其专业知识作为市场立足根本，既妨碍市场良性竞争，又容易产生腐败现象，不利于市场的健康长远发展。为此，本次修法采用备案制，取消了对上述证券服务机构从事证券业务的行政审批。对于此前已取消审批的律师事务所，也从进一步加强监管的角度，一并纳入备案管理。

本次修法所规定的备案，是真正的"备案制"管理，不是变相行政许可。一是通过备案掌握证券服务机构的基本信息，为事中事后监管提供信息支持；二是及时掌握行业发展状况，更好地发挥政府作用，为创造良好的证券服务市场生态奠定基础；三是在证券服务机构未进行备案而从事证券业务的情况下，其所签订的服务协议、从事的证券业务、签署的相关文件依然具有法律效力。但是，对于拒不进行备案的行为，监管机构有权按照《证券法》第二百一十三条第二款的规定处以二十万元以下的罚款；对于在监管机构指定期限内仍不进行备案的证券服务机构，可处以再次罚款。

需要说明的是，这次对有关证券服务机构改为备案管理，是在二读稿中开始规定的，其初衷只是要求证券服务机构进入证券市场从事证券服务业务时，向证券市场的监管机构"打个招呼""报个到"，让证券监管机构知道其进入证券市场从事证券服务业务的信息，为证券监管机构履行监管职责提供基础。也正是基于此，只规定了其向证券监管机构备案。三读稿延续了这一规定，但是在四读稿审议中，有关方面担心只规定其向证券监管机构备案会影响这些机构的主管部门职责行使，甚至有的还误解为这是变相许可，提出了其也应向主管部门备案等的意见建议。立法机关在最后增加了其也向主管部门备案的规定。但实际上由于主管部门按照《注册会计师法》《律师法》等相关法律，有比较广泛的监管职责、手段，即使不规定证券服务机构向其备案等，也不妨碍其了解掌握相关情况，而且法律再规定证券服务机构向主管部门备案，实为重复备案。需要注意的是，这种向两个部门的备案，与同时向两个部门申请许可不同，不需要两方共同同意才能完成，而备案是证券服务机构的单方行为，在实践中可以分别备案。

另外，随着科技进步，特别是网络技术的发展普及和证券网上交易、手机交易、程序化交易的快速推广，从事信息技术系统服务的证券服务机构越来越多，其在证券发行交易中的作用日益重要，有必要予以法律规范、纳入监管范畴。为此，本次修订也对从事信息技术系统服务的证券服务机构提出了备案要求，为做好监管工作提供基础。

三、证券服务机构从事投资咨询服务业务须报国务院证券监督管理机构核准

在对有关证券服务机构统一采取备案制的同时，考虑到特定行业的特殊性及投资者保护的必要性，此次修法保留了对证券投资咨询服务业务的审批。所谓投资咨询机构，是指向投资者或者客户提供投资分析预测或者建议等咨询服务并收取一定费用的机构。投资咨询机构提供的服务直接与投资者的投资决策密切相关，其服务质量直接影响投资者的切身利益，这决定了对投资咨询机构的监管要严于一般的证券服务机构，对其保留行政许可，符合现阶段投资咨询机构的发展现状，有利于投资者保护。

◎ **证券投资咨询机构及其从业人员的禁止行为规范及法律责任**

第一百六十一条　证券投资咨询机构及其从业人员从事证券服务业务不得有下列行为：

（一）代理委托人从事证券投资；

（二）与委托人约定分享证券投资收益或者分担证券投资损失；

（三）买卖本证券投资咨询机构提供服务的证券；

（四）法律、行政法规禁止的其他行为。

有前款所列行为之一，给投资者造成损失的，应当依法承担赔偿责任。

修改提示

本条主要做了以下修改：一是将原第一款第三项中的"买卖本咨询机构提供服务的上市公司股票"改为"买卖本证券投资咨询机构提供服务的证券"；二是将第一款中的"利用传播媒介或者通过其他方式提供、传播虚假或者误导投资者的信息"删除，这并不意味着不对证券投资咨询机构及其从业人员作信息披露方面的要求，而是将相关规定调整到第五章"信息披露"作为规范证券市场信息传播行为的一部分，证券投资咨询机构及其从业人员

作为信息披露义务人应当遵守相关信息披露义务规定。

为了稳定证券市场、保护投资者利益、规范证券投资咨询机构及其从业人员从事证券服务的行为，证券投资咨询机构及其从事证券服务业务的人员不得从事下列行为。

一是不得代理委托人从事证券投资。证券投资咨询机构的职能和证券投资咨询机构从业人员的职业就是为投资者、交易者和筹资者提供证券市场信息和咨询服务，代理委托人从事证券投资已经超出了其业务范围，应当禁止。

二是不得与委托人约定分享证券投资收益或者分担证券投资损失。禁止证券投资咨询机构及其从业人员与委托人达成约定分享证券投资收益或者分担证券投资损失的协议，就明确限制了证券投资咨询机构及其从业人员与委托人之间的利益关系，从而确保了委托人和被委托人之间的正常委托与被委托之间的关系。

三是不得买卖本证券投资咨询机构提供服务的证券。禁止证券投资咨询机构及其从业人员买卖本机构提供服务的证券，是为了防止其利用所掌握的内幕信息牟取不正当利益，给其他投资者带来不必要的损失，保证证券市场的公平性。同时，将"上市公司股票"修改为"证券"，一方面，适应了为投资存托凭证、公司债券及新三板挂牌公司股票等证券交易提供咨询服务的需要；另一方面，进一步扩大了对证券投资咨询机构从事可能产生利益冲突业务范围的限制，防止其咨询业务与自营业务的利益冲突。

◎ 证券服务机构文件资料的保存

第一百六十二条　证券服务机构应当妥善保存客户委托文件、核查和验证资料、工作底稿以及与质量控制、内部管理、业务经营有关的信息和资料，任何人不得泄露、隐匿、伪造、篡改或者毁损。上述信息和资料的保存期限不得少于十年，自业务委托结束之日起算。

本条为新增条款。

解　析

证券监督管理机构在依法履行证券市场监管职责时，有权查阅、复制当事人和被调查事件有关的单位和个人的文件。查阅有关文件，有助于证券监督管理机构了解所调查事项的真实情况，发现有关机构在业务活动中的违法行为，是履行监督职责的一个重要手段。同时，在民事诉讼、行政诉讼及刑事诉讼中，证券服务机构保存的文件资料是相关诉讼证据的重要来源。为此，本次修法为证券服务机构规定了上述义务。证券监管机构可以按本条规定对有关证券服务机构的文件资料保管情况进行监督检查。

◎ 证券服务机构的义务和责任

第一百六十三条　证券服务机构为证券的发行、上市、交易等证券业务活动制作、出具审计报告及其他鉴证报告、资产评估报告、财务顾问报告、资信评级报告或者法律意见书等文件，应当勤勉尽责，对所依据的文件资料内容的真实性、准确性、完整性进行核查和验证。其制作、出具的文件有虚假记载、误导性陈述或者重大遗漏，给他人造成损失的，应当与委托人承担连带赔偿责任，但是能够证明自己没有过错的除外。

修改提示

本条主要做了以下修改：一是在证券服务机构应当履行勤勉义务和核查验证义务的文件中增加了"其他鉴证报告"这一类型文件；二是将证券服务机构承担连带责任的主体由发行人、上市公司修改为委托人。

解　析

证券服务机构为证券的发行、上市、交易等证券业务活动制作、出具审计报告及其他鉴证报告、资产评估报告、财务顾问报告、资信评级报告或者法律意见书等文件应履行的义务。

一是勤勉义务。证券服务机构在提供证券服务业务时应当勤勉忠实地履行自己的职责。

二是核查和验证义务。证券服务机构在提供证券服务时，应当建立核查和验证制度，对其制作、出具的文件所依据的文件资料内容的真实性、准确性、完整性进行核查和验证，防止和避免其制作、出具的文件有虚假记载、误导性陈述或者重大遗漏。考虑到在证券发行、上市及交易中，会计师事务所除出具审计报告外，还会出具诸如自筹资金专项鉴证报告、募集资金使用情况鉴证报告、所得税汇算清缴鉴证报告等其他鉴证报告，为进一步明确证券服务机构的核查和验证义务的对象范围，本次法律修改增加了"其他鉴证报告"这一类型文件。

证券服务机构制作和出具的证券服务性文件有虚假记载、误导性陈述或者重大遗漏，给买卖接受服务的证券的人造成损失，应当与委托人共同承担连带赔偿责任。其中，委托人不限于发行人、上市公司，还可以包括其他主体。如果证券服务机构能够证明自己没有过错的，可以不与委托人共同承担连带赔偿责任。在证券服务机构应当对提供的证券服务承担连带责任时，受害人可以向证券服务机构提出请求赔偿损失的要求，也可以直接向委托人提出赔偿的请求，也可以同时向二者提出赔偿请求。

第十一章

证券业协会

本章共四条，相较原《证券法》，修改一条，保留三条。一读稿在本章除规定证券业协会外，还包括了"其他市场组织"。后续修订又恢复了原《证券法》规定，但基本延续了一读稿中对证券业协会职责的规定。

在本章修订过程中，一种意见认为证券业协会只是一种行业协会，按照国家有关行业协会改革的政策原则，由证券公司等按照有关社会团体登记管理规定设立、运行即可，不需要在《证券法》中专门规定一章。对此，有关方面进行了认真研究，认为证券业协会不同于一般的纯粹为会员服务的行会、商会等社会团体，其具有很强的自律管理性质和公益性质，是以促进证券公正交易与保护投资者为目的、以进行自我监管为使命的组织，有必要继续在《证券法》中进行专章规定。这种立法模式符合证券业协会的性质与宗旨，也与证券市场发展历史中证券业协会等自律组织的特殊法律地位作用等相一致。美国、日本以及我国台湾地区的证券法律中也都对证券业协会这种自律组织做了专门规定。因此，本次修订保持了对证券业协会专章规定的做法，并丰富了相关职责。

◎ 证券业协会的法律地位

第一百六十四条　证券业协会是证券业的自律性组织，是社会团体法人。

证券公司应当加入证券业协会。

证券业协会的权力机构为全体会员组成的会员大会。

修改提示

本条未作修改。

解　析

本条是对证券业协会性质和权力机构的规定。

一、证券业协会的性质

中国证券业协会是依据《证券法》和《社会团体登记管理条例》的有关规定设立的证券业自律性组织，属于非营利性社会团体法人，接受中国证监会和民政部的业务指导和监督管理。可以说，本章规定的证券业协会即是指中国证券业协会。

二、证券公司是证券业协会法定会员

关于证券业协会会员，通行做法有两种：一种是自愿入会，即是否加入证券业协会由会员自己决定。美国采取这种做法。另一种是强制入会，即不论会员是否同意，法律规定必须入会。我国采取的是自愿入会与强制入会相结合的办法，包括法定会员、普通会员和特别会员。证券公司属于强制入会，是证券业协会的法定会员。证券投资咨询机构、证券资信评级机构、证券公司私募投资基金子公司、证券公司另类投资子公司等机构可以申请加入证券业协会，成为普通会员。证券交易所、金融期货交易所、证券登记结算机构、证券投资者保护基金公司、融资融券转融通机构，各省、自治区、直辖市、计划单列市的证券业自律组织，依法设立的区域性股权市场运营机构和协会认可的其他机构加入协会，成为特别会员。

证券公司作为证券市场最为主要的参与者，法律规定其为证券业协会的法定会员，一方面能够保证证券业协会代表行业利益的广泛性，另一方面能够充分发挥证券业协会作为行业自律组织应有的作用。

在修订中，有关方面还提出将证券投资咨询机构等证券服务机构也明确规定为证券业协会的法定会员的建议，这是有利于充分发挥证券业协会对证

券业进行全面自律管理的。但是，由于这些证券服务机构中有的还参加了其他的行业协会，为避免增加其负担，这次修订未对其参加证券业协会作强制性规定，但不影响其自愿加入证券业协会，接受协会自律管理和服务。

三、证券业协会的权力机构

中国证券业协会的最高权力机构是由全体会员组成的会员大会，理事会为其执行机构。中国证券业协会实行会长负责制。根据《中国证券业协会章程》，会员大会的职权包括：制定和修改章程；审议理事会工作报告和财务报告；审议监事会工作报告；选举和罢免会员理事、监事；决定会费收缴标准；决定协会的合并、分立、终止；决定其他应由会员大会审议的事项。

◎ 证券业协会的章程

第一百六十五条　证券业协会章程由会员大会制定，并报国务院证券监督管理机构备案。

修改提示

本条未作修改。

解　析

本条是对证券业协会章程的规定。证券业协会章程，是指由证券业协会的会员大会制定的对所有会员具有约束力的会员之间的一个协议，主要规定证券业协会的宗旨，职责范围，组织机构，会员的会籍、权利与义务、入会和退会程序，协会的财务与资产管理等事项。

◎ 证券业协会的职责

第一百六十六条　证券业协会履行下列职责：

（一）教育和组织会员及其从业人员遵守证券法律、行政法规，组织开展证券行业诚信建设，督促证券行业履行社会责任；

（二）依法维护会员的合法权益，向证券监督管理机构反映会员的建议和要求；

（三）督促会员开展投资者教育和保护活动，维护投资者合法权益；

（四）制定和实施证券行业自律规则，监督、检查会员及其从业人员行为，对违反法律、行政法规、自律规则或者协会章程的，按照规定给予纪律处分或者实施其他自律管理措施；

（五）制定证券行业业务规范，组织从业人员的业务培训；

（六）组织会员就证券行业的发展、运作及有关内容进行研究，收集整理、发布证券相关信息，提供会员服务，组织行业交流，引导行业创新发展；

（七）对会员之间、会员与客户之间发生的证券业务纠纷进行调解；

（八）证券业协会章程规定的其他职责。

修改提示

本条由原《证券法》第一百七十六条修改而来，是对证券业协会职责的规定。根据证券业协会章程和其实际履行的职责，本条主要做了如下修改：一是增加证券业协会组织开展证券行业诚信建设，督促证券行业履行社会责任的职责；二是增加证券业协会督促会员开展投资者教育和保护活动的职责；三是明确证券业协会制定和实施自律规则及采取自律管理措施的职责；四是增加证券业协会制定证券行业业务规范的职责；五是完善证券业协会信息收集发布、组织行业交流、引导行业创新发展等职责。其中，组织开展诚信建设、制定自律规则、采取自律管理措施、制定行业业务规范的职责，是具有实质性的自律管理职责，充分体现了证券业协会不同于一般行会、商会、同业公会的自律管理组织属性。

解析

本条是对证券业协会职责的规定，具体如下。

一是教育和组织会员及其从业人员遵守证券法律、行政法规，组织开展证券行业诚信建设，督促证券行业履行社会责任。证券业协会作为证券业的自律性组织，有义务、有责任组织会员学习、知悉证券法律、行政法规，并教育、督促会员贯彻、遵守证券法律、行政法规。同时，本次修改将证券业协会组织开展证券市场诚信建设，敦促证券行业履行社会责任这一证券业协会章程规定的自律管理职责上升为法定职责，进一步强化了证券业协会开展诚信建设的重要性。

二是依法维护会员的合法权益，向证券监督管理机构反映会员的建议和要求。当会员的合法权益受到侵害时，证券业协会应当根据法律、行政法规的规定来维护会员的合法权益，也可以向证券监督管理机构反映，或将会员提出的合法合理的有关证券业发展的建议和要求向证券监督管理机构反映。

三是督促会员开展投资者教育和保护活动，维护投资者合法权益。这是本次修改新增的职责。近年来，中国证券业协会开展了多种多样的投资者教育工作，如制定发布了《证券经营机构投资者教育工作指引》，启动了证券行业"投资者教育进百校"活动，建设了"中证协投教APP"，进一步丰富了投教基地的服务形式。同时通过协会的证券纠纷调解机制，受理会员与投资者之间的证券业务纠纷，开展纠纷调解。

四是制定和实施证券行业自律规则，监督、检查会员及其从业人员行为，对违反法律、行政法规、自律规则或者协会章程的，按照规定给予纪律处分或者实施其他自律管理措施。证券业协会已制定《自律管理措施和纪律处分实施办法》，对协会会员、证券业从业人员和其他应当接受协会自律管理的机构和个人进行自律管理。实践中，中国证券业协会对违反《证券业从业人员执业行为准则》等协会自律规则的从业人员多次采取自律措施，如暂停执业、注销执业证书等。按照修改后的《证券法》规定，证券业协会在制定、完善行业自律规则和强化实施自律管理措施上，将有更充分的法律依据，有利于进一步发挥证券业协会的自律管理作用。

五是制定证券行业业务规范，组织从业人员的业务培训。近年来，证券业协会为积极引导会员规范从事证券业务，保护投资者合法权益，探索建立了多项新型业务制度，如2013年中国证券业协会发布的金融衍生品交易主协议及相关规范，规定了终止净额结算的规则。终止净额结算是有效控制衍生品市场风险的机制之一，它涉及终止交易、估值以及确定净额结算金额三个步骤，对降低市场参与者的风险敞口有重要作用。

六是组织会员就证券行业的发展、运作及有关内容进行研究，收集整理、发布证券相关信息，提供会员服务，组织行业交流，引导行业创新发展。证券业协会收集整理证券行业各类信息，及时在网站公布证券公司经营数据、业绩排名等各项统计数据和行业动态，为会员提供服务，同时鼓励证券公司根据市场需要和自身实际进行业务创新、经营方式创新和组织创新，推进证券行业的整体发展。

七是对会员之间、会员与客户之间发生的证券业务纠纷进行调解。这是一种法定的行业协会调解类型，有利于发挥证券业协会的行业自律与专业优势，及时、高效地化解矛盾，同时可以大大降低诉求代价，保护当事人利益，减少当事人诉讼负担。但需要注意的是，证券业协会在调解一方是作为会员的证券公司，另一方是非会员的客户之间的纠纷时，要加强对客户合法权益的保护，以维护调解的公信力。

八是其他职责。除上述七项职责外，证券业协会会员可以根据证券业协会的任务与宗旨、会员的要求和决定以及证券市场发展的实际情况和需要，通过章程赋予协会其他自律管理、自我服务职责。

◎ 证券业协会的理事会

第一百六十七条　证券业协会设理事会。理事会成员依章程的规定由选举产生。

修改提示

本条未作修改。

解　析

本条是对证券业协会理事会的规定。理事会是会员大会的执行机构，在会员大会闭会期间领导协会开展日常工作，对会员大会负责。理事会每年至少召开一次会议；既可采用现场方式，也可采用视频或通讯方式召开。理事会会议须有三分之二以上理事出席，其决议须经到会理事三分之二以上表决通过。

理事会由会员理事和非会员理事组成。会员理事由会员单位推荐，经会员大会选举产生。非会员理事由中国证监会委派。非会员理事不超过理事总数的五分之一。理事任期四年，可连选连任。证券业协会因特殊情况需提前或延期换届的，须由理事会表决通过，报中国证监会审查并经民政部批准同意，但延期换届最长不超过 1 年。

第十二章

证券监督管理机构

本章共十二条，新增二条，修改八条。主要规定了证券监督管理机构的职责及权限，证券监督管理机构及工作人员的义务。修改内容主要为：一是增加了证券监督管理机构的职责；二是增加了证券监督管理机构的执法的权限和措施；三是增加了证券监督管理机构应请求中止调查的证券行政和解制度；四是增加了举报奖励制度；五是完善了跨境监管合作制度；六是完善了证券监督管理机构工作人员的工作义务。

上述主要修改内容在一读审议期间即有相应体现，并在后续修订过程中根据各方意见不断修改完善。

◎ 证券监督管理机构的基本职能和目标

第一百六十八条　国务院证券监督管理机构依法对证券市场实行监督管理，维护证券市场公开、公平、公正，防范系统性风险，维护投资者合法权益，促进证券市场健康发展。

修改提示

原《证券法》第一百七十八条规定了证券监督管理机构的职能和监管目标，此次修订将证券监督管理机构的监管目标完善为"维护证券市场公开、公平、公正，防范系统性风险，维护投资者合法权益，促进证券市场健康发展"。

　　证券市场是商品经济、信用经济高度发展的产物，是市场经济中的一种高级组织形态。证券市场上客观存在信息不对称，证券价格具有较大的波动性，证券市场风险的积聚、蔓延可能对社会、经济造成较大的冲击力和破坏力，并会损害投资者合法权益。因此，国际证监会组织（IOSCO）在《证券监管目标和原则》中确立了证券监督管理机构的三项共通性目标：保证市场公平、高效和透明；减少系统性风险；保护投资者利益。

　　从我国实际出发，为了保障证券市场能够公开、公平、公正地运转，更好保护投资者的合法权益，《证券法》第一百六十八条进一步完善了对国务院证券监督管理机构监管目标的规定。

一、国务院证券监督管理机构依法对证券市场实行监督管理

　　从成熟市场发展经验看，有效的监督管理是证券市场健康、稳定、持续发展的重要保障。各国《证券法》都比较重视对证券监管制度的规定。我国通过法律的形式，赋予证券市场监管机关法定职权，以实现对证券市场的有效监管。本法遵循我国立法规范关于主管部门称谓的惯例，仅规定证券市场的主管部门为国务院证券监督管理机构。中国证券监督管理委员会是本法规定的国务院证券监督管理机构，是国务院直属正部级事业单位，其依据法律、行政法规的规定，对证券市场进行监督管理。中国证监会在省、自治区、直辖市和计划单列市设立 36 个证券监管局，以及上海、深圳监管专员办事处，作为中国证监会的派出机构，根据中国证监会的授权，履行监管职责。

二、证券市场监管的目标

　　国务院证券监督管理机构对证券市场进行监督管理的基本目标，是维护证券发行、证券交易的正常秩序，保障证券发行、证券交易活动按照法律的规定进行，从而使我国的证券市场健康有序发展。经过长期的监管实践，监管目标的内涵和外延不断丰富，逐步确立了证券监督管理机构维护

证券市场公开、公平、公正原则，防范系统性风险，维护投资者合法权益，促进证券市场健康发展的主要目标。本次修法结合实践发展，对国务院证券监督管理机构职能和监管目标的规定做了更完备、更规范的表述，与国际证监会组织在《证券监管目标和原则》中确立的证券监管三项目标，即保证市场公平、高效和透明，减少系统性风险，保护投资者利益也趋于一致。

值得一提的是，本次修订增加了"防范系统性风险"的监管目标要求，主要有以下三点：一是证券市场客观存在信息不对称，证券价格具有较大的波动性，证券市场风险的积聚、蔓延可能对经济、社会造成较大的冲击力和破坏力，并会损害投资者合法权益。二是从国际历史经验教训看，金融监管部门对系统性风险重视程度不够，是引发金融危机的重要原因之一。2008年美国次贷危机即是如此。国际证监会组织高度关注系统性风险问题，不仅将减少系统性风险列为证券监管的三项基本目标之一，而且于危机之后在监管原则中增加了两项与系统性风险防范相关的新监管原则：监管原则六——监管机构应该建立并实施与其职责相适应的识别、监测、降低与管理系统性风险的制度；监管原则七——监管机构应当制定并实施定期对其监管范围边界进行审查的制度，并要求各国证券监管部门建立稳健、有效的系统性风险管理框架。三是《国务院关于进一步促进资本市场健康发展的若干意见》中提出"强化风险防范，始终把风险监测、预警和处置贯穿于市场创新发展全过程，牢牢守住不发生系统性、区域性金融风险的底线""完善系统性风险监测预警和评估处置机制。建立健全宏观审慎管理制度"。因此，本次修订将防范和化解证券市场系统性风险作为我国证券监督管理机构的重要职能和监管目标，从法律层面上予以明确。

◎ 证券监督管理机构的具体监管职责

第一百六十九条　国务院证券监督管理机构在对证券市场实施监督管理中履行下列职责：

（一）依法制定有关证券市场监督管理的规章、规则，并依法进行审批、核准、注册，办理备案；

（二）依法对证券的发行、上市、交易、登记、存管、结算等行为，进行监督管理；

（三）依法对证券发行人、证券公司、证券服务机构、证券交易场所、证券登记结算机构的证券业务活动，进行监督管理；

（四）依法制定从事证券业务人员的行为准则，并监督实施；

（五）依法监督检查证券发行、上市、交易的信息披露；

（六）依法对证券业协会的自律管理活动进行指导和监督；

（七）依法监测并防范、处置证券市场风险；

（八）依法开展投资者教育；

（九）依法对证券违法行为进行查处；

（十）法律、行政法规规定的其他职责。

修改提示

原《证券法》第一百七十九条规定了国务院证券监督管理机构的具体监管职责。此次修订主要做了以下修改：一是增加了国务院证券监督管理机构注册、备案的职责；二是新增了依法监测并防范、处置证券市场风险的职责；三是新增了依法开展投资者教育的职责；四是删除了原第二款建立监督管理合作机制、实施跨境监督管理的规定，由第一百七十七条统一规定；此外，还对部分规定内容进行了文字性修改。

解析

一、依法制定规章、规则，并依法进行审批、核准、注册，办理备案

法律制度体系由不同法律效力的规范组成，包括宪法、法律、行政法规、规章、规范性文件等。证券市场参与者多、投机性强、敏感度高，是一个高风险的市场，而且证券市场的风险又具有突发性强、影响面广、传导速度快的特点，再加上我国证券市场的发展阶段因素和特点，客观要求证券市

场的制度规范能够作出快速反应，以便监管机构能够依法对证券市场的各种行为实施有效的监督管理，实现监管目标与职能。但宪法、法律、行政法规都具有相对稳定的特点，很难经常、大量地修改以适应不断发展变化的市场。这就意味着，国务院证券监督管理机构有必要及时地响应证券市场的发展变化，根据宪法、法律及行政法规的精神和要求，积极、主动地制定、修改和完善有关证券市场监督管理的规章、规则。

本条还规定了国务院证券监督管理机构依法进行审批、核准、注册，办理备案的职责。其中，注册和办理备案是本次修订新增的职责，是为了适应本次修法全面推行注册制改革的基本定位以及所涉及的行政许可制度改革。

二、依法对证券的发行、上市、交易、登记、存管、结算等行为进行监督管理

本项是关于国务院证券监督管理机构依法对证券的发行、上市、交易、登记、存管、结算等证券活动进行全环节、全流程的监督管理的规定。但需要说明的是，结合我国多层次资本市场发展的现状以及现行法对证券的定义，证券市场分为全国性的证券交易场所和区域性股权市场，证券则包括股票、债券、存托凭证等，在少数领域还客观存在国务院证券监督管理机构与其他监管机构的监管职能职责交叉的状态：一是关于债券市场的监管。当前除了中国证监会对公司债券发行交易进行监管外，国家发展和改革委员会负责对部分公开发行公司债券进行注册，中国人民银行则对银行间债券市场进行监督管理。二是关于区域性股权市场中的证券活动，国务院办公厅《关于规范发展区域性股权市场的通知》明确了区域性股权市场由所在地省级人民政府按规定实施监管，并承担相应风险处置责任。中国证监会仅负责对省级人民政府的监管进行指导、协调和监督。因此，该规定更多的是原则性规定，具体的监督管理职责落实，还要通过本法其他相关规定以及有关行政法规、规章等体现。实践中曾发生过依据该条规定起诉中国证监会行政不作为的案件，但要判定中国证监会是否履行具体的监管职责，仅以该条为依据是不够的。

三、依法对证券发行人、证券公司、证券服务机构、证券交易场所、证券登记结算机构的证券业务活动进行监督管理

为有效维护证券市场秩序，国务院证券监督管理机构有权对证券市场的全部参与主体的证券业务活动进行监督管理，包括证券发行人、证券公司、会计师事务所、律师事务所以及从事证券投资咨询、资产评估、资信评级、财务顾问、信息技术系统服务的机构、证券交易所、国务院批准的其他全国性证券交易场所、根据国务院规定设立的区域性股权市场、证券登记结算机构等的证券业务活动等。这里强调了市场参与主体的证券业务活动，是指证监会的监管只限于和证券相关的活动，而这些主体从事的与证券市场无直接关系的一般民事活动则不应该适用。

本条修订后，相较原《证券法》第一百七十九条第（三）项规定的监管对象范围，本条第（三）项删去了对上市公司和证券投资基金管理公司两个主体，删去上市公司的原因是证券发行人即涵盖上市公司，在该项已经规定对证券发行人进行监督管理的情况下，以避免重复；删去证券投资基金管理公司的原因是《证券投资基金法》已有规定，删去能更好体现与《证券投资基金法》的衔接。

四、依法制定从事证券业务人员的行为准则，并监督实施

原《证券法》第一百七十九条第（四）项规定国务院证券监督管理机构依法制定并监督实施从事证券业务人员的资格标准和行为准则。按照简政放权、加强事中事后监管的改革思路，进一步减少事前行政许可审批类事项，本次修订删去了国务院证券监督管理机构制定证券从业人员资格标准的规定，但是，证券从业人员守法合规、勤勉尽责是证券行业发展之基，按照加强事中事后监管的要求，证券从业人员应当遵守一定的行为准则，违反行为准则将依法受到相应的处置。

五、依法监督检查证券发行、上市、交易的信息披露

为保证证券发行、上市和交易的信息得到及时、公平的披露，以及监督

信息披露义务人披露的信息真实、准确、完整，国务院证券监督管理机构负有依法监督检查证券发行、上市和交易的信息披露的职责。履行该职责的形式，既可以在证券发行阶段，也可以在发行后的持续信息披露阶段。例如，中国证监会及其派出机构可以对证券发行申请人的信息披露情况进行监督检查，也可以对上市公司的信息披露行为进行监督检查。监督检查的方式既包括现场检查，也包括非现场检查等。

六、依法对证券业协会的自律管理活动进行指导和监督

证券业协会是证券业的自律性组织，依法履行教育和组织会员和从业人员遵规守法、组织开展行业诚信建设、督促会员开展投资者教育和保护活动、制定和实施证券行业自律规则以及行业规范、实施自律管理、依法维护会员合法权益等各种法定职责，是促进证券市场和证券行业规范健康发展的重要力量。为了更好地发挥证券业协会的自律管理作用，促使其合法、有效地履行职责，本条规定国务院证券监督管理机构依法对证券业协会的自律管理活动进行指导和监督。

七、依法监测并防范、处置证券市场风险

与将"防范系统性风险"明确为国务院证券监督管理机构的职能和监管目标相适应，本次修法新增"依法监测并防范、处置证券市场风险"，作为国务院证券监督管理机构的法定职责之一。2015 年，我国股市异常波动凸显出证券市场的风险监测、防范、处置制度与机制仍有待进一步完善。近年来，中国证监会建立、健全了一系列风险监测、防范、化解、处置的制度、机制，积累了一定的经验。本次修法，新增该项监管职责，必将有助于中国证监会进一步做好证券市场风险监测、防范、处置等工作。

八、依法开展投资者教育

投资者教育是资本市场一项长期性、基础性工作，切实加强投资者教育，提升投资者尤其是中小投资者的投资素养和知识水平，是加强投资者保护的长效机制，也是防范和化解金融风险、维护金融稳定的基础性工作。本

次修法明确了证券监督管理机构依法开展投资者教育的职责。

九、依法对证券违法行为进行查处

任何人违反证券市场监督管理的法律、行政法规，都应当承担相应的法律责任，包括民事责任、行政责任和刑事责任。在实践中，对于当事人是否违反证券市场监督管理的法律、行政法规，是否应当承担相应的法律责任等，需要有法定的机构去调查处理。国务院证券监督管理机构作为依法对全国证券市场进行集中统一监督管理的机构，依法对违反证券市场监督管理法律、行政法规的行为进行查处，本条即规定了国务院证券监督管理机构对证券违法行为的查处职责。当证券市场中发生了涉嫌违反有关法律、行政法规的行为时，国务院证券监督管理机构应当依照法定的权限和程序，及时进行调查，在查明事实真相的基础上，及时地作出处理，以维护证券交易的正常秩序。

◎ 证券监督管理机构依法履行职责的手段、措施

第一百七十条　国务院证券监督管理机构依法履行职责，有权采取下列措施：

（一）对证券发行人、证券公司、证券服务机构、证券交易场所、证券登记结算机构进行现场检查；

（二）进入涉嫌违法行为发生场所调查取证；

（三）询问当事人和与被调查事件有关的单位和个人，要求其对与被调查事件有关的事项作出说明；或者要求其按照指定的方式报送与被调查事件有关的文件和资料；

（四）查阅、复制与被调查事件有关的财产权登记、通讯记录等文件和资料；

（五）查阅、复制当事人和与被调查事件有关的单位和个人的证券交易记录、登记过户记录、财务会计资料及其他相关文件和资料；对可能被转移、隐匿或者毁损的文件和资料，可以予以封存、扣押；

（六）查询当事人和与被调查事件有关的单位和个人的资金账户、证券账户、银行账户以及其他具有支付、托管、结算等功能的账户信息，可以对有关文件和资料进行复制；对有证据证明已经或者可能转移或者隐匿违法资金、证券等涉案财产或者隐匿、伪造、毁损重要证据的，经国务院证券监督管理机构主要负责人或者其授权的其他负责人批准，可以冻结或者查封，期限为六个月；因特殊原因需要延长的，每次延长期限不得超过三个月，冻结、查封期限最长不得超过二年；

（七）在调查操纵证券市场、内幕交易等重大证券违法行为时，经国务院证券监督管理机构主要负责人或者其授权的其他负责人批准，可以限制被调查的当事人的证券买卖，但限制的期限不得超过三个月；案情复杂的，可以延长三个月；

（八）通知出境入境管理机关依法阻止涉嫌违法人员、涉嫌违法单位的主管人员和其他直接责任人员出境。

为防范证券市场风险，维护市场秩序，国务院证券监督管理机构可以采取责令改正、监管谈话、出具警示函等措施。

修改提示

原《证券法》第一百八十条规定了国务院证券监督管理机构执法权限。本条作出了以下修改：一是为与《证券投资基金法》相衔接，本条删除了对证券投资基金进行现场检查的规定；为避免重复，在已明确规定对证券发行人进行现场检查的基础上，删除对上市公司进行现场检查的规定。此外，还增加了对国务院批准的其他全国性证券交易场所、按照国务院规定设立的区域性股权市场现场检查的规定。二是增加规定监管机构有权要求当事人按照指定的方式报送与被调查事件有关的文件和资料，提高了监管执法效能，和成熟市场国家或者地区的执法实践保持一致。三是增加了监管机构可以扣押相关文件、资料的规定，防止有关证据材料被转移、隐匿或者毁损灭失。四是根据证券案件案情比较复杂，调查周期较长的实际情况，将查封、冻结的期限扩展到首期为六个月，续期为每次不得超过三个月，最长不得超过二年，并将查封、冻结以及限制账户证券买卖的审批权由国务院证券监督管理机构主要负责人扩展至国务院证券监督管理机构主要负责人及其授权的其他责任人。五是基于实践发展，在调查有关资金转移时，进一步将有权查询账户信息范围拓展至除资金、证券、银行账户之外的其他具有支付、托管、结算等功能的账户信息。六是增加通知出境入境管理机关限制当事人出境的规定。此外，本条第二款还新增了行政监管措施的原则性规定。

解 析

本条规定的措施可以分为三类：一是在日常监管中采取的措施，如现场检查；二是针对涉嫌违法案件进行调查中采取的手段，如封存扣押相关文件资料、冻结查封有关资金证券；三是为防范风险、维护秩序，在监管工作中就特定问题采取的责令改正、监管谈话等监管措施。

一、在日常监管中为履行职责所采取的措施

对证券发行人、证券公司、证券服务机构、证券交易场所、证券登记结算机构进行现场检查。检查方式分为现场检查和非现场检查两种。现场检查指检查人员前往证券发行人、证券公司、证券服务机构、证券交易场所、证券登记结算机构所在的场地，通过听取汇报、查验有关资料等方式进行实地检查。对被监管对象实施现场检查，有利于及时发现问题、消除风险隐患，督促改正，具有一定的监管效果。

二、在调查涉嫌违法案件中所采取的措施

（一）进入涉嫌违法行为发生场所调查取证

涉嫌违法的行为发生后，监管机构需要就其是否构成违法行为进行事实查明，重要途径之一是到涉嫌违法行为发生的场所去调查，调查行为的权限必须由法律明确规定和保障。

（二）询问有关单位和人员或要求其报送文件和资料

国务院证券监督管理机构要了解事实真相，就应当从各个角度进行调查，其中包括询问当事人和与被调查事件有关的单位和个人，要求他们对与被调查事件相关的事实作出说明或者要求其按照指定的方式报送与被调查事

件有关的文件和资料，去伪存真，真正做到处理决定以事实为依据。值得一提的是，本次修订增加了国务院证券监督管理机构有权要求当事人按照指定的方式报送与被调查事件有关的文件和资料，是借鉴了境外成熟资本市场监管机构的做法，有助于监管机构提高调查效率，尽快查明事实真相。

（三）查阅、复制与被调查事件有关的财产权登记、通讯记录等文件和资料

在证券市场，证券违法行为具有资金转移快、调查取证难、社会危害性大等特点，如果证券监督管理机构没有必要的强制查处手段，就无法有效打击证券违法行为。财产权登记资料能够反映有关人员和单位的财产状况，而通讯记录能够反映有关当事人与他人的联络情况，为此，本条规定了国务院证券监督管理机构有权查阅、复制与被调查事件有关的财产权登记、通讯记录等文件和资料。相比原《证券法》，本条修改新增了"文件"两字，与该条其他项表述一致。

（四）查阅、复制、封存、扣押有关的文件和资料

为查明事实，保存证据，防止有关人员隐匿、毁损有关的文件和资料，国务院证券监督管理机构有权查阅、复制当事人和与被调查事件有关的单位和个人的证券交易记录、登记过户记录、财务会计资料及其他相关文件和资料。对有可能被有关单位和个人转移到他处、可能被隐匿起来或者可能被销毁、损坏，使今后查找有困难的文件和资料，国务院证券监督管理机构有权将其封存和扣押。本条新增了对可能被转移、隐匿或者毁损的文件和资料可以予以扣押的规定，能够有效防止关键的文件和资料被有关人员隐匿、毁损。

（五）查询并冻结、查封有关账户

原《证券法》第一百八十条已经规定了国务院证券监督管理机构查询、复制当事人和与被调查事件有关的单位和个人的资金账户、证券账户、银行账户的权力，本次修订增加其他具有支付、托管、结算等功能的账户，主要是考虑到为国务院证券监督管理机构向第三方平台取证提供充分的法律依据，防止当事人和与被调查事件有关的单位和个人利用其他账户转移资金逃避处罚，有必要明确规定国务院证券监督管理机构查询并冻结、查封其他具

有支付、托管、结算功能的账户的权力。

对有证据证明已经或者可能转移或者隐匿、伪造、毁损重要证据的，经国务院证券监督管理机构主要负责人或者其授权的其他负责人批准，可以冻结或查封有关文件和资料。1998年《证券法》规定中国证监会可以申请司法机关查封冻结；2005年修订的《证券法》赋予中国证监会采取查封、冻结强制措施的权力，但未规定查封、冻结的期限。《行政强制法》第二十五条规定，查封、扣押的期限不得超过三十日；情况复杂的，经行政机关负责人批准，可以延长，但延长期限不得超过三十日。法律、行政法规另有规定的除外。证券市场违法案件普遍案情复杂且涉及面广，调查处罚周期相对较长，而涉案资金和证券在现代电子化交易条件下又极易转移和隐匿，很多案件往往未办完就要解除查封、冻结，为当事人逃避惩罚提供了机会和空间。为有效打击证券期货领域的违法行为，本次修订结合证券期货案件执法的实际情况，明确规定，国务院证券监督管理机构的冻结或者查封期限为六个月，每次延长不得超过三个月，最长不得超过二年。

（六）依法限制被调查事件当事人的证券买卖

当事人在从事操纵证券市场、内幕交易等市场滥用行为时，可能会引起证券价格的巨大波动，如果任由其继续买卖，将会严重破坏证券交易秩序。为此，本项规定在调查操纵证券市场、内幕交易等重大证券违法行为时，经国务院证券监督管理机构主要负责人或者其授权的其他负责人批准，可以限制被调查事件当事人的证券买卖。原《证券法》规定限制证券买卖的期限不得超过十五个交易日；案情复杂的，可以延长十五个交易日。为了有效打击操纵证券市场、内幕交易等重大违法行为，结合监管执法实践，本次将限制期限修改为不得超过三个月；案情复杂的，可以延长三个月。通过延长限制交易的期限，保障案件调查的顺利开展，创造追责有利条件，实现对违法行为人的有效制裁。

（七）通知出境入境管理机关限制当事人出境

现行法总结实践经验，增加通知出境入境管理机关依法阻止涉嫌违法人员、涉嫌违法单位的主管人员和其他直接责任人员出境的规定，防止涉嫌违法人员、涉嫌违法单位的主管人员和其他直接责任人员逃避调查处罚。

三、为防范风险、维护市场秩序采取的行政监管措施

监管措施是证券监督管理机构基于金融业审慎监管的需要，为了履行保护公共利益、防范风险蔓延的法定职责，及时矫正违法违规行为所采取的必要措施。在行政许可、行政处罚之外，为应对证券监管实践的需求，参考境内外金融监管法律法规及监管执法经验，2005 年修订的《证券法》针对证券公司、高级管理人员任职资格、证券公司风险处置等，增加规定了部分证券监管措施。由于原《证券法》对证券监管措施的规定并不全面，因此，中国证监会通过规章和其他规范性文件逐步补充规定了多种证券监管措施，并于 2008 年专门印发了《证券期货市场监督管理措施实施办法（试行）》，对监管措施的种类、实施程序等做了统一规定。相比于行政处罚，行政监管措施能对不法行为快速反应，有利于及时矫正不法行为，防范风险蔓延与危害后果扩散，在及时惩戒违法违规行为、防范和化解风险、维护市场稳定等方面发挥了越来越重要的作用。本次法律修订，在总结实践经验的基础上，对中国证监会有权采取的责令改正、监管谈话、出具警示函等证券监管措施作出明确规定。

◎ 证券监督管理机构对涉嫌证券违法行为调查中的行政和解

第一百七十一条　国务院证券监督管理机构对涉嫌证券违法的单位或者个人进行调查期间，被调查的当事人书面申请，承诺在国务院证券监督管理机构认可的期限内纠正涉嫌违法行为，赔偿有关投资者损失，消除损害或者不良影响的，国务院证券监督管理机构可以决定中止调查。被调查的当事人履行承诺的，国务院证券监督管理机构可以决定终止调查；被调查的当事人未履行承诺或者有国务院规定的其他情形的，应当恢复调查。具体办法由国务院规定。

国务院证券监督管理机构决定中止或者终止调查的，应当按照规定公开相关信息。

修改提示

本条为新增条款。

解　析

证券行政和解制度是指在证券执法过程中，国务院证券监督管理机构与被调查的当事人就特定调查行为达成和解协议，被调查的当事人通过履行一定的协议义务，终止案件调查程序的一项制度。资本市场违法违规案件往往具有高智能、专业性、涉众性、跨区域等特点，特别是随着市场的纵深发展和信息技术的变革，证券违法行为的隐蔽性、复杂性日益突出，导致查处实践中取证难度大、干扰因素多，案件查处周期较长，而监管机构的执法手段、资源有限，客观上制约着证券监管执法的效率和效果。此外，行政处罚的罚没款直接上缴国库，无法直接、有针对性地用于补偿相关违法违规行为所造成的投资者损失，投资者难以得到直接、有效的民事赔偿补偿。

境外成熟市场大多通过行政程序法或金融立法建立起证券行政和解制度来解决这一困境。行政和解可以降低执法成本，提高执法效率，让有限的监管资源实现最大化的监管目标；对于投资者而言，行政和解可以实现更快速、更有效的损失补偿；对于资本市场而言，可以及时恢复市场秩序、稳定社会预期。

美国、英国、德国、新加坡、巴西都有关于证券行政和解制度的类似规定。但在具体的制度设计和实践层面上也存在较大差异。如美国可在案件调查的不同阶段进行和解，没有既定的前提条件，和解对象可以既不承认也不否认违法行为，而只需将一定比例的罚款拨入公平基金。英国则要求和解对象承认错误，并可根据和解提出时间的早晚确定罚款的折扣。德国则明确规定了和解的前提，只有在经过调查却不能查清的条件下才能进行。新加坡具有更为灵活的和解条件，可与各类违法行为者达成和解。实践过程中，美国应用最为广泛，英国也在积极鼓励和解，新加坡有不同程度的运用，德国则少有案例。从境外经验来看，行政和解制度已经成为各个国家和地区广泛采用的制度选择和执法模式，取得了良好的效果。其中，巴西大约有 30% 的证券案件以这种方式结案，英、美两国更是高达 80%—90%。

2013 年，国务院办公厅发布《国务院办公厅关于进一步加强资本市场中小投资者合法权益保护工作的意见》，明确提出"探索建立证券期货领域行政和解制度，开展行政和解试点"的要求。2015 年，经国务院同意，中国证监会出台了《行政和解试点实施办法》，随后又会同财政部联合发布了《行政和解金管理暂行办法》。近年来，中国证监会逐渐积累了一些成功实施行政和解的实践经验。本次《证券法》修订将证券领域的行政和解制度的规定上升到法律层面。在本次立法征求意见过程中，多数单位、部门建议借鉴境外市场的立法经验，在《证券法》中引入证券行政和解制度。但关于行政和解的立法模式，也有两种不同意见：一种意见认为，证券执法和解在性质上存在对行政权的处分，建议对和解制度的适用情形、适用程序、和解协议等，进行系统全面、详细具体的规定；第二种意见建议，行政和解毕竟是一项新生制度，在对该制度还缺乏足够充分实践经验的情况下，作出过于详细的规定可能无法回应实践的需求，甚至还会限制行政和解的发展，建议仅作原则性规定留足空间即可。本条规定最终采纳了第二种意见。

◎ 证券监督管理机构进行监督检查、调查的程序

第一百七十二条　国务院证券监督管理机构依法履行职责，进行监督检查或者调查，其监督检查、调查的人员不得少于二人，并应当出示合法证件和监督检查、调查通知书或者其他执法文书。监督检查、调查的人员少于二人或者未出示合法证件和监督检查、调查通知书或者其他执法文书的，被检查、调查的单位和个人有权拒绝。

修改提示

本条有两处修改：一是在应当出示的执法文书范围中增加了"其他执法文书"；二是在不符合程序要求时，在有权拒绝被检查、调查的主体范围中增加了"个人"，逻辑更加周延。

检查、调查人员不得少于二人，并应向当事人表明其身份和履行职责的合法性，是国家公务人员依法履行公务的基本要求，也符合《行政处罚法》的要求。

检查、调查的人员不得少于二人是指国务院证券监督管理机构在进行监督检查或者调查时，实际到场进行监督检查、调查的工作人员，至少应当为二人或者二人以上。本条规定监督检查、调查的人员不得少于二人，有助于国务院证券监督管理机构工作人员互相监督制约，保证其依法履行职责，防止一个人在没有监督制约的情况下滥用权力甚至作出违法犯罪的行为。

合法证件是指证明国务院证券监督管理机构工作人员身份的文件，如工作证、执法证等。监督检查、调查通知书或者其他执法文书是国务院证券监督管理机构出具的通知当事人对其进行监督检查、调查的书面文件。本条要求监督检查的人员应当同时出示合法证件，以及监督检查、调查通知书或其他执法文书，不仅是规范执法、文明执法的基本要求，也有助于防止他人假冒国务院证券监督管理机构工作人员，以监督检查、调查的方式非法获取有关信息，以及个别国务院证券监督管理机构工作人员非因履行职责而擅自监督检查、调查，侵害有关单位和个人合法权益的可能性。

本次修法在应当出示的执法文书范围中，增加了"其他执法文书"，主要是基于监管实践的发展，并体现对检查、调查相关主体合法权益的尊重和保护。一方面，检查、调查工作不仅涉及被检查、调查对象，还包括有义务协助检查、调查的其他主体，监督检查、调查通知书并不适用；另一方面，根据信息披露制度要求，上市公司等证券发行人及其相关人员收到监督检查、调查通知书的，即应当及时披露。在证券监管和案件调查实践中，大部分案件都直接或间接涉及上市公司等证券发行人及其相关人员因而触发信息披露，如果一律使用监督检查、调查通知书，特别是对部分协助调查的相关人员以及部分产权记录、交易记录、资金往来记录保管单位，也一律使用监督检查、调查通知书，不尽适当，更可能造成市场误解。为此，监管实践中相应地使用其他执法文书。现行法增加了出示其他执法文书的规定，确认了监管实践，完善了证券执法文书的种类，将有助于案件调查工作的顺利开展，有助于协助检查、调查主体的合法权益保护，也有助于提高信息披露的准确性。

不依照前述程序要求执行的，被检查、调查对象有权拒绝。本次修改将有权拒绝的被检查、调查对象范围在单位之外增加了"个人"，逻辑更加周延，也进一步完善了对案件调查当事人的保护。

◎ 被检查、调查的单位和个人的配合义务

第一百七十三条　国务院证券监督管理机构依法履行职责，被检查、调查的单位和个人应当配合，如实提供有关文件和资料，不得拒绝、阻碍和隐瞒。

修改提示

本条未作修改。

解　析

国务院证券监督管理机构在依法履行职责的过程中有权对当事人及有关单位和个人采取检查、调查的措施。相应地，为了保证国务院证券监督管理机构检查和调查的顺利进行，本条规定被检查、调查的单位和个人负有配合检查、调查的义务。被检查、调查的单位和个人不得以任何借口拒绝提供，也不得采用隐瞒等各种方法来阻碍国务院证券监督管理机构获得真实、可靠的文件和资料，更不得对有关的文件和资料进行隐瞒，掩盖事实和真相。被检查、调查的单位和个人不配合国务院证券监督管理机构履行职责的，应当依法承担相应的法律责任。

◎ 证券监督管理机构的行政公开

第一百七十四条　国务院证券监督管理机构制定的规章、规则和监

督管理工作制度应当依法公开。

国务院证券监督管理机构依据调查结果，对证券违法行为作出的处罚决定，应当公开。

本条在第一款中新增"依法"公开的限定。

解　析

证券监督管理机构制定的规章、规则和监督管理工作制度等作为证券市场的运行规范，应当依法公开，这样不仅能使所有市场参与者充分知晓证券监督管理的各项规章、规则和工作制度并遵守执行，又能提升证券监督管理机构运行的透明度，防止可能存在的暗箱操作和违法违规行为的发生。

多年来，中国证监会除了在中国证监会网站和"公报"中公布有关规章、规则和监督管理工作制度外，还通过编印出版年度的《证券期货法规汇编》和汇总编印出版《现行证券期货法规汇编》以及编印出版《中国资本市场法制发展报告》等方式，持续地向社会公开相关规章、规则和监督管理工作制度。2019年7月15日，中国证监会又专门开发建设的证券期货法规数据库，正式上线运行并对社会公众开放使用，数据库录入涉及资本市场的法律、行政法规、司法解释、部门规章、规范性文件及自律规则等各类法律法规。这次修订基本维持原有规定不变。同时，考虑到中国证监会有的监督管理工作制度内容属于内部管理制度，内容敏感或者涉及保密，不适宜对外公开，一概公开不利于监管工作正常开展，因此，本次修订将原《证券法》条文中的"应当公开"一语完善为"应当依法公开"。例如，根据《保守国家秘密法》和《政府信息公开条例》等规定不应公开的，即可不予公开。

国务院证券监督管理机构在对证券市场实施监督管理中，有权依法对违反证券市场监督管理法律的行为进行查处。国务院证券监督管理机构在履行职责时，依据其调查结果，对证券违法行为依法作出处罚决定的，由于其处罚决定不仅会影响到被处罚的当事人，也可能会影响其他市场参与者的行为甚至整个证券市场，故本条规定国务院证券监督管理机构依据调查结果，对证券违法行为作出的处罚决定，应当公开。当前，中国证监会的行政处罚决定书通过其网站对外公开，并可以通过中国证监会的证券期货市场诚信档案数据库进行查询。

◎ 监管信息的共享以及相关部门对证券监督检查、调查的配合义务

第一百七十五条　国务院证券监督管理机构应当与国务院其他金融监督管理机构建立监督管理信息共享机制。

国务院证券监督管理机构依法履行职责，进行监督检查或者调查时，有关部门应当予以配合。

修改提示

本条未作修改。

解　析

本法在总则中明确金融业实行分业经营、分业管理，证券公司与其他金融机构分别设立的原则，相应地，我国的"一行两会"各有分工，共同维护金融市场秩序。但是，不同金融行业之间是相互关联的，往往牵一发而动全身，产生联动效应，因此各金融监管机构间需要互通信息，相互配合开展监管执法，并共同防范和化解系统性金融风险。为了使各项金融监管政策和监管行为之间进行协调，避免出现监管真空、重复监管和监管套利，使所有金融机构及其从事的金融业务都能得到统筹有效的监管，同时降低监管成本，提高监管效率，本条要求国务院证券监督管理机构与国务院其他金融监督管理机构，比如中国人民银行、中国银行保险业监督管理委员会等，建立监督管理信息共享机制。该机制有助于金融监督管理机构之间相互交换、获取各自在履行监督管理职责中所掌握的有关金融活动主体及其所进行的金融活动等信息，也有助于各项金融监管政策和监管行为之间加强协调，尽可能地避免出现监管真空、重复监管和监管套利，使所有金融机构及其从事的金融业

务活动都能得到统筹有效的监管，同时降低监管成本，提高监管效率。

《证券法》赋予国务院证券监督管理机构的监督检查、调查等权力，既有赖于被检查、调查的当事人的配合，也有赖于有关部门的协助、配合和支持。为此，本条规定，国务院证券监督管理机构依法履行职责，进行监督检查或者调查时，有关部门应当予以配合。

◎ 对涉嫌证券违法行为的举报与奖励

第一百七十六条　对涉嫌证券违法、违规行为，任何单位和个人有权向国务院证券监督管理机构举报。

对涉嫌重大违法、违规行为的实名举报线索经查证属实的，国务院证券监督管理机构按照规定给予举报人奖励。

国务院证券监督管理机构应当对举报人的身份信息保密。

修改提示

本条为新增条款。

解　析

如何及时发现证券期货市场中的各种违法行为，是各国家、地区证券监督管理机构普遍面临的一个难题，对此，一般通过立法建立起相关奖励制度，以鼓励那些掌握涉嫌违法、违规线索的单位和个人，特别是内部知情人士积极向证券监督管理机构举报，并以此达到更加及时、全面地发现、打击和震慑违法行为的目的。

《国务院办公厅关于进一步加强资本市场中小投资者合法权益保护工作的意见》提出，要加大监管和打击力度、建立证券期货违法案件举报制度。2014 年 6 月 27 日，中国证监会发布了《证券期货违法违规行为举报工作暂行规定》，初步建立起证券期货违法案件举报制度。为方便社会公众举报，中国证监会设立了证券期货违法违规行为举报中心，专门负责处理可以作为稽查案件调查线索的举报。该暂行规定还设立了举报奖励制度，对于符合奖励条件的一般举报，给予一定数额的奖励。同时，要求举报人应依法据实进行举报，通过举报捏造事实、伪造证据，骗取举报奖励或诬告陷害他人的，应依法承担相应的法律责任。本次修改，将证券违法举报奖励的相关制度在法律层面予以确认。

在征求意见的过程中，有意见建议违法行为举报奖励制度应当扩展至投资者以外的所有主体；增加接受举报的机关应对举报人的身份信息保密的规定。本次修订吸收了这些建议，本条第一款明确了任何单位和个人均享有对证券期货市场中涉嫌违法、违规行为举报的权利。同时，为了有效激励举报人，防止举报人被打击报复，使得举报奖励制度有效运行，本条第二款和第三款明确了举报人奖励和举报人信息保密的规定。

需要说明的是，举报是一项涉及他人权利的具有法律后果的行为，要严肃对待，据实举报；同时，对举报行为，证券监督管理机构只是将其作为案件线索，并无但凡举报都要立案调查、都要进行答复的义务；对举报人的奖励行为，也不同于一般的行政给付等行政行为，更多的是对公民履行自身义务、据实举报违法行为的肯定和鼓励，具有政策性，不是一种对举报人权利义务进行增加减损限制的实质性行政行为。而且举报及奖励通常还需要保密，因此在涉及有关举报是否应当奖励或者应当奖励多少的纠纷中，应主要按照有关举报奖励的规定，由中国证监会在行政程序中自行处理，不宜再纳入行政复议和行政诉讼程序中。

◎ 证券监管的跨境合作

第一百七十七条 国务院证券监督管理机构可以和其他国家或者地区的证券监督管理机构建立监督管理合作机制，实施跨境监督管理。

境外证券监督管理机构不得在中华人民共和国境内直接进行调查取证等活动。未经国务院证券监督管理机构和国务院有关主管部门同意，任何单位和个人不得擅自向境外提供与证券业务活动有关的文件和资料。

修改提示 ▪▪

本条第一款系原《证券法》第一百七十九条第二款，本条第二款为新增规定。

解 析 ▪▪▪

在经济全球化的今天，国家和地区间的经济联系日益紧密，证券发行人跨境融资、投资者跨境投资的行为也越来越普遍。为了适应这种发展变化，不同国家和地区的证券监督管理机构之间有必要加强监管合作。截至2019年12月31日，中国证券监督管理委员会已与64个国家或地区的证券监督管理机构签署了监管合作备忘录。

但是，近年来也有个别国家或地区的证券监督管理机构试图绕过跨境监管合作途径，企图在我国境内直接开展调查取证等证券监管执法活动。为进一步明确跨境监管与执法合作的基本原则和内涵，更好地维护国家主权，本次修法将原《证券法》第一百七十九条第二款独立出来的同时，还补充了第二款规定，既明确规定境外证券监督管理机构不得在我国境内直接进行包括调查取证在内的任何执法活动，也明确禁止境内任何单位和个人未经同意擅自向境外提供与证券业务活动有关的文件和资料。

按照本条第二款规定，境外证券监督管理机构不能在我国境内直接进行调查取证等活动，但是，境内单位和个人如果要向境外提供与证券业务活动相关的文件和资料，须经中国证监会和有关主管部门的同意。需要说明的是，与三读稿第一百八十九条第二款相比，删除了第一句中"不得在中华人民共和国境内直接进行调查取证等执法活动"中的"执法"一词，主要目的是为境外证券监督管理机构在我国境内依法或按照条约、协定及对等原则开展相关监管合作活动提供法律空间。

◎ 对涉嫌证券犯罪、职务违法或犯罪的移送处理

第一百七十八条　国务院证券监督管理机构依法履行职责，发现证

券违法行为涉嫌犯罪的，应当依法将案件移送司法机关处理；发现公职人员涉嫌职务违法或者职务犯罪的，应当依法移送监察机关处理。

修改提示

本条新增了对公职人员涉嫌职务违法或者职务犯罪的移送规定。

解 析

国务院证券监督管理机构在履行其职责的过程中，可能发现涉嫌犯罪或者职务违法的情况，对此应当依法移送司法机关等有关机关处理。2018 年 3 月 20 日第十三届全国人民代表大会第一次会议通过《中华人民共和国监察法》，规定各级监察委员会是行使国家监察职能的专责机关，负责对所有行使公权力的公职人员进行监察，调查职务违法和职务犯罪。因此，这次《证券法》修订补充规定了发现公职人员涉嫌职务违法或者职务犯罪的，应当依法移送监察机关处理的规定，以与《中华人民共和国监察法》相衔接。

351

◎ 证券监督管理机构工作人员的行为准则和《公务员法》规定的适用

第一百七十九条 国务院证券监督管理机构工作人员必须忠于职守、依法办事、公正廉洁，不得利用职务便利牟取不正当利益，不得泄露所知悉的有关单位和个人的商业秘密。

国务院证券监督管理机构工作人员在任职期间，或者离职后在《中华人民共和国公务员法》规定的期限内，不得到与原工作业务直接相关的企业或者其他营利性组织任职，不得从事与原工作业务直接相关的营利性活动。

修改提示

原《证券法》第一百八十二条和第一百八十七条分别对国务院证券监督管理机构工作人员的基本要求和不得在被监管机构任职作出了规定。本次修订将上述两条进行了合并，并对第二款进行了完善：要求国务院证券监督管理机构工作人员在任职期间，或者离职后在《公务员法》规定的期限内，不得到与原工作业务直接相关的企业或者其他营利性组织任职，不得从事与原工作业务直接相关的营利性活动。

解 析

中国证监会作为法律授权的具有公共事务管理职能的国务院直属事业单位，其工作人员参照《公务员法》管理。《公务员法》第十四条明确规定，公务员应当履行模范遵守宪法和法律、忠于职守、清正廉洁、公道正派、恪守职业道德等义务。证券监督管理机构及其工作人员是否公正、公平、高效执法，直接关系着证券市场的运行秩序和质量，也关乎包括投资者在内的市场主体的合法权益。为此，国际证监会组织在《证券监管目标和原则》中专门就监管机构工作人员的职业准则提出要求：监管原则五——监管机构的工作人员应当遵守包括相关保密准则在内的最高职业准则。为此，本条第一款规定国务院证券监督管理机构工作人员必须忠于职守、依法办事、公正廉洁，不得利用职务便利牟取不正当利益，不得泄露所知悉的有关单位和个人的商业秘密的基本要求。

对公务员在任职期间和离职后一定期限内从事与原工作业务直接相关的工作活动进行适当限制，既是保障公务员公正履职的必要举措，也是保障公务员清正廉洁的纪律要求。对此，《公务员法》第五十九条第（十六）项规定，公务员不得违反有关规定从事或者参与营利性活动，在企业或者其他营利性组织中兼任职务。第一百零七条规定，公务员辞去公职或者退休的，原系领导成员、县处级以上领导职务的公务员在离职三年内，其他公务员在离职两年内，不得到与原工作业务直接相关的企业或者其他营利性组织任职，不得从事与原工作业务直接相关的营利性活动。中国证监会工作人员参照《公务员法》管理，应当遵守该规定。本次修订，在《证券法》这一专门法律中对国务院证券监督管理机构工作人员的任职回避义务和离职后的从业限制，按照《公务员法》的规定做了强调和重申，体现了与《公务员法》的衔接协调统一，也体现了对国务院证券监督管理机构工作人员的严格规范要求。

法律责任

本章共四十四条，相较于原条文，修改了三十八条，保留了三条，新增了五条，删除了六条。本章主要规定了违反《证券法》行为的行政法律责任。本次修订的一大亮点是全面大幅提高证券违法违规成本，包括提高行政处罚幅度，完善民事损害赔偿制度，强化市场禁入制度，增加规定证券市场诚信档案制度，并有针对性地加强对控股股东、实际控制人和中介机构的责任追究。

353

◎ 擅自公开发行证券的责任

第一百八十条　违反本法第九条的规定，擅自公开或者变相公开发行证券的，责令停止发行，退还所募资金并加算银行同期存款利息，处以非法所募资金金额百分之五以上百分之五十以下的罚款；对擅自公开或者变相公开发行证券设立的公司，由依法履行监督管理职责的机构或者部门会同县级以上地方人民政府予以取缔。对直接负责的主管人员和其他直接责任人员给予警告，并处以五十万元以上五百万元以下的罚款。

修改提示

本条做了以下修改：一是根据证券公开发行注册制规定，将"未经法定机关核准"的表述修改为"违反本法第九条的规定"；二是提高了罚款的金额和幅度。

解　析

本条是对擅自公开或者变相公开发行证券行为，以及擅自公开或者变相公开发行证券设立公司的行为的法律责任规定。

申请公开发行证券必须履行法定程序，这是世界各国证券市场的通例。未经法定机关即国务院证券监督管理机构或者国务院授权部门的注册，擅自公开发行或者变相公开发行证券，是一种严重的违法行为，严重损害投资者利益，扰乱了金融秩序，具有较大的社会危害性，依法应当承担相应的法律责任。

本次修订大幅加大了处罚力度，罚款数额由非法所募资金金额 1%—5% 提升至 5%—50%，对相关责任人员的罚款由 3 万—30 万元提升至 50 万—500 万元，下限、上限均有提升。按照本条的规定，对违反本法第九条规定，擅自公开或者变相公开发行证券的行为，国务院证券监督管理机构应当责令发行人停止证券发行，退还所募资金并加算银行同期存款利息，处以非法所募资金金额百分之五以上百分之五十以下的罚款。对擅自公开或者变相公开发行证券设立的公司，由依法履行监督管理职责的机构或者部门会同县级以上地方人民政府予以取缔。在处罚前述违法行为单位的同时，对其直接负责的主管人员和其他直接责任人员也应给予警告，并处以五十万元以上五百万元以下的罚款。

本条规定的"直接负责的主管人员"是指在公司违法行为中负有直接领导责任的人员，包括违法行为的决策人，事后对公司违法行为予以认可和支持的领导人员，以及由于疏于管理或放任，因而对公司违法行为负有不可推卸责任的领导人员。"其他直接责任人员"是指直接实施公司违法行为的人员。之所以规定对直接负责的主管人员和其他直接责任人员也予以处罚，是发行人作为法人组织，其运作是通过自然人来实现的，为有效地防止法人违法，除了必须追究法人（组织）的责任外，对负有重大责任的法人成员也必须追究其责任。

◎ 欺诈发行证券的责任

第一百八十一条　发行人在其公告的证券发行文件中隐瞒重要事实或者编造重大虚假内容，尚未发行证券的，处以二百万元以上二千万元以下的罚款；已经发行证券的，处以非法所募资金金额百分之十以上一倍以下的罚款。对直接负责的主管人员和其他直接责任人员，处以一百万元以上一千万元以下的罚款。

发行人的控股股东、实际控制人组织、指使从事前款违法行为的，没收违法所得，并处以违法所得百分之十以上一倍以下的罚款；没有违法所得或者违法所得不足二千万元的，处以二百万元以上二千万元以下的罚款。对直接负责的主管人员和其他直接责任人员，处以一百万元以上一千万元以下的罚款。

修改提示

本条主要做了以下修改：一是将原规定中的骗取发行核准的表述修改为在公告的发行文件中有隐瞒或虚假；二是对发行人控股股东、实际控制人责任进行了调整；三是提高了罚款的金额和幅度。

解析

本条是对发行人欺诈发行及其控股股东、实际控制人的法律责任规定。

一、欺诈发行的认定

与前条针对擅自公开或者变相公开发行证券不同的是，本条针对的是发行人的发行虽然经过了法定机关注册，但是其公告的证券发行文件存在虚假陈述的情形。

本次修订对欺诈发行的认定标准表述进行了调整，由"以欺骗手段骗取发行核准"修改为"在其公告的证券发行文件中隐瞒重要事实或者编造重大虚假内容"，主要为了更准确地表明该违法行为侵犯的客体是投资者的权益，即欺骗的主要是投资者，而非限于监管机构，并与《刑法》规定保持一致。《刑法》第一百六十条对欺诈发行的表述为，"在招股说明书、认股书、公司、企业债券募集办法中隐瞒重要事实或者编造重大虚假内容"。

根据本条的修改内容，其适用范围只限于公开发行证券，包括上市公司向特定对象发行证券；同时，在上市公司重大资产交易中，如果上市公司发行股份购买资产的发行文件中存在虚假记载，也可依据本条对上市公司进行处罚。对于因为重大资产重组的交易对手方造假导致发行人公告的发行文件中存在虚假记载，也可根据此条进行处罚，但需结合个案具体情况，处理好与本法第一百九十七条有关信息披露虚假责任规定之间的法律适用关系。

二、提高欺诈发行的责任

此次修订提高了欺诈发行的法律责任，对于尚未发行证券的罚款，由30万—60万元提升至200万—2000万元；已经发行证券的罚款，由非法所募资金金额1%—5%提升至10%—100%；对于直接负责的主管人员和其他直接责任人员的罚款，由3万—30万元提升至100万—1000万元。在修订过程中，有意见提出要更大幅度地提高处罚标准，如有的建议将原来规定非法所募资金金额由1%—5%提升到1倍至5倍等。考虑到处罚的可实施性，并参照其他有关法律的类似规定，最后定为10%—100%。

三、控股股东、实际控制人的责任

原条文第二款表述为"发行人的控股股东、实际控制人指使从事前款违法行为的，依照前款的规定处罚"。现条文一是新增了"组织"从事欺诈发行的行为，二是更加明确了对控股股东、实际控制人违法行为应该如何处罚。因为募集资金是由发行人收到的，控股股东、实际控制人并没有收到募集资金，所以在处罚时，选取了"违法所得"作为罚款数额确定的依据，规定"没收违法所得，并处以违法所得百分之十以上一倍以下的罚款；没有违法所得或者违法所得不足二千万元的，处以二百万元以上二千万元以下的罚款"。一般认为，这种情况下的违法所得是指控股股东、实际控制人在上市后一定期间内按收盘价的加权平均数计算的其持股市值，与以公开发行前最后一次不公开发行价格计算的持股价值之差；但如果控股股东、实际控制人有其他的专门因欺诈发行而获取的实际所得的，亦可根据案件情况按该收益计算。

◎ 保荐人出具虚假保荐书或者不履行其他法定职责的责任

第一百八十二条　保荐人出具有虚假记载、误导性陈述或者重大遗漏的保荐书，或者不履行其他法定职责的，责令改正，给予警告，没收业务收入，并处以业务收入一倍以上十倍以下的罚款；没有业务收入或者业务收入不足一百万元的，处以一百万元以上一千万元以下的罚款；情节严重的，并处暂停或者撤销保荐业务许可。对直接负责的主管人员和其他直接责任人员给予警告，并处以五十万元以上五百万元以下的罚款。

修改提示

本条做了如下修改：一是删除了资格罚内容；二是提高了罚款的金额和幅度。

解　析

本条是对保荐人出具有虚假陈述的保荐书或者不履行其他法定职责行为的法律责任规定。

本法第十条规定，保荐制度只是适用于证券发行，特别是删除原第四十九条第二款中发行保荐制度适用于上市保荐人的规定，使得保荐制度的适用范围变窄，这影响本条有关保荐人违法责任的适用。一般理解，本条也只适用于发行保荐中的违法行为，对于上市保荐中的保荐，虽然证券交易所的股票上市规则中仍有规定，但一般难以适用本条规定对上市保荐人出具虚假保荐书进行行政处罚，但可依交易所规则进行自律处分。实践中，发行与上市密切相关，且通常为同一证券公司，发行保荐一定程度上可覆盖上市保荐，按对发行保荐追究责任亦可起到对上市保荐的惩戒；但是，在转板上市的情况下，上市保荐是具有独立性的，如果出现出具虚假保荐报告的情况，如果只进行自律处分，将可能导致责任追究不到位的问题。

为了督促保荐人归位尽责，切实履行尽职调查义务和核查把关责任，本条提高了保荐人出具有虚假陈述的保荐书或者不履行其他法定职责的法律责任。同时，因为本次修订取消了证券公司董事、监事、高级管理人员的任职资格审核和证券从业资格规定，故删掉了相关资格罚内容。下文也有多个条款涉及删除对证券公司相关人员的资格罚，因理由相同，不再赘述。

◎ 证券公司承销或者销售擅自公开或者变相公开发行证券的责任

第一百八十三条　证券公司承销或者销售擅自公开发行或者变相公开发行的证券的，责令停止承销或者销售，没收违法所得，并处以违法所得一倍以上十倍以下的罚款；没有违法所得或者违法所得不足一百万元的，处以一百万元以上一千万元以下的罚款；情节严重的，并处暂停或者撤销相关业务许可。给投资者造成损失的，应当与发行人承担连带赔偿责任。对直接负责的主管人员和其他直接责任人员给予警告，并处以五十万元以上五百万元以下的罚款。

修改提示

本条做了以下修改：一是将"代理买卖"修改为"销售"，完善了条文表述；二是新增了"情节严重的，并处暂停或者撤销相关业务许可"；三是删除了资格罚内容；四是提高了罚款的金额和幅度。

解　析

本条是对证券公司承销或者销售擅自公开发行或者变相公开发行证券的法律责任规定。

擅自公开发行的证券是非法发行的证券，证券公司对未经核准擅自公开发行的证券违法进行承销或者销售，不仅会给投资者带来风险和损失，而且还会扰乱证券市场的正常秩序，具有广泛的、巨大的社会危害性。按照本法规定，证券公司从事证券承销业务，必须经国务院证券监督管理机构批准，在证券公司有本条规定的违法行为，且情节严重时，暂停或者撤销其相关业务许可，限制或者剥夺其从事相关业务的资格，这是对严重违法的证券公司一种比较严厉的处罚手段。同时，为提高违法违规成本，大幅提升了罚款力度。本条新增"暂停或者撤销相关业务许可"，通常是指暂停或者撤销与本条所规范的违法行为相关的业务许可，即承销业务许可及经纪业务许可，不包括其他与本条规定违法行为无关的业务许可。

◎ 证券公司未履行证券承销、核查义务等违反证券承销规定的责任

第一百八十四条　证券公司承销证券违反本法第二十九条规定的，责令改正，给予警告，没收违法所得，可以并处五十万元以上五百万元以下的罚款；情节严重的，暂停或者撤销相关业务许可。对直接负责的主管人员和其他直接责任人员给予警告，可以并处二十万元以上二百万元以下的罚款；情节严重的，并处以五十万元以上五百万元以下的罚款。

修改提示

本条修改主要将证券公司违法承销的情形以及相应的民事责任调整至"证券发行"一章规定，并新增了证券公司承销证券违反核查义务的行政法律责任。同时，因取消证券从业资格和证券公司董事、监事、高级管理人员任职资格核准，本条修改同样删掉了有关资格罚的规定，并加大了罚款力度。

解　析

本条是对证券公司违法承销法律责任的规定。

本法第二十九条对证券公司承销证券行为进行了规范。第一款规定了证券公司承销证券，应当对公开发行募集文件的真实性、准确性、完整性进行核查。发现有虚假记载、误导性陈述或者重大遗漏的，不得进行销售活动；

已经销售的，必须立即停止销售活动，并采取纠正措施。第二款具体列举了证券公司承销证券的禁止性行为。但原条文仅针对第二十九条第二款列举的行为设定了罚则，未对证券公司在承销证券中未履行核查职责时的行政处罚进行规定，实践中导致一些证券公司在同时承担保荐和承销职责时，为了规避或减少保荐违法后果，就在合同中降低保荐收费、增加承销收费。本条修改后，弥补了这一漏洞，对违反第二十九条第一款规定的未履行承销核查职责的行为，可根据本条进行行政处罚。

◎ 发行人违反规定擅自改变募集资金用途的责任

第一百八十五条　发行人违反本法第十四条、第十五条的规定擅自改变公开发行证券所募集资金的用途的，责令改正，处以五十万元以上五百万元以下的罚款；对直接负责的主管人员和其他直接责任人员给予警告，并处以十万元以上一百万元以下的罚款。

发行人的控股股东、实际控制人从事或者组织、指使从事前款违法行为的，给予警告，并处以五十万元以上五百万元以下的罚款；对直接负责的主管人员和其他直接责任人员，处以十万元以上一百万元以下的罚款。

修改提示

本条做了以下修改：一是删除"上市公司"，一并表述为"发行人"；二是新增了对发行人擅自改变公开发行证券募集资金用途的罚款规定；三是调整了对发行人控股股东、实际控制人的直接负责的主管人员、其他直接责任人员的罚则表述。

解析

本条是对发行人违反本法规定擅自改变公开发行证券募集资金用途的法律责任的规定。

本法第十四条和第十五条分别对公开发行股票和公司债券的募集资金用

途进行了规范。招股说明书或公司债券募集办法所列用途是募集资金使用的法定依据，发行人不得随意改变。但现实中发行人对公开发行证券所募集资金使用用途方面存在比较多的问题，一是因为自身生产经营情况或外部经营环境发生较大变化，资金原来的用途需要改变以适应变化后的情况；二是因为招股说明书所列的募集资金项目是为了取得股票发行上市资格而刻意安排的，实际上可能并没有进行周密的可行性研究；三是招股说明书或公司债券募集办法中所列募集资金项目是为了应付发行申请需要，发行人本就不打算真正投资于这些项目，其目的就是为了从证券市场"圈钱"，然后将所募集资金用于其他用途。对于确因客观环境变化需要改变募集资金用途的，需要符合本法规定，履行相应的程序，经过股东大会或者债券持有人大会的决议，发行人可以合法合规地改变募集资金用途。但是发行人擅自改变公开发行证券募集资金用途，严重扰乱了证券市场的正常秩序，损害投资者合法权益，投资者对此反应强烈，因此，有必要从法律上加以规范。本次修改删去"上市公司"表述，扩大了适用范围，除了原规定的上市公司之外，还包括新三板挂牌公司以及公开发行债券的公司。

本次修改在原条文基础上新增了对发行人的罚款规定，发行人作为第一责任人，更应该受到处罚，此外加大了对直接负责的主管人员和其他直接责任人员的罚款力度。

◎ 违法转让证券的责任

第一百八十六条　违反本法第三十六条的规定，在限制转让期内转让证券，或者转让股票不符合法律、行政法规和国务院证券监督管理机构规定的，责令改正，给予警告，没收违法所得，并处以买卖证券等值以下的罚款。

修改提示

本条做了以下修改：一是通过引用第三十六条义务性条款确定了违反减持规定的罚则；二是在对违反限制转让期规定转让股票行为进行处罚之外，

新增了对转让股票违反其他规定行为的罚则；三是删除了对直接负责的主管人员和其他直接责任人员的罚则。

解　析

本条是对限制转让期内转让证券以及违法违规转让股票行为的法律责任的规定。

本法第三十六条第一款明确了《公司法》和其他法律对证券转让期限有限制性规定的，在限制期内不得转让，比如说《公司法》第一百四十一条规定，公司公开发行股份前已发行的股份，自公司股票在证券交易所上市交易之日起一年内不得转让；公司董事、监事、高级管理人员在任职期间每年转让的股份不得超过其所持有本公司股份总数的百分之二十五；自公司股票上市交易之日起一年内不得转让；离职后半年内，不得转让其所持有的本公司股份。第二款吸纳了中国证监会《上市公司股东、董监高减持股份的若干规定》以及沪深交易所《上市公司股东及董事、监事、高级管理人员减持股份实施细则》的原则性规定。与之相对应，本条规定了相应罚则，弥补了中国证监会有关减持规定无明确罚则的不足。需要说明的是，按照本条规定对违规减持行为进行处罚，只限于对违反法律、行政法规和中国证监会规定的减持行为，而不包括只违反证券交易所业务规则的减持行为。对于仅违反证券交易所规定业务规则的减持行为，可由证券交易所进行自律处分。

◎ 非法持有、买卖股票或者其他具有股权性质的证券的责任

第一百八十七条　法律、行政法规规定禁止参与股票交易的人员，违反本法第四十条的规定，直接或者以化名、借他人名义持有、买卖股票或者其他具有股权性质的证券的，责令依法处理非法持有的股票、其他具有股权性质的证券，没收违法所得，并处以买卖证券等值以下的罚款；属于国家工作人员的，还应当依法给予处分。

本条做了两处修改：一是明确了适用范围；二是在原来不得买卖股票的基础上，增加了"其他具有股权性质的证券"。

解　析

本法第四十条规定了禁止参与股票或者具有股权性质证券的人员。在成为所列人员时，其原已持有的股票或者其他具有股权性质的证券，必须依法转让。这是对证券业从业人员、证券监督管理机构工作人员和法律、行政法规禁止参与股票交易的其他人员参与股票或者其他具有股权性质的证券交易从中牟利行为的禁止性规定。根据本条规定，上述人员非法持有、买卖股票或者其他具有股权性质的证券的，应当责令依法处理非法持有的股票、其他具有股权性质的证券，没收违法所得，并处以买卖证券等值以下的罚款；违法人员属于国家工作人员的，还应当依法给予处分。

◎ 证券服务机构及其从业人员违法买卖证券的责任

第一百八十八条　证券服务机构及其从业人员，违反本法第四十二条的规定买卖证券的，责令依法处理非法持有的证券，没收违法所得，并处以买卖证券等值以下的罚款。

修改提示

本条将买卖"股票"扩展至"证券"，删除了有关描述性表述。

解　析

本条删除"为股票的发行、上市、交易出具审计报告、资产评估报告或者法律意见书等文件"的描述性语句，主要是为了法律条文简洁，并无实质变化。根据本条规定，证券服务机构及其从业人员违法买卖证券的，责令依法处理非法持有的证券，没收违法所得，并处以买卖证券等值以下的罚款，罚则并无变化。

◎ 短线交易的责任

第一百八十九条 上市公司、股票在国务院批准的其他全国性证券交易场所交易的公司的董事、监事、高级管理人员、持有该公司百分之五以上股份的股东，违反本法第四十四条的规定，买卖该公司股票或者其他具有股权性质的证券的，给予警告，并处以十万元以上一百万元以下的罚款。

修改提示

本条新增了对"股票在国务院批准的其他全国性证券交易场所交易的公司"的董事、监事、高级管理人员以及大股东短线交易的罚则，并提高了罚款金额。

解 析

本法第四十四条对特殊人群的短线交易作出规范，并对短线交易的适用范围、认定标准作出调整。本条系对短线交易法律责任的规定，有关表述对照第四十四条一并作出调整，并加大了处罚力度。

◎ 违法采取程序化交易的责任

第一百九十条 违反本法第四十五条的规定，采取程序化交易影响证券交易所系统安全或者正常交易秩序的，责令改正，并处以五十万元以上五百万元以下的罚款。对直接负责的主管人员和其他直接责任人员给予警告，并处以十万元以上一百万元以下的罚款。

修改提示

本条为新增条文。

解　析

本条是关于违法采取程序化交易的法律责任规定，系新增规定。需要说明的是，本法第四十五条关于程序化交易的规定较为原则，主要授权中国证监会作出具体规定，因此，违反中国证监会相关规定的程序化交易行为，也可适用本条进行处罚。

◎ 内幕交易、利用未公开信息进行交易的责任

第一百九十一条　证券交易内幕信息的知情人或者非法获取内幕信息的人违反本法第五十三条的规定从事内幕交易的，责令依法处理非法持有的证券，没收违法所得，并处以违法所得一倍以上十倍以下的罚款；没有违法所得或者违法所得不足五十万元的，处以五十万元以上五百万元以下的罚款。单位从事内幕交易的，还应当对直接负责的主管人员和其他直接责任人员给予警告，并处以二十万元以上二百万元以下的罚款。国务院证券监督管理机构工作人员从事内幕交易的，从重处罚。

违反本法第五十四条的规定，利用未公开信息进行交易的，依照前款的规定处罚。

修改提示

本条做了以下修改：一是删除内幕交易的具体表述，通过引致条款更完备地表述了禁止内幕交易的情形；二是新增利用未公开信息进行交易的罚则；三是提高了罚款的金额和幅度。

解　析

本条是关于内幕交易和利用未公开信息进行交易的法律责任的规定。各国证券法均对内幕交易予以禁止并规定严格的法律责任。对于利用内幕信息交易者首先应当进行处罚，泄露内幕信息者或者建议他人买卖证券者虽然不

一定有直接的证券买卖行为，但通过为他人提供内幕信息或者建议他人买卖证券，同样可能给投资者造成损失，因此与利用内幕信息买卖证券者一样应当受到处罚。

此外，由于本次修订新增了相关人员利用未公开信息进行交易的禁止性规定，行为性质与内幕交易具有类似性，故本条第二款规定依照内幕交易的罚则进行处罚。

◎ 操纵证券市场的责任

第一百九十二条　违反本法第五十五条的规定，操纵证券市场的，责令依法处理其非法持有的证券，没收违法所得，并处以违法所得一倍以上十倍以下的罚款；没有违法所得或者违法所得不足一百万元的，处以一百万元以上一千万元以下的罚款。单位操纵证券市场的，还应当对直接负责的主管人员和其他直接责任人员给予警告，并处以五十万元以上五百万元以下的罚款。

修改提示

本条提高了罚款的金额和幅度。

解析

本条是关于操纵证券市场的法律责任规定。本次修法的一项主要任务就是提高证券市场违法成本，操纵证券市场行为的罚则也相应做了提高。对此，各国家和地区的态度不一，监管侧重点也各有不同。比如说，美国《1934 年证券交易法》规定凡是违反本法构成犯罪的，可以单处或者并处500 万美元以下罚金或 20 年以下有期徒刑，单位犯罪的，处 2500 万美元以下罚金。美国《商品交易法》规定对于市场操作行为，可单处或并处 100 万美元以下罚金或 10 年以下有期徒刑，对于内幕交易，可单处或并处 50 万美元以下罚金或 5 年以下有期徒刑。我国台湾地区"证券交易法"对内幕交易和操纵市场的处罚一致，均为可处 3 年以上 10 年以下有期徒刑，并处新台币 1000 万元以上 2 亿元以下罚金；犯罪所得金额达新台币 1 亿元以上者，处 7 年以上有期徒刑，并处新台币 2500 万元以上 5 亿元以下罚金。不过前述规定主要是刑事方面的责任。

需要说明的是，本条和第一百九十一条均规定有"责令依法处理其非法持有的证券"，有意见认为按该规定进行行政处罚时，应先责令违法当事人依法处理其通过内幕交易或操纵市场行为所非法持有的证券，然后以其处理实际所得，来没收和处以相应倍数的罚款。此意见有一定道理，符合立法的逻辑含义。但由于实践中，证券价格变化较快，监管机构责令其处理证券时会面临处理的时点和价格选择问题，甚至不排除个别当事人故意选择价格较低时点或以低价挂单，从而逃避较高的行政罚款数额。因此，实践中很少采用这种方法，大多是由监管机构按一个时间点，将余股以一定价格进行计算再减去其买入时的支出，来认定其非法所得。

◎ 编造、传播虚假信息或者误导性信息的责任

第一百九十三条　违反本法第五十六条第一款、第三款的规定，编造、传播虚假信息或者误导性信息，扰乱证券市场的，没收违法所得，并处以违法所得一倍以上十倍以下的罚款；没有违法所得或者违法所得不足二十万元的，处以二十万元以上二百万元以下的罚款。

违反本法第五十六条第二款的规定，在证券交易活动中作出虚假陈述或者信息误导的，责令改正，处以二十万元以上二百万元以下的罚款；属于国家工作人员的，还应当依法给予处分。

传播媒介及其从事证券市场信息报道的工作人员违反本法第五十六条第三款的规定，从事与其工作职责发生利益冲突的证券买卖的，没收违法所得，并处以买卖证券等值以下的罚款。

修改提示

本条做了以下修改：一是新增一款规定，明确媒体从业人员从事与其工作职责发生利益冲突的证券买卖的法律责任；二是将责任主体由国家工作人

员、传播媒介从业人员和有关人员扩大至任何单位和个人；三是提高了罚款的金额和幅度。

解 析

一、编造、传播虚假信息或者误导性信息，扰乱证券市场

本条第一款针对违反第五十六条第一款、第三款的规定，编造、传播虚假信息或者误导性信息，扰乱证券市场的行为规定了法律责任。第五十六条第一款规定，禁止任何单位和个人编造、传播虚假信息或者误导性信息，扰乱证券市场，没有特别限定主体范围，是一般法律责任。第五十六条第三款第一句规定，各种传播媒介传播证券市场信息必须真实、客观，禁止误导，同样是一般性规定。本条第一款的构成要件包含了行为和结果，即存在编造、传播虚假信息或者误导性信息的行为，同时还扰乱了证券市场。

所谓"扰乱证券市场"，通常是指虚假信息引起了股票价格重大波动，或在投资者中引起了心理恐慌，大量抛售或者买进某种股票，给投资者造成重大经济损失，或者造成恶劣社会影响等。对于如何认定编造、传播扰乱证券市场的虚假信息行为，主要看行为人主观上是否有故意，即有无编造、传播虚假信息扰乱证券市场的目的，客观上是否实施了编造、传播扰乱证券市场的虚假信息的行为。至于行为人是否从中牟利，并不影响这一违法行为的成立。实践中编造和传播行为通常是密切相连的，且往往由一个主体完成，但也有的时候，编造与传播分别由不同主体完成，这时要考虑案件具体情况，如果双方有意联络，按照共同违法处理；如果无意联络，编造者并未将信息向外传播，是传播者通过其他方式获悉信息并传播的，则可只追究传播者的责任。

二、特定主体在证券交易活动中作出虚假陈述或者信息误导

本条第二款针对违反本法第五十六条第二款规定，在证券交易活动中作出虚假陈述或者信息误导行为的法律责任进行了规定。本法第五十六条第二款规定，禁止证券交易场所、证券公司、证券登记结算机构、证券服务机构及其从业人员，证券业协会、证券监督管理机构及其工作人员，在证券交易活

动中作出虚假陈述或者信息误导。该款针对的是特殊主体在证券交易活动中作出虚假陈述或者误导信息。本条第二款与第一款的区别在于，对于特殊主体，并不需要造成扰乱证券市场的结果存在，只要存在违法行为即可进行处罚。

三、传播媒介及其从业人员违法买卖证券

本条第三款为新增规定，是针对特殊主体的特定行为的处罚，仅对传播媒介及其从事证券市场信息报道的工作人员从事与其工作职责发生利益冲突的证券买卖进行处罚。为了防止相关媒体机构及从业人员利用其地位，一边发布信息，一边买卖证券牟利，甚至从事内幕交易或操纵市场等其他违法行为获利，损害投资者利益、扰乱证券市场秩序，故对其从事与其工作职责发生利益冲突的证券买卖进行处罚。当然，如果同时构成内幕交易、操纵市场的，则从一重罪处罚。

◎ 证券公司及其从业人员损害客户利益的责任

第一百九十四条 证券公司及其从业人员违反本法第五十七条的规定，有损害客户利益的行为的，给予警告，没收违法所得，并处以违法所得一倍以上十倍以下的罚款；没有违法所得或者违法所得不足十万元的，处以十万元以上一百万元以下的罚款；情节严重的，暂停或者撤销相关业务许可。

修改提示

本条做了以下修改：一是删除了对违法行为的描述，通过引致条款来规定有关违法行为的构成；二是将民事责任移至"证券交易"一章规定；三是加大了行政处罚力度，新增暂停或者撤销相关业务许可的处罚措施。

解析

证券公司接受客户委托办理证券交易业务必须遵守相应的业务规范。本法第五十七条规定了禁止证券公司及其从业人员从事的损害客户利益的行为。

根据第五十七条的表述，其所列举的行为即为损害客户利益的行为，但是在本条法律责任条款中，在违反第五十七条规定的基础上进一步强调了有损害客户利益的行为。有观点认为，只要行为人存在第五十七条第一款所列举的五项行为，即可根据本条进行处罚，而不用考虑这些行为是否造成了客户利益损失。但也有观点认为，除了存在第五十七条第一款所列举的五项行为以外，还需要在客观上造成客户利益损失，才算构成了第五十七条第一款禁止的行为，才能根据本条进行处罚。考虑到本法第五十七条第一款所规定的行为本身就是"损害客户利益的行为"，此处的"有损害客户利益的行为"的规定，在立法技术上是一种强调性重复表述，更多的是宣示性意义。所以一般情况，只要违反了第五十七条规定，即可进行处罚，并不需要以造成客户损失为条件。但是，在处罚的轻重把握上，可以考虑有无给客户利益造成实际损失这一因素。

此外，第五十七条在原条文的基础上，删除了"挪用客户所委托买卖的证券或者客户账户上的资金"和"利用传播媒介或者通过其他方式提供、传播虚假或者误导投资者的信息"两类行为，已经分别由第一百三十一条和第五十六条另行规定，所以此两类行为也不适用本条罚则。

◎ 违反规定出借自己的证券账户或者借用他人的证券账户从事证券交易的责任

第一百九十五条　违反本法第五十八条的规定，出借自己的证券账户或者借用他人的证券账户从事证券交易的，责令改正，给予警告，可以处五十万元以下的罚款。

修改提示

本条扩大了违法出借自己的证券账户或者借用他人的证券账户从事证券交易的主体范围。

解　析

本法第五十八条规定，任何单位和个人不得违反规定，出借自己的证券账户或者借用他人的证券账户从事证券交易。原条文只禁止了法人出借自己证券账户和利用他人证券账户从事证券交易的行为，没有对自然人进行限制。本次修订，实质上将本条改为针对出借或者借用行为的禁止性规定，改变了原条文的监管逻辑，任何单位或个人只要违反规定出借自己账户或者借用他人账户从事证券交易，即可处罚。需要说明的是，禁止出借自己证券账户或者借用他人证券账户从事证券交易是普遍原则，任何单位、个人都应遵循，只是在法律、行政法规、国务院证券监督管理机构另有例外规定情况下，才能免除本条所规定的责任。

◎ 收购人未按规定履行上市公司收购义务或者损害被收购公司及其股东利益的责任

第一百九十六条　收购人未按照本法规定履行上市公司收购的公告、发出收购要约义务的，责令改正，给予警告，并处以五十万元以上五百万元以下的罚款。对直接负责的主管人员和其他直接责任人员给予警告，并处以二十万元以上二百万元以下的罚款。

收购人及其控股股东、实际控制人利用上市公司收购，给被收购公司及其股东造成损失的，应当依法承担赔偿责任。

修改提示

本条第一款将改正前不得行使表决权的规定移至"上市公司的收购"一章进行规定；第二款新增了"实际控制人"，删除了对直接负责的主管人员和其他直接责任人员的罚则规定。

解析

本法第四章对上市公司的收购方式、收购条件和程序、收购活动的监管等作出了具体规定，并明确了收购人在进行上市公司收购活动时应履行的上市公司收购公告、发出收购要约义务等要求，收购人在进行上市公司收购时，应当严格遵守，违反者要根据本条第一款规定受到行政处罚。本条规定中的未履行上市公司收购公告、发出收购要约义务，不仅仅指对第六十五条规定强制收购要约义务和第六十六条规定的公告收购报告书义务，还包括违反本章其他相关规定的行为。同时，由于《证券法》第七十七条已明确授权国务院证券监督管理机构制定上市公司收购具体办法，因此，违反依法制定上市公司收购办法中有关上市公司收购公告和收购要约义务的，也可按本条处罚。

本条第二款对原《证券法》第二百一十四条进行了改造，规定了收购人及其控股股东、实际控制人利用上市公司收购来损害被收购公司及其股东合法权益的民事法律责任，主要考虑到上市公司收购是一个市场行为，如果利用上市公司收购来损害被收购公司及其股东的合法权益，构成民法上的侵权行为，应承担相应的民事责任。值得注意的是，本法关于民事责任的规定主要散见于前面各章规范，只有本条是在"法律责任"一章规定了民事责任。

◎ 信息披露义务人未按规定披露信息或者披露信息虚假的责任

第一百九十七条　信息披露义务人未按照本法规定报送有关报告或者履行信息披露义务的，责令改正，给予警告，并处以五十万元以上五百万元以下的罚款；对直接负责的主管人员和其他直接责任人员给予警告，并处以二十万元以上二百万元以下的罚款。发行人的控股股东、实际控制人组织、指使从事上述违法行为，或者隐瞒相关事项导致发生上述情形的，处以五十万元以上五百万元以下的罚款；对直接负责的主管人员和其他直接责任人员，处以二十万元以上二百万元以下的罚款。

信息披露义务人报送的报告或者披露的信息有虚假记载、误导性陈述或者重大遗漏的，责令改正，给予警告，并处以一百万元以上一千万元以下的罚款；对直接负责的主管人员和其他直接责任人员给予警告，并处以五十万元以上五百万元以下的罚款。发行人的控股股东、实际控制人组织、指使从事上述违法行为，或者隐瞒相关事项导致发生上述情形的，处以一百万元以上一千万元以下的罚款；对直接负责的主管人员和其他直接责任人员，处以五十万元以上五百万元以下的罚款。

修改提示

本条做了较大修改完善，原条文采取了将披露与报告分做两款进行规定，这次修订是按是否报告或披露，与报告或披露的信息有虚假的标准进行分别规定，并在此基础上，大幅提高了处罚幅度，特别是对发行人的控股股东、实际控制人的责任作出了规定。

解　析

此次修订改变了信息披露违法条文的内在逻辑。原条文根据行为类型，分为披露信息和报送报告两类，在此基础上，再进一步规定了未按规定披露或披露存在虚假记载与未按规定报送报告或报告存在虚假记载两类行为，并分别规定罚则。而修订后条文则是根据行为本身，分为未按规定报送或履行信息披露义务和报送或披露文件存在虚假记载两类行为，在此基础上，进一步区分未按规定报送报告或未按规定履行信息披露、报送的报告或信息披露存在虚假记载的法律责任。

此外，原条文规定的处罚主体范围是发行人、上市公司或者其他信息披露义务人以及前述主体的控股股东、实际控制人。但是本条修改后，虽然信息披露义务人的概念包含了发行人、上市公司和其他信息披露义务人，但是只有发行人的控股股东、实际控制人受到本条规制。当然此处所称发行人的含义宽泛，包括原条文中的发行人、上市公司，以及在新三板挂牌公司、公司债券上市交易的公司。

需要说明的是，本条有关信息披露并不适用于上市公司收购中违反履行公告义务或者未发出收购要约义务的行为。但收购人所发出的公告中有虚假记载的，则可能会涉及第一百九十六条和第一百九十七条的适用竞合问题，鉴于第一百九十七条第二款的规定相对较重，且涉及对控股股东、实际控制人的处罚，覆盖范围较大，因此，从有利于从重惩治违法行为、提高违法成本出发，可以适用第一百九十七条。

◎ 证券公司违反投资者适当性管理义务的责任

　　第一百九十八条　证券公司违反本法第八十八条的规定未履行或者未按照规定履行投资者适当性管理义务的，责令改正，给予警告，并处以十万元以上一百万元以下的罚款。对直接负责的主管人员和其他直接责任人员给予警告，并处以二十万元以下的罚款。

修改提示

　　本条为新增条文。

解　析

　　本法第八十八条对证券公司履行投资者适当性管理义务作出了特别规定，本条系根据这一新增要求相应增加的罚则规定。在立法过程中，有观点提出，本条并未附加其他适用条件，较为严格，可能会对证券公司开展业务造成不利影响，降低证券公司开展业务的主动性和积极性，所以建议对本条罚则的适用增加一定的限制，但最终未被采纳，主要是因为另有观点认为该条第二款要求投资者应当按照证券公司要求提供真实信息，实际上已附加了适用条件。也就是，如果是由于投资者未按证券公司要求提供真实信息，导致证券公司未能履行投资者适当性管理义务的，证券公司则不承担本条规定的法律责任。

◎ 违法征集股东权利的责任

　　第一百九十九条　违反本法第九十条的规定征集股东权利的，责令改正，给予警告，可以处五十万元以下的罚款。

修改提示

　　本条为新增条文。

解　析

本法第九十条规定了征集上市公司股东权利的相关规定。公开征集股东权利违反法律、行政法规或者国务院证券监督管理机构有关规定，应当依法承担法律责任。在立法过程中，也有过不同意见，如有的认为，对违规征集上市公司股东权利行为设置严格的法律责任，可能不利于实践中有关主体开展股东权利征集工作，所以建议对本条适用增加适当限制，但是，由于担心股东权利征集制度被滥用，反而成为损害股东利益的工具，因此，有必要严加规范，目前的规定更为合理。

◎ 非法开设证券交易场所以及违反规定允许非会员入场交易的责任

第二百条　非法开设证券交易场所的，由县级以上人民政府予以取缔，没收违法所得，并处以违法所得一倍以上十倍以下的罚款；没有违法所得或者违法所得不足一百万元的，处以一百万元以上一千万元以下的罚款。对直接负责的主管人员和其他直接责任人员给予警告，并处以二十万元以上二百万元以下的罚款。

证券交易所违反本法第一百零五条的规定，允许非会员直接参与股票的集中交易的，责令改正，可以并处五十万元以下的罚款。

修改提示

本条新增一款关于证券交易所违法允许非会员直接参与股票集中交易的法律责任规定，并提高了非法开设证券交易场所的罚款金额和幅度。

解　析

开设证券交易场所需要经过一定审批。实践中，有的地区未经国务院批准，擅自设立产权交易所、证券交易中心和证券交易自动报价系统等机构，从事非上市公司股票、股权证乃至上市公司证券的场外非法交易活动，扰乱了证券市场的正常秩序，隐藏着很大的金融风险，极易损害广大投资者利益，诱发影响社会稳定的事端。因此，本法明确规定，非法开设证券交易场所是一种严重的违法行为，依法要承担相应的法律责任。

需要注意的是，本条第二款对违反本法第一百零五条的罚则，只适用于证券交易所允许非会员直接参与股票（包括以股票为基础的存托凭证）集中交易，未对允许非会员参与其他种类证券，如公司债的集中交易规定罚则，但这并不意味着就可以不执行第一百零五条有关必须是会员才能参与证券交易所集中交易的规定，只是在违反规定时，不能按本条进行处罚，但也要依法承担其他相应责任。

◎ 证券公司违反账户实名制规定为投资者开立账户或者违法将投资者账户提供他人使用的责任

第二百零一条　证券公司违反本法第一百零七条第一款的规定，未对投资者开立账户提供的身份信息进行核对的，责令改正，给予警告，并处以五万元以上五十万元以下的罚款。对直接负责的主管人员和其他直接责任人员给予警告，并处以十万元以下的罚款。

证券公司违反本法第一百零七条第二款的规定，将投资者的账户提供给他人使用的，责令改正，给予警告，并处以十万元以上一百万元以下的罚款。对直接负责的主管人员和其他直接责任人员给予警告，并处以二十万元以下的罚款。

修改提示

本条为新增条文。

解 析

本条是关于证券公司在为投资者开立账户时未履行身份信息核对义务，或将投资者的账户提供给他人使用等违反账户实名制的法律责任规定。

本条第一款所规定未对投资者身份信息进行核对，既包括没有采取核对行为，也包括虽有核对行为，但因其过错没有将不符的身份信息核对出来。

本条第二款规定将投资者账户提供给他人使用，既包括未经投资者同意将其账户提供给他人使用，也包括经过投资者同意将其账户提供给他人使用；既包括有偿提供给他人使用，也包括无偿提供给他人使用。提供的方式既包括故意的主动的提供，也包括形式上虽然投资者之间相互借用，但证券公司知悉该情况而未履行管理职责放任的。

另外，值得注意的是本条未对违反第一百零七条第三款有关投资者应当使用实名开立的账户进行交易的规定，专门设置罚则，主要是考虑到违反该款规定的，通常也违反本法第五十八条有关出借证券账户或者借用他人证券账户的规定，其罚则已包含在本法第一百九十五条的罚则规定之中。至于投资者使用伪造的身份证明，用假身份证开立证券账户并使用的，一方面，在目前的公民、企业、事业单位身份管理体制和信息共享机制下，在开户环节容易被识破。另一方面，按有关居民身份管理及企业登记管理规定等法律制度，对这种伪造身份证明的行为也可追责。

◎ 擅自设立证券公司、非法经营证券业务、未经批准以证券公司名义开展证券业务或者证券公司违法提供融资融券服务的责任

第二百零二条 违反本法第一百一十八条、第一百二十条第一款、第四款的规定，擅自设立证券公司、非法经营证券业务或者未经批准以证券公司名义开展证券业务活动的，责令改正，没收违法所得，并处以违法所得一倍以上十倍以下的罚款；没有违法所得或者违法所得不足一百万元的，处以一百万元以上一千万元以下的罚款。对直接负责的主管人员和其他直接责任人员给予警告，并处以二十万元以上二百万元以下的罚款。对擅自设立的证券公司，由国务院证券监督管理机构予以取缔。

证券公司违反本法第一百二十条第五款规定提供证券融资融券服务的，没收违法所得，并处以融资融券等值以下的罚款；情节严重的，禁止其在一定期限内从事证券融资融券业务。对直接负责的主管人员和其

他直接责任人员给予警告，并处以二十万元以上二百万元以下的罚款。

修改提示

本条做了以下修改：一是将原条文第一百九十七条、第二百零五条、第二百一十九条合并为一条；二是针对非法从事证券业务，新增一类"未经批准以证券公司名义开展证券业务活动"。

解 析

本条未经批准以证券公司名义开展证券业务活动，主要是指证券公司之外的其他单位、个人未经批准，借用、冒用证券公司名义，从事证券业务的情形。按照本条有关非法经营证券业务的规定，范围较广，如违反本法第一百二十条第四款规定，证券公司之外的其他单位和个人从事证券承销、保荐、经纪和融资融券业务的行为，均属非法经营证券业务。特别是对市场中一度泛滥的非法融资融券杠杆业务，原《证券法》只有对证券公司违规从事证券融资融券业务的处罚，这次明确了对其他单位个人非法从事这种证券业务的罚则，弥补了法律空白。

本法第一百二十条第五款规定，证券公司从事证券融资融券业务，应当采取措施，严格防范和控制风险，不得违反规定向客户出借资金或者证券。本条第二款由原《证券法》第二百零五条修改而来，原条文针对违法为客户买卖证券提供融资融券的，处暂停或者撤销相关业务许可，但是修改后的条文仅在情节严重时，可以禁止证券公司在一定期限内从事证券融资融券业务。

◎ 骗取证券公司设立业务许可或者变更核准的责任

第二百零三条 提交虚假证明文件或者采取其他欺诈手段骗取证券公司设立许可、业务许可或者重大事项变更核准的，撤销相关许可，并处以一百万元以上一千万元以下的罚款。对直接负责的主管人员和其他直接责任人员给予警告，并处以二十万元以上二百万元以下的罚款。

修改提示

本条将骗取证券业务许可修改为骗取证券公司相关的设立许可、业务许可或者重大事项变更核准，并新增了罚款规定和对直接负责的主管人员和其他直接责任人员的罚则规定。

解 析

本条是关于骗取证券公司设立许可、业务许可或者重大事项变更核准的法律责任，以及直接负责的主管人员和其他直接责任人员的法律责任的规定。

原条文规定"提交虚假证明文件或者采取其他欺诈手段隐瞒重要事实骗取证券业务许可"，行为主体包括证券公司、证券投资咨询机构等，但只限于骗取证券业务许可。本条修改时将范围扩大至证券公司设立许可、业务许可和变更核准。其中，有关业务许可，是仅限于证券公司的业务许可，还是也包括原条文中包含的证券投资咨询服务机构的业务许可，规定不够明确。但考虑到在本法第二百一十三条只是规定了擅自从事证券投资咨询服务业务的罚则，未对证券投资咨询服务机构骗取业务许可的罚则进行规定，从不给违法行为造成法律漏洞的体系化解释出发，也可按本条处罚。

原条文还规定了"证券公司在证券交易中有严重违法行为，不再具备经营资格的，由证券监督管理机构撤销证券业务许可"，本次修订予以删除，原《证券法》上规定了证券公司多项违法行为，并不是所有违法行为都会导致证券公司不具备经营资格，所谓"严重违法行为"并不易界定，故本次修订将撤销证券业务许可的处罚分散至不同违法行为的法律责任中规定，更加明确清晰。本条仅针对使用欺诈手段骗取证券公司设立许可、业务许可或者重大事项变更核准的情况规定了撤销相关许可的处罚。

◎ 证券公司未经核准变更的责任

第二百零四条 证券公司违反本法第一百二十二条的规定，未经核准变更证券业务范围，变更主要股东或者公司的实际控制人，合并、分立、停业、解散、破产的，责令改正，给予警告，没收违法所得，并处以违法所得一倍以上十倍以下的罚款；没有违法所得或者违法所得不足五十万元的，处以五十万元以上五百万元以下的罚款；情节严重的，并处撤销相关业务许可。对直接负责的主管人员和其他直接责任人员给予警告，并处以二十万元以上二百万元以下的罚款。

本条一是在第一款中删除了原《证券法》第二百一十八条中证券公司擅自设立、收购、撤销分支机构，在境外设立、收购、参股证券经营机构的规定，增加了对证券公司未经核准变更证券业务范围、变更主要股东或者公司的实际控制人的规定；二是新增了"警告"的处罚方式；三是提高了罚款额度；四是不再将证券公司擅自变更有关事项作为单独一款进行规定。

根据本法第一百二十二条规定，证券公司变更证券业务范围，变更主要股东或者公司的实际控制人，合并、分立、停业、解散、破产，应当经国务院证券监督管理机构核准。证券公司上述事项的变更，对公司股东、债权人及客户的利益具有重要影响。法律要求证券公司在从事上述行为时，必须经国务院证券监督管理机构核准。对于法律的这一要求，证券公司必须严格遵守，否则就要依据本条的规定承担相应的法律责任。需要注意的是，第二百零三条规制的是使用欺诈手段骗取许可或者核准的情形，而本条规制的未经核准擅自变更的情形。擅自变更业务范围，包括擅自减少业务事项和擅自增加需要核准的业务事项。此处所称"变更"，不仅指证券公司向客户公开的业务范围文字表述上的变更，还包括以实际开展业务活动的方式事实上变更经核准的证券业务范围。

对于本条所规定的"主要股东"，本法并未明确界定其持股比例要求。《证券公司监督管理条例》只是对持股 5% 以上股东提出要求，但未界定主要股东的含义。按中国证监会制定的《证券公司股权管理规定》，证券公司主要股东是指持有证券公司 25% 以上股权的股东或者持股 5% 以上股权的第一大股东。而上市公司的主要股东，则是指持股 5% 以上的股东。因此，如果证券公司属于上市公司时，其主要股东的界定将存在矛盾。通常的处理办法是，在证券公司违反上市公司监管规定时，如减持规定等，按持股 5% 以上把握；如果是违反证券公司监管规定时，则按持股 25% 以上或持股 5% 以上但属于第一大股东的标准掌握。但这带来执行中的不便，因此，也有意见提出，将证券公司的主要股东统一为 5% 以上的标准掌握。

◎ 证券公司违反规定为其股东或者股东的关联人提供融资或者担保的责任

第二百零五条　证券公司违反本法第一百二十三条第二款的规定，为其股东或者股东的关联人提供融资或者担保的，责令改正，给予警告，并处以五十万元以上五百万元以下的罚款。对直接负责的主管人员和其他直接责任人员给予警告，并处以十万元以上一百万元以下的罚款。股东有过错的，在按照要求改正前，国务院证券监督管理机构可以限制其股东权利；拒不改正的，可以责令其转让所持证券公司股权。

修改提示

本条做了以下修改：一是增加了引致条款使本条的法律责任与第一百二十三条第二款义务性规定相对应；二是对直接负责的主管人员和其他直接责任人员增加了给予警告的行政处罚；三是提高了罚款的金额和幅度。

解　析

根据本条规定，证券公司违反本法第一百二十三条第二款规定为其股东或者股东的关联人提供融资或者担保的，首先应责令其改正：正在进行的融资或者担保行为应当停止，已经完成的融资或者担保行为应当撤销。同时，还要对违法的证券公司给予警告以及罚款的行政处罚，对直接负责的主管人员和其他直接责任人员给予警告并罚款。但是，证券公司开展正当的融资融券活动中，为作为公司客户的其股东或者股东的关联人提供融资融券服务的，属于例外情形，不予处罚。

◎ 证券公司混合操作的责任

第二百零六条　证券公司违反本法第一百二十八条的规定，未采取有效隔离措施防范利益冲突，或者未分开办理相关业务、混合操作的，责令改正，给予警告，没收违法所得，并处以违法所得一倍以上十倍以下的罚款；没有违法所得或者违法所得不足五十万元的，处以五十万元以上五百万元以下的罚款；情节严重的，并处撤销相关业务许可。对直接负责的主管人员和其他直接责任人员给予警告，并处以二十万元以上二百万元以下的罚款。

修改提示

本条修订用引致条款替代了对混合操作的描述性规定，提高了行政罚款的金额和幅度，删去了对证券公司主管人员和直接责任人员的资格罚。

解　析

按本条规定，证券公司虽采取有一定的隔离措施，但如果在客观上确实出现了公司与客户、不同部门之间的利益冲突后果，则可认定为"未采取有效隔离措施"，予以处罚。实践中，有的公司将其经纪业务和自营业务授权本公司的同一部门或员工或者按照协议授权其他同一单位或个人行使相关权利，则可认定为本条规定的未分开办理，予以处罚。

◎ 证券公司违反规定从事证券自营业务的责任

第二百零七条　证券公司违反本法第一百二十九条的规定从事证券自营业务的，责令改正，给予警告，没收违法所得，并处以违法所得一倍以上十倍以下的罚款；没有违法所得或者违法所得不足五十万元的，处以五十万元以上五百万元以下的罚款；情节严重的，并处撤销相关业务许可或者责令关闭。对直接负责的主管人员和其他直接责任人员给予警告，并处以二十万元以上二百万元以下的罚款。

第十三章 法律责任

修改提示

本条做了以下修改：一是用引致条款替代了对违规从事自营业务的描述性规定；二是对于情节严重的，删除暂停自营业务许可规定，扩大可撤销业务许可的范围，新增责令关闭的处罚措施；三是删去了对证券公司主管人员和直接责任人员的资格罚。

解 析

在现实生活中，一些证券公司出于内幕交易、操纵市场或者进行利益输送等非法目的，为规避监管，在自营业务方面不够规范，突出表现是自营业务不以公司的名义进行，而是假借他人的名义或者以个人的名义进行，甚至通过有自己出资的资管产品形式进行，这种行为不仅干扰了正常的交易秩序，不利于交易安全，应当加以禁止。本条明确规定，证券公司违规从事自营业务，应当依法承担法律责任。如果证券公司有违反本法第一百二十九条规定的自营行为，又同时构成操纵市场或内幕交易等行为的，按照竞合原理，可以从一重罪处罚；但情节严重的仍应按本条规定，并处资格罚，即撤销许可或者责令关闭。

原条文对情节严重的，并处"暂停或者撤销证券自营业务许可"，本次修订删除了暂停自营业务许可的规定，将撤销的范围不限于自营业务，而是"相关业务"，此外还规定了可以"责令关闭"。

◎ 证券公司挪用客户的资金和证券的责任

第二百零八条 违反本法第一百三十一条的规定，将客户的资金和证券归入自有财产，或者挪用客户的资金和证券的，责令改正，给予警告，没收违法所得，并处以违法所得一倍以上十倍以下的罚款；没有违法所得或者违法所得不足一百万元的，处以一百万元以上一千万元以下的罚款;情节严重的,并处撤销相关业务许可或者责令关闭。对直接负责的主管人员和其他直接责任人员给予警告,并处以五十万元以上五百万元以下的罚款。

修改提示

本条做了以下修改:一是新增了"将客户的资金和证券归入自有财产"的情形;二是删除了"未经客户的委托,擅自为客户买卖证券"的情形;三是新增了对证券公司给予警告的处罚;四是提高了罚款的金额和幅度;五是删除了对证券公司主管人员和直接责任人员的资格罚;六是责任主体不再包括证券登记结算机构。

解 析

本条仅针对违反本法第一百三十一条的行为设置罚则,而第一百三十一条规范的行为主体是证券公司,相较于原条文,挪用客户资金、证券的处罚主体已经不包含证券登记结算机构。

此外,原条文针对"未经客户的委托,擅自为客户买卖证券"行为的罚则,已由修订后的《证券法》第一百九十四条规定了相应罚则,为避免重复,本条修改删除了相应规定。

◎ 证券公司接受客户全权委托的责任

第二百零九条 证券公司违反本法第一百三十四条第一款的规定接受客户的全权委托买卖证券的,或者违反本法第一百三十五条的规定对客户的收益或者赔偿客户的损失作出承诺的,责令改正,给予警告,没收违法所得,并处以违法所得一倍以上十倍以下的罚款;没有违法所得或者违法所得不足五十万元的,处以五十万元以上五百万元以下的罚款;情节严重的,并处撤销相关业务许可。对直接负责的主管人员和其他直接责任人员给予警告,并处以二十万元以上二百万元以下的罚款。

证券公司违反本法第一百三十四条第二款的规定,允许他人以证券公司的名义直接参与证券的集中交易的，责令改正，可以并处五十万元以下的罚款。

修改提示

本条做了以下修改：一是新增一款规定对证券公司违反规定允许他人以证券公司名义直接参与证券集中交易的法律责任进行规定；二是加重了对证券公司接受客户全权委托买卖证券或者保底收益行为的处罚，包括增加对没有违法所得情形的处罚，提高了罚款的金额和幅度，将"可以暂停或者撤销相关业务许可"修改为情节严重时必须"并处撤销相关业务许可"。

解　析

从市场实践情况看，适用本条规定时有以下三种情形值得注意：第一，本条第一款中违规接受全权委托，只限于证券公司在办理经纪业务活动中才按本条处罚。实践中有的提出要开展"证券账户管理业务"，实际也是一种全权委托业务，但是如证券公司将这种业务纳入证券投资基金或者资产管理业务之中，按照基金或资产管理的制度规则办理，则不按本条处罚；如果在经纪业务中开展，则应按本条处罚。第二，证券公司对客户作出证券买卖收益或损失赔偿作出的承诺，既包括以证券公司名义作出的，也包括证券公司员工个人在执业业务职责时作出的承诺；既包括书面承诺，也包括口头承诺。第三，本条新增加的第二款规定，实践中有不同的违法表现形式，有两个主要构成要件：一是须以证券公司名义。其形式包括证券公司违规出租席位，授权他人使用证券公司席位等，在外观上形成是由证券公司进行交易的表象。二是直接参与证券集中交易，通常表现为在网络上直接与证券交易所的交易主机连接，证券公司未尽其经纪中介职责。

◎ 证券公司从业人员私下接受客户委托买卖证券的责任

第二百一十条　证券公司的从业人员违反本法第一百三十六条的规定，私下接受客户委托买卖证券的，责令改正，给予警告，没收违法所得，并处以违法所得一倍以上十倍以下的罚款；没有违法所得的，处以五十万元以下的罚款。

本条将"证券公司及其从业人员"修改为"证券公司从业人员"，即证券公司不再是本条处罚的主体，并提高了罚款的金额和幅度。

解　析

本法第一百三十六条第二款规定，证券公司的从业人员不得私下接受客户委托买卖证券。该条款在修改时删掉了证券公司私下接受客户委托买卖证券的规定，本条罚则也做了相应调整，删除了证券公司。

需要注意的是，第一百三十六条第一款对证券公司从业人员职务行为违法的责任进行了规定，即因为执行证券公司的指令或者利用职务违反交易规则的，由所属的证券公司承担全部责任，这主要指民事责任，属于在行为人内部分配责任的规定，适用于证券公司从业人员所有违反交易规则的行为。但并不因此而按本条对证券公司进行处罚。

◎ 证券公司及其主要股东、实际控制人未按规定报送、提供信息的责任

第二百一十一条　证券公司及其主要股东、实际控制人违反本法第一百三十八条的规定，未报送、提供信息和资料，或者报送、提供的信息和资料有虚假记载、误导性陈述或者重大遗漏的，责令改正，给予警告，并处以一百万元以下的罚款；情节严重的，并处撤销相关业务许可。对直接负责的主管人员和其他直接责任人员，给予警告，并处以五十万元以下的罚款。

修改提示

本条做了以下修改：一是结合第一百三十八条修改，将"股东"修改为

"主要股东";二是将"拒不向证券监督管理机构报送或者提供经营管理信息和资料"修改为"未报送、提供信息和资料";三是提高了罚款金额和幅度;四是删掉了证券公司主管人员和其他直接责任人员的资格罚。

解　析

按照本条规定,在对证券公司等进行处罚时,首先要符合违反本法第一百三十八条规定这一条件。需要关注的是,按照第一百三十八条规定,证券公司应当按照规定报送信息和资料。目前,对报送信息和资料作出规定的,有《证券公司监督管理条例》和中国证监会的相关规章、规范性文件;而且,还包括未按中国证监会要求提供信息资料的行为。另外,按本条修改后的规定,未报送信息和资料的违法行为不再限于"拒不"报送的主观故意行为,而是强调客观行为。

◎ 擅自设立证券登记结算机构的责任

第二百一十二条　违反本法第一百四十五条的规定,擅自设立证券登记结算机构的,由国务院证券监督管理机构予以取缔,没收违法所得,并处以违法所得一倍以上十倍以下的罚款;没有违法所得或者违法所得不足五十万元的,处以五十万元以上五百万元以下的罚款。对直接负责的主管人员和其他直接责任人员给予警告,并处以二十万元以上二百万元以下的罚款。

修改提示

本条新增对没有违法所得情形的处罚规定,新增对直接负责的主管人员和其他直接责任人员的处罚规定。

解　析

设立证券登记结算机构必须经国务院证券监督管理机构批准。本法对证券登记结算机构的设立采取了严格批准的安排。未经批准擅自设立证券登记结算机构，即属于违法行为，按本条进行处罚。需要注意的是，在一些市场中有关非公开发行证券的登记结算并未由依法设立的中国证券登记结算有限责任公司负责，而是由其他相关机构承担。这些机构在一定意义上也具有证券登记结算机构的属性，但并未经中国证监会批准，是否应按本条认定为擅自设立证券登记结算机构进行处罚，还需根据实际情况，特别是有关历史、改革背景情况来研究处理。如果其符合国务院和中国证监会有关区域性股权市场管理的规定，则应结合本法第一百四十八条第二款规定，按"其他依法从事证券登记、结算业务的机构"对待。

◎ 证券服务机构违反证券法规定的责任

第二百一十三条　证券投资咨询机构违反本法第一百六十条第二款的规定擅自从事证券服务业务，或者从事证券服务业务有本法第一百六十一条规定行为的，责令改正，没收违法所得，并处以违法所得一倍以上十倍以下的罚款；没有违法所得或者违法所得不足五十万元的，处以五十万元以上五百万元以下的罚款。对直接负责的主管人员和其他直接责任人员，给予警告，并处以二十万元以上二百万元以下的罚款。

会计师事务所、律师事务所以及从事资产评估、资信评级、财务顾问、信息技术系统服务的机构违反本法第一百六十条第二款的规定，从事证券服务业务未报备案的，责令改正，可以处二十万元以下的罚款。

证券服务机构违反本法第一百六十三条的规定，未勤勉尽责，所制作、出具的文件有虚假记载、误导性陈述或者重大遗漏的，责令改正，没收业务收入，并处以业务收入一倍以上十倍以下的罚款，没有业务收入或者业务收入不足五十万元的，处以五十万元以上五百万元以下的罚款；情节严重的，并处暂停或者禁止从事证券服务业务。对直接负责的主管人员和其他直接责任人员给予警告，并处以二十万元以上二百万元以下的罚款。

修改提示

本条是对原条文第二百二十六条第二款、第三款和第二百二十三条规定的修改与合并：一是新增规定证券投资咨询服务机构以外的其他证券服务机构未进行备案从事业务的法律责任；二是提高了证券服务机构出具有存在虚假陈述的文件应承担的法律责任，新增"情节严重的，并处暂停或者禁止从事证券服务业务"的规定；三是取消了原条文中规定的证券登记结算机构、证券服务机构违反本法规定或者依法制定业务规则的法律责任。

解 析

一、证券投资咨询机构违法责任

按照本条第一款规定，证券投资咨询机构要承担的法律责任情形有两种：一是未经核准从事证券投资咨询业务的，将受到行政处罚。这里新规定的擅自从事证券服务业务，就是指擅自从事证券咨询业务，通常是指以营利为目的，为他人提供证券投资咨询意见建议，如果是亲友之间偶尔无偿地提供证券投资建议，则不应按本条进行处罚。但是，一些大型金融集团内部各个子公司之间或母子公司之间提供证券投资咨询服务，虽然不一定采取通常的有偿形式，但是考虑到其行为均属营利性活动，且相互之间利益关系复杂，因此，如果未经核准开展证券投资咨询的，一般也应按本条进行处罚。

二是证券投资咨询机构及其从业人员从事违反本法第一百六十一条规定的禁止性行为，应当承担相应的法律责任，受到行政处罚。

二、其他证券服务机构未报备案的法律责任

本法第一百六十条第二款规定，从事其他证券服务业务，应当报国务院证券监督管理机构和国务院有关主管部门备案。本次修法取消了证券投资咨询机构以外其他从事证券服务业务的行政许可，统一调整为备案。对于未经备案从事证券服务业务，应当承担法律责任，按照本条规定，应当责令改

正，可以处二十万元以下的罚款。

之所以规定的处罚相对较轻，是考虑到这种备案的性质不属于行政许可，纯粹属于管理性的措施，备案主要是为了证券监管机构能够在取消市场准入情况下了解掌握相关证券服务机构从事证券业务的情况，以便于进行监管，即使未予备案，其对市场秩序的危害性也不太大，因此，规定的处罚就相对较轻。

关于对违反备案规定的处罚主体，在修订过程中的二读稿、三读稿及四读稿中，均规定的只是向证券监管机构一家备案，所以对未备案的也自然只由证券监管机构一家处罚；但后来在四读稿审议中临时加入向主管部门备案后，也未在相应的罚则条款中补充加入主管部门作为对未备案的处罚主体。这是与本法规定的证券监管机构对证券市场集中统一监管的原则相符的，也是与本法中对行政处罚的体制安排相一致的。即在罚则中未专门规定处罚主体，即由中国证监会统一行使。

三、证券服务机构出具有存在虚假陈述文件的法律责任

本条第三款大幅提高了证券服务机构未勤勉尽责，出具虚假文件的行政法律责任，尤其是新增"情节严重的，并处暂停或者禁止从事证券服务业务"的规定，配合证券服务业务许可或备案，促使证券服务机构归位尽责。

此外，针对证券服务机构虽然没有出具虚假陈述的文件，但其违反了《证券法》规定或者依法制定的业务规则的，原《证券法》第二百二十六条也规定了相应的罚则。本次修订过程中，有意见提出保留原《证券法》的上述规定。但另有意见认为，对违法行为设定行政处罚时，应当对行为所违反的具体规定予以明确。原条文规定的过于原则，且具体违反规定的情形又难以在本法中全面规定，特别是考虑到对证券服务机构法律责任的追究，应当主要立足于其是否勤勉尽责，其出具的文件是否因勤勉尽责而有虚假陈述。如其确实违反了依法制定的业务规则，但又没有不勤勉尽责的，从督促其依法合规角度，可由通过有关监管规章等予以监督管理。最后，立法没有保留原《证券法》第二百二十六条的规定。

◎ 发行人等证券市场机构未按规定保存有关文件和资料的责任

第二百一十四条　发行人、证券登记结算机构、证券公司、证券服务机构未按照规定保存有关文件和资料的，责令改正，给予警告，并处以十万元以上一百万元以下的罚款；泄露、隐匿、伪造、篡改或者毁损有关文件和资料的，给予警告，并处以二十万元以上二百万元以下的罚款；情节严重的，处以五十万元以上五百万元以下的罚款，并处暂停、撤销相关业务许可或者禁止从事相关业务。对直接负责的主管人员和其他直接责任人员给予警告，并处以十万元以上一百万元以下的罚款。

修改提示

本条做了以下修改：一是将"上市公司"修改为"发行人"；二是删除了证券交易所；三是新增了"泄露"有关文件和资料这一违法情形；四是新增了情节严重的处罚；五是新增了对直接负责的主管人员和其他直接责任人员的处罚规定。

解　析

根据本法的有关规定，证券监督管理机构在依法履行对证券市场的监管时，有权查阅、复制当事人和与被调查事件有关的单位和个人的证券交易记录、登记过户记录、财务会计资料以及其他相关文件。查阅有关文件，有助于证券监督管理机构了解所调查事项的真实情况，发现有关机构在业务活动中的违法行为，是履行监管职责的一个重要手段。而保证这一手段能够得以实施的前提，是有关机构必须妥善保存有关文件。因此，本法对发行人、证券登记结算机构、证券公司、证券服务机构保存有关文件和资料提出了要求。对于其他法律、行政法规和规章关于文件和资料保存的要求，有关机构也要遵守，违反者要根据本条的规定承担法律责任。对于泄露、隐匿、伪造、篡改或者毁损有关文件和资料的，行为性质更为恶劣、危害更大，所以处罚更高。前述两项违法行为情节严重的，处以五十万元以上五百万元以下的罚款，并处暂停、撤销相关业务许可或者禁止从事相关业务。

本条所称发行人，不但包括狭义的发行证券的公司，也包括上市公司、在新三板挂牌公司和公司债券上市交易的公司。

之所以在责任主体中删除证券交易所，一是由于本法并未像对其他责任主体那样，在前面章节中规定其保存相关资料的义务，从义务与责任相一致的法律原则出发，在本条中未对其保存资料不当的法律责任进行规定。二是考虑到证券交易所形成的交易信息大多已及时公开，有关交易证券的信息已同时包含在证券公司和证券登记结算机构的客户交易资料及登记结算资料中，不需做重复要求。三是证券交易所还同时属于事业单位，特别是其依照本法进行发行注册审核的资料，还应比照中国证监会发行注册的档案管理要求，按照国家档案法律制度进行保管并承担法律责任。

◎ 证券市场诚信档案

第二百一十五条　国务院证券监督管理机构依法将有关市场主体遵守本法的情况纳入证券市场诚信档案。

修改提示

本条为新增条文。

解　析

"诚信"是社会主义市场经济的本质要求，是证券市场的基础。党的十八大和十八届三中、四中、五中全会，都对加强社会诚信建设提出了要求。近年来，国家相继连续出台《社会信用体系建设规划纲要（2014—2020年)》《关于建立完善守信联合激励和失信联合惩戒制度加快推进社会诚信建设的指导意见》《关于加强个人诚信体系建设的指导意见》等诚信建设方面的专门文件，明确要求建立一系列新的诚信建设、诚信监管制度机制。

证券市场对诚信的要求格外突出，为推进证券市场的诚信建设，提高证券市场的诚信水平，中国证监会专门制定了《证券期货市场诚信监督管理办法》，并建立了全国统一的"证券期货市场诚信档案数据库"，以加强对市场的诚信监管。但由于在法律层面缺乏规定，影响了诚信监管工作的深入开展。此次修订按照中央有关加强社会信用体系建设的总体要求，结合证券市场实际，在总结证券市场近年来开展诚信建设工作经验的基础上，将证券市场诚信档案制度写入《证券法》，有利于强化对市场主体的诚信约束，促进市场规范运作。

◎ 证券监督管理机构或者国务院授权的部门不依法履行职责的责任

第二百一十六条　国务院证券监督管理机构或者国务院授权的部门有下列情形之一的，对直接负责的主管人员和其他直接责任人员，依法给予处分：

（一）对不符合本法规定的发行证券、设立证券公司等申请予以核准、注册、批准的；

（二）违反本法规定采取现场检查、调查取证、查询、冻结或者查封等措施的；

（三）违反本法规定对有关机构和人员采取监督管理措施的；

（四）违反本法规定对有关机构和人员实施行政处罚的；

（五）其他不依法履行职责的行为。

修改提示

本条新增了第三项"违反本法规定对有关机构和人员采取监督管理措施的"，并对其他款项做了文字修改。

解　析

本条是对国务院证券监督管理机构或者国务院授权的部门不依法履行职责应承担的法律责任的规定。

国务院证券监督管理机构和国务院授权的部门作为对证券市场实施监

督管理的机构（部门），应依法行使其行政权力，在法定的职权范围内按照法律规定条件和程序履行职责，实施各项行政许可、行政检查、行政强制措施和行政处罚。上述机构或部门未依法履行职责的，要承担相应的法律责任。

本条列举了五种违法行为，即：未依法实施行政许可，违反本法规定采取现场检查、调查取证、查询、冻结或者查封等措施，违反规定采取监督管理措施，违反规定实施行政处罚以及其他不依法履行职责的行为。

根据本条规定，国务院证券监督管理机构或者国务院授权的部门不依法履行职责的，对其直接负责的主管人员和其他直接责任人员要给予行政处分。

◎ 证券监督管理机构或者国务院授权的部门的工作人员失职渎职的责任

第二百一十七条　国务院证券监督管理机构或者国务院授权的部门的工作人员，不履行本法规定的职责，滥用职权、玩忽职守，利用职务便利牟取不正当利益，或者泄露所知悉的有关单位和个人的商业秘密的，依法追究法律责任。

修改提示

本条删除了对发行审核委员会的组成人员的规定，新增国务院授权的部门的工作人员作为适用对象。

解析

国务院证券监督管理机构或者国务院授权的部门的工作人员应该严格按照本法的规定履行职责，不得滥用职权、玩忽职守、利用职务便利牟取不正当利益，或者泄露所知悉的有关单位和个人的商业秘密。不履行本法规定的职责，有本条规定的违法行为的，要依照本法和有关法律的规定追究其法律责任。

此外，《国务院办公厅关于贯彻实施修订后的证券法有关工作的通知》根据《证券法》第九条、第二十一条的规定，明确了稳步推进证券公开发行注册制的步骤和证券公开发行注册的具体管理办法，并明确"在证券交易所有关板块和国务院批准的其他全国性证券交易场所的股票公开发行实行注册制前，继续实行核准制，适用本次证券法修订前股票发行核准制度的规定"。这意味着，修订后的《证券法》实行后的一段时期内，相关板块按国务院规定继续实行股票公开发行核准制，发行审核委员会制度仍然暂时保留，如发行审核委员会的组成人员违反有关规定，仍然要依法追究其法律责任。

◎ 被检查、调查单位和个人阻碍监管的责任

第二百一十八条　拒绝、阻碍证券监督管理机构及其工作人员依法行使监督检查、调查职权，由证券监督管理机构责令改正，处以十万元以上一百万元以下的罚款，并由公安机关依法给予治安管理处罚。

修改提示

本条新增了证券监督管理机构可以对拒绝、阻碍监管行为责令改正和罚款的规定，并明确治安管理处罚由公安机关依法给予。

解 析

为了保证证券监督管理机构能够切实履行本法赋予其监督管理职责，本法对被监管单位和个人也做了相应的义务性规定。如本法第一百七十三条规定，国务院证券监督管理机构依法履行职责，被检查、调查的单位和个人应当配合，如实提供有关文件和资料，不得拒绝、阻碍和隐瞒。对于违反这一规定，拒绝、阻碍证券监督管理机构及其工作人员依法行使监督检查、调查职权的，按照本条的规定，依法要承担相应的法律责任。

原条文只规定了在有关单位、人员拒绝、阻碍检查、调查时由公安机关依法给予治安管理处罚的处罚，但考虑到实践中不易操作，执行的效果

也不够理想，为了保障监督执法工作顺利进行，这次修订就参照了其他有关法律规定的做法，同时增加赋予了这种情况下由证券监管机构直接进行处罚的规定。证券监管机构在进行处罚时，不影响公安机关的处罚，而是双方一并进行处罚，从而更有利于保障证券监督管理机构履行其监管执法职责。

◎ 违反《证券法》规定构成犯罪的刑事责任

第二百一十九条　违反本法规定，构成犯罪的，依法追究刑事责任。

修改提示

本条未作修改。

解 析

本条是对本法规定的违法行为应承担的刑事责任的规定。

刑事责任是法律规定的犯罪行为所应承担的法律后果。证券活动中的当事人如果有本法规定的违法行为，且其行为符合我国《刑法》所规定的犯罪的构成要件的，就要依据《刑法》有关条款的规定承担相应的刑事责任。现行《刑法》规定了欺诈发行股票、债券罪，内幕交易、泄露内幕信息罪，利用未公开信息交易罪，操纵证券、期货市场罪，编造并传播证券、期货交易虚假信息罪，诱骗投资者买卖证券、期货合约罪，违规披露、不披露重要信息罪，擅自设立金融机构罪，伪造、变造、转让金融机构经营许可证、批准文件罪，挪用资金罪，提供虚假证明文件罪，出具证明文件重大失实罪等与证券期货领域相关的罪名。

需要说明的是，在修订中有意见提出要在《证券法》中明确规定证券犯罪的刑事责任，以强化责任追究。境外有的国家和地区法律中有这种在证券法中同时规定行政责任、刑事责任和民事责任的做法。但这与各个国家和地区的法律体系安排相关。在我国，有关犯罪的刑事法律责任规定，统一由

《刑法》规定，其他部门法不作具体规定，至多只是转引性规定。《证券法》立法也采用了这种方式，只规定了本条这一转引性规定，但并不妨碍按照《刑法》对证券犯罪活动追究刑事责任。

◎ 证券违法行为的民事赔偿责任优先

第二百二十条　违反本法规定，应当承担民事赔偿责任和缴纳罚款、罚金、违法所得，违法行为人的财产不足以支付的，优先用于承担民事赔偿责任。

修改提示

本条新增违法行为人缴纳违法所得的规定。

解　析

本法规定的证券活动中的违法当事人的责任包括了民事责任、行政责任、刑事责任三种责任形式，这就可能出现民事赔偿、罚款、罚金、没收违法所得在一个当事人身上同时适用的情况，当事人财产不足以同时支付时，将产生承担顺序的问题。这时，就要按照本条的规定进行处理。

保护投资者合法权益的一个重要方面，就是当其合法权益受到损害时，能够尽快获得经济赔偿，使法律关系恢复到违法行为发生前的状态。因此在有违法违规行为发生的情况下，应当首先弥补投资者的损失，然后才是对违法违规行为人进一步进行惩罚的问题。近年来中国证监会加大对证券期货市场违规行为的监管力度，对违规的上市公司、中介机构等开出巨额罚单，但广大投资者的经济损失并未得到有效赔偿。有观点提出，应当建立违法行为人财产优先用于赔偿投资者制度机制，有效弥补对投资者民事权利保障不足的短板。

从美国、英国等境外国家的做法来看，其均建立了有关将罚没款优先用于赔偿受损投资者的制度安排，并取得了良好的效果。以美国为例，其建立了公平基金制度，以更好地给予受损投资者补偿。根据美国证券法律规定，对于违法违规行为人，不仅可以对其采取罚没非法所得的措施，还可以申请法院处以民事罚款（类似于我国行政罚款）。罚没的非法所得可用于赔偿受害投资者，赔偿程序在美国证券交易委员会主导下进行，不需要受害投资者积极参与。从美国立法进程来看，民事罚款在 2002 年之前统一上缴国库，但是随着世通、安然等事件的爆发，投资者信心受到了沉重打击，经济上也遭受了巨大损害。为了更好地保护投资者利益，并恢复投资者对证券市场的信心，美国制定了《2002 年萨班斯—奥克斯利法案》，建立了公平基金制度以赔偿受害投资者。2003 年和 2004 年美国制定的《阻止证券欺诈和投资者救济法》进一步扩大了公平基金的适用范围，允许美国证券交易委员会使用其获得的罚款赔偿因该违法行为受害的投资者。

◎ 证券市场禁入措施

第二百二十一条　违反法律、行政法规或者国务院证券监督管理机构的有关规定，情节严重的，国务院证券监督管理机构可以对有关责任人员采取证券市场禁入的措施。

前款所称证券市场禁入，是指在一定期限内直至终身不得从事证券业务、证券服务业务，不得担任证券发行人的董事、监事、高级管理人员，或者一定期限内不得在证券交易所、国务院批准的其他全国性证券交易场所交易证券的制度。

修改提示

本条修订集中在市场禁入的范围，一是新增了不得从事"证券服务业务"；二是将不得担任"上市公司的董事、监事、高级管理人员"修改为"发行人的董事、监事、高级管理人员"，范围进一步扩大；三是新增了一定期限内禁止参与证券交易的规定。

解　析

我国证券市场的规范发展有一个逐步完善的过程，受各种因素的影响，各种违法行为会不同程度地存在。如欺诈发行、内幕交易、操纵市场等，严重扰乱了证券市场秩序，损害了广大投资者的利益。因此，对于各种证券违法行为，必须严厉打击。

市场禁入作为打击证券违法行为的重要措施，在《证券法》制定之前的证券市场监管实践中已经采用。1996 年《国务院批转国务院证券委员会、中国证券监督管理委员会关于进一步加强期货市场监管工作请示的通知》中明确要求，各期货交易所要结合各自的具体情况建立"市场禁止进入制度"。对于操纵市场或者进行期货欺诈的机构和个人，一经查实，要宣布其为"市场禁入者"，并报中国证监会，由中国证监会通报各交易所。对受到中国证监会通报的"市场禁入者"，各期货交易所和期货经纪机构 3 年内不得为其办理期货交易开户手续。1997 年，中国证监会发布《证券市场禁入暂行规定》，规定对于被认定为市场禁入者，在一定时期内或者永久性不得担任上市公司高级管理人员或者不得从事证券业务。2004 年国务院《关于推进资本市场改革开放和稳定发展的若干意见》中也提出：要按照健全现代市场经济社会信用体系的要求，制定资本市场诚信准则，维护诚信秩序，对严重违法违规、严重失信的机构和个人坚决实施市场禁入措施。2005 年国务院证券监督管理委员会颁布的《上市公司股权分置改革管理办法》第五十三条也规定：公司及其非流通股股东、基金管理公司、证券公司、保险公司、资产管理公司，利用不正当手段干扰其他投资者正常决策，操纵相关股东会议表决结果，或者进行不正当利益交换的，中国证监会责令其改正；情节严重的，认定主要责任人员为市场禁入者，一定时期或者永久不得担任上市公司和证券业务机构的高级管理职务。2005 年修订《证券法》时，将实践中行之有效的市场禁入制度上升为法律并沿用至今，本次修订在此前基础上，将不得担任"上市公司的董事、监事、高级管理人员"修改为"发行人的董事、监事、高级管理人员"，新增了"一定期限内直至终身不得从事证券服务业务""一定期限内不得在证券交易所、国务院批准的其他全国性证券交易场所交易证券"的规定，有利于进一步打击证券违法行为，维护广大投资者的利益。

◎ 罚款和没收的违法所得上缴国库

第二百二十二条 依照本法收缴的罚款和没收的违法所得，全部上缴国库。

本条未作修改。

解 析

行政处罚是国家法律责任制度的重要组成部分，是贯彻法律、行政法规以及规章和维护社会秩序、公共利益的重要手段，也是行政机关依法行政的手段之一。依照本法的规定，国务院证券监督管理机构或者国务院授权的部门应当对证券发行、交易过程中的违法行为给予行政处罚，其中没收违法所得和罚款就是大量使用的行政处罚手段，本法对此有多处规定。没收违法所得、罚款都属于财产罚。

《行政处罚法》第五十三条第二款明确规定，罚款、没收违法所得或者没收非法财物拍卖的款项，必须全部上缴国库，任何行政机关或者个人不得以任何形式截留、私分或者变相私分；财政部门不得以任何形式向作出行政处罚决定的行政机关返还罚款、没收的违法所得或者返还没收非法财物的拍卖款项。这就清楚地表明依法没收的违法所得和罚款必须全部上缴国库，收归国有。《行政处罚法》第五十八条规定，行政机关将罚款、没收的违法所得或者财物截留、私分或者变相私分的，由财政部门或者有关部门予以追缴，对直接负责的主管人员和其他直接责任人员依法给予行政处分；情节严重构成犯罪的，依法追究刑事责任。本条规定的目的同样在于防止上述问题的发生，促进证券监督管理机构依法行使监督管理职责，更好地保护证券市场参与者的合法权益。

◎ 对当事人不服处罚决定的救济

第二百二十三条 当事人对证券监督管理机构或者国务院授权的部门的处罚决定不服的，可以依法申请行政复议，或者依法直接向人民法院提起诉讼。

修改提示

本条未作修改。

解 析

本条是当事人对证券监督管理机构或者国务院授权的部门处罚提起行政复议或者行政诉讼的规定。

当事人受到证券监督管理机构或者国务院授权部门的处罚决定后，应当认真执行。但是，如果当事人认为该处罚决定与事实不符或者适用法律、行政法规不当，发生行政争议时，可以按本条的规定及《行政复议法》和《行政诉讼法》等法律法规的规定，申请行政复议或者提起行政诉讼。本条规定是对被处罚人的法律救济条款，它为解决行政争议提供了上述两种方式。这两种方式由当事人选择，申请行政复议不是提起行政诉讼的前置程序，但是已经申请行政复议的，应在行政复议决定作出后，才能再因不服行政复议决定而提起行政诉讼。

第十四章

附　则

原《证券法》本章共五条，主要规定对有关事项的溯及力、公开发行审核收费、境外发行上市批准程序、境内公司股票以外币认购和交易的授权立法和本法施行时间。此次修订删去了有关事项溯及力以及公开发行审核收费的两条，仅剩下三条，主要对境内企业在境外发行上市进行了修改。

一读稿曾专设了一章"跨境证券发行与交易"，明确境内企业境外发行上市实行备案制或者报告制，对境外企业境内发行证券作出规定。二读稿删除一读稿新增的"跨境证券发行与交易"一章，恢复了原《证券法》规定，对境内企业境外发行上市依旧实行审批制。三读稿、四读稿则又取消了该行政许可，改为"应当符合国务院的有关规定"。

◎ 境内企业在境外发行证券上市交易

第二百二十四条　境内企业直接或者间接到境外发行证券或者将其证券在境外上市交易，应当符合国务院的有关规定。

修改提示

本条将境内企业直接或者间接到境外发行证券或者将其证券在境外上市交易，"必须经国务院证券监督管理机构依照国务院的规定批准"修改为"应当符合国务院的有关规定"。

本条是对境内企业境外发行上市的有关规定。

目前，我国企业境外上市的模式主要包括两种，一是境内企业（不包含港澳台）以自己的名义向境外拟上市地的证券管理部门和交易所提出申请，申请发行证券融资的行为，即境内企业境外直接上市。实践中，采用这种方式境外上市企业多在香港联交所上市，即俗称的 H 股上市公司。二是境内企业或自然人将其在中国境内注册的公司（不包含港澳台）的资产和权益注入境外融资主体并在境外进行上市融资的行为，即境外间接上市。近年来，境外间接上市的企业日益增多，有些境内企业，尤其是互联网企业受制于外商投资政策的影响和海外融资的需求，纷纷赴海外上市，如阿里巴巴、百度、京东等在纽约证券交易所上市，腾讯在香港联合交易所上市。

对于境内企业境外上市的监管制度规范主要包括《证券法》《国务院关于股份有限公司境外募集股份及上市的特别规定》《国务院关于进一步加强在境外发行股票和上市管理的通知》等法律、行政法规及证监会的规章、规范性文件。其中，对于采用 VIE 结构的"中概股"企业在境外发行上市，原《证券法》和有关境外上市法规、规章并未作具体规定，按照一般的法律适用与管辖原则，通常适用发行、上市地国家或地区的法律，并由发行、上市地国家、地区的监管机构负责监督管理。

本次修订将"必须经国务院证券监督管理机构依照国务院的规定批准"改为"应当符合国务院的有关规定"，主要考虑到：一方面，目前境内企业境外上市的需求日益增多，出现的问题更加复杂，现行的《国务院关于股份有限公司境外募集股份及上市的特别规定》等法规制定时间较早，与目前境外上市的监管情况有较大的差距。本条由必须经中国证监会按国务院规定批准改为符合国务院的有关规定，有利于保证中国证监会对境外发行上市监管工作的灵活性，后续中国证监会可以按照国务院的规定施行相关监管工作。另一方面，从境外来看，美国、英国等国家的证券监管机构对其境内企业境外发行上市均未设置相关的审批要求。据此，《证券法》删除了境外发行上市需经国务院证券监督管理机构批准的规定，授权国务院制定相关规定。

根据新的《证券法》规定，将需要对此前发布的有关境外发行上市行政法规及规章制度进行修改完善。

◎ 境内公司股票以外币认购和交易

第二百二十五条　境内公司股票以外币认购和交易的，具体办法由国务院另行规定。

修改提示

本条未作修改。

解　析

在我国的股份制试点过程中，根据特殊需要发行了供境外人士、机构以外币认购和交易的境内公司股票，即通常所称的 B 种股票。自 2001 年，B 种股票已经对境内的个人投资者解禁。为了使市场规范保持必要的连续性，并考虑 B 股的特殊性，本条授权国务院另行规定境内公司股票以外币认购和交易的具体办法。

◎ 本法的生效日期

第二百二十六条　本法自 2020 年 3 月 1 日起施行。

修改提示

本条做了修改。将本法施行时间调整为 2020 年 3 月 1 日。

解　析

2019 年 12 月 28 日，十三届全国人民代表大会常务委员会第十五次会议审议通过了修订后的《证券法》，但施行日期是 2020 年 3 月 1 日，其间相隔 3 个月时间。主要考虑是要做好修订后的《证券法》关于注册制的规定与全国人大常委会通过的关于授权国务院实施注册制改革决定的时间衔接，该决定于 2020 年 2 月 29 日到期，以避免正在按该决定进行试点的上海证券交易所科创板注册制改革失去法律依据。同时，也考虑到新修订的法律涉及面广，社会影响较大。为了让社会公众能够充分了解本法的内容，以及有关机构、部门和市场主体能够充分熟悉、理解、掌握本法的内容，保证本法能够得到有效的遵守和执行，从而预留一段时间供大家学习、准备。而且，还需要按本法规定对以前的行政法规、规章制度进行清理修改，并按本法制定、完善配套的行政法规、规章制度。

另外，需要说明的是，虽然本法于 2020 年 3 月 1 日施行，但同时还要根据本法第九条的规定，由国务院对证券发行注册的具体范围、实施步骤进行规定。根据国务院办公厅发布的《国务院办公厅关于贯彻实施修订后的证券法有关工作的通知》规定，在证券交易所有关板块和国务院批准的其他全国性证券交易场所的股票公开发行实行注册制前，继续实行核准制，适用本次《证券法》修订前股票发行核准制度的规定。

后　记

　　2019 年 12 月 28 日，十三届全国人大常委会第十五次会议以 167 票赞成、1 票弃权，审议通过了修订后的《中华人民共和国证券法》。作为本次修订工作的参与者，我们为此感到非常的欣喜与自豪，同时也为这次修订历经波折而唏嘘感叹。从 2012 年中国证监会开展"证券法实施效果评估"，为修订工作做准备开始，到 2019 年 12 月最终审议通过，先后长达 8 年，横跨两届全国人民代表大会，经历了四次审议，其间还伴随了全国人民代表大会常务委员会关于开展股票发行注册制改革两次授权决定（其中一次为延期决定）；并经历了 2015 年股市异常波动的风险洗礼，得到了设立科创板并试点注册制的改革助力。也许正是应了"好事多磨"这句老话，修订后的《证券法》通过后，市场给予积极回应，有关各方也多表示肯定与支持。笔者应人民出版社之约，编写此书，一方面希望将这次《证券法》修订的宝贵历程记录下来；另一方面，也试图为读者学习了解新《证券法》提供一个比较系统、全面且能体现市场专业特色的参考资料。

　　这次修订，就证券法律的立法模式而言，既非对个别章节、条款进行改动的小修小改，也未如英国制定《金融服务与市场法》和日本制定《金融商品交易法》那样重构式大修大改，基本上算是中修中改，但涉及的内容之多、之重要，所引发各方关注度之高、争议之激烈，在我国《证券法》的立法历史乃至其他领域的立法中，都是比较突出与罕见的。为了便于读者理解相关法律规定，在本书的写作中，我们除了对相关条文内容本身进行解释外，还专门就相关条文的修改制定背景进行了介绍说明；同时，鉴于《证券法》相关制度规定的业务技术性比较强，我们在阐述有关条文修改的法理基础上，还就所涉及的市场专业问题，从业务技术角度进行了说明；另外，考虑到《证券法》中涉及不少市场专用术语，或曰"行话"，为便于普通读者对相关法律制度的理解，我们在文字表述上尽可能地使用大众"白话"。

参与本书编写的同志分别来自中国证监会、上海证券交易所、深圳证券交易所、全国中小企业股份转让系统有限责任公司、中国证券登记结算有限责任公司、中国证券业协会、中国证券投资基金业协会、中证中小投资者服务中心有限责任公司和有关市场机构等部门单位。其中，有的从2012年中国证监会开展"证券法实施效果评估"时就开始参与本次《证券法》修订工作，有的先后参与了从一读稿到四读稿的调研起草、研究讨论。有关写作在证券实务工作经验基础上，结合参与立法的心得体会，从法理和市场逻辑的角度，对修订后的《证券法》进行了逐条解析，特别是就有关条文从一读稿到四读稿的修改演变过程做了相应的回顾介绍。这有利于读者从历史的角度认识相关规定的来由及目的，也是本书的一个特点。另外，本书在写作过程中，修订后的《证券法》已经通过并实施，我们还结合大家在学习贯彻过程中提出的一些问题，进行了有针对性的说明解释，以增强本书的实务性。

还有一些同志，先后参与了本次《证券法》修订工作，为本书编写提供了相关资料及意见方面的帮助，他们是尤佳、丛怀挺、任雪雪、刘月锋、何晓楠、吴夏倩、张国磊、张建庚、时昊、李诗梦、李振涛、陈皓、单轶、林海、武俊桥、胡传高、赵刚、骆锐、唐茂军、徐芳、黄敏、彭鲁军、曾斌、魏俊等。在此对上述同志一并表示感谢。

最后，需要说明的是，本书仅仅属于参与编写者的个人认识和学术见解，并可能有不当和偏颇之处，敬请海涵。

程合红

2020 年 5 月 15 日

北京金融街

责任编辑：张　燕

装帧设计：胡欣欣

责任校对：黎　冉

图书在版编目（CIP）数据

《证券法》修订要义 / 程合红　主编 . — 北京：人民出版社，2020.8（2020.11
　重印）

ISBN 978 - 7 - 01 - 022374 - 2

I. ①证⋯　II. ①程⋯　III. ①证券法 - 修订 - 研究 - 中国　IV. ① D922.287.4

中国版本图书馆 CIP 数据核字（2020）第 140390 号

《证券法》修订要义

ZHENGQUANFA XIUDING YAOYI

程合红　主编

人民 出版社 出版发行

（100706　北京市东城区隆福寺街 99 号）

中煤（北京）印务有限公司印刷　新华书店经销

2020 年 8 月第 1 版　2020 年 11 月北京第 3 次印刷

开本：710 毫米 × 1000 毫米 1/16　印张：26.75

字数：410 千字

ISBN 978 - 7 - 01 - 022374 - 2　定价：89.00 元

邮购地址 100706　北京市东城区隆福寺街 99 号

人民东方图书销售中心　电话：（010）65250042　65289539